文革文學大系

（二）

小說卷二

王　　堯主編

現代文學研究叢刊
文史哲出版社印行

現代文學研究叢刊　30

文革文學大系（全十二冊）

主　編　者：王　　　　　　　　　堯

出　版　者：文　史　哲　出　版　社

http://www.lapen.com.tw

登記證字號：行政院新聞局版臺業字五三三七號

發　行　人：彭　　　　正　　　　雄

發　行　所：文　史　哲　出　版　社

印　刷　者：文　史　哲　出　版　社

臺北市羅斯福路一段七十二巷四號

郵政劃撥帳號：一六一八○一七五

電話886-2-23511028・傳真886-2-23965656

十二冊定價新臺幣五○○○元

中華民國九十六年（2007）十二月初版
中華民國九十八年（2009）二月初版訂正

"文革文學"大系
小說卷二

目　　錄

機 電 局 長

蔣 子 龍

一

　　能容納五千人的體育館大廳裡，像同時開場了五十台大戲，堅固的回音壁，似要被強大的聲浪衝開了。

　　這個代表隊拉那個代表隊唱戲，齊聲呼喊："叫你唱，你就唱，扭扭捏捏不像樣！"那個代表隊又拉這個代表隊唱歌，同樣回敬一段群口快板："革命歌曲大家唱，我們唱完你們唱。"

　　除此之外，還有多少熱切的目光相遇，多少粗硬的大手相握，多少烈火般的話語，多少歡快的笑聲。這些人頂多就是一兩個月沒見面，你看他們卻像是十年分別又相逢，你向我有取不完的經，我對你有送不完的寶。有站著講的，有坐在座位上說的，也有邊走邊談的。

　　大廳外是三十多度的伏天高溫，又熱又悶，悶的人喘不上氣來。大廳內飛騰著百度熱浪，卻熱得痛快，熱得爽氣。

　　這是什麼比賽呀？這麼隆重，這麼熱烈！

　　叫"比賽"也可以，但這是一種規模更大、更激烈、更複雜、更宏偉壯觀的一種比賽 —— 機電工業局工業學大慶經驗交流大會。

　　看那主席臺上，毛主席像下長條桌上擺著多大一排獎旗、獎狀；看那坐在主席臺前邊第一排上等待發言的，是一張張多麼激動而又信心百倍的臉孔。這是機電局的大盛會。大廳裡坐著從全局三百多個企業、三十八萬職工中選出來的學大慶先進單位和先進個人的代表。有的是一個公司,有的是一個大廠,組成一個代表隊。

機電局黨委書記雲濤,是個細高挑,他被人圍著,這排椅子上坐一會,那排椅子上坐一陣,和代表們說著,笑著。他本不會吸煙,卻有個毛病,愛擺弄別人的煙盒,欣賞各種香煙的商標,有時還抽出一枝放在鼻子上聞一聞,甚至拿起別人的煙斗鑒賞著,同時繼續他的和煙斗毫不相干的談話。這工夫,他又拿起了電機廠革委會主任老胡的大煙斗,老胡趕緊奪過去,害怕似的說:"你玩起煙斗來不撒手,我可受不了。"他的話引起一陣哄笑。老胡接著說:"老雲,要講究品煙,你是假內行,真外行。要數行家還是咱徐副局長,有一次我開他的抽屜,嗐,我的老天,擺著好幾種名牌香煙。""哎,徐副局長蹲點創奇蹟,今天應該給他掛彩,怎麼他還沒來?"汽車廠的黨委書記張練插了這麼一句。

大家都向大廳的進口處望去,果真從過道上晃晃悠悠走來一個人,愣高愣大的個子,格外招眼。看他走得很慢,步子也很重,可跟他同行的人幾乎是小跑才能跟上他。他邁一步頂人家邁三步。腿長,胳膊長,全身處處都給人以長的感覺,就連那手指頭也像小榔頭把兒似的。這條大漢,真像俗話說的:站著像棵樹,躺下賽只虎。張練高興地說:"咱們的'健將'來了。"來人是水泵廠黨委書記姜永豐,頂多也就三十二三的年紀。

老胡站起來大聲招呼:"大姜,這兒坐。"大姜三步兩躍過來了。

雲濤笑了:"可惜你這麼大的個,不去打籃球,不然,準是一個球場上的健將。"

大姜說:"不行,我一到球場上就抓瞎。眼看著球掉在自己腳底下了,我還沒彎下腰,早叫人家搶跑了。"

大家笑了。

張練說：“你們可別聽他把自己說得那麼笨，他可不笨，抓工作又狠又準又靈活，年年跑到咱前邊去。”老胡贊同地說：“嗯。叫我說他幸虧沒去打籃球。要不，國家多一個球場上的健將，咱們局就少一個工廠的健將，缺一個‘扛大旗的人’。”

大家哄地笑了。原來，在文化大革命中，水泵廠工人造反大軍開會遊行，都叫大姜在頭裡扛大旗，他個子高，步子大，扛起紅旗也格外高出一頭，特別顯眼。外單位的一看這高高的扛大旗的人，就知道是水泵廠的隊伍來了。黨委書記雲濤用喜愛的目光打量著這個“健將”，他和老霍早就看中這個思想敏捷的大個子了。

這幾位都是機電局黨委成員，又是大會主席團成員。人們發現，現在主席臺上就缺兩位局長了。

徐副局長不經念叨，就在這時候，一輛蘋果綠色的小轎車，停在體育館門口，司機打開車門，從小轎車裡走出副局長徐進亭。他又高又胖，五十出頭的人了，大臉盤子紅潤潤地閃著亮光，一點褶也沒有。褶都到哪裡去了呢？到脖子後邊去了。一嶺嶺肉崗子，一團團肉疙瘩，走起路來顛打顛打的。他走出車門，沒有急著登臺階進大廳，揚頭端詳著彩飛霞飄的體育館，從容地從兜裡掏出煙吸著。

體育館正門上面橫著一條幾丈長的大會會標，鮮豔豔如彩虹當空；館頂幾十桿紅旗，似紅雲染天。廊下架著十面大鼓，幾十個鼓手正擂得驚天動地，迎接到會的代表。徐副局長滿意地笑了。今天是慶功擺好的日子，就該有慶功的氣氛。很多人都跟徐副局長打招呼。他微笑著點點頭，碰上比較熟識的基層單位負責人，還把自己的香煙遞過去；碰上姑娘們，他還好開個玩笑，拉拉她們的小辮子，逗得姑娘們嘻嘻哈哈地跑了。此時，徐進亭的心境像館頂上的紅旗那樣舒展。六月初，局黨委要往礦山機械廠派蹲點組，徐進亭是分工抓生產的副局長，他本不樂意下去。局長霍大道倒是主動提出要去，常委會上都不同意。黨委書記雲濤提出叫徐進亭帶領蹲點組下去，大家齊口同聲地贊成。徐進亭點頭了，但心裡並不痛快：這不明明是說全局生產萬萬離不開老霍，而有我，沒我兩可嗎？他憋著一點小氣來到礦山機械廠。礦山機械廠一把手剛調走，二把手于德祿是個"快三斧"式的人物，你三句話一煽他就上勁，你拿個火把往他屁股下一放，他就敢跳起來去摘月亮。這個月一下子創造了礦山機械廠歷史上生產的最高記錄，產值超過指標一倍半。這個奇蹟能說跟局蹲點組沒有關係嗎？徐副局長心裡真像插了翅膀，又扇又抖，很有點得意哩。大前天，他給報社打了個電話，希望報社給礦機廠發條消息，估計近日能見報，這也會給大會添上一筆彩。

　　徐副局長有點像過去領著部隊打了勝仗又回到根據地時的勁頭。他邁步要登主席臺，聽見身後有人叫，他回頭看見一個人正從大門口跑來，手裡拿著一卷紙。來人就是礦山機械廠黨委副書記于德祿。粗墩墩的身架，粗悍而又大膽的目光，強勁有力的大下巴，好像要有一根鐵棍送到嘴裡，也能"哼嗙"一聲咬斷。徐進亭迎下臺階："德祿，發言稿寫好了？"

　　于德祿說："咱那幫秀才們不行，編出來的詞太軟。根據昨天咱們碰的意思，我自己開了個夜車，改了改。你看看吧。"

　　徐進亭看著于德祿，心裡想，這傢伙真是虎將，可就是只能順著給他扒拉毛，不能惹翻他。於是嘴上說："我不看了，你過完手就差不多了。"

　　于德祿從口袋裡掏出一份報紙的校樣遞給徐進亭："你看，報社要登消息，叫廠黨委審稿，誰告訴他們的？他們這樣說，我心裡可沒底。"

　　徐進亭笑了："很好，給我吧，我叫雲濤同志看看。"

　　"徐副局長，咱們的品種沒完成。"

　　“關鍵是產值。一個國家有沒有赤字，要看金子存了多少；一個工廠辦的好壞，首先要看爲國家賺錢多少。你看，這個大會開得多是時候，你六月份創造了奇蹟，反過來奇蹟也會給你幫忙。”

　　“這種奇蹟好創，你願意要，我下月還可以給你創一個。”

　　徐進亭一擺頭：“我要這個有什麼用？國家需要工廠多創造產值，工廠需要精明強幹的頭頭。你們廠是全局第九大臺柱子廠，替局裡挑著大頭，像這樣一個大廠的一把手在局裡說話都是占分量的。這個月你打了一個漂亮仗，證明你能挑起這個大攤子。”

　　“說實在的，徐副局長，我可沒有想那麼多。”

　　“你是頭頭，不想多點還行？一個幹部要會掂量工作擔子的分量，更要會掂量自己的分量。文化大革命以後，我們這些五六十歲以上的老傢伙們，差不多都到了退休的年齡，正該你這樣的承上啓下頂起來。如果說老將們是開國元勳，你們就是建國功臣。”徐進亭今天心情愉快，掏肺窩子向于德祿說了這許多知心話。

　　于德祿既感意外，又大覺驚奇，徐副局長一個月來說的話加在一起，也沒有今天說得多。一個月只到車間轉過有數的幾回，沒拍過一次板、決定過一件事情，今天卻對這個大會這麼感興趣？

　　說心裡話，于德祿平時對徐副局長並不怎麼瞧得起，他們是兩種完全不同類型的人。于德祿，爭強好勝，不甘居下游，也愛榮譽。他要是認準一件工作抓起來，那真叫拼命，甚至全力以赴到狂熱的程度。意志頑強，勇氣百倍，作風潑辣，加上又精通業務，年齡還不到四十歲，精力旺盛的能摟死一頭豹子。誰敢說他不是一員幹將！徐副局長和他正反了個。于德祿認爲，這位副局長是一個不前不後，不左不右的老滑頭，聽到矛盾就愁，遇到矛盾就躲，矛盾碰到他頭皮上，不解絕不行了，也不敢鬥，跟著這樣的領導幹工作，純粹是活受罪。可今天他爲什麼竟講出了這一番理論。于德祿隱隱感到了一點，這一個月，徐副局長比在局裡上班更來得晚，走得早，對什麼事都是不介入，不過問，不操心，不負責，端著一種居高臨下的超然姿態。可今天，礦機廠做出了成績，他又儼然成了指導礦機廠取得今天成績的領導人。

可見，一些對黨的事業無所用心的人，對自己的問題、對名利地位卻並不一定也無所用心。

不管怎麼說，今天徐副局長的所言所行，還使于德祿比較高興，他的勁頭又上來了，一揮手對從身後跟上來的廠辦公室主任韓風說：「你注意一下，等報紙出來了，買它一萬六千份，全廠職工每人發一張。」徐進亭也表示贊同地點點頭。

徐進亭拿著報紙的校樣，走上了主席臺，推薦給領導同志們看。雲濤看看校樣，又看看徐進亭那矜持掩不住喜氣的臉色，他屋簷似的眉峰跳了一下。

主席臺上的人各就各位了，大廳裡也安靜下來，開會的時間快到了。可大會籌備組的人更焦急了，因為大會主持人霍局長到這時候還沒來。主持會倒可以換個人，可最後還要由他做總結報告呢！一會兒，連主席臺上的人也著急了，紛紛把目光投向雲濤。雲濤倒很沉得住氣，只管輕鬆地和姜永豐交談著，姜永豐眼望大廳的入口處，嘴裡很有把握地說：「不用急，霍局長時間觀念最強，絕不會誤事！」

二

在這全局大喜大慶的日子裡，身為局長的霍大道幹什麼去了呢？

霍大道有霍大道的想法，有霍大道的作風，頭一天晚上他就給司機小萬打了招呼，在早晨六點鐘把吉普車開出來等他。難怪基層企業的頭頭們都親昵地稱小萬是「二局長」，她對機電局幾個領導幹部的脾氣秉性摸得可透了，今天早晨不到六點她就把車從庫裡開出來了。她聽到霍局長正在屋裡打電話，這電話打了足有半個多鐘頭，給二十幾個重點企業都打了電話，有的找廠領導幹部講話，有的找值早班的統計員說幾句話，還有的直接和生產組長、工人談幾句話。有的問七月份計畫佈置下去沒有，有的問生產上有什麼問題。出其不意的抓住了一些重要情況，找一些意想不到的人接電話，問的往往又是一些關鍵性的問題。從霍大道嘴裡是不容易聽到一個"好"字的，"嗯"一聲就算好傢伙了。今天早晨和這些工廠的通話中，不僅對每一個廠都"嗯"一聲，有幾個單位還使老霍情不自禁地說了一聲"好"。小萬明白局長的意思了。今天是七月剛開頭，時間過半任務也過半了；剛度過了緊張的第二季度末。今天又是月初又是季初，是工廠裡最容易鬆勁的日子。更何況今天又是全局開大會慶大功的日子。局長這是考一考在這召開工業學大慶大會的時刻，有多少工廠勁繃得更緊了，有多少工廠勁鬆下來了。考的結果，他是滿意的。小萬笑了，莫怪工廠的頭頭們背地都喊他"霍大刀"哩！他思想敏銳像大刀，說話像大刀，作風又快又狠也像大刀。全局三百多個工廠，那一個單位都不敢打保險他不會突然打個電話來，或者突然在你的車間、班組裡出現。他隨時都可能到基層的某個工廠去，但是他更知道他應該到哪裡去，哪裡最需要他。他不是那種"兩眼一睜，忙到熄燈"的事務家，他是熟悉人頭，會使用幹部的人。他總是擺脫日常瑣細的事務，考慮全局工作中不知在那一天會突然爆發出來的潛在問題。這真是一把劈山開路、斬關奪隘的"大刀"。他砍到哪裡，哪裡的困難變成泥；他剁到哪裡，哪裡的問題變兩半！

　　老霍打完電話從屋裡走出來。他也有五十開外，中等身材，穿一件白布短袖汗衫，下身是一條藍褲，腳穿一雙千層底布鞋，就像部隊上戰士發的布鞋一樣，大針粗線納的底，走起路來跟腳、得勁。老霍比較瘦，但目光堅毅，神采逼人，通身有一股子勇武果斷的威勢。

小萬問："到哪兒去？"

老霍說："北灣工業區，礦山機械廠。"

"一會還要開會，打個電話問問吧。"

"有的單位可以用電話問，有的單位必須親自去。"

汽車先經過幾個小廠，老霍叫停住車，站在廠子外面凝神聽著車間裡的節奏。小萬讓他進去，他擺擺手："不要驚動他們。你聽，這'殺 —— 殺'，是五〇車床，運轉的正得意。'鏗 —— 哧'，這是龍門刨床，啃的多狠！那'呼呼呼'攪著風山響的是插鑿機。"

看老霍那神情，如醉如迷，真好像在聽一個精彩的音樂會哩。

小萬閉住呼吸也使勁聽，可就聽不出那些名堂，只聽見廠子裡轟轟隆隆響成一片。

老霍笑了："敲鼓放炮，各有一好。我就喜歡欣賞這機床演奏的音樂會。一進劇場就不行了，那還得看你們小青年的，什麼'沙克司'、'單簧管'，我可分不清。"

小萬被說得咯咯笑了。

他們來到礦山機械廠，老霍的目光突然嚴峻了。這裡一片安靜，沒有火爆爆的工廠氣氛，聽不到鋼鐵碰擊的節奏。他們走進廠門口，廠裡冷冷清清，只在大道中央孤零零豎著一塊木板，木板上貼著一張黃紙通知：

> 六月份全體職工不計報酬，不計時間，大幹苦幹，超額完成了任務，廠革委會決定放假兩天。

旁邊還有人用鋼筆批了一行小字："這叫大幹大歇，與其現在大歇，何必當初大幹？"

于德祿又出花點子了。老霍拐進了鑽機車間，設備全停著，沒有一個人影。不生產，竟也不利用這停產機會檢修設備，有這樣領導企業的嗎？老霍花白的眉梢一起一落，眼角的皺紋一伸一縮。小萬知道，局長不滿意了。

他們在車間東頭，看見十幾個工人在安裝鑽機。老霍認出了戴長簷工作帽的正是裝配工靳寶太，就走過去問：「靳師傅，你怎麼沒有去開會？」

工人們一看是局長，就放下活計走過來，靳寶太說：「我沒臉去開那樣的會！」

青年工人們生氣地說：「靳師傅給廠裡提意見，不同意突擊老鑽機，主動裝配二五〇新鑽機，廠子說沒有完成超額計畫，沒有批準他當代表。」

老霍從一進廠門口就覺察到這個廠氣氛不對了，嚴峻的目光詢問似的盯住靳寶太。靳寶太說：「我們廠六月份走了岔道！」他領著老霍來到成品庫貨場。這裡堆著成垛的衝擊鑽機，老霍一下子明白了。小萬還不明白地問：「這些成品怎還不發出去？堆在這兒又占貨位，又積壓資金。」

靳寶太說：「這都是老爺、太太式的玩藝，又嬌氣又不好用，誰願意要！我們于副主任撒下人馬去了，到各礦山去推銷。」

「沒人要還生產這麼多幹什麼？」

「這玩藝產值高，來錢快啊！幹這個幹了多少年，輕車熟道，閉著眼睛一月也能出它幾千台。要爭先進，撈榮譽，不找這個便宜還行！」這個造了半輩子鑽機的老鉗工，說出的話和他的人一樣，像鑽頭一樣堅硬，鑽桿一樣耿直。

老霍問：「二百五十毫米潛孔鑽機出了多少台？」

靳寶太回答說：「廠子的計畫上一台也沒有，上個月試製時還剩下一批零件，我想利用這兩天放假把它裝起來。」

老霍說：「你知道嗎？靳師傅，一台潛孔鑽機的效率要比三台衝擊鑽機的效率還高．這種新鑽機是礦山急需的設備。部裡三令五申，叫我們在六月份之前試製過關，八月初礦山發洪水之前要拿出四千台。你們五月份就試製過關了，樣品在礦山受到了礦工的讚揚，礦山來了祝賀信，部裡打來電報表揚你們。六月份應該淘汰老產品，全部投產新鑽機，搞工裝，建設備，在試製成功的基礎上前進一大步。這個月，不僅沒進，反而又退回去了。"

靳寶太說："我們都有責任，對不起國家。一開始就知道任務來晚了，大幹。到月底才覺著不對勁，已經晚了，提意見也是馬後炮了。"

小萬埋怨地說："老于怎麼搞的？徐副局長不是在這兒蹲點嗎？"

靳寶太說："有人嫌我說話紮耳朵，那個局蹲點組是油星子漂在水上，沉不下來。"

老霍問："設備情況怎麼樣？"

靳寶太說："你看，二十米、落地鏜、萬能銑，這都是咱局的眼珠子，全趴蛋了。拚人力，加幾天班，睡他一大覺就緩過來了。拚設備，小馬拉大車，大馬拉火車，馬不死不卸車，把設備拚了個稀裡嘩啦。真叫人疼得揪心！"

"你這個堅持‘三老四嚴’的老標兵，就爲提了這麼多意見，才沒有被選爲代表？"

"工作做成這份奶奶樣，有什麼臉面進工業學大慶會場！"

"去學習別人的先進經驗，開闊眼界。一會跟我一塊去。"老霍走出鑽機車間，向鑄造車間走去。礦機廠車間這麼大，面積這麼廣，小萬想把車開到車間門口，省得老霍多走路。她順著廠區大道向廠門口的停車場走。大道左側有兩棵枸杞子樹，像兩把巨大的綠傘。只在傘頂上稀稀落落還留著幾個紅瑪瑙般的枸杞子。樹下坐著一個青年人在專心畫畫。小萬一見可來了氣，走過去喊："小強，你不是告訴我說，被選爲代表了嗎？還坐在這兒於什麼？"

小強騰地站起來，看見小萬那責備的、刀子似的目光，一時倒不知說什麼好。這小夥子，高個，身材勻稱，短頭髮蓬蓬著，眼睛細長，長得俊氣，沉靜。

小萬一見對方不說話，眼睛還是只盯著手裡的畫板，聲更大了：「人家靳師傅不去開會，是領著工人大幹。你可倒好，不知是真選成了代表還是唬弄我，會也不開，活也不幹，廠子路線走偏了，你也不管不問，倒有閑腸子坐在樹底下畫畫玩！你還是什麼青年突擊隊長，還申請入黨，嗯？」小萬的嘴裡像炒蹦豆，連三並四說得小強臉一紅一白，話更不趕趟了。憋了半天，才從口袋裡掏出一張機電局工業學大慶經驗交流大會的出席證，遞給小萬：「誰唬弄你……」

「是代表又怎麼樣？單純追求產值，不管國家急需，有這一條就不配做大慶式的工人。」這姑娘把對礦機廠的意見全殺在小強身上了。好像這個廠拚壞了設備，沒搞出新鑽機，影響了大打礦山之仗，都怪小強似的。

小萬繼續說：「我多咱反對過你畫畫？但要長個眉眼，不看這是嘛時候！畫這個能當鑄件用，還是能當鑽機使？真不爭氣！」小萬一邊數落，一邊從畫板上把圖移扯下來，差點沒撕壞。小強心疼地「哎」了一聲，一見小萬那刀子似的目光在自己臉上一剜一剜的，就沒有再吱聲。這工夫卻有一隻大手從小萬身後伸過來，把畫稿拿過去，小萬一回頭見是老霍，就瞪了小強一眼，沒有吭聲。小強見局長來了，更加局促不安，眼睛也不敢抬了。

老霍看著畫。畫面上的背景是雄偉的標語塔，高大的廠房；再遠處是波濤激蕩的大海；上面是海水般的藍天，火焰似的朝霞；畫面中央是一個英武的鑄工，吹著哨子，指揮著雷霆萬鈞的鋼水包；鑄工腿下騎著一區鋼鐵的駿馬。老霍一眼看出，這不是駿馬，是鋼龍 —— 鑄造生產流水線。

題目是：乘勝前進。

畫幅不寬，好大的氣勢！

老霍邊看邊說："這不能當鑄件用,作用卻絕不會比一個鑄件小。"他忽然盯住眼前這個小夥子問:"強秉志,大門口的通知上有人用鋼筆批了幾個字,反對大幹大歇,那是你寫的吧?"

強秉志有點緊張,但還是老實地點了點頭。小萬在旁邊驚喜地看了小強一眼,心裡說:"這個蔫大膽兒。我剛才問的嘴上都起了泡,他連一點風都不透。"她就不想想,自己說起話來像打衝鋒槍,哪有人家插嘴的空兒!

老霍又說:"你是用這幅《乘勝前進》的畫正面向廠領導提意見,用乘勝前進的鑄工這個藝術形象,告訴大家不要大幹大歇,不能停步不前,更不能退步。嗯,這幅畫有點意味。"

聽到局長的表揚,強秉志又驚又喜,人們都叫局長"霍大刀",這雙眼睛可真像"大刀"一樣厲害,什麼事情叫他一看就全透了。小萬臉可有點紅了,一雙晶亮的眸子抱歉地瞅了小強一眼,小強倒怪不好意思的憨厚的笑了。

老霍:"小強,剛才我到鑄造車間去,看見拉開架子要幹鑄造生產流水線,那是你們共青團突擊隊幹的吧?"

強秉志應了一聲。

"人吶?"

"都被于副主任拉到會場等著打鼓報捷去了。"

"噢?"老霍沉了一會兒,說,"你找點糨糊來,把這張畫貼在大門口,後天一上班要讓全廠的工人都看見它。"

強秉志感到有點意外,著急地說:"這畫得還不好,原來打算貼在我們車間裡的。……"

小萬睞了他一眼,響快地說:"我去貼。"

老霍叫小萬把畫貼在了"通知"的上畫,引人注目地放在大道中央。一邊貼著畫,老霍問小萬:"你怎麼認識小強?"

小萬說:"我們都是一起分到機電局的。在分配工種的時候,聽說鑄工又髒又累,鬧不好還得矽肺病,沒人願意去。小強卻寫了大字報，還三番五次找到管分配的人要求去當鑄工。別看他平時像個沒嘴葫蘆，心裡可有蔫主意了。當時我也要求去幹鑄工，我爸爸就是鑄工，還能讓鑄造這一行後繼無人！打邢我們就認識了，可勞資處說嘛也不讓我去。"

聽完小萬的話，老霍"嗯"了一聲，小萬偷眼看看局長的臉色，在生產上他"嗯"一聲表示滿意，現在這聲"嗯"表示什麼意思呢？

老霍說："小萬，你去把靳師傅喊來，咱們去開會。"說完自己先坐進車裡。

小萬答應一聲就向鑽機車間跑去，強秉志追上她，小聲說：

"你等我一會兒。"

"幹什麼？"

"我有點事。"

"有事快說。"

"你等一會兒嘛……"

小強憋得臉又有點紅了。小萬見他這個吞吞吐吐的樣子，繃住臉嚴肅地說："你邢舌頭是鐵打的，不會拐彎？看你說句痛快話這個費勁！要是沒正經事就算了。"小萬說完話扭頭就走，強秉志著急地說："是正經事。"說完也扭頭跑了。

小萬找靳師傅回來，小強也滿頭大汗回來了，手裡拿個紙包，遞給小萬，小聲說："這是枸杞子，你給霍局長叫他泡酒喝，是滋補身體的。"

小萬接過沉甸甸的紙包，心裡感動了："誰告訴你的這個法兒？"

"徐副局長。"

"看不出，你的心還這麼細。"

"誰像你，心同嘴一樣粗。可別告訴徐副局長。"

小萬一怔："為什麼？"小強說："這枸杞子都叫他摘走

了，看他多壯。我一想霍局長又是動脈硬化，又是心絞痛，就摘了一包留下來了。"

兩個人正說著話，靳師傅從後面趕來了，拉住小強說："秉志，你不是代表嗎，怎麼也沒去開會？走，跟霍局長的車一塊走。"

強秉志有點局促，剛要推辭，老霍在車裡說話了："上來吧。"

"你這個突擊隊長不學學別處的好經驗，不多長長見識還行！"靳師傅說著話就把小強捺在司機旁邊的位子上。小強身上像長了蟲子，咕咕悠悠很不自然，想到後面去坐。靳師傅說："你就坐在那兒吧，我和霍局長坐在一塊好說話。"

小萬心裡發笑："我又不是獅子老虎，還能把你吃了？"她一捺喇叭，車子開動了。

三

大會籌備組的人正焦急，老霍來了，準時宣佈大會開始。機電局黨委書記雲濤，做了簡短的開幕詞。便開始由先進單位和先進個人介紹學大慶的經驗。

代表們坐在這樣的會場，聽著這樣的報告，會是一番什麼心境呢？

有人曾連續幾個小時，看樣板戲折子戲專場演出；有人曾連續幾天看完樣板戲電影周；那種心境就象參加這樣的會一樣。一椿椿動人心魄的事蹟，如江河奔騰，源源流不斷；一群群平凡而偉大的工人英雄，似奇峰突起，一峰連一峰。會場上有時靜得連有人激動落淚都聽得到；有時又像山呼海嘯，有人拍紅了巴掌還不覺疼。

這一個個發言裡，有鋼，有火，有血，有熱！比舞臺上的場面更感人，比銀幕上的英雄更壯美。

靳師傅看見了于德祿，他把一個煙捲盒展平，叫強秉志寫了幾個字，傳到了于德祿手裡。于德祿很奇怪，打開紙條：

> 聽聽人家的經驗，咱六月份算幹的嘛？你最好把介紹經驗改做自我批評。
>
> 　　　　　　　　　　　靳寶太　　強秉志

"啊，老靳不是代表怎麼也來了？"于德祿生氣地把紙條團了一個蛋蛋，扔到椅子底下。下一個就輪到他發言了，這不純粹是來拔氣門芯嗎！

主席臺上，老霍向身邊的雲濤小聲說著什麼。等到這個發言已經結束，于德祿準備上臺了，老霍卻報了另一個人的名字。于德祿沒有因為不上臺鬆一口氣，情緒反而更緊張了。他不明白事先定好的程式為什麼臨時變了，是不是霍局長有意讓他壓陣？

礦山機械廠沒有壓陣。下一個報的是局長霍大道作總結報告。

老霍作報告有個習慣，準備稿子的時候要求嚴格極了，一字一句認真核實反覆琢磨。但上了台，並不念稿子，有時甚至不看稿子。幾十個先進單位、成百上千的先進人物名字，一長串一長串的數字，講到那兒，順嘴就出來了，不打頓，不用現想。這些人物、這些事蹟、這些數字早就印在他腦子裡了，什麼時候用都是現成的。他說話聲音並不很高，也不誇張，不用那些花裡胡哨的形容詞兒，可是乾脆有力，自有一種抓人的力量。你看，大廳裡坐不下，還有不少人墊張紙坐在過道裡，低頭拿小本子記著。他發言的時候就是這樣，不管禮堂裡坐多少人，保險沒有出來進去亂走動的。沒有人把門，也絕不會有人提前退場。

老霍先講了上半年機電局開展工業學大慶運動取得的成績。于德祿支起耳朵聽，沒有聽到自己廠的名字。心裡就有點憋不住了。最後，老霍講到還存在的不足時，和礦機廠沾上邊了，于德祿汗毛孔都漲大了：

"有這麼一個廠的領導幹部，一進車間，嗓子喊起來，眼睛瞪起來，袖子挽起來 ── 勁！自己有勁，盯的是勁。這是好的，領導幹部沒有幹勁還怎麼領？怎麼導？沒有幹勁就不叫 '幹部'。但是勁要用在正道上才有大成效。這個廠不惜老本，拚壞了設備，吃完了家底，單純追求產值，為的是什麼呢？要在這個講臺上講一個小時經驗，拿一面獎旗。當然也還有其他名利地位的錯誤想法了。這是資本主義的辦企業路線。路走偏了，勁越大不是危害越大嗎？"

臺上，徐進亭發狠地吸煙，吸一口，煙就燒掉半截。

台下，于德祿頭皮一炸一炸的，他哪吃過這個，要不是在這麼隆重的大會場，他非跳起來不可。這位 "大刀局長" 可真是刀下不留情，礦機廠是徐副局長蹲的點，他就不考慮和同級幹部的關係，今後怎麼處？所好的是還沒有點出名子。

"嗯，" 老霍又說下去，"國家急需先進的高效率鑽機，你卻非要幹落後的低效率鑽機；國家需要高大精尖的設備，你卻抱著老掉牙的產品不放。表面上看是完成了產值產量計畫，實際是胡弄國家，拖社會主義建設的後腿。" 哎呀，礦山機械廠名氣那麼大，這不跟點了名一樣嗎！

于德祿火了，脖子梗梗著，一雙鷹眼尖銳地盯住老霍："好啊，我們拼了一個月的命，產品碼成垛了，倒成了拖後腿了，人家報社也瞎眼了嗎？徐副局長也走錯了路？"

老霍繼續說："話要說明白，個別單位犯了錯誤，不要怕這怕那，縮手縮腳，我們支持你們。犯了錯誤，認識錯誤，改正錯誤，我們就還是支援你們。局裡也有責任嘛。"

徐副局長頭嗡地一下。

"要有不怕被打倒的決心，你自己不倒，別人是打不倒你的，過去那些被打倒的人，大多是他們自己倒了台。更不要相互埋怨，特別是不能埋怨群眾，世界上哪有不敗的常勝將軍？過去打了敗仗從來不罵戰士。……”老霍還在說什麼，徐進亭再也聽不進去了。

“老霍爲什麼雞蛋裡挑骨頭？是對這個廠，還是對我？”徐進亭被這個念頭苦苦纏住了，他面前那份報社的校樣也被老霍畫了幾個大問號。

四

宣佈散會，大廳裡響起了高亢的樂曲聲。人流從幾個出口向外湧去。于德祿卻似一條黃鑽魚，逆頂著人流向主席臺奔來。有人和他開玩笑，有人跟他打招呼，他全沒聽見。三躥兩蹦上了主席臺，抬頭看見老霍深邃的目光正望著自己，心裡打個怔兒，穩了穩神，免得感情太衝動，對局長說話出了格。他抄起講桌上滿滿一杯涼茶，一仰脖倒進肚裡。老霍看看他，沒出聲，又給他斟上一杯。于德祿沒有再喝第二杯茶，卻走到徐進亭的條桌跟前，拿起徐進亭正要往兜裡揣的煙盒，抽出一枝，點上火，長長地吸了一口，而且把煙全吞下去，沒有讓一絲一縷的煙霧從嘴裡、鼻子裡跑出來。這才開口：“霍局長，你在總結報告中提到全局超額完成上半年國家計畫，上繳國家三百五十個億。這裡邊包括不包括礦山機械廠這個月上繳給國家的五千萬利潤？”

老霍說：“包括。”

“可你批評我們幹了五千萬吶？”于德祿的瞳孔像劃著的火柴頭，要燙人：“這五千萬歸到局裡就成了局的成績，可創造這五千萬的礦機廠，又受了累，又挨了批，我們真成了豬八戒照鏡子 —— 兩面不是人！”

老霍說：“問題不在你搞出了五千萬，而是爲了追求這個五千萬，丟大局，保自己。你們廠搞了個五千萬，國家在別的地方卻損失了幾個五千萬。”

于德祿說："這賬是怎麼算的？"

老霍說："這個月你沒有拿出應該拿出的兩千台潛孔鑽機，而一台新鑽機的效率要頂三台老鑽機。你看，你爲了自己一個五千萬，至少影響了礦山少拿三個五千萬。而且你這個五千萬到現在還僅僅是個虛數，還在你的貨場上積壓著，礦山並不喜歡你這些產品。國家需要的你不幹，不很需要的你卻幹出來存著。"

于德祿說："不很需要並不等於一點不需要。我保證那些衝擊鑽機一台剩不下。"

老霍說："說是這樣當然更好，但也並不能說你六月份幹對了。"

于德祿被堵得沒詞兒了，頓了一會兒，又說："如果非說礦機廠有錯誤，這也是犯了個光榮的錯誤。"

老霍偏著頭，眯眼盯著于德祿，哈哈笑了："你呀，于德祿，真有本事，是語言學家，給錯誤還加上這麼好聽的形容詞兒。錯誤也有光榮和羞恥之分？"

于德祿並不覺得這有什麼好笑的："反正完不成計畫得低著頭進這個大廳，我怎麼揚頭進來，還怎麼揚著頭出去。"

"不光是揚著頭，尾巴也能翹起來當旗桿了！"老霍口氣凌厲地問道："你們廠品種計畫完成了嗎？"

于德祿脖子一梗，說："第一項是產值計畫，產值上去了，怎麼說怎麼有。產值上不去，別的吹破了大天也不行。"他今天這一肚子火氣不泄出來憋得難受。

站在一邊旁聽的徐進亭，卻覺得于德祿的話說得太直太露了。他本打算會一散就回家的，好好琢磨老霍對礦機廠說的那番話，想想自己下一步怎麼辦。可還沒起身，就看見于德祿風急火熱地找上臺來了，他生怕這傢伙把早晨他在體育館門口說的話也給甩出來，就沒有走，站在旁邊聽著兩個人談話。沒想到于德祿竟這樣直言不諱地和老霍爭論，給人的感覺是于德祿那個大腦殼裡叫利潤坐了帥位。這倒多少洗清了自己。

　　老霍拉于德祿坐下，正要細談，雲濤走過來說：“局裡打來電話，部長來了。”

　　老霍說：“專程到我們局來的？”

　　雲濤說：“順道路過，瞭解一下我們的情況。聽說到東北去，有個新任務。”

　　老霍一激靈說：“沒問是什麼新任務嗎？”

　　雲濤搖搖頭：“走吧，咱們去看看。”

　　徐進亭趁機過來對于德祿說：“德祿，正確對待吧，老霍要去陪部長，以後再談吧。”

　　于德祿想站起身走，被老霍捺住了。老霍對雲濤說：“你和老徐先去，我和于德祿說幾句話，馬上就回去。”雲濤和徐進亭一走，他就問于德祿：“你剛才說的是氣話，還是真心話？”

　　“是氣出來的真心話。”

　　“噢！”老霍點點頭，“目前各廠理論隊伍都在學《資本論》，你學了沒有？”

　　于德祿看著局長，只好說：“學了一點。”

　　老霍說：“還記得這麼兩段話嗎：‘**資本和它的價值增殖，表現為生產的始點和終點，表現為生產的動機和目的**’，‘**資本的目的不是滿足需要，而是生產利潤**’。這是什麼意思？”

　　于德祿說：“你別考我了，《資本論》我還真啃了一段時間，你忘了，這是三條石學徒出身，在資本家的工廠裡讀了活生生的‘資本論’，這個問題還不明白？就是說資本主義生產的惟一目的，是最大限度地追求剩餘價值和超額利潤。”

　　老霍說：“資本家追求利潤的目的是為了進一步擴大競爭實力和剝削規模。那我們搞社會主義生產的目的是幹什麼呢？”

　　“嗯？”

　　“嗯！”老霍說，“你瞪眼幹什麼？別看這個問題簡單，你回答得不好，做得更不好。"

　　于德祿不服氣，一口氣地說："發展經濟，保障供給。怎麼樣？"

　　"還有，備戰、備荒、爲人民。這就必須不斷肅清利潤掛帥、產值第一的修正主義辦企業路線的流毒。第一是要保國家的需要，而不是先保自己和小團體的名譽地位。應該想全局，千方百計爲全局，拿出國家急需的大型、關鍵的產品。"

　　于德祿還在氣頭上，聽不進這些，覺得這些大道理連統計員都知道。就說："霍局長，我難道連這個道理都不懂？"

　　"說起來懂，幹起來錯，這算怎麼個懂法？明明是在辦企業路線上走了一段彎路，還振振有詞，給自己戴上了光榮的帽子。你就是這樣懂啊？"

　　"我路線錯了，你們局領導是怎麼領、怎麼導的？我們這樣幹是徐副局長點了頭的，到今天早晨還給我打氣挑大拇哥呢。你們局長一人一個調，這個給我個熱火罐抱著，那個送過一塊冰叫我摟著，我們基層幹部算遭洋罪了。"

　　老霍估計到了這一點，心裡想："老徐，到基層蹲點難道能用這種辦法蹲出成績嗎？"他剛才批評礦機廠時，口氣上格外注意了。沒想到于德祿這麼直通通端出了徐副局長來堵自己的嘴。沉了一會說："基層單位這樣幹，局裡當然有責任，而且由我負責任。但這樣做是錯誤的，這是無疑的。老徐哪裡我會對他說，你回去開黨委會，統一認識，然後向群眾做檢查。"

　　"檢查？"于德祿眼眉又挽起來了，"局長同志，這個月我們幹了三個五，上繳利潤五千萬元，拿下五萬噸礦山機械，出了五百名先進人物。你查一查礦山機械廠歷史上有過這樣的記載沒有？"

　　"還有一個五怎麼不提？國家要求完成五百種產品！"

　　"完成三個五你不提，一個五沒完成揪住不放。"于德祿越說氣越大，"好，到年底，保證一項不差！"

"大雨卻不等你到了年底再下，礦山八月初就要四千台潛孔鑽機。"

于德祿一揮手，說："下月補齊！但你批評我可以，你可以對我不開加油門，專踏刹車閘，我可不能給群眾拔汽門芯！"

老霍並不著急，說："掩蓋自己領導上的錯誤，來照顧群眾情緒，這可不叫加油。路線不端正，是拿錐子紮車胎，群眾的積極性絕不會鼓起來。"

于德祿不吭聲了，只顧悶頭走路。兩個人已經走出了體育館大廳。老霍看看他，緩了口氣說："你這股情緒很不對頭，我們學大慶到底學什麼？這個問題在你腦子裡並沒有解決。我不大相信你帶著這種情緒能貫徹好大會精神，能領著群眾趕上來。"

"好吧，我接受批評。往後，局裡怎麼說，我們怎麼幹。"于德祿說完，鑽進自己的車走了。

小萬看見他陰沉沉的臉，知道是為了礦機廠挨批評的事，就說："怪不得人家都說他是老虎屁股摸不得。"

老霍心想，就是獅子屁股該摸也得摸。他說："這個說法也不全面，于德祿有幹勁，有道道。要常關心他，尾巴翹起來了給按下去，把著點舵，他可是員幹將。"說著也坐進吉普車，小萬給快檔，吉普車一溜風向前衝去。

老霍趕到機電局門口，正看見徐副局長送部長回來。

老霍急問："部長走了？"

"剛走。"

"這麼著急？"

"部長有急事，趕一點鐘的火車。"

"你沒問，有什麼任務這麼急？"

"國家急需製造六十噸礦用汽車。"

"任務交給哪兒了？"

"想給東北。"

"爲什麼不給咱？部長親自出馬，看來這是十分火急了！"

"部長看咱壓力太大了。"

"你就沒有爭取爭取？"

"雲濤同志爭取了，沒有說服部長。"

"老雲剛來不久，對全局的生產情況吃得還不夠透，你心裡有數嘛。"

"我心裡的數告訴我，咱們不能接，接來也幹不了。"老徐看見老霍的眼睛一會看看錶，一會朝車站的方向看看，心裡又動了，就說："礦機廠的任務已經吃到嗓子眼了，你今天又劈頭蓋臉給于德祿潑了一桶冷水，他不把老任務吐出來就是好事，還怎吃得下新任務？"

老霍說："我們局還有別的廠嘛，就是礦機廠，潛力還大得很。"

老徐簡直無法理解這位同事，眼大心高地想一口吞下天，而他自己又是患有致命的疾病。就說："老霍，電線桿子掛線太多還容易壓垮呢，何況是人。"

老霍目光轉向老徐："沒聽說過電線能把電線桿子壓垮，都因爲電線桿子自身招了蛀蟲，內部朽了，大風一刮才倒的。"

老徐淡淡一笑："好好，你真是見了任務就眼珠子發紅。"

"過去你當團長，一聽說師部有任務，你眼珠子不發紅？衝鋒號一響，你沉得住氣？"老霍下了決心，不再和老徐磨牙了，跳上吉普車，對小萬說："去車站，把部長接回來！"

五

徐進亭在家裡歇了兩天。這兩天歇的可值得，不歇不行。他估計老霍肯定會追上部長，搶回任務。他這個在礦機廠蹲點的副局長兩頭不好做人。不接這任務吧，要當對立面，何苦呢？接下來吧，往礦機廠又拍不下去。歇兩天，讓老霍和于德祿直接交鋒吧。另外，于德祿在體育館灌了一肚子氣，回廠後黨委會怎麼開？大會的精神怎麼貫徹？七月份的生產怎麼組織？這一大攤子事，眼不見心不亂。于德祿做過了頭，發點牢騷，自己不在場也可以不負責任，沒有義務替老霍擦這個屁股。歇兩天再說吧。

　　兩天后，徐進亭胸有成竹地到礦山機械廠上班來了。不料礦機廠黨委會停停開開，開了兩天了，還沒有開出個眉目。主持會的于德祿心裡還挽著疙瘩，這會能開好嗎？徐進亭作為局領導，又是蹲點組組長，不能說和六月份的工作沒有牽扯，這下不能不表態了。他面帶微笑，絲毫沒有焦慮不安的樣子，從衣袋裡掏出帶過濾嘴的香煙，抽出一枝吸著，然後沉沉穩穩地開口了："怎麼了？這氣氛不對勁呀！你們大多數是在文化大革命中打過硬仗、經過戰火的，不會對這麼一點批評就吃不住勁吧？"

　　會議室裡氣氛立即有點變，有人心裡說："到底是老幹部，心裡就是能盛事。"

　　徐進亭掃了大家一眼，繼續說："你們廠六月份創造了三個五，同全國全市一樣，形勢大好嘛。這是誰也不敢否定，也否定不了的。批評嘛，總要提到路線高度，這是現在人們的一個習慣，不必大驚小怪。老霍沒有無限上綱，他講個人看法嘛，並不是代表局黨委在表態。你們自己更不要無限上綱，無限上綱就是無'線'上綱嘍。成績是主要的，主流是好的。"

　　會議室裡有人小聲議論：

　　"還得說徐副局長，久經革命鍛煉，遠謀長慮，看問題全面。"

　　"這樣說叫人聽了心服。"

　　于德祿也注意地看著徐進亭。這兩天他對副局長的印象有明顯的轉變，真是鋼硬鋁軟，各有各的優點。眼前這位會陶性養身的副局長和老霍比起來，倒有一副阿彌陀佛的善性子，很隨和，人緣好，不好跟人爭執，該急不急，遇怒不怒，是個寬宏大量、會體貼人的老幹部。

人們議論的聲音很小，但徐進亭全聽到了。看到自己的話收到了預期的效果，就把話鋒一轉："我是支持你們的。當然不支援你們犯錯誤。我這個人忘性太大，醫生說是血壓太高造成的。對你們廠這成百上千的產品名稱就是記不準。上個月我認定你們幹的是潛孔鑽機了，心想又幹了新鑽機，又創造了五千萬，真是奇蹟嘛！在體育館門口還給你們于書記鼓氣吶。這怪我太信任你們了。"

會議室裡除去有人佩服他以外，也有人這樣想："嘿，真妙！看這位局長推的多乾淨。血壓高，記性不好，又太信任我們了，這算是他的缺點，聽著多親切。哼，孫猴的腦袋，變得真快！"

徐進亭很快接上說："我就不信衝擊鑽機沒人要，已經造出來了，總不能再扔它，現代化的大礦山不願意要，地方辦的小礦山也不願意要嗎？說不定還搶不上哩。德祿同志，趕快想辦法，不要再堆在貨場上積壓著了。氣可鼓不可泄，趕快把七月份這一仗打上去，以後就好說了。"

這話給于德祿吃了順氣丸，他立刻來了精神，馬上做出決議，向全國各地方礦山聯繫，要不要衝擊鑽機。前幾天供銷科派到礦山聯繫的人回來說，有的大礦山沒有潛孔鑽機也需要一部分衝擊鑽機，但要礦機廠派個維修小分隊去幫助修理，因為這種鑽機太愛壞。于德祿也答應了，只要他們買鑽機，現在要什麼條件都答應他。抽人太多不行，于德祿決定叫鑽機車間老鉗工靳寶太帶兩個徒弟去礦山。

供銷科提出困難，派這麼多人出去推銷鑽機，家裡就得唱"空城計"了。于德祿指示從各車間臨時抽幾個人來幫忙。他想到了在體育館大廳裡給他寫紙條，還把一張畫貼在大門口的的強秉志，對，叫強秉志也去。臨散會，于德祿又強調了一句："七月份全力以赴突擊潛孔機！"

徐進亭看著于德祿大刀闊斧，三下五除二，就訂出了決議，鼓起了勁頭。心裡暗想："這傢伙真是虎將。"

委員們都走了，徐進亭對于德祿說："就該這樣。只要你七月份這一仗打上去，我會在局黨委會上替礦機廠說話。對六月份的工作，你態度要正確，要有主見。你主持黨委工作剛一個月，群眾現在都大眼瞪小眼地瞧望著你，一個領導幹部在群眾中沒有威信了，就像大樹沒有根一樣。你有頭腦，有魄力，如果說還差的話，就在群眾威信上還差一點。"

于德祿感動了，徐副局長對自己是愛護的，這些話真是掏肺窩子說出來的。他正想怎樣召開群眾大會，怎樣做檢查，徐副局長這不是給自己提了醒嗎！辦公室主任韓風走進來對于德祿說："群眾大會怎麼開？別的廠都是敲鑼打鼓歡迎參加大會的代表回廠，當天就召開了群眾大會，還請學大慶的先進單位介紹了經驗，借大會的東風，掀起了學大慶的新高潮。我們已經落後了。"

徐進亭說："局裡並沒有佈置非要統一那樣搞不可。"

于德祿也說："廠子不開群眾大會了，不是有材料嗎？叫各個車間自己去掌握，把大會精神傳達一下。"

韓風很不滿意，說："這樣做合適嗎？黨委也不向群眾做檢查？"

于德祿說："我不是在黨委會上檢查過了嘛！你把我準備在體育館大會上發言的材料，列印一下，每個職工發一份。"

韓風更摸不著頭腦了："那個材料不是檢查，是經驗介紹哇。"

于德祿說："叫什麼都行，只要能給群眾鼓勁就得了唄！"他說完見韓風有點不滿意，就轉頭請示徐進亭："徐局長說這樣行嗎？"

徐進亭笑著說："這些日常事務你自己定吧。蹲點組可不給你廠黨委當保姆。"

韓風一看這架式就走了。

下午，于德祿接到鑽機車間黨支部書記打來的電話，不同意讓靳寶太去礦山。七月份要突擊潛孔鑽機，少了這個裝配組長，等於拆了車間一根柱子。何況靳寶太又有胃病，爬山翻嶺怎麼受得了。于德祿不答應，說："小局服從大局吧，派出去的人就得獨當一面，老靳是咱們廠有名的鉗工，非他不可。至於胃病，讓小年輕的們照顧他點，他可以多出主意少動手。"

于德祿剛放下電話，鑄造車間老主任秦頭找來了。這老頭為了不叫人看見他那一頭白霜般的頭髮，常年四季頭上扣一頂竹殼安全帽，而且還緊壓住兩堆雪峰似的眉毛。老秦頭進門就說："小強是我們車間突擊隊長，領著小青年們正搞微震造型自動線，你把他調走這不是挖我們牆角嗎！"

于德祿不耐煩了。他就點了這兩個人，這麼巧這兩個人車間裡全不同意！他衝老秦頭搖搖手說："放心，把你那寶貝疙瘩調走，借出來幫個十天半月的忙還給你。"

"小強幹不了這跑腿學舌的活。車間裡誰不知他有兩巧一笨，心巧、手巧、嘴笨，是出名的老蔫兒。你偏要叫他動嘴皮子幹供銷哪行？"

"他蔫兒？蔫蔫蘿貝更辣死人。"于德祿站起來又說，"就這樣定了。"

看于德祿要走，老秦頭忙拉住他，說："韓風調上來半年了，你什麼時候給我配副主任，叫我老頭一個人跳光桿舞可不行。"

"現在哪顧得上這個，過兩天再說。"

"你顧不上，我可顧得上，我自己挑上一個人……"老秦一抬頭，于德祿已經走了，老人動火了："好啊，都嫌我磨叨了，說話都不愛聽了。"一邊嘟囔著，一邊回車間去了。于德祿氣撞腦門子了，找到徐進亭說：“局長，我有點幹不了啦。霍局長在大會上一批，中層幹部的心氣就都散了。我撥拉誰，誰也不轉了。調兩個工人還得吵吵半天。”

徐進亭笑笑，遞上一根煙，說：“德祿，氣大傷身吶。當幹部要學會不生氣，這是基本功。”

于德祿搖搖粗大的腦袋說：“我哪有你那身功夫！”

其實，這兩天機電局對礦山機械廠是真正撥拉不轉了。生產處給這個廠下試製礦用大汽車的任務被頂回去了。局裡幹部真有點怵頭，什麼事一沾礦機廠的邊，一遇上于德祿就算歪膩了。這不，老工程師出身的設計處處長王凱，從來不和人拌嘴，這回為了調礦機廠兩個工人參加礦用大汽車三結合設計組，也和於德綠頂上了。

王凱耐心解釋說：“老于同志，你們是搞礦山機械的，靳寶太又是出名的老鉗工，對礦山設備都吃透了。強秉志是鑄造車間後起之秀，據你們技術科講，他搞的那個造型自動線很有希望，將來大汽車底盤的鑄造任務很可能落到你們廠，所以叫這兩個人參加設計組，對你們廠也方便。”

設計處長一向很受人尊重，不僅是因為他在機械工業的技術發展上對國家有過貢獻，而且為人耿直。今天于德祿可顧不了這些了，就衝著話筒火氣很旺地說：“王總，將來是將來，今年我們是接不了新任務啦。有好你們局撈著，有累我們下邊受，而且還指名點姓地挖工廠的牆角，你點的那兩個人是我們廠的尖子，出不去。要不咱倆換換位子，你來領導這個工廠試試，或者你先把我調走，再調他們倆。”

設計處長拿著話筒直發怔，半天才說：“老于，你這是說到哪去了？對我的工作有意見可以提，不要甩冷腔。”

于德祿說：“我們是熱的，叫你們用涼水潑冷了！”

王凱說：“這，那兩個人你是咬死口不給了？”

于德祿說："給不了！"

設計任務非常緊急，今天把班子戳齊，還要投入工作，這是老霍的要求。設計處長調不動人，只好也找老霍來了，老霍正用了一天零半夜的功夫鑽透了有關礦用大汽車的技術資料。像一個指揮員剛看完了地圖，把戰區的地理特點全吃到肚子裡一樣，胸有成竹，對這場新的戰鬥充滿了信心，長長舒了一口氣。王凱看看滿桌子的圖紙資料，看看老霍那發紅的眼睛裡透出的神采，已經知道老霍把製造方案都想好了。他很讚賞局長這股鑽勁，就問："全看完了？"

"看完了。"

"這麼說，你閉上眼可以想像得出咱們的六十噸礦用汽車是什麼樣子了。"

老霍笑了："不是想像，是看見了。"

"我可碰了一鼻子灰。" 王凱把調人的經過向老霍講了一遍。

老霍眉毛掀動了一下，自語般地說："這幾天關於礦機廠的議論把我耳朵都灌滿了，真是吃吹不吃批。" 他突然問設計處長："這是什麼習氣？以我為中心，分散主義。都這樣幹，我們的仗就沒法打了！"

他轉身抄起電話，直接找到了于德祿："你的脾氣越來越大了？怎麼，把全民所有制的企業變成你這個頭頭的私有制了？設備、人員全成了私有財產，誰也碰不得，誰也調不動了？同志，不能把黨給我們的權力變成向黨討價還價，甚至是發洩個人私憤的資本！"

于德祿拿著耳機子的手瑟瑟打顫，他說不清是激動還是憤怒，霍局長對下級竟這樣，說出一句話能把人噎死！于德祿從來沒吃過這個，可是他現在卻想不出一句有力量的話來反駁。

老霍聽不到對方反嘴，等了一會兒，繼續說："也許我的話說重了，但都像你這樣搞，借調兩位工人同志也要讓局裡幹部三番五次向你交涉，我們成天就光扯皮吧，什麼事情也不要幹了！靳寶太和強秉志立即到局設計處報到，你如果爲此而想撂挑子不幹，就帶著你的申請報告到局裡來找我。”

于德祿什麼話也沒說，重重地把話筒扔下了，轉身對韓風說：“通知靳寶太和強秉志，馬上去局裡報到。”說完一摔門，氣呼呼走了。他回到自己的辦公室，一頭紮倒在沙發上，閉上了眼睛。

老霍放下電話，也對王凱說：“這樣的事情往後推到你那兒就到頂了，你可不要再往上推了。王總，領導是軟豆腐一塊，帶出的隊伍也是豆腐渣；領導心裡有鋼，才能帶出鐵軍。要注意培養你的副處長、各科長、技術幹部都要有獨立作戰的能力。”

王凱慚愧地點點頭，說：“你怎麼說下邊都服，我們有時磨爛嘴皮子也不行。”王凱說的是內心話，是對老霍的佩服。可老霍聽了心裡一震：“這正是我的缺點，單槍獨馬再硬也不行，要帶出硬班子、鐵隊伍，讓千軍萬馬都硬起來，才能打硬仗。”

老霍把六十噸礦用汽車的技術資料還給王凱，同時也把自己考慮的方案詳細講給設計處長聽。他準備以汽車廠和礦山機械廠爲主，組織一場製造礦用汽車的大會戰，七月先試製它五輛。讓王凱把各個技術環節再想周密，明天拿到局黨委會上討論決定。

王凱聽完老霍的設想，掩飾不住興奮的心情，連連點頭：“嗯，局黨委下這麼大的決心，我也看見了。”

老霍問：“看見什麼了？”

王凱捋捋自己灰白的鬢角，高興地說：“看見咱們製造的六十噸大汽車在礦區飛跑啊！”

兩個人都笑了。王凱忽然止住笑，從口袋裡摸出一張紙條遞給老霍，說：“這是老張打掃會議室的時候撿到的，他看我早晨也打兩下太極拳，就以爲我會養身之道，就給了我這個口訣。”

老霍打開紙條，上面胡亂寫了很多字，其中還有一首順口溜：「吃飯莫飽，走路莫跑，多多睡覺，少少用腦，玩花玩草，養魚養鳥，長期堅持，養身之道。」老霍看著紙條，眼角的皺紋一伸一縮，像在跳動一般。

王凱還在衝著紙條發笑：「這算什麼養身之道！可這是誰寫的呢？昨天會議室裡有什麼會？」

老霍說：「昨天晚上局黨委常委集中在會議室學習⋯⋯」他猛然想起來了，這是老徐學習中走神，亂畫的。他看看筆跡，一點不錯。老霍把紙條裝進口袋，說：「把它給我吧。」王凱出去了，可是老霍的心思一下子被這張紙條攪翻了。老徐呀，老徐，你想的這都是些什麼玩藝？要不是筆跡擺在這兒，誰能相信這會是一個經過戰火考驗的老幹部寫的呢？

六

晚上下班後，老霍來到徐進亭家裡。這是一個很清靜的大院，院子中央有一座兩層小樓，樓上住著一戶，樓下是老徐，樓前一大塊空地，依著院牆有一大墩葡萄架，綠葡萄一嘟嚕一串地伸下來。葡萄架旁邊的土地上種了幾種好看的花草，噴出一股清悠悠的香味，一進院就聞到了。老霍心想：「這老兄還真是在按照紙條上寫的辦吶！」

老徐的愛人領著小姑娘跟樓上住的人到歌舞團看演出去了，院子裡清靜了。徐進亭穿著背心，戴著白線手套，正蹲在地上擺弄花，他跟前擺了一長溜花盆，把道都堵死了。老霍怕踢翻了花盆，不得不把腳抬得老高。專心弄花的徐進亭沒有看見他。老霍說：「老徐呀，你回到家可真忙啊！」

「呵！」徐進亭見是老霍，趕緊站起來，臉上似有一點不自然，搬過一個凳子，說：「這邊坐，坐。」

老霍坐下，笑著說：“你這自留地越種勁頭越大了，哈哈。”

老徐忽然覺得讓老霍坐在這兒不合適，就往屋裡讓：“到屋裡坐吧。”

老霍急忙擺手說：“你幹你的，別耽誤你的事，坐在這兒涼快。”

“馬上就完了。”老徐說著趕緊給花盆換上新土，又把一種像牛奶似的東西澆上。老霍驚訝地說：“你真闊氣，用牛奶澆花呀？”

徐進亭被老霍的少見多怪逗笑了，說：“你搞工業是行家，對農業知識可太少了。這是生豆漿。”

“這算什麼農業，看花能看飽肚子？澆豆漿，太浪費了。又賠功夫又賠錢，划不來！”老霍按照自己的觀點品評著。老徐的雙頰不覺有點掛彩了。他趕快給花盆換上新土，澆上豆漿，然後一盆盆往陽臺上搬。老霍往陽臺上一看，嚄，哪裡還有十幾盆吶，有棒錘樣的，圓球狀的，有帶葉的，也有無葉光桿的。顏色說綠不綠，說黃不黃，渾身長刺。老霍心想，這些玩藝並不見得有什麼好看，美在哪裡呢？叫我說還不如玉米高粱好看了，桿似槍挺，大葉翻翻，子粒珍貴，通身無廢物。不強似這些球球蛋蛋！陽臺上還有幾個精緻的養魚缸，缸裡的熱帶魚更是奇形怪狀。有的眼珠子鼓得要流出來了，有的尾巴像被砍了一刀，也有的肚子脹得快要破了。老霍歷來討厭這種魚，他真納悶：老徐為什麼和這些醜類結下了不解之緣呢？

老霍想著，老徐忙著，這當口只聽“咚”的一聲，白天外飛來一個足球落在院心，“撲咚、撲咚”，蹦了幾下，砸壞了幾棵花。老徐心疼得還沒等叫出聲，又聽得院門“啪”一聲被踢開，一個短褲少年連跑帶跳地衝進來，一邊跑還一邊做著各種踢球的驚險動作，“嘩啦”一聲，一個花盆在他腳下粉碎了，盆裡的“仙人球”真變成了球，被踢出老遠，突然間“開花”了！

徐進亭臉都變色了，吼道，"你眼瞎了！"

兒子徐飛理直氣壯地說："誰叫你擺在當道？"平時嬌慣壞了，越有外人，孩子越上勁，嘴裡又嘟囔了一句，"養這麼多破花有嘛用！"

"渾蛋！"老徐臉上真掛火了，當面教子嘛，衝過去給了兒子一巴掌。

徐飛捂著臉哭了，嘴裡並不服軟："成天就會養魚養花，我看你快變修了。"

這可真絮了他老子的肺管子，更何況又是當著老霍的面。徐進亭跳起來要去抓兒子，老霍趕緊拉住他。徐進亭衝著兒子喊："老子修了？胡言亂語，你懂什麼！你見過日本鬼子嗎？你見過國民黨反動派嗎？你知道什麼是吃苦？……"徐進亭臉紅脖子粗地罵著。

徐飛不明白他爸爸今天怎麼反常了，平常從不發脾氣，最會哄小孩子玩，今天為什麼邪火這麼大。他不敢大聲頂嘴了，但還是嘟嘟囔囔的："我要早生三十年還不是和你一樣，現在趕上好日子了，你不讓過是怎麼的？你自己玩花玩魚不也挺會享福嗎？"

老霍聽到這些話，心裡動了一下，輕聲問徐飛："有好日子不讓你們過，還能讓你們再過舊社會的日子？可是你們為什麼會趕上好日子，而你爸爸小時候就沒有趕上好日子呢？你們應該怎樣過今天的好日子，怎樣奔將來更好的日子呢？想過這些問題嗎？"

徐飛擦擦眼淚不吱聲了。

老霍又說："你和霍立華一個學校嗎？"

徐飛點點頭。

老霍說："明天上學校告訴你們政教處的王老師，就說霍立華的爸爸有時間了，什麼時候叫他做報告打個電話通知一聲就行了。"

徐飛感興趣地問："您給我們講什麼？"

老霍說："講過去，也講現在的好日子，還講將來更好的日子。"

老徐擺弄完了他的花盆，洗乾淨手，沏上茶，和老霍對面坐下，悶頭抽煙。老霍看著他，覺著這個一向怕"氣大傷身"的人，今天動了氣，動了感情，倒正好趁機敞開思想談一談。就問："老徐，你是不是認爲打過鬼子、打過國民黨反動派的人，就永遠是革命的了？"

老徐沒有答腔，頭也沒有抬。兒子剛才的話傷透他的心了，老霍幹什麼還抓住這句話不放。

老霍說："我看是身在變中不知變啊！"

老徐煩躁地問："你也認爲我變修了？"

老霍又說："像你我這樣一些經過戰火考驗的人，身體又多少有點病，只有識變、知變、防變，不斷地同政治上的衰老作鬥爭，才能保持永遠不變，青春長在。"老霍說著掏出那張紙條，老徐渾身的血液騰地全湧到臉上，雙頰漲得發燙，身上像紮滿了"仙人球"的刺，渾身不自在。老霍說："養身是爲了多活幾年，多活幾年也並不是壞事。問題在多活幾年幹什麼？別看每人都有一個生命，但對生命的真正價值和意義，卻未必人人都很清楚。"

老徐把那張紙條團成一個球，扔了。說："我倒是勸你也跟我學學，種花養魚，再打打太極拳，時間長了，就會改掉你身上那種刺激人的東西。"

"別打岔！"老霍攔住老徐的話頭，依著自己的想法說下去，"生命的真正意義在於革命，共產黨員從來都把革命看得高於生命。生命在革命中錘煉成長，發光發熱。老徐，歷史把我們這一輩人造就出來，就是要我們把生命用於革命，革命不惜生命。如果爲了養身，影響了學習和工作，身體壯了，精神弱了；生命還在,革命停了;這種生命有什麼價值?德國革命家盧森堡有句名言:革命戰士要做兩頭燃燒的臘燭。這話不錯,生命應該燃燒,而不應該消磨在花鳥蟲魚上。"

老霍說得很動感情,徐進亭也不能說沒受感染,他站起來在院子裡走了幾步,說:"別繞脖子了,你今天找我來,不會就是叫我聽你對生命的議論,快談正題吧。"

"這就是正題。"老霍說,"是有好多問題要和你商量,但進了你的小院子,看到這院裡屋裡滿滿蕩蕩,很充實;可是腦子裡卻空了。老徐,你搞了這麼多盆盆罐罐,肯定不會再想到打仗了吧?"

"仗打起來了嗎?槍一響我不會比你動作慢。"

"不見得,盆盆罐罐一多,包袱就沉重,行動就拖泥帶水,思想就瞻前顧後,玩物喪志嘛。"

"叫你這麼說,都別有業餘愛好了?我又不想當作家,晚上可以寫寫書。"徐進亭知道老霍晚上有寫回憶錄的習慣,這麼刺了他一下。

老霍不往心裡去,反而說:"人一沒有戰爭觀念,革命熱情、革命幹勁就全沒了,更談不上拼命精神了。"

"我什麼都沒有了,只有資產階級思想。"老徐煩極了,想把老霍的嘴堵住,結束這種刺激神經線的談話。

"資產階級思想就是資本主義的反映。"老霍看老徐生氣地把頭扭過去,脖子後邊的肉團團憤怒地抖動著。他繼續說:"今天我和雲濤同志又議論了一下,還是主張把姜永豐提上來,先抓大汽車會戰。你的意見怎麼樣?"

這個問題老霍提過幾次了,徐進亭並不感興趣。他對姜永豐還談不上更深刻的認識,樣子長得很憨厚,鋒芒卻很厲害,是靠文化大革命起家的人物。七○年一下子就當了六千人大廠的黨委書記,工作還不錯。但老霍為什麼要在這種時候把他提上來?徐進亭原以為礦機廠六月份打響了，開完工業學大慶會議，他就可以堂堂皇皇地撤回局裡。沒想到老霍批評了礦機廠，這就等於說不讓他往回撤，可是又偏偏在這個時候提拔姜永豐，這是偶而碰到一塊了呢，還是別人一步步都算計好了，將來要逼他到礦機廠當那個受罪的一把手呢？徐進亭想完了這一切，眼盯著老霍問：“你的拼命精神很足呵！怎麼，也想到要交班了？”

“哈，老徐，新陳代謝是宇宙間一切事物的發展規律，一個人再怎麼會養身之道，他的生命也是有限的，在歷史的流水線上只是嘎噔那麼一下，但我們終身奮鬥的共產主義事業是光照千古的。也正是一代代戰士的有限生命，構成了我們事業的無限生命。這個辯證關係你還搞騰不清楚？”

老徐沉了沉，說：“還是要謹慎一些，這不是提拔一個基層工廠的負責人，我們是一個有三十幾萬職工的大局，局級幹部大多在四十歲上下，有的五十還出頭，他來了壓得住嗎？你真是看準了嗎？俗話說：‘十年樹木百年樹人’。”

老霍低頭喝水，沒有說話。老徐以為把對方說服了，端起茶壺又給老霍的杯裡斟滿。嘴裡說著：“好了，這個事就這樣吧。我正要和你說點別的事……”

老霍突然打斷他的話：“不，百年樹人的老話怎麼能適應現在迅猛發展的革命形勢的需要？在選拔養培幹部上也要有戰爭觀念，時間觀念，不能按部就班慢慢來，要著眼於未來，著眼於發展，採取大膽的革命措施！過去打仗，營長犧牲了連長上，一仗打下來，排長說不定就當上了連長。”

“打仗，打仗，仗哪一天打？你給敵人當參謀長了？”老徐心裡這麼想，嘴上卻說：“好呵，姜永豐占著一個‘新’字，你認為可以就提吧。”他抽了幾口煙，穩了穩自己的情緒，問老霍：“那天在體育館大會上，你一個人臨時改變大會議程，撤銷了礦機廠發言的資格，而且武斷地批評了他們，不覺得有點欠妥當嗎？"徐進亭儘管壓了又壓，話一出口還是又急又衝。

老霍盼著他快點把肚裡的火全發出來，就說："當時要開黨委會顯然辦不到，我和雲濤同志碰了碰頭，不也和你打了招呼嗎？"

老徐說："我不好表態呀，誰知你是批評于德祿，還是對我來的？那是我蹲的點，叫你也得多個心吶！"

老霍說："你對于德祿六月份那麼幹，是什麼態度呢？"

老徐說："我的態度很明確，我們看問題要看主流。"

老霍說："路線錯了，主流也錯了。"

老徐聲音提高了："同志，這不是文化大革命那陣了，不必用帽子壓人。礦機廠六月份在生產上創造了奇蹟。當然也有缺點，但不像你說得那麼嚴重。我要問，如果當初決定你去蹲這個點，創造出這樣的成績，你也會批評嗎？"

老霍端茶杯的手微微有些顫動，知道老徐心裡有了疙瘩。他原以為對礦機廠工作的看法不同，是正常的意見分歧，卻沒有想到這些。就說："你的意思是說我拆了你的台，嫉妒你的成績？"

徐進亭沒有馬上回答，抽著煙，喝著茶，嘴角掛著嘲諷的淺笑，說："老霍，承認別人正確並不是什麼恥辱。"

老霍被激怒了："我真沒有想到，你竟有這麼多無聊的想法。"

"會養身的人不一定都是木頭人。"老徐也忿忿地說，"我也沒有想到，你身為局長，竟在五千人大會上，讓自己的副手下不了臺，用危言聳聽的詞句，嘩眾取寵，以證實自己的高明！"

"你說出這樣的話，臉就不發燒？"

"我的臉叫別人燒的都起了老繭了！"

"我對礦機廠的看法要拿到局黨委會上討論，如果是我錯了，我可以做檢查。"

"那好吧，我就準備在黨委會上聽第二次批評。"老徐說完給自己倒了一杯茶喝下去。話說到這兒，就給兩個人中間放下了一道大閘板，無法再談下去了。

老霍走了。

七

第二天，局黨委會上討論決定了關於六十噸礦用汽車會戰方案，並一致贊成老霍對礦山機械廠的批評，黨委對礦機廠的問題統一了看法。黨委會上最後還通過了一項決議，提拔水泵廠黨委書記姜永豐爲機電局副局長兼局黨委副書記，立即報市委審批。

這最後一項決定，對徐進亭刺激太大了。儘管老霍以前和他商量過多次，可是到了正式形成決議時，他卻感到非常突然。更沒想到會把姜永豐提爲副書記，這和老霍在黨內的職務一樣了，而自己僅僅是個常委。這就意味著，姜永豐排到了前邊，自己則退居第二副局長了。他和老霍資歷差不多，雖然對老霍也有意見，說實在話，他對老霍卻不能不服氣。今後要在一個差著好幾級的下級底下工作了，他卻毫無精神準備。在討論這個問題時，不管雲濤和老霍怎麼逼他發言，他始終一言不發，只是到最後才點頭表示同意。他的思想像一隻小船，在大海的浪濤上起伏顛簸，人也一陣陣顯得心灰意懶。甚至後悔昨天晚上多餘和老霍吵那一通。他對自己昨天晚上突然爆發了那麼大火氣也很奇怪，那些話是不應該說給別人知道的，老霍會怎麼看自己呢？現在吃啞巴虧的人是聰明人，將來會不聲不響地占啞巴便宜。那些話只應該埋在心裡。我看別人很清楚，別人看我很模糊，這才好處事。昨天是怎麼啦？徐進亭一向是能控制感情的，喜怒要服從於理智。可是昨天他最疼愛的兒子用最出乎意料的話，刺傷了他的心，恰恰又叫老霍聽了個滿耳。昨天老霍又看到了他不願意讓人看到的自己生活的另一面。這一切，大概都促使他違犯了過去的常規，那麼赤裸裸地把思想和感情全暴露出來了。想到這兒，他心裡告誡自己："失意事來治之以忍，快意事來治之以淡"。感情宜壓不宜放。所以會一散，老霍留他想再好好談一談，他找個藉口推脫了。

看著徐進亭走去的背影，老霍心裡一陣難過。似乎有眼淚在流，不過沒有流到眼眶裡，而是流到心頭裡。比較起來，他倒是更喜歡昨天那個跳腳發火的徐進亭。如果你真是好鋼刀，碰上這樣的大石頭就不會卷刃，而能磨得更亮、更鋒利。他不喜歡今天這個三錐子紮不出血的徐進亭。明明心裡有看法，就是不說一句話。你就是好鋼刀，砍在這棉花套子上，有什麼辦法？

"不！"老霍在心裡又反問自己："消極是他的表面現象，實質是心裡不滿。對我不滿，但這是不是老徐思想問題的根子呢？"

老霍怔怔地站在大門口，思想卻跟著老徐跑了。聽到有人喊他，才把思想收回來。喊他的是小萬。她正在門口精心地擦著越野吉普車，說："剛才長征路中學的一個老師找您。"

老霍說："知道了。快吃飯吶，下午咱們下廠。"

果然，小萬從食堂出來，飯盒還沒放下，就看見老霍已經在吉普車裡坐著了。她故意不高興地說："您又不睡午覺？我不開車！"

老霍笑了，說："任務緊急。"

"到您這兒都是急的，"小萬嘴裡說著，還是坐到駕駛椅子上回頭問，"去哪？"

"先去水泵廠，四點鐘趕到長征路中學。"

"到中學幹什麼去？"

"講課。"

"您這麼忙，還給學校講什麼課？"小萬邊說邊踩油門掛檔，吉普車開動了。

　　老霍嚴肅地說：“再忙，這種課也要講。”

　　小萬抓住了這句話，反問：“您答應給我們團支部輔導‘帝國主義論’，什麼時候講呀？”她把列寧的《帝國主義是資本主義的最高階段》給簡化了。

　　老霍說：“宣委同志，我正積極準備著呐。這篇文章的背景、提要、重要意義搞清楚了。還有一點沒完全弄明白，就是第一次世界大戰期間的階級鬥爭和路線鬥爭情況。戰爭爆發後，第二國際的叛徒們是怎樣投入帝國主義懷抱的？我看了《盧森堡》等幾本小冊子，給我說明不小。還差一本《蔡特金》沒找到，你能不能想辦法給我借一本？”

　　“行！”小萬很受感動，像局長這樣的老幹部講輔導課，那不是張飛吃豆芽 —— 小菜一碟。什麼時候要講，不看書上去也能說幾個小時。想不到霍局長竟認真查閱了這麼多的參考材料，準備得這麼細，想得這麼深。小萬心裡有些不落忍地說：“您成天那麼忙，下這麼大氣力備課，太浪費時間了。”

　　“在學習上多花點時間是值得的。過去也學過，但一知半解，你們這一逼，就得較真格的了，上了台說不出么道不出六還行！”老霍似乎想起了什麼，又說：“這個法子好，叫做小將逼老將學習。我建議你們下一課找徐副局長講。”

　　小萬說：“我們找了，他不幹呐。”

　　老霍說：“我再找找他看，咱們兩頭使勁。”

　　吉普車輕快地飛馳著，老霍興致很高，和小萬談著。從學習談到大會戰，從大會戰又談到了姜永豐。講到了局裡得力的幹部，這麼大年紀的人那高興勁就像小孩子誇自己的小寶貝手槍：“水泵廠搞了四條大型自動線，你見過沒有？哦呀，面貌大變了，上半年比去年躍上去兩倍半。他們的一把手大姜，你們熟吧？過去是個車工，工段長，車間副主任。真是鬥爭出人才，大姜可有頭腦，會想辦法，也熟悉群眾，將來還能挑更重的擔子……于德祿拚壞了設備累垮了人，丟了國家重點產品，才搞了五千萬，還吹得邪乎。我要拉上他找找姜永豐，學學水泵廠，頂少也搞它一條礦用大汽車的底盤鑄造自動線。”

“這才剛進行設計試製，您就想到要搞自動線，將來大批投產。要不您這麼瘦！操心太多了。您看人家徐……”

小萬剛想說出徐副局長，被老霍打斷了：“小萬吶，搞生產跟打仗一樣，要走一步看兩步、看三步。我們差遠了，頂多看五步。毛主席指揮革命戰爭，能看到十步、百步，連敵人也被指揮得團團轉兒。”

小萬忽然意識到什麼了，咬住下唇再也不吭聲。而且把車開得很穩，她想讓老霍在車上睡一會兒。

老霍興致勃勃，還是說個不停：“小萬，你到過礦山嗎？你要看一看開礦，特別是露天採礦，那才有氣派吶！六十噸礦用汽車是採礦的急需設備，四噸、八噸的翻斗汽車根本適應不了大打礦山之仗的需要。噸位太小，效率也低，一趟一趟把時間全花在往返路途上了。我們先搞六十噸的，今年先試製它幾百輛，明年要形成年產一萬輛的生產能力。然後再搞一百噸的，而且全部是自動裝卸……”不管老霍說的多麼熱烈誘人，小萬就是不答腔。老霍可也沒有睡意，而且看穿了她的鬼點子，就說：“小萬，我猜你是跟開軋道機的師傅學的徒，越野吉普到你手裡變成逛大街的閑漢啦。看來你是決心把我拖著了，然後把車開到個沒人的樹林子裡，熄了火睡到亮燈！”

小萬忍住沒有讓自己笑出聲，但是悄悄把車速加快了。老霍卻突然又命令她：“快，調頭！”

小萬不知出了什麼事，兜個彎子把車頭轉過來。老霍說：“追，快追上前面那個新樣子的卡車。”

小萬一踩油門追了上去。老霍眼睛貼在玻璃上，盯住前面奔馳的大卡車。一會兒又命令小萬把吉普車開到卡車前邊，他把頭朝後，盯著卡車的前部，看了一陣還不解氣，乾脆叫小萬和卡車並行，老霍把頭伸出窗外，對卡車司機喊：「司機同志，靠道邊停一停車，有事和你商量。」

卡車司機打剛才就覺著這輛吉普車有點奇怪，不知發生了什麼事，把車開到道邊停住了。

老霍走過去說：「你忙不忙？我們正搞六十噸礦用汽車，想看看你這車。」說著就走近汽車，看了看商標問：「載重八噸？」

司機點點頭。

「剛進口的『包利司』？」

「對，這不剛把車接來。老師傅，您是行家呀！」司機見碰上了同行，就熱情地介紹起來。小萬忍不住在旁邊抿嘴笑了。

老霍確實像個行家，甚至有比行家更專門的知識。他打開車頭箱蓋，從發動機到車身，從上到下，全仔細摸了個遍。一會兒坐到駕駛樓子裡試試，一會兒鑽到車身底下看看。一邊摸著、看著，一邊還發幾句議論，小萬在本子上記著。

「哈，你們看，它這兒不行。將來跑車時間一長，這兒準出毛病！」

「嗯，這個地方改得還不錯，這些貪心的資本家，為了多賺一厘錢，真把腦汁絞盡了。我們不為賺錢，也要千方百計節省原材料。」

「哎呀，這個件怎這麼整，簡直是胡弄，純粹是騙錢！」

老霍有時也提出幾個不明白的問題，有些問題使兩個司機也很作難，司機反而不知道。卡車司機老實地說：「不瞞您說，我剛接來車，還沒拆過哪。」

自以為熟悉老霍的萬寶真，也被老霍對汽車技術懂這麼多而驚住了。她那本來就明亮好看的大眼睛，睜得更大，彷彿占滿了整個面孔。她哪裡知道，老霍從部長手裡搶來任務，認真研究了圖紙資料，昨天下午跟著三結合設計組又到汽車廠比較了各種汽車，做了實際考察。這位元老機電局長，組織領導機電工業生產有著豐富的經驗和驚人的專業知識。對某一項技術工作的精通，有時真使工程師們也自愧不如。所以，技術人員向他匯報工作時，從不敢打馬虎眼。

老霍看完汽車，接過卡車司機遞過來的棉紗，擦著手上的油泥。對司機說："同志，你幫了我們的忙，還希望你幫到底。我們所知道的國內現有的汽車全比較過了，分析過了。你這車是新樣子，我想叫我們的設計人員解剖一下；長處有一點就取它一點，主要是避免它的短處。今天一下午時間就行。怎麼樣？噢，你不用作難，我給你們的領導打電話。"

他們來到道邊的一家工廠，老霍給運輸公司黨委打電話，小萬給設計處長王凱打電話，叫他帶上他的設計隊伍馬上趕到汽車廠，因為汽車廠有個很大的設計試驗室，便於對汽車進行解剖研究。五分鐘以後，一切全辦妥了。

小萬開著吉普車在前邊引路，老霍坐在卡車司機的旁邊，轉頭向汽車廠奔去。

全局上下都知道老霍的作風，等老霍他們趕到汽車廠，王凱和設計組的全體同志已經在大門口等候了。號稱"交換臺"無事不曉的汽車廠黨委書記張練，也帶著他廠裡的設計人員拉好架子等著了。汽車一到，立刻圍上了。

老霍簡單地向王凱談了自己的看法，叫他們務必在下午搞完，晚上還有別的突擊任務。並囑咐張練說："不要忘了招待那位熱情的司機。"

王凱、張練帶著設計人員，擁著卡車進了試驗室。老霍回頭對小萬說："要狠踩油門掛快檔，不然下午的事要耽誤了。"

小萬一甩小辮，大聲說："上車，我這把舵輪從來沒誤過事。"

八

　　小萬本想在操場上守著自己的吉普車等老霍，可她又抑制不住好奇心，很想聽聽霍局長要給學生們講什麼課。要知道六年前她也是個中學生啊！她鎖好車，來到禮堂。這是全校集體上大課，高初中共有一千多名學生，禮堂裡怎這麼靜呀？小萬認識霍局長的女兒霍立華，她和另外兩個學生戴著紅衛兵袖章，守著門口。這樣好的課堂秩序，根本用不著她們維護了。小萬在霍立華旁邊悄悄坐下了。忽聽身後有人小聲"哧 — 哧！"

　　她扭回頭，看見徐副局長的兒子徐飛抱著足球跑進來，坐在禮堂後面的人都回頭用責備的目光看著他，嘴裡"哧哧"地叫他快坐下，別鬧。徐飛吐吐舌頭，把足球放在屁股底下，坐在了小萬身邊。

　　禮堂並不大，而且有寬無長。小萬注意瞧著老霍，她驚奇地屏住了呼吸，自己平時十分崇敬的"大刀局長"，這時變得像個老媽媽一樣，那麼慈愛親近，眼裡滿是溫柔的熱浪。他沒有講自己，講了自己的班長，自己的政委，自己的許多戰友。這個鐵硬的老幹部，講起了血火紛飛的過去，講起了自己的老戰友，這般動感情。就像在說剛發生的事情，就像在說自己一生最親近的人，連最微小的細節也記得很清、很準。講著講著，自己也掉淚了。甚至講不下去，站起來想幹點什麼事情，但很快又坐下了。有時講著講著，眼裡噴出火光，手使勁摳住了講桌。他作過報告，卻沒講過課；他忘記了眼前坐的是一群孩子，好像是在向雲濤、老徐一同談起了過去的年代，勾起了血火的回憶。

　　禮堂裡老是有一陣陣實在無法控制的抽泣聲。好強的小萬，使勁握住了立華的手，想強忍住眼淚，到了也還沒有忍住，連徐飛，剛進來時還和別人擠眉弄眼，現在也挺起頭，眼淚流出來也不知道，順著腮邊落到膝蓋上。

是老霍講得苦嗎？是苦，沒有比他們嘗過的生活更苦的了！

在風刀雨箭裡七天七夜急行軍，腳不停，手不停，腸胃卻停了，十幾天吃不上一粒糧食。沒有挨過一頓餓的孩子們怎麼能想像得出那是一種什麼滋味，吃馬骨頭，吃馬糞中那沒有消化掉的青稞。看到一把野草，挖到一根野菜，都捨不得一口吞下，煮成湯讓一連的人喝。披著雪鞭，頂著冰雹，穿著夾衣，腳凍爛了卻照舊一步一摔地攀登那無邊無涯的大山。這能說不苦嗎？

可徐飛以前也聽過不少憶苦報告，第一次聽掉淚，第二次聽感動，到第四、第五次就不感不動了。他好像覺得，過去就應該苦，今天就應該甜。可是老霍卻告訴了他這麼一個道理，過去老前輩吃那麼大苦，心裡是甜的；今天有人抱著蜜罐罐卻不知道甜。他的炊事班長幾次累倒在行軍路上，最後守著鍋灶餓死了，全連卻沒有一個戰士因饑餓而犧牲。他們為什麼？這個問號越來越大，像鉤子一樣緊緊鉤住了小青年的心。老霍越是講到英雄的含笑而死去，學生們的眼淚越是嘩嘩流得衝！

老霍還講得壯啊！你聽，他的黨小組長，一隻胳膊、半個膀子被炸飛了，另一隻胳膊還握著大刀片衝進敵人堆裡，直到把尖刀捅進一個敵人胸口裡，他才滿意地倒下去。這是何等神勇，何等壯烈！

坐在禮堂裡的這些紅軍的晚輩、老八路的接班人，今天彷彿看到了婁山關的巍巍巉岩、金沙江的滾滾波濤、夾金山的狂風暴雪、草地上的熊熊篝火……

眼淚啊，流吧！這淚水裡包含著多少感激和力量；包含著多少憤怒和勇氣；也包含著慚愧……

"同學們，革命前輩期望的不是你們的眼淚。你們要像每天戴紅袖章一樣，接過先輩的思想和傳統。"老霍從講臺上走到學生群裡，"今天，我們正在毛主席革命路線指引下，進行著無產階級專政下繼續革命的新征途。我們要以階級鬥爭為綱，保證黨和國家不變顏色，把國民經濟搞上去，在本世紀內把我國建成一個現代化強國，不艱苦奮鬥行不行？不行！如果誰想找個桃源福地築個安樂窩，舒舒服服享太平年，這種思想就太差勁了！忘掉過去的艱苦年月，丟掉革命的老傳統，就是變修的開始！」

禮堂裡響起了同學們的口號聲：「苦不苦，想想長征二萬五；累不累，想想紅軍老前輩！」

「到最艱苦的地方去創業，去鬥爭！」

小萬這個老紅衛兵，也起勁地和同學們一齊高呼。禮堂裡飛卷著激情的波濤；飄蕩著紅衛兵的戰旗。

雲天高，征途遙，還有多少滔滔大渡河，皚皚大雪山，等待著這些紅軍的後輩子孫去飛越，去征服！

小萬的心裡也真禁不住想喊兩句口號：「發揚紅軍長征的英雄氣概，在新的長征途上邁大步。」

老師和同學們圍住了老霍。

徐飛卻衝到霍立華跟前，帶著一副他臉上向來少有的嚴肅和自悔的神情說：「組長，我也要求參加你們的『學工小分隊』。」

霍立華握住徐飛的手：「歡迎你。」

小萬和立華告別，立華追到操場上，說：「小萬師傅，我們要放暑假了，紅衛兵組織了學工小分隊，你能幫忙聯繫一下工廠嗎？」

「行，我們局正搞礦用汽車大會戰。」小萬乾脆地說，「我聽莊大姐講，你每天在抄一種『很有意思的作業』，是霍局長給你留的，讓我看看可以嗎？」

立華想了想說：「可以，你可再別給旁人看了，爸爸不讓我向外人傳。」

「我保證不傳抄、不印發！」小萬拿出了當年文化大革命常用的術語，「不過，你也別叫我小萬師傅，我也是紅衛兵嘛，要叫就叫小萬姐姐,咱是戰友!"

兩個姑娘咯咯地笑了。

老霍從學校出來,緊趕快趕,趕到局裡還晚了。局機關的中青年幹部正排著隊向碼頭走,礦用大汽車設計組的人拿著繪圖板、圖紙、各種測繪儀器走在隊伍後邊。年紀最大的設計處長王凱和雲濤並排走在隊伍前邊。強秉志把自己的青年突擊隊也調來了;由於老霍下午在水泵廠透了點風,姜永豐親自帶著水泵廠共青團員突擊隊也來了,身後還開來二十幾輛大卡車,這陣容好不威風!

老霍追上隊伍,從吉普車裡下來,和雲濤、王凱、姜永豐並排走著。他看看姜永豐,這個大個子盡力壓住步子,還是比別人快半步。老霍笑了:"大姜,你親自拉這麼大的隊伍出來,是不是又打什麼主意了?"

大姜朝王凱擠擠眼,轟雷似的笑了:"霍局長,你這雙眼大概晚上也不睡覺,嘛事也瞞不過你。實話說,今天晚上這項突擊任務,實際上是礦用大汽車會戰的頭一仗,我們今天參加了突擊,就算參戰單位了,將來分派製造的任務,可別丟下我們廠。"

雲濤笑著說:"永豐同志,你可真會算計,怪不得人家叫你健將呢!"

老霍也在心裡說:"你來得正好。"他把今天晚上的突擊任務詳細地告訴了姜永豐。部裡動員全國幾十個工廠,為我國的第二汽車製造廠設計製造了一整套汽車生產的自動化設備,這套設備是高水準的,在目前算是最先進的了。部裡考慮將來機電局要大批生產六十噸礦用汽車,勢必要搞專用設備,雖然礦用大汽車和二汽廠生產的汽車噸位不一樣,但可以參考這套設備。老霍得到信就追要這套設備圖紙,圖紙一時半時還拿不出來,得等設備安裝試車正常了,暫時不再改動了,才能最後定稿、複製,那要等半年以後了。帶上人到二汽廠學習參觀,可二汽廠還沒有開始安裝。運輸部門打聽到這套設備今天晚上由港口卸船,裝上火車,再運往二汽廠。老霍決定利用卸船裝火車這個機會,打它一場突擊,把設備測繪下來,而且不影響明天早晨火車開車的時間。機電局設計處的人全部出動,王凱還又從各廠調來一部分技術人員。

隊伍來到碼頭,碼頭工人正把一箱箱設備從大船上吊下來。老霍簡短地把任務向大家交了底。一沾突擊任務,大夥情緒特別高,勁卯得特別足。這大概是文化大革命留下的傳統。

碼頭上立刻騰起了百丈熱浪,哨子吹,電鈴響,榔頭敲打,汽車奔跑,晚上的海港,一下子紅火起來了。

門吊機活像個四腳巨人,彎腰伸臂,抓小雞一般把一個個大箱子從船上抓下來。箱子一沾地,突擊隊員們一窩蜂似的圍上去,大家動手,箱子拆開了,箱板完好地碼起來,把設備上的黃油擦掉,錚亮的機器設備送到技術員們手裡,開始測繪、畫圖。測繪完的設備,水泵廠突擊隊又把它塗上黃油打好箱,汽車吊把箱子吊上汽車,汽車又把它運去裝火車。緊張,繁忙,卻有條不紊。他們在測繪一套高水準的自動化機器設備,這支隊伍本身不就像一條革命化的自動線嗎!

天漸漸暗下來了。老霍把榔頭掄得翻飛的姜永豐叫到一邊,說:"今天你得照顧我們這些老頭子,碼頭上的路又不好走,豎一道大鐵軌,橫一條小鐵道;東一堆化肥,西一垛糧食。我的眼神不好,腿腳不靈便,這場夜戰的指揮得由你來幹。"老霍這顯然不光是給自己說孬話。

姜永豐前幾天到農村瞭解大水泵的情況,還不知局黨委開會把他的名字已經報到市委了。就直率地說:"行。不過得有個條件。"

"什麼條件?"

"你看,關鍵是技術員測繪費時間,打箱拆箱有突擊隊員能對付,請局機關的同志撤走,別誤了明天上班。"

老霍想了想，說："可以。"

大姜盯著他說："還有一個條件。"

"你怎這麼多條件？"

大姜笑了："徐副局長去蹲點了，全局生產這一大攤子你全攬著，可你本身又有心絞痛，又有動脈硬化。既叫我上陣，我不縮脖子，你也得放手，留下王處長給我當拐棍，你和雲濤同志全撤。"

老霍看看眼前年輕的幹部，心裡有點發熱。一揮手，乾脆地說："你這個傢伙，門樓般的漢子，針鼻細的心。就依你的，到九點半鐘我們就撤。"

大姜轉身走了，他對碼頭上熟悉，和碼頭工人也有過一段戰鬥情誼。一九六七年無產階級文化大革命高潮中，港口的走資派耍了個手腕，壓了十幾條外國船。碼頭工人打了個電話，姜永豐舉著大旗，領著水泵廠"工農聯盟戰鬥隊"來港口大戰了三天三夜。今天的氣氛，又使他想起了那種激戰的日子。姜永豐請來港務局電工，給夜戰場地安了兩個高壓水銀燈，碼頭突然變成白天了，技術員們這下可美了，畫起圖來特別清楚，比繪圖桌上的臺燈還亮哩。王凱老頭高興地喊："咱們的'健將'名不虛傳，有勇有謀。"

大姜量開他的大步叉子，在碼頭上來回忙活著。他叫大汽車回廠拉來了幾桶紅果白糖泡的清涼飲料；又動員港口食品店值夜班的同志，把麵包、香煙、糖果裝了一推車，他幫著把貨車推到了夜戰現場。他還不知從哪兒搞來一個帶擴音器手扶喇叭，硬讓小萬當臨時鼓動站站長，拿著喇叭數快板拉歌子，碼頭上的氣氛立刻活躍了。

老霍看看雲濤，倆人都笑了。老霍說："他真有辦法。"

小萬一見貨車可忍不住了，肚子早就叫了。老霍看見小萬放下喇叭向貨車這邊跑，才猛然想起還沒吃晚飯哩。就買了五個大麵包，自己留了一個，其餘的全塞給小萬：「問問小強他們，還有沒吃晚飯的沒有？」

大姜吹響了哨子，宣佈休息一會。然後抓住小強，一手拉住小萬，來到大家跟前，鄭重其事地報幕：「戰地慰問演出現在開始，第一個節目，男女二重唱，唱什麼歌？歌名自己報。」

強秉志會畫畫，對唱歌可不行，更別提是男女二重唱了。他紅著臉一個勁往後掙脫。大姜越是抓住他不放，他急得越是說不出話來。小萬看他那個受罪樣，就忍不住衝大姜開炮了：「健將，你欺侮人呵，人家不會唱，你硬拉他幹什麼？」

大姜眼珠子一立：「噢，好你個小萬，你可向著強秉志啊！」

小萬臉一紅，雙頰像掛了兩片霞，嘴巴上還不示弱：「向著就向著，我跟你唱，咱倆來個男女二重唱！」

這下可把大姜叫住了，他劃拉劃拉後腦勺，笑了。小萬一看大姜軟了，就衝上一步，對大家大聲喊：「歡迎『健將』唱個歌，好不好？」

「好！」大家一齊回答，像潮水拍擊船幫。

大姜老實了，說：「二重唱我也不會，唱段樣板戲行不行？」

「唱戲也行！」

「我唱完，你可得唱？」

「你唱一個我唱倆！」小萬較上勁了。

大姜還真行，唱起了《滿懷豪情回海港》。他那個又粗又厚的大嗓門，天生就是個高志揚。他唱完，小萬唱了兩首歌。大姜還鼓動王凱老頭用英語唱了一段《國際歌》。

歌聲笑語一陣陣從碼頭上響起來，在海面上蕩漾。連外國船員們也被吸引，走出船艙，羨慕地圍住這群快樂的突擊隊員。

休息過後，大姜把技術人員和突擊隊員重新編成戰鬥小組，把局機關的幹部都編外了。這下小萬可更不饒了，領著機關的一群幹部圍住了大姜。還是老霍和雲濤來幫著解了圍，說好讓小萬她們機關團支部的人留下，其餘的幹部都走，老霍和雲濤帶頭。

汽車把幹部們都送回家了，連雲濤也回到了辦公室，他想再看一會書。可老霍跟車又回到碼頭上，他有點不放心，不是對姜永豐不放心，而是對那些技術員。剛才一邊測繪，他聽到技術員們邊對這套國產設備讚不絕口。對我們國家製造出這樣先進的設備，感到自豪，感到揚眉吐氣都是對的。但這個水準不是到頂了。這也不是為製造六十噸礦用汽車搞的設備，他很擔心技術員們不敢越雷池一步，將來照抄照搬。那可要壞事，今天測繪當中就要留神它的優缺點，怎樣補充它，提高它，以便適應自己的需要。

老霍回到碼頭，立刻把自己的意思告訴了王凱和姜永豐。王凱召集技術員們，把老霍的想法說了，技術員們心裡真服了。這位局長真是胸中有燒不盡的烈火，腳下有攀不完的高峰。要求別人，特別是更要求他自己，每時每刻都要前進到新的高度。

老霍和技術員們一起，邊測繪，邊分析研究，取長補短，為我所用。測繪完了，一套更先進的製造六十噸礦用汽車的專用設備設計方案，在老霍和王凱腦子裡也形成了。一夜間，老霍和工人、技術人員們一樣激動、興奮，把勞累忘了，病痛也忘了。天剛亮就把火車全裝好了。他們收拾儀器正要回家，卻見大海裡拋著錨的船，劇烈地搖晃起來。大家很奇怪，海上無風無浪，船怎麼會搖晃？

門吊司機說："那是暗湧，這些天淨有這些怪現象。前幾年邢臺地區發生地震，海裡就常有這種現象，不到漲潮時間，潮水卻漫過了海岸。"

"這麼說，又要發生地震了？"

門吊司機說："那可沒有準！"

姜永豐大聲招呼著："好了，快上車吧。"小萬拉他和老霍一起坐進吉普車裡。車子開動不久，兩個人剛說了幾句話，老霍突然不吱聲了。姜永豐以為局長太累睡著了，仔細一聽感到不對頭，連喊了幾聲，老霍都沒答應。姜永豐急了，大聲命令小萬：
「快送醫院！」

九

小萬心裡又難過又緊張，神情專注地開著吉普車向醫院飛去。

想不到她第二次又開著車送老霍去醫院。

六年前，她從機電局司機訓練班畢業後，第一次開車就是送一個瘦乾巴老頭去醫院；有人喊他老霍，有人叫他霍主任。他是在一個會戰工地同一個不認識他的鉚工揉肩膀掄了六個小時的大錘以後，突然昏倒的。當那個鉚工知道他就是患有嚴重動脈硬化症的局革委會主任，難過地捶著自己的大腦袋，眼裡漱漱流淚。小萬還沒到局裡來，就聽人講過，自己局裡有個「霍大刀」，聽這名字就夠厲害的了！

據說，那幾個後進工廠的頭頭格外怵他。他們心裡底數不清，被「霍大刀」一追問，就說不上麼道不出六來了。有些問題他們也不情願說，可對這些話，「霍大刀」偏偏有一種特殊的敏感，你一露頭就被他抓住；你吞半句吐半句，他把你吞回去的那半句意思也猜出來了。廠長們管他這種窮根究柢的習慣叫「大刀愛吃魚」，問題一叫他碰上，就如同吃魚一樣，剝魚鱗、剔魚刺，腸腸肚肚全掏個乾淨，不把那個問題的「核子」抓出來不算完。抓工作真好像瞎子牽驢——抓住不放。好傢伙，哪一個單位的頭頭，願意自己當「魚」被他「吃」？所以那幾個後進單位拼了命地往前趕，那個工廠也不願意落在後邊。

可是那一天，小萬怎麼也不能把這些傳說和「霍大刀」本人對上號。他哪像個「大刀」呀？挺親切的一個老同志，和小萬當鑄工的父親一樣，是個平平常常的人嘛。他冒冒失失問那個大高個子的會戰副總指揮姜永豐："他就是有名的'霍大刀'嗎？"

姜永豐瞪她一眼："去，霍主任的名子叫霍大道，勝利大道的道。"

小萬吐吐舌頭，心裡仍然很納悶：級別這麼高的老幹部，怎麼叫這麼個名字？太那個了，一點也不深奧！

以後姜永豐才告訴她，霍局長這名字還很有紀念意義哩。

老霍十二歲那年秋天，聽說紅軍從遵義開過來了。他在野窪裡把地主的三頭牛，用繩子綁在樹上，拿鐮刀把牛脖子下邊的氣管全割斷了。然後提著趕牛鞭跑到大道邊上，攔住了紅軍隊伍。把趕牛鞭子"哧嘣"一聲擻成兩半，朝地上狠狠一摔，對一位紅軍營長說："我要跟你們走！反正地主的牛全叫我宰了，你們不收下我，我也活不成了。"

"噢！"紅軍營長很驚奇這個小傢伙的心路，就問："你爸爸、媽媽呢？"

他搖搖頭。

"你叫什麼名字？"

他又搖搖頭。

"平時人們叫你什麼呢？"

"從我記事起，地主就喊我'拽牛尾巴的'。"

營長心裡一抖："你姓什麼？"

"姓霍。"

"好，我們收下你。從現在起你有家了，有親人了，也要有個真正的名字。"紅軍營長把他摟進懷裡，撫摸著他的頭，看著紅軍的隊伍像滾滾的鐵流，順著大道向北挺進。營長的眼睛裡閃出一種光彩："你就叫'大道'吧，大道上參軍，跟著毛主席在勝利的大道上前進，北上抗日，解放全中國。……"

小萬聽完了這個故事，對老霍更尊敬了，嘖嘖嘴說："哎喲，霍局長從小就是一把刀，打日本鬼子，打蔣介石，把刀刃磨的更快了！"

　　姜永豐說："文化大革命使他提高了階級鬥爭和路線鬥爭覺悟，給這把刀加了鋼刃。"他給小萬講起了老霍在文化大革命中的故事。運動到高潮，群眾批判他，他認識了錯誤，就堅定地站在了革命造反派一邊，一起抓革命，一起促生產。幾年來，他堅定不移執行毛主席革命路線，全局沒有一回拖欠國家計畫，反而年年有提高。

　　小萬聽完了，再看霍局長，覺得怎麼看他怎麼像"大刀"。而且這"大刀"在階級鬥爭、路線鬥爭的磨刀石上，越磨，革命思想越亮；越磨，革命意志越堅；越磨，革命精神越銳；越磨，革命智謀越多！領著我們在新的長征路上闖關奪隘，開路向前！

　　可是沒出三天，小萬自己也嘗到了老霍的"大刀味"！

　　老霍住院第三天，能下地走動了，就堅決出院。醫生說不服他，也拗不過他，就打電話通知了局黨委和衛生局組織處處長莊林。莊林是老霍的愛人。大家都把希望寄託在莊林身上，可是莊林搖搖頭說："老霍的病我知道，是很嚴重了。可是他的脾氣我也很清楚，如果他已經決定不住院了，我也毫無辦法。就聽他吧，出院後我在平時勸他多注意吧。"

　　小萬聽了莊大姐的話，心裡難過。這個剛摘下紅衛兵袖章的闖將，來了硬勁，對莊大姐說："我有辦法！"她的辦法就是不給開車，不管你是主任還是"大刀"！

　　老霍聽說司機不同意他出院，而且拒絕開車，就笑了。找到小萬說："你叫萬寶真吧？我第一次坐你開的車，不應該是到醫院來，應該是去工地。咱頭一次見面，有件事還得講清楚。我坐車有個毛病，喜歡坐越野吉普，吉普不怕土道泥道，不怕坑坑窪窪，那才是指揮戰鬥的車哩。不喜歡坐小臥車，這種車一坐上去就半躺半臥的，太安逸了容易打瞌睡，當了俘虜還不知道呢。"小萬被說笑了，不知不覺跟著老霍走下了醫院的樓梯。坐進汽車，老霍又說："咱們來個遠路程，開到六九二四大會戰工地，我要考考你這個小將開車技術怎麼樣。"就這樣，挺精神的小萬不僅拉著局長出了醫院，還傻呵呵地把局長送到工地，到了工地老霍就沒影兒了。副總指揮姜永豐批評她爲什麼不把霍局長送到家裡去休息，她才猛然省過味來。

老霍的病給機電局裡多少人心裡壓上了石頭，有多少人望著老霍勞累的身影擦過眼淚。小萬長這麼大更是頭一回遇到像霍局長這樣五十多歲還雄心勃勃的人，他一天到晚總是一副全力以赴的拼命精神，完全把病扔到脖子後了。小萬背地裡急得哭過，爲了老霍不按時吃藥，也和他吵過。

不久，市裡派來雲濤同志，擔任局黨委書記。本來這是爲了減輕老霍的負擔，讓他安心去住院治病。可老霍連一分一厘的責任也沒有從自己的肩膀頭推下去。局裡有了書記坐鎮，他往基層跑得就更勤了。令人驚異的是，大幹不僅在工業建設上卓有成效，在生理和醫學上也有奇效，四年過去了，五年過去了，老霍活得好好的。雖然不胖，還是那個幹乾巴巴的勁，內裡可是鋼筋鐵骨哩！

哪想到在這礦用汽車的會戰剛開始，老霍又病倒呢！小萬心裡好後悔，應該向雲濤同志反映一下，給霍局長下道命令，叫他注意休息。這一天一夜他太累了，活活是勞累過度才引起舊病復發。

到下午，老霍就恢復過來了，心絞痛也不那麼劇烈了，但渾身無力。他知道今天是出不了醫院了。就對來看他的小萬說："你答應給我借《蔡特金》，今天就拿來怎麼樣？我趁這兩天有空，把它看完，一出院就可以給你們講了。"

小萬堅定地說："出院？您甭想再像六九年我剛參加工作那陣，連哄帶逗地把我給哄順了。現在不行了，黨委書記有令，一份檔、一本書也不許帶給您。"

　　老霍皺著眉搖搖頭，又問：“那麼給我拿幾張不帶字的稿紙，總該可以吧？”

　　“要稿紙幹什麼？”小萬忽閃著大眼睛想了想，生怕自己又辦傻事，便說：“不行，看書都不允許，寫東西不是更累更費腦子嗎？”

　　老霍沒辦法了，就說：“行，我就閉著眼養神。”

　　小萬走了以後，他給莊林打了個電話，叫小華送兩本稿紙帶一枝鋼筆來。

　　徐進亭昨天聽說老霍住進醫院了，腦子裡震了一下：不管怎麼樣，應該到醫院去看看老霍。但他沒有去，今天也不想去。一來他被礦山機械廠拽住了大腿，就像一隻大蜻蜓被一攤粘子給沾住了腿腳；二來他怕和老霍一碰面，準得要談到礦山機械廠，一談到這個廠，準還要免不了一場爭論。不如憋氣幹到月底，等礦機廠在生產上再打個漂亮仗，那時候有話再說。徐進亭一隻胳膊壓在枕頭上，抽著煙。他的思想也像從他嘴裡噴吐出的煙霧，卷著圈，擰成套，在屋子裡飄浮，飛散。他說不上是煩躁還是氣恨，心口裡有點堵得慌。昨天晚上他聽了一個報告，散會後又到一個老朋友家裡坐了一會兒，他把那個老朋友從各種管道收集來的有個“大官”的講話，一個字一個字地抄到自己筆記本上，看了一遍又一遍，對其中意味品了又品，他感到很解渴，給自己大大鼓了勁。他曾總結自己在文化大革命中積累的一條經驗，就是凡事要看勢頭，瞧氣候。而眼下的勢頭和氣候正是對自己這樣的老幹部有利，要講抓生產，自己還不是輕車熟路！根據上頭精神，根據形勢，自己正是順風順水，好好施展一番，文化大革命中丟了醜那算不了什麼，一切還會補回來。他是在興奮中，抱著那個記著某個"大官"講話的筆記本睡著的。可是早晨很早就醒了,目前自己這個機電局的局面卻正好和整個形勢擰著勁。老霍明明也是個老幹部,而且由文化大革命前的局黨委書記變成了現在的副書記,他心裡就沒有想法?爲什麼現在偏要逆風逆水而上,不能和自己抱成一個團,順著潮流大幹一番呢!有的單位,新幹部重新回到班組幹活去了,有的在上邊掛個名,也只是一種樣子,根本不起作用了。可霍大道還偏偏在這種時候要把姜永豐提上來,真是不可思議!徐進亭這麼七想八怨,一根接一根吸著煙。他最後打定主意,不去看霍大道,不管他,按著自己的主意幹,只要把礦機廠的生產抓上去,一切都好說了。徐進亭正想得入神,電話鈴突然叫起來,嚇了他一跳,看看表還不到六點鐘,是誰這麼早打電話來?他拿起話筒,耳機裡傳來霍大道的聲音:

"老徐,我打攪你的好夢啦!"

"……噢,是老霍,你怎麼樣?"

"一切都正常,就是醫生管得太緊出不去,你能不能來一趟?"

徐進亭立刻說:"我還要等會兒去看你,誰想到你這個病號會起這麼早!"

霍大道爲什麼要叫徐進亭來呢?昨天晚上市委書記來醫院看他,告訴他市委已經批準機電局黨委的報告,提拔姜永豐爲機電局黨委副書記兼副局長,並告訴他,市委還準備讓雲濤同志不再兼機電局黨委書記了,專職去抓生產指揮部。一九七〇年是市委看到老霍病得很重,叫他住院他就是不住,機電局一個擔任黨委書記的新幹部調到市裡抓上層建築去了,老霍一身挑起局黨委書記兼局長兩副擔子,確實很重,也離不開。市委才讓工業生產指揮部主任雲濤兼機電局黨委書記,好讓老霍騰出一隻肩來治治病。現在把姜永豐提上來,能衝能殺,可以在第一線狠抓一氣,讓老霍擔任黨委書記,把雲濤替下來,專去抓指揮部。老霍聽完市委書記的話，笑了：「可以讓雲濤同志回指揮部，但不要宣佈我爲黨委書記，再等半年或者更短些時間，我另有打算。」

「嗯！」市委書記看看他，忽然明白了，「噢，你是說讓姜永豐再摔打摔打，來當一把手，你還是當你的局長。」

不，是副局長。我雖然在疾病和年歲面前是不認輸的，但是深信新陳代謝這個自然法則，最近讀歷史上法家著作中有這麼兩句詩，‘芳林新葉催陳葉，流水前波讓後波’，很有意味。」

市委書記聽了老霍的話，在地上踱了起來，點著頭說：「你這個想法很好。」

老霍嚴肅地說：「現在社會上似乎正刮起一股風，要否定老中青三結合，要否定新生事物，在這種風頭浪尖上把姜永豐提上來，他經住了這場風浪的考驗，會更成熟，能挑更重的擔子。」

市委書記高興地說：「好，我支持你這個想法。」

市委書記走後，老霍想到了徐進亭，近一段時間老徐的思想往岔道上轉得太遠了，前幾天在黨委會上的情緒很不對頭，他帶著這種情緒必然和姜永豐擰不成一股繩，因此在市委決定正式公佈之前，必須好好和他談一談。

徐進亭來到醫院，也下了決心，要說服老霍，不要老是帶著文化大革命的精神鑽死牛角，要跟上時代，現在是講安定，搞經濟，該我們這些老傢伙揚帆張篷的時候了。

徐進亭走進病房，見老霍正托著一本《列寧全集》專心地讀著。桌上放著一疊寫好的稿紙，徐進亭想：這大概就是老霍寫的回憶錄吧？笑著說：「好用功哇，住進醫院還不忘寫作。」一邊說，一邊好奇地拿起稿紙，題目是 ——

珍祝文化大革命

像自己的深刻教育

像火燙了一下，他把稿子放下了，心裡話：真是趕時髦，文化大革命有什麼可回憶的，也值得寫成回憶錄！嘴上卻說：「你對文化大革命可真是懷念不忘啊。"

老霍反問:"難道你忘了?"

老徐說:"'我和你不一樣,你雖然也挨過燒,總算挺住了,也稱得起是過五關斬六將。我可是在文化大革命中摔了大筋頭,沒什麼可值得回憶的,好在過去八九年了,快忘了。這兩個月氣才有點順過氣來。"

老霍灰白的濃眉挑了一下,鋒銳的目光盯住徐進亭:"你把文化大革命忘了?而且這口氣憋了八九年?"

徐進亭趕忙擺手:"算了,算了,我最不喜歡談文化大革命這個話題。你身體怎麼樣?這回可要安心住下來,把病徹底養好。"

老霍說:"我不要緊,我倒是替你擔心。"

徐進亭說:"我身體比你好,我還準備大幹哩!"

"呵,朝著哪個方向大幹?"

"方向?方向很明確,學理論,安定團結,把國民經濟搞上去,這是一切工作的總綱,對咱們來說就是要大抓生產。"

"這個方向是危險的,你這一大抓生產,就把無產階級專政的根本方向給頂了,黨的基本路線呢?無產階級對資產階級的鬥爭呢?不要忘了毛主席說的是抓革命促生產。""你怎麼也學會張口大道理,閉口階級鬥爭?好了,我今天是來看病號,不是來病房找你辯論。"

老霍見徐進亭一談到正題就迴避,便單刀直入地說:"老徐,你是跑馬戲的出身吧?為什麼老圍著欄桿轉圈子,不敢站到當中,抓住問題的核心敞開思想談一談?"

徐進亭拿出一副誠懇體貼的樣子說:"我要有階級感情,你這種病最怕激動,我怎麼能引起你動感情。你近來的情緒很反常,一定是叫病纏的,有病心就煩。"

老霍說:"好吧,你不說我說,市委批下來了,你打算怎麼和永豐同志配合？"

徐進亭臉色刷地變了："你說什麼？"

老霍說："我們的報告市委批下來了，你怎麼啦？"

徐進亭由於意外和反感，衝口而出："沒有想到會這麼快，更沒想到會批下來！"

老霍說："爲什麼？"

徐進亭說："姜永豐上來得不合時令。"他打開筆記本，翻到一個夾紙條的地方，說，"現在上邊有人表態了，新幹部要一個臺階一個臺階的往上提，不要坐直升飛機硬拔上來。"

老霍冷冷地說："你這是把封建科舉制度從歷史垃圾堆裡又撿出來了，孔老二才鼓吹'尊卑有籌，貴賤有序'呢！層層設立'臺階'，勢必擴大資產階級法權，腐蝕革命隊伍，故意阻擋青年幹部的迅速成長，破壞老中青三結合的新生事物。"

"老中青，老中青，老還是頭一位嘛。你本身就不是小青年，爲什麼聽到這樣的話會反感？難道這個老字型大小的隊伍裡不包括你？"

老霍一甩手說："對了，你那個老字型大小的隊伍裡不包括我，也不包括那些能夠正確對待文化大革命的、有豐富革命鬥爭經驗的老幹部，而只是少數對文化大革命一不滿意，二要算賬的所謂老字型大小人物。"

徐進亭煩了："真是固執最容易使人產生偏見，我不明白你爲什麼那麼袒護姜永豐，你把這個造反起家的工人一下子提到廠級領導崗位上還不算，又提到局一級領導崗位上。不用說要有二十多年的領導經驗，他連十年的領導經驗都沒有，怎麼能擔得起局的領導任務呢，我們總得講究點實際吧！"

霍大道被這番話激怒了，但又盡力壓住自己的感情，緩慢地說："你把青年幹部一概斥之爲沒有經驗，根本不符合事實。姜永豐和我們黨培養選拔的一大批青年幹部一樣，他們是經過文化大革命和批林批孔運動鍛煉和考驗的優秀青年。他們親身參加了粉碎劉少奇、林彪兩個資產階級司令部的鬥爭，在黨的第九次、第十次路線鬥爭中經了風雨，見了世面。他們在鬥爭中刻苦攻讀馬列著作和毛主席著作，提高了識別真假馬克思主義、分辨正確路線與錯誤路線的能力，敢於同黨內的資產階級代理人進行堅決的鬥爭。這些，對於進行無產階級專政下的繼續革命，保證我們黨和國家不變顏色，難道不是極其寶貴的經驗嗎？"老霍又翻開床頭的《列寧全集》，念給徐進亭聽，"你聽列寧是怎麼說的：**'在革命時期千百萬人民一個星期內學到的東西，比他們平常在一年糊塗的生活中所學到的還要多。'** 我們的青年幹部，在文化大革命短短幾年中學到的東西，同樣是不能用時間的長短來估量的！"

徐進亭氣呼呼地站起來說："好，你沒白經過文化大革命，佩服，這行了吧！你還有別的事嗎？我走了。"

老霍站起來，把徐進亭捺回床上，誠懇地說："老徐，正確對待文化大革命，首先就有一個正確對待社會主義新生事物的問題。改正錯誤可不能只掛在嘴上，要拿出實際行動來。更不能風頭上夾起尾巴，風頭過去又豎起尾巴。嘴巴上說得好聽，行動上依然走資本主義道路，那就是地地道道的假認錯，真對抗？"

"誰走資本主義道路？我要是今天走資本主義道路，何必當初把腦袋掛在褲腰帶上加革命呢？"

"同志，我們這些在民主革命時期參加革命的同志，過了民主革命的關，而如果認不清社會主義時期階級鬥爭的特點和規律，就過不好社會主義革命的關。前半輩子是民主革命衝鋒陷陣的戰士，弄得不好，後半輩子就可能變成社會主義革命的絆腳石，甚至變為走資本主義道路的當權派。"

徐進亭再也壓不住火氣了，摔開老霍的手，站起來，吼道："好啊！絆腳石，走資派！九年前工人造反隊罵我是走資派，九年後我的領導、我的戰友又罵我是走資派，可你也不看看眼下是什麼氣候，你再拿文化大革命那一套整不住我了！"說完一摔門走了。

醫生護士們聽到大聲爭辯的聲音跑來，見老霍嘴角抽動，眼角的皺紋也隨著一伸一縮，立刻把他扶到床上，要給他檢查病情。老霍拒絕了，嘴裡輕聲說："眼下的氣候？眼下的氣候又有什麼了不起！"

十一

徐進亭帶氣回到礦山機械廠。在路上他拿穩了主意，甩開老霍，不管姜永豐上來抓什麼，按自己的路子把自己的點抓上去，只要這個月礦機廠生產上打個漂亮仗，有賬到以後再算！所以，他一進廠先看生產進度表。可是今天的圖表仍然沒有給他長精神。上個月，數字好像愛上了這個廠，一天一變；這個月，數字卻又和這個廠結了仇，好幾天也長不了幾個數。七月份過去二十天了，可生產計畫剛完成了這個月的一半。徐進亭把眼珠子全盯在四千台潛孔鑽機上了，也僅僅完成了兩千台多一點。這幾天氣象臺還預報要有大雨，礦山兩次拍來電報催貨，要求新鑽機越快越好，他們接到通知說雨季有可能提前來到。這個產品沒上去會把全廠的榮譽、先進紅旗都拖下來！如果這個月還完不成，縱然他和于德祿渾身是嘴，又怎麼解釋呀？更要命的是，礦機廠垮下來的這兩個月，正是他徐進亭來蹲點的兩個月，局裡局外會怎麼看他？千錯萬錯，錯在當初不該同意下來蹲點。既然來了，就橫下一條心。拼出老命也得幹個樣子出來，徐進亭這幾天隱隱感覺到，廠子裡領導的看法越來越不一致，那個能幹的辦公室主任韓風就老擰著勁。群眾中也有意見。現在就靠于德祿那股衝勁，打腫臉充胖子，強糊弄著局面。他也鼓著勁在後面給于德祿打氣。

但心裡一陣冷，一陣熱，態度一會明，一會暗。他盡力不叫別人摸著自己的脈，採取不介入的辦法，這樣可以不至於陷得太深，又能保留自己對這個廠的批評權。

于德祿在早對徐進亭本無太好的印象。自從上個月挨了老霍的批評，一下子感到徐副局長待人親切，很會體諒他的心思，感情一下子近了，印象也扭轉了。七月份他滿心想賴靠徐副局長撐腰，拼命再踢打一陣，扭轉影響。可是時間一長，他對徐副局長的印象又變回去了。覺得他依也依不住，靠也靠不上，像條鱔魚一樣，身上有一種滑得要命的東西，于德祿有時心裡罵街：跟上這樣的領導幹工作，純粹是活受罪，他的嘴你的腿，有好是他的，有錯是你的。還是跟著老霍幹，挨他批也認頭，累死心裡也痛快！

這幾天于德祿打好了新主意，再不下狠心，這個月肯定要倒楣。他在下邊吹了點風，也透了點氣，該開的黨委會沒開，該開的調度會也沒開，專等徐副局長來。剛才在樓下看見了徐進亭的小車，就領著幾個黨委成員找到副局長辦公室來了，進門先問："徐副局長，今天血壓好點嗎？"

徐進亭點點頭，讓他們坐下。

于德祿沒有心思扯閒篇，屁股還沒坐穩就開口了："這個月計畫夠嗆啊！"

徐進亭沒有說話，注意看著于德祿的臉色，他準備給于德祿打氣。

于德祿說："訂生產計畫不能編暢想曲兒，要切合實際，留有餘地，才能調動群眾的積極性。你說是不是？"

"這個月咱廠的計畫不切合實際嗎？"徐進亭反問了一句。他很清楚，這個月局裡在給礦機廠下計畫時已經考慮到上個月的情況，把指標壓低了。

于德祿說："那還用說。別忘了這是七月份，天氣最熱，高溫低產。打個比喻：完成計畫好比摘桃子，伸手搆不著就跳起來摘，跳起來還搆不著，就搭個梯子上去摘。現在你把計畫訂到了天上，坐飛機還搆不著哩，群眾就失去了信心，索性連跳也不跳了。"

"有那麼高哇？"徐進亭猜出了幾分于德祿的意思，就問，"你打算怎麼辦？"

于德祿說："削減計畫。你是副局長，又在我們廠蹲點，上下情況都熟悉，現在只有這麼辦。這個計畫反正是完不成了，如果削掉一點，到月底落個完成計畫，群眾不會洩氣，下個月大夥的勁頭還好鼓動。不然，我們廠從來沒有完不成計畫的時候，這個月怎麼向群眾交代？"

"用削減計畫鼓舞士氣，這是個什麼辦法？"徐進亭有點動火，自己想在生產上露一手把臉爭過來，于德祿卻這麼不爭氣。

"實事求是嘛。"

"計畫是局黨委決定的，我個人無權修改。"

"削減計畫你不敢點頭，上個月產值計畫上升，你可敢點頭。"于德祿不軟不硬地堵了這麼一句，跟著又往痛處刺了一下，"還有十天，大局已定，我豁出去了，不就是一個挨批嗎！我看對蹲點組倒是個諷刺。"

這話是刺了一下徐進亭，更叫他吃驚的是于德祿今天口氣很硬，對自己的態度也有點變，心裡有點犯嘀咕，就說："好吧，等我回局研究研究再說。不過，潛孔鑽機是部裡下的任務，三令五申七月份必須交出四千台……"

于德祿把話接過來："對，鑽機一台不減，減其他就是為了保這個重點！"

聽到這話，徐進亭精神振作了一下，這個點子不錯，就說："要是這樣嘛，那可以考慮。"

于德祿見他鬆了口，就緊盯著說："可要快呀，我們等你的信。"

徐進亭又猶豫了："丟了產值指標也夠嗆……"

于德祿腦袋一擺："捨不得孩子打不著狼！"徐進亭抽了幾口煙，說："要想個口號，叫'不要利潤，要革命'。上個月老霍批你，不就批的是只抓目不抓綱，丟了革命保產值嗎？"

于德祿心領神會地點點頭。徐進亭滿意地"嗯"了一聲，踱起方步來，心裡很得意：用他的口號，達到我的目的。這倒是硬漢子想出的硬主意。

于德祿見徐進亭點了頭，心裡很高興。平時這位副局長滑的可恨，今天為什麼這麼痛快？于德祿哪裡猜得到，今天早上一來，徐進亭思想上發生的變化。為了讓礦機廠在生產上露臉，還想給于德祿撥點設備，但不明說，要拿話引逗，叫于德祿要求，然後自己裝做無可奈何地答應他，以後即便出了什麼問題，也好有退身步，就問："你們的設備怎麼樣？"于德祿比猴還靈，順著桿往上爬，說："副局長，咱廠機加工設備缺胳膊短腿，壞了不少，要保這四千台鑽機，設備不作勁還行！我聽說局裡剛買進來三十台機床，能不能撥給我們？"

徐進亭望著于德祿，心想：這傢伙真是機靈，一點就透。

于德祿見徐進亭不吭氣，就一個勁在旁邊煽："這你副局長可有權了，批個條子一轉賬就行了。"

徐進亭故意作難地說："那是準備撥給幾個生產條件差的小廠的。"

"我的副局長，你不看這是什麼時候，小廠能搞潛孔鑽機嗎？不能光叫我們保重點，局裡不保我們。又要馬兒跑，又要馬兒不吃草，我們可幹不了！"

于德祿嘴裡軟的硬的全有，你不給他設備，他就完不成鑽機，反正有你副局長在這兒蹲點，看你怎下臺！說實在話，徐進亭過去心裡對于德祿真有點怵頭，對這個"刺兒頭"不能輕易碰，只能順著他的心氣，給他扒拉扒拉毛。但是今天覺著長刺入往往更能幹。特別是在當前，他和老霍的關係是那樣僵，萬不可再和基層把關係搞僵。何況這個廠又確實是重點單位，是自己的點。他滿心樂意想讓這個廠吃點偏食，卻裝出一副被于德祿纏磨不過的樣子批了個條子，把那三十台機床撥給了礦機廠。于德祿拿著條子趕緊叫生產科長到局設備處去辦手續，派運輸隊去拉設備。

生產科長告訴他，鑄造車間私自幹起礦用大汽車的底盤來了。于德祿又火了，派人把老秦頭找來了，頂頭就問：「誰讓你私自攬活幹？」

老秦頭幹了三十年鑄工，當了十五年車間主任，叭嗒叭嗒眼皮慢條斯理地說：「是小強帶回來的任務，大會戰咱不參戰？」

于德祿轉臉對徐進亭說：「你這局長說說叫我們還怎麼幹？廠部還不知道，下邊工人就幹上了，這不亂套了！」

徐進亭大聲說：「指標以外的不幹！」

老秦頭看了他一眼說：「哎，你們蹲點組成天嚷著抓生產，敢情是只抓對自己有利的生產，不抓對國家有利的生產。」

徐進亭臉上有點掛火：「老秦，你怎麼能這樣說話。」

老秦頭不著急不上火地說：「哦，就許你們當頭頭的接任務，工人要看到應該接的任務接下來都不行？那個底盤遲早是咱的活，早幹早主動，晚幹就被動。人家汽車市委批準了機電局黨委的報告，局裡也立即把提拔水泵廠二把手為該廠黨委書記的決定，通知了水泵廠黨委。

十二

老霍在醫院立即給姜永豐打了個電話：「永豐同志，今天能不能就到局裡上班？現在階級鬥爭十分激烈，似乎正有一股風壓過來，否定新生事物，否定文化大革命，局黨委決定提你上來，就是要和他們對著唱這台戲。你要有點打仗的作風,把廠裡的大事交接一下,婆婆媽媽的事務,以後還可以交。"

大姜只是"哼"著,答應下來。這個決定對他太突然了,他毫無思想準備。老霍沒有猜錯,他對水泵廠有很多好的設想,連第五個五年規劃都搞好了。他真沒有想到自己要離開這個廠,有點捨不得。他放下電話,感到局長提醒的對,換個崗位如同換個戰壕,沒有必要拖拖拉拉,兒女情長。他上午把工作交接完,下午就到局裡報到了。

局機關幹部們歡迎他,有的在小聲議論:"看吧,我們局裡又多了個二號霍大刀!"

姜永豐上任後碰到的第一件事,就是徐副局長批的條子。設備處對這批示意見很大,礦機廠根本不需要這些機床,即使需要的話,他們也完全可以自己造。可是把機床給了那些小廠,卻能解決大問題,人家早就盼著吶,徐副局長怎麼能半路上變卦?

姜永豐瞭解完情況,擰起了眉毛,他真有點生氣。徐副局長批的條子顯然是錯誤的,礦機廠單純追產值搶榮譽,拚壞了設備,不僅自己不動手修,而且往旁邊一扔,又伸手要新的設備,這不是在糟蹋社會主義企業嗎?簡直是大少爺作風。更可氣的是,竟然把手伸到條件差的小工廠嘴裡去奪食,社會主義協作關係,共產主義風格統統不要了,路線一錯就會把一個企業毀掉。奇怪的是徐副局長為什麼批這樣一個條子?姜永豐想,如果自己剛上來就否決他的批示,徐副局長會不會多想?何況礦機廠又正是他的點啊!要不是礙著徐副局長,姜永豐去廠裡和于德祿當面說清,就算批評老于幾句也沒關系。姜永豐真想和霍局長商量一下,可是以前雲濤同志有指示,不要為了工作上的問題去打擾他治病。老霍本來就不願躺病床,正想找藉口往外溜呢。

姜永豐對著徐進亭批的紙條看了老半天,突然一拍大腿,抬起了眼睛,射出了堅定的光芒。好像這一巴掌把矛盾的扣子拍開了：「對，不能猶豫含糊，對錯誤的東西就要寸步不讓！」

他對設備處的人說：「讓礦機廠來拉機床的人先回去。我去向徐副局長說明白。」他把自己的決定匯報給其他常委，徵求了同志們的意見，就直奔礦山機械廠。

姜永豐找到徐進亭，先誠懇直率地介紹了自己的情況，甚至把自己容易犯的毛病也一點不漏地告訴了徐進亭，並希望老幹部以後對自己多敲打著點。最後才詳細地把那三十多台機床不能給礦機廠的道理講出來，他仍然用的是商量口氣。但是話裡有一股鋒芒，既誠懇、坦率，又堅持原則。

徐進亭臉上火燒火燎，心裡衝起一股怒氣：好啊，剛上任就教訓起我來了！他用眼角斜了姜永豐一眼說：「姜副局長，好鋼用在刀刃上，我們的設備要保重點廠、重點產品。我莫非連這幾台設備也調不動了？」大姜見對方果然誤解了自己的意思，就說：「徐副局長，重點廠更應該帶頭執行毛主席自力更生，艱苦奮鬥的辦企業路線，而不應該大手大腳，以老大自居，浪費設備，獅子大張口，樣樣都伸手，更不能借搞重點產品向國家敲竹槓。」

徐進亭脖後的肌肉微微抖動，心口窩突突地往上躥火，他看也不看姜永豐，甩手走了。姜永豐沒有動氣，在後邊又喊了一聲，「徐副局長。」徐進亭連頭也沒回，徑直走去了，他是強壓著怒氣。姜永豐剛上任，如果和他吵起來，顯得自己太沒水準，可是這個姜永豐也太不自量力，一上任就否了自己的決定，這是成心讓自己難看，給自己戴眼罩！你瞧他那勁，態度好像很虛心，其實是先禮後兵，軟中有硬，一句話能把人堵死。扣帽子，上綱上線，完全是文化大革命那一套。我不吃你的！

徐進亭氣哄哄地走了。

姜永豐本來想好好和徐進亭談一談，希望徐副局長把全局的情況介紹一下，特別是想和他交換一下對目前黨內兩條路線鬥爭的看法。沒想到徐進亭這麼冷淡，這麼傲慢。沒說上兩句話，一甩袖子走了。姜永豐心裡那盆火，碰上了一盆水。心想：同志間的熱勁，爲什麼在徐進亭身上燒不起來？姜永豐感到這個彆扭啊！在一個單位工作，思想就是不能撥到一根弦上，剛才面對面站著，感情卻像隔了千百里地那麼疏遠。姜永豐要去找于德祿把問題談清，儘管徐副局長好像對自己意見很大，但在思想鬥爭上不能調和讓步。他正要下樓，司機小萬找到樓上來了，說部裡來了電報，叫局長去開全國計畫會議。往年都是霍局長去，現在他住院了，誰去呢？雲濤同志從市生產指揮部打來電話，叫姜永豐主持研究這件事。姜永豐只好對礦機廠辦公室主任韓風講了自己的意見，請他轉告于德祿。韓風一口答應，而且表示一定要說服于德祿。話語中，韓風還流露出對局蹲點組和于德祿很多做法不滿意。這是個有頭腦、有見解的青年幹部。可惜來不及細談，姜永豐匆匆趕回局裡去了。

徐進亭當面給姜永豐一個下不來台，氣呼呼來到車間，他沒有目的地轉著，他在想自己的對策。他想向局裡把那三十台設備爭來，主要是要給自己爭這個臉。不然，一個普通工人剛提上來就踩你一腳，這樣下去往後還怎麼幹！他轉回身叫司機開車回局，突然又想到，姜永豐這樣幹，一定是得到了霍大道的支持，雲濤是支持他們，還是支持自己呢？如果爭吵了半天，仍然要不來設備，那樣臉不僅正不過來，反而不是越描越黑嗎？

如果不去找，這口氣又太難咽下了。他轉悠轉悠，忽然想到了于德祿，對，叫這個刺兒頭去放炮，去刺老霍和姜永豐。

他找了好幾個地方也沒有找見于德祿，卻碰上一個生產科的幹部，告訴他煉鋼車間停產了，原料出了問題。徐進亭頭皮轟的一下。

前天，供銷科請示，上個月突擊的老式衝擊鑽機，剩下幾台實在推銷不出去了，各個礦山全不願意要這老掉牙的產品，但如果讓它擺在庫裡，就是六月份產值掛帥的罪證。于德祿和他商量怎麼辦，徐進亭叫全扔到平爐裡煉鋼，于德祿起初不同意，每台鑽機都花了十幾道工序，費了多少人力物力，怎麼能當廢鐵去煉鋼。再說，這幾台鑽機已經報了產，如果再報廢回爐，等於欺騙國家，上個月上繳的五千萬就不是真的了！徐進亭卻說："不用打報告更正，下個月多幹幾台，補上這個缺。"今天停爐會不會因為這個問題？煉鋼車間一停，這個月就全毀了！徐進亭顧不得回樓上換衣服，就奔料場去了。

料場上滾了鍋，有人吵，有人罵，也有人大聲吼叫。幾十個平爐上的煉鋼工和管料場的工人吵得不可開交。有人看見徐進亭來了，給他讓開路，但對吵的雙方各不相讓，也沒有理踩這位副局長。他聽了半天，也聽不明白，也插不進嘴去，不知說哪一方好。

幸好，于德祿聽到訊兒也趕來了，才壓住陣腳。原來並不是那幾台鑽機的問題，鑽機叫礦石原料蓋住了。徐進亭這才一塊石頭落了地。這兩個月礦機廠領導一心突擊抓生產，不抓階級鬥爭，不抓思想教育，車間外邊的料場一時成了"三不管"死角。哪個車間有了調皮搗蛋的人，車間不想要就送料場，都以為料場活累，又是露天作業，再加上原來有幾個四類分子在這兒被監督勞動，因此，這幫調皮鬼情緒可大了，到處嚷嚷："這是拿我當四類，讓我勞改來了。"再加上四類分子一挑唆，料場更亂了。昨天夜裡來了五車皮礦石，原料場工人睡得迷迷瞪瞪，也不看標號，唏裡嘩啦把原料往下一推，各種不同的合金元素全混在一起。平爐工人一早晨就煉廢了兩爐鋼，還能不惱火！料場這幫角色平時天神不管地神不拿，浪蕩慣了，更不好惹，煉鋼工還沒瞪眼，他們先罵上娘了，這一來可不就得吵架。

問明瞭這段情由，于德祿也氣得腦門子直冒火，真是按下葫蘆起來瓢，這裡不出事，哪準有事，這能怪誰呢？于德祿看著眼前這一座座小山頭似的原料堆，心裡憋暗氣：要把幾十種不同元素重新化驗分開,這是多大的工作量啊,平爐得停多久?他走到徐進亭跟前哭喪著臉說:"怎麼辦?"徐進亭說:"調人來突擊。"于德祿指指下班的人流說:"車間工人已下班了,料場這幾個人不頂用。"徐進亭想了想說:"發加班費,超過四小時算一天,百分之三百發工資。"于德祿一驚:"這合適嗎,剛學過無產階級專政理論……"徐進亭打斷了他的話:"沒關係,只要不停爐,生產能上去,就行。再說,春節不也發加班費嗎?國慶日不也發嗎?當然那是國家規定。特殊情況,靈活一沒下沒什麼,重賞之下有勇夫,在社會主義時期,這個信條還是有效。昨天我看了個材料,我心裡有根。"

"好!"于德祿立即叫人把下班的工人召集回來,把徐副局長的意思說了,剛說完,工人一下子亂了,嚷嚷開了:"這是唱的哪齣戲呀!""怎麼搞起物質刺激來了!"出了事故講明情況,大家搶嘛,幹嘛發加班費!"有人大聲喊:"你學的理論全就飯吃了嗎?"料場的幾個調皮鬼拿起提兜就走:"我不掙這份錢,也不受這份罪。"

于德祿氣頂腦門子,正琢磨著怎樣組織隊伍收拾這個亂攤子。人群一動,覺得身後刮過來一陣風,他和徐進亭都回過頭去,見一隊工人跑步來到料場,舉著一面突擊隊的紅旗,為首的是強秉志。他把隊旗往料堆一插,對于德祿說:"二位領導上個月搞產值掛帥,這個月又搞獎金掛帥,社會主義企業的工人就是要在各盡所能上下工夫,不在報酬多少上打圈子。誰想搞資本主義,就是黃金鋪路我們也不幹!"他轉身又向他的隊員們說,"把形狀一樣、顏色一樣的分出來放在一起,然後每一種裡各拿出幾塊到化驗室去定成分。"

有個隊員說:"咱不是幹這行的,可別搞錯。"

強秉志說:"隔行不隔理,都是和鋼鐵打交道的,再外行還能把礦石當成錳鐵?再說,這是一場政治突擊戰!"

　　隊員發聲喊：“對，爐臺上保鋼如救火，鬥爭中綱舉目才張！”

　　強秉志一揮手，突擊隊員二話不說，伏下身子就幹起來，一會兒把一堆礦石原料就分開了。于德祿聽著強秉志的話，看見突擊隊員們火樣的目光，心裡發慚，臉上發燒，有個老工人大聲說：“同志們，平爐還張著嘴等料哪，我們不做金錢的奴隸，要當工廠的主人，不爲工資爲革命，學著強秉志突擊隊的樣子，動手吧！”

　　“對，去他的加班費吧，讓趙公元帥滾蛋吧！”工人們發聲喊，幹起來。

　　突擊隊一帶頭，老工人一號召，料場上吵架的，看熱鬧的，下了班從這兒路過的，都插手幹起來了。連料場那幾個搗蛋鬼也放下提兜，動手幹起來了。于德祿叫煉鋼工都回到爐臺上去，把分出的料化驗後立即投爐開煉。

　　料場上，鑄造車間突擊隊幹的最快最猛。于德祿驚異地不住打量強秉志，他以前並沒有留意過這個小青年，甚至從月初強秉志畫畫提意見以來，還對這個青年不怎麼喜歡。今天卻給了他一個很好的印象，正在這吃緊的時候，他的突擊隊起了很大作用。雖然他的話批評了自己，有點使自己難堪，可是也用行動幫助自己做了多好的思想鼓動工作。于德祿發覺，這個筆頭子靈便，舌頭不靈便的小夥子，倒很有點組織能力，你看他說話不多，突擊隊的青年們都聽他的，他的頭一擺，打個眼神，那群虎將就衝上去了。于德祿心想：行，他不會用舌頭指揮，倒會用行動指揮他的同伴們！他話裡話外對自己的領導方法有很大意見，難道自己是光抓目丟了綱？于德祿看看徐進亭，徐副局長臉色鐵青。

　　幾十斤重的鐵塊子，小強一手提一塊，還來回一溜小跑。幹起活來隻想他的大戰猛幹，不料身後有人“哎喲”叫了一聲。他提著幾十斤重的鐵錠子，轉身不方便，又不願放下它耽誤時間，就低眼從兩腿空裡往生一瞧，看見一雙錚亮的黃牛皮涼鞋，甫問剛才是踩上了徐副局長的腳。小強眨眨眼，想回頭說聲對不起，他對徐副局長向來很拘束。乾脆裝做沒聽見，他拔腿朝前跑了。跑是跑了，徐副局長也沒追他，可強秉志心裡老是有點不自在。但他在心裡又儘量尋找理由，好像不跟副局長道歉也沒有什麼關係，誰叫他在這種場合還穿那麼漂亮的涼鞋，要是穿著大頭工作鞋，人踩一下有什麼要緊。這麼一想，強秉志心才安下來。而且從徐進亭身上想到了老霍，想到了那天夜裡在海邊和霍局長一起搞夜戰。有人穿了球鞋，踩到箱板的釘子上，鞋底就被穿透了，有人穿了"空前絕後"的涼鞋，踢上石頭，把大腳豆頂的生疼。他特別欣賞霍局長那雙老底圓口布鞋。踩到釘子上，緊密的厚布底一下子就把釘子踩趴下，踢上石頭，就把石頭踢飛。有個技術員和局長開玩笑，要和他換鞋穿，局長不同意。強秉志好奇地問老霍："我看您一年有八個月穿著這種布鞋。"

"嗯，這鞋穿在腳上才得勁呐！"霍局長樂呵呵地逗他。還告訴他，這種鞋叫"踢倒山"，革命戰士都穿這種鞋，趕走鬼子，打敗國民黨反動派，踢倒了三座大山。強秉志是個有心數的小夥子，他可沒有把霍局長的話只當笑話聽聽就完了，他看過不少革命戰爭回憶錄，紅軍長征的時候，把這種鞋叫做"量天尺"。霍局長過去穿著"量天尺"，量過了萬水千山，踢倒了三座大山；今天仍舊還穿著"量天尺"，而且心裡還裝著一把"量天尺"。在階級鬥爭的風浪中不搖不晃，沿著毛主席指引的方向正領著全局職工量一條新的革命路，要量到 2000 年 —— 把我們國家建成現代化社會主義強國，而且還要量到共產主義。那天在搞完夜戰回家的路上，他想好了一幅畫的構思：畫一個老幹部，就穿著霍局長那樣的布鞋，在大道上前進。題目叫《大道上的戰士》。可是徵求小萬的意見，小萬主張叫《大道上的帶頭人》。強秉志今天看見了徐副局長的皮涼鞋，更下了決心要畫這幅畫。大汽車的底盤一澆鑄成功，就動手畫，而且要畫好。年輕一輩要接過老一輩的"量天尺"，老一輩人自己更不能穿上亮皮鞋，丟了"量天尺"，甚至穿新皮鞋走老路。

徐進亭被小強踩了腳，就離開了工人群，他身子胖，彎腰也費力，蹲又蹲不住，來回跑更受不了；再說他怎麼也分不出那是磷鐵，那是鉻鐵，就這裡看看，哪裡轉轉。馬上離開現場又怕影響不好，看準了就撿分量輕的搬兩塊。強秉志有意躲著他幹。一堆又一堆的合金塊都分好了，強秉志又把突擊隊帶到一個最高最大的原料垛跟前，先從底下搬起來。沒想到剛動了兩塊，原料垛轟隆一聲倒塌下來。強秉志正在底下彎腰搬合金，聽見響聲身子往後一閃，腳來不及拔起，被鐵塊子壓住了。強秉志一下子摔倒了。合金塊又傾瀉下來，把他的腿全埋住了。

隊員們紅眼了，撲上來急叫："小強！""隊長！"

小強臉上光冒汗，拼命想抽出大腿，卻抽不動。稍一使勁，腿就像撕裂開來一樣疼。

隊員們發瘋似的搬掉壓在小強腿上的鐵塊。聽到這邊出了事故，于德祿和工人們跑過來了。于德祿心想：這又不是山塌雪崩，怎麼會壓住人？他跑到近前一看，頭皮"嗡"地炸了。原來這兒胡亂扔著幾台衝擊鑽機，放得不牢靠，上面又蓋上了原料，誰也不知道。剛才強秉志他們一動原料，上面的鑽機倒下來了。多虧小強年輕躲得快，要不整個人都會被砸在裡邊。

有人憤怒地說："誰把鑽機放在這兒？"

料場的工人說："這是準備回爐煉鋼的。"

"這不是新鑽機嗎？上個月拼命趕，這個月又往爐裡扔，這是抽什麼瘋？"

"這種老產品礦山不願意要，剩下這幾台實在推銷不出去了，只好煉鋼了！"

"嘿，路線走錯，國家受損失，工人倒楣！"

工人們提著意見，一句句都像刀子捅了于德祿和徐進亭的心窩子，徐進亭呆站在一邊。

"先別說了，趕快去醫院！"于德祿慌忙派人要汽車。

小強卻在隊員的攙扶下站起來了，拿手套抹抹臉上的汗，說："于主任，沒事，不用去醫院。"

"什麼沒事！"于德祿真想抱住這個小夥子。

隊員們也要抬強秉志去上汽車，小強直向他們使眼色，隊員們都急了，不明白他的意思。小強只好小聲說："不要影響大家的情緒，我們這是和修正主義路線開對頭車，受點傷也沒啥。"有個小青年問："你不疼嗎？"也有人說："汽車底盤怎麼辦？月底要出汽車，人家汽車廠就等咱了。"

是啊，小強參加了局設計組，對這個任務他吃透了，他又是隊長，他住了院怎麼辦？

小強咬緊牙在地上邁了幾步，又低聲向同伴們嘀咕："我覺著這疼勁還差點火候，不像是骨頭斷了。只要骨頭不斷就好辦。"

一個女隊員問："你骨頭砸斷過嗎？"

小強搖搖頭。

"那你怎麼知道骨頭斷了，疼是嘛火候？"

小強沒話了。

于德祿把這夥小青年的"內部談話"全聽到了，他心裡難受，甚至湧起一陣愧疚：這個廠有許多這樣的好工人，如果還搞不好，完不成國家計畫，我這個當頭頭的真沒有臉向黨交待！他扭過頭去，裝做沒有聽見青年們的談話。

汽車來了，小強就是不上車，叫同伴扶著，要回車間。臉上滾著一串大汗珠子。于德祿火了，吼道："強秉志，虧你還會畫畫！"

隊員們吐吐舌頭，都愣了，摸不清于德祿這話是什麼意思。

于德祿說："愣著幹什麼？還不快扶他上車！"

　　強秉志被救護車拉走了，徐進亭也心情沉重地走了。他倒不是擔心再出工傷事故，而是必須自己一個人靜下心來，好好想想下一步怎麼辦啦！

　　看來，這個廠七月份肯定是垮了。平爐停產，設備調不來，潛孔鑽機交不了賬，難道七月份要栽大跟頭？今天料場突擊，他發覺這個廠有些工人對自己有一種不滿的情緒，上有霍大道，姜永豐，下邊再有這些群眾，他越想越嘀咕。不！與其一個跟頭栽在這兒，還不如趁早拔腳撤走。但是，怎麼樣撤，往哪兒撤呢？

十三

　　經過了一夜，徐進亭把這些問題在大腦篩子小腦籮裡，過了又過，篩了又篩，反覆權衡得失，最後決定住醫院。他想，現在老霍住院，局裡主持工作的是姜永豐，而這個季節又正是搞工業的人坐蠟的日子，自己一住院，姜永豐抓沒處抓，靠沒處靠，等於亮了台。再說從昨天情況看，礦機廠要趴蛋，機床調不來，鑽機拿不出，強秉志受傷，平爐停產，這本來都是他的賬。可他一住院，這些就都扣到姜永豐的頭上啦，他在醫院裡養幾天，等社會上這股風刮起來，越大對自己越有利，到那時姜永豐玩不轉了，自己出來就有賬可算了。徐進亭打好了這個主意，真是非常得意。

　　早晨，小萬聽到強秉志砸傷了腿，心裡正焦急。本想去北灣醫院看看小強，但是今天事情太多了。可能有個局長要到北京開計畫會議，得她開車送；今天又是全局每月例行一次的生產調度會，用車的時候多，她怎好離開車隊去看強秉志。

　　果然，上班沒出五分鐘，小萬就接到了徐副局長的電話，要車送他去醫院。小萬好納悶："呀！在這種一個人恨不得當三個人使的節骨眼上，他怎麼也要去醫院裡湊熱鬧？"想不通歸想不通，任務還得執行。小萬把徐副局長一向最喜歡坐的北京牌小轎車，開到了他的家門口。

徐副局長已經在門口等候了。他左手提一個綠色塑膠袋，裡面放著牙具、毛巾、肥皂之類的東西；右手拎一個大網兜，兜裡裝的全是藥瓶子、藥盒子，有兩瓶枸杞子泡的酒，有兩包點心。還有一個大塘瓷盆，盆裡豎尖冒油的放著滿滿一下子油炸"老虎豆"，特別顯眼。

小萬接過網兜，順口問："您還愛吃'老虎豆'？"

徐副局長搖搖大腦袋，神秘地說："你看這是'老虎豆'嗎？不是。是'四一六'，抗癌藥。"

小萬嚇了一跳："啊！您得了癌症？"

徐副局長哈哈笑了，他今天情緒很好，下棋的人都為自己走了一步高棋而得意。他親切地拉拉小萬的小辮子，說："傻姑娘，得了癌症再吃這個藥就晚了。我這是預防得癌症，找中心醫院的李大夫專門配製的。"

"您活得可真在意呀！"小萬使勁咬住舌頭，才沒有甩出這句帶棱子的話。她看著徐副局長笨重地爬進小轎車，脖子後頭那一團團的肉崗子一顫一顫地，彷彿裡面養分多得盛不下，要流出來了。小萬覺著這些肉團團，今天格外扎眼。她問："中心醫院的高幹病房不多，您想住院就準能住得上嗎？"

徐副局長心裡有準譜，笑笑說："我早晨剛給李大夫打了個電話，他說今天有個病人非要出院，正好空一張床。"

"哎呀！"小萬心裡咯噔一下，犯了嘀咕，該不是霍局長吧？

小萬用自己感情上的尺度，在心裡生氣地比較著這兩位局長。真是花有幾樣紅，人跟人不同。霍局長像個百萬千瓦的發電機，身上每時每刻都向外輸送著億萬千卡的熱能，一靠近他，就渾身熱烘烘的，長力氣。可這位徐副局長，就像個出了毛病的加熱爐，再也升不上溫來了，而且爐堂裡通著暗溝煙道，冷風啄得涼颼颼的，三伏天碰上他也會感冒。

　　想到這兒，小萬就說："徐副局長，霍局長有個好法兒，可治大病了。"

　　"什麼法兒？"

　　"'三大'的法兒。"

　　"三大？"

　　"大學、大批、大幹治大病，心裡階級鬥爭的弦繃得緊，鬥志就旺盛，不僅治身體病，還治精神病。精神一好，身體就壯；精神一垮，身體就倒。"小萬說得嚴肅認真，很動感情。

　　徐副局長注意看著她，問："你這是什麼意思？"

　　小萬有根有據："您看霍局長，他那病多重，要換個別人說不定早趴下了。他怎麼治的？還不是靠一股繼續革命的精神。"

　　"呵，真是新發明。"徐進亭反問，"現在怎麼樣，還不是也在醫院裡？"

　　"那是勞累過度！"小萬反駁說，"您還記得咱局財務處的田希嗎？他那病和霍局長比還算病？可他養得多精心，喝人參酒，吃養身丸，早晨練太極拳，晚上請人按摩，那才是走路四方步，說話悄悄聲，樹葉掉下來都怕砸破頭，滿心想多活幾年。結果反倒死在前邊了，這是什麼道理呢？還不是小病大養變大病，活命哲學不救命。"

　　徐進亭知道，這個丫頭在繞著彎子說自己，但故意裝做聽不出來。他平時喜歡這個心靈手巧的姑娘，臉模子長得又精神，就是嘴茬子厲害一點。今天他心裡高興，更不想和小萬嘔氣了。就說："他總結出來的這個結論，在醫學上是解釋不通的。"

　　小萬說："可霍局長說，這在哲學上完全講得通！"

　　徐進亭臉上稍稍有點掛火，就說："你這姑娘真夠勁，變著法兒敲打我。告訴你，你的高壓和低壓加在一起，還沒有我一個高壓高，昨天夜裡暈得我一宿沒睡好覺。咳，真是年輕不知年老的罪！"話是這麼說，他是假惱假怒，根本不把小萬的話往心裡擱。純潔的小萬,哪猜得透徐進亭複雜的心理,更不會知道這時候的徐進亭心裡正美著呢。小萬不說話了,小車裡的空氣似乎有點不自然。徐進亭拿眼角掃掃小萬,用一種大人不把小孩怪的開朗語調說:"小萬哪,不管怎麼說,你是個好姑娘。我正有件事和你商量。"

小萬問:"什麼事?"

徐進亭說:"我有個老戰友,他是商業局的一把手,他愛人在歌舞團。就住我的樓上,大小七間房全是他的。他的愛人看中了你。他們的獨生兒子,在部隊當連長,樣子精神得很,將來很有發展。你們兩個年紀也差不多,很般配,我想成全這件好事。"

小萬臉紅了,心裡突突冒火,心想這位副局長真是發昏了,正事不管,卻有閑腸子操這份心!就說:"我對解放軍和解放軍的家屬很尊重,但和個人問題連起來,還沒想過。""現在就聯繫起來想一想嘛。他的父親、母親、家、他本人那一樣都是可以的吧?"徐進亭很有把握,一般的姑娘哪能碰上這樣好的主兒。正像有人說的:"父親是當官的,母親是上班的,兒子是接班的。"當然這話說得很庸俗,可是遇到如他的戰友這樣優厚的家庭條件,不能不說是萬幸,還能推掉嗎?

可是小萬卻氣得心裡打哆嗦,使勁穩了穩神,把牢了方向盤。半天才說:"謝謝您的好意,不用說了,我有對象了!"

"有了?我不信,他是幹什麼的?"

一個姑娘遇到這種問題,是多麼難於回答啊!何況小萬哪來的對象呀?她和強秉志還從來沒有談過這個問題,現在怎好就把人家當成自己的物件呢?但是,此時此刻,話趕到這兒,小萬就衝口而出。她心裡有一股氣,也有一種值得驕傲的精神力量鼓舞著她。她說:"他是工人,一個普普通通的鑄工。"

徐副局長一怔。他萬沒有想到,自己竟連一個小姑娘都沒有看透。他還想拿話再引一引。可是小萬再也不說話了。車開到醫院門口，她慌得沒有替副局長打開車門，就提著徐進亭的大網兜向三樓住院部跑去。

住院部裡，老霍服裝整齊，正辦理出院手續。裡屋坐著神情淡漠的李大夫，在悠閒地吸著香煙，眯縫著眼睛正隔窗瞄著老霍這個奇怪的病人。他是在等候徐副局長。

老霍辦完手續，轉身看見跑進來的小萬，心裡一喜："好小萬，你來的可真是時候。"

小萬卻使勁咬住嘴唇，想不讓眼裡的淚瓣掉出來，氣呼呼地大聲說："我一猜準是這麼回事！"

"又怎麼啦？"老霍看看她，忽然笑了："不應該拿眼淚給剛出院的人祝賀。"

老霍話沒說完，徐進亭進來了，兩個人對面怔住：

"老霍，你要出院？"

"老徐，你要住院？"

小萬忍不住了："人家有點病，都是削尖腦袋往醫院擠；您身有大病，卻一次次從醫院往外跑！"

裡屋那位面孔冰冷的李大夫，看見徐進亭，立刻換上一副熱情滿面要出來迎，聽到外間這三個人的對話又站住了。縮身躲開玻璃窗，急忙翻住院卡。哦呀！前天進院住在十五號病床的那個身貌極普通的人，竟是機電局長"霍大刀"！"霍大刀"三個字電光一樣在他腦際裡掠過，他看病多年有個老習慣，只看病歷，不管病人經歷；只記病床號，不記病人名字。當然也不全都這樣，對徐進亭這樣的病人，他是死記名字的。這次怎麼竟沒有記住霍大道呢？這兩天對他太冷淡了。他暗罵自己"該死"！現在怎麼辦？如果躲起來不見，那倒省事，但又怕得罪了老徐。李大夫專注地聽著外間的談話。

一向冷靜、超然的徐進亭，這功夫正窘得臉盤子通紅，眼睛不自主地四下搜索著，他盼著李大夫這時候出來給自己解個圍。

老于世故的李大夫很明白他的意思，但沒摸準“霍大刀”的心氣，他是不能爲了副局長而得罪局長的。

徐進亭訕訕地說：“你病得這麼重，哪能出院？”

老霍說：“你這新病人都來了，我哪能再占著地方。快說吧，你到底怎麼啦？是不是又是腦子的問題？”

“腦子？對，我的血壓一高就撞得腦袋發暈。”徐進亭把話轉過來，而且一談起病，他的窘勁很快過去了。他皺眉搖頭，全身各個部位都在說明他病得的確不輕，“這幾天血壓很不正常，頭暈得厲害。”他數說著自己的病情，想順著這個梯子下來。他怕老霍那雙錐子一樣銳利的眼光，看破他腦子裡真正的“病情”。

小萬不願意看的扭過臉去，有這麼嚴重嗎？剛才在車上還談笑風生，這會就是這麼一副病態，而且說得多從容、多自然。人家不光能養病，還會“談”病哩，有人明明得了重病，自己卻說不清、道不明，或者病重十分，也只能說出五分六分。而有的人明明有五分病卻說出十分。這也是一門“藝術”哩。可是叫人尊敬的徐副局長，怎麼會也掌握了這門該死的“藝術”！

老霍什麼不明白呢？這絕不僅是養身談病的藝術，而確實是一種病態，是資產階級思想的毒菌侵蝕了人的靈魂以後，一種病態的反映！如果說是“藝術”，也是一種資產階級向無產階級進攻的藝術！他難過地看看徐進亭，問：“你來住院，大姜知道嗎？”

“夜裡難受，臨時決定的，還沒告訴他。你知道了還不是一樣。”

“不一樣。工作上的事情總還要交接一下吧，永豐同志在主持工作，你也應該跟他說一聲嘛！”

徐進亭臉立刻耷拉下來：“臨時發病，緊急住院，顧不了那麼多手續。”“就打個電話嘛。”“怎麼我好像連得病也得請示一下！”

"哦，這位霍大刀對老徐住院有看法。"李大夫聽到這兒就出來了。他滿面春風，用手絹擦著手，好像剛從手術臺上下來。高聲說："徐副局長，您來了。"轉臉又招呼老霍："霍局長，我還是勸您不要出院，我們另外想辦法給徐副局長安排床位。"

老霍看看神情陡變的李大夫，沒有吭聲。

徐進亭一時沒有明白李大夫的用心，反而在心裡埋怨他不該把床位問題這樣挑明瞭說出來。他只好裝糊塗地反問："李大夫，原來你說的空床就是老霍住的那張床？咳，這怎麼算空床，我怎麼能搶他的床位！"徐進亭臉上變顏變色，在屋裡踱了幾步，一擺手果斷地說，"這兩天先不要安排別人住，我回去向局裡說一下，儘量還是勸老霍回來住院。"

李大夫沒有料到徐進亭會有這一手，臉上的笑容變得僵硬了："您哪？"

"過幾天也可以。"徐進亭留下了一句活話。

"按照醫院的制度，從今天我該下廠巡迴醫療，想到咱們局，您看看去哪個廠好？"

"噢？"徐進亭一怔："那就去大廠吧，先去礦山機械廠。"

兩位局長一進一出，最後落這麼個結果，小萬沒有想到，但挺高興。她一手又提起了徐進亭的大網兜，一手伸向老霍問："您的東西吶？"

老霍從胳肢窩裡拿出一卷稿紙："這不，我自己拿吧。"

小萬放下網兜，把稿紙接過去，看了幾行，立即珍貴地拿在手裡，說："還是我給拿著吧！"

老霍看看徐進亭那些東西，替他拿起了一個書包，半開玩笑地說："你住院就像後勤處搬家，瞧這些罐罐罐罐，拖泥帶水。過去行軍打仗，也不過一個背包一桿槍，像你這樣準得當俘虜。"小萬哧哧地笑了。

老徐皺起了眉頭。老霍看看小萬，下邊的話沒有說出來。他本來想說，過去從作風上可以看出一個部隊的精神狀態和戰鬥力怎麼樣。現在從作風上不也可看出一個人的世界觀嗎？如果一個人階級鬥爭觀念很強，路線覺悟很高，革命意志旺盛，哪有閒情逸致去侍弄家裡的那些花花草草，罎罎罐罐和這兜裡四一六、枸杞酒！

他們出了醫院，把東西放進汽車，老霍突然想起了什麼，問小萬："強秉志的腿怎麼樣？"

"您也知道了？"小萬沒有回答，只是反問了一句。

"你沒有去看看他？"老霍嚴厲的目光似乎含有責備的意思。剛強的小萬卻感到這種責備是那麼親近，那麼熱透心。想起剛才徐副局長在車上說的話，她真想跟霍局長哭一場，把心裡受的委屈全倒出來，但她終於忍住了。輕聲說："還沒得空。"

老霍說："從這兒到局裡這兩步路不用你送，你立刻到北灣醫院去看看小強。"

小萬倔強地說："不！"

老霍嚴肅地說："要去，代表我們去看看他，上午局裡開調度會沒有你的事情。下午向我匯報小強的情況。"

小萬終於忍不住，眼淚流了出來。

老霍不明白這個好強的姑娘，今天為什麼眼淚這麼多？就說："眼淚可以當著我掉，但不能叫小強看見。這玩藝不能當藥水塗抹傷口。"

小萬不好意思地擦擦眼角，說："我先把您們送回局，然後再去。"

老霍說："不用，我和老徐還有話要說。"

十四

老霍和徐進亭順著河邊一條清靜的馬路往局裡走。大河正是汛期，河面上千波萬浪，激流飛卷，滾龍躍馬般呼嘯向前。

　　徐進亭看到這麼大的河水心裡一驚，汛期到了，這就是說雨季到了。他想到完不成的潛孔鑽機，怎麼向部裡交賬，他自言自語地說：“流真大呀！”

　　霍大道心裡正想別的，接過話仍說：“是啊，激流勇進，一日千里。我們的思想可不能停留在昨天哪！”

　　徐進亭不愛聽地扭過頭去。

　　霍大道卻走攏來，望著他說：“生活也像這一河激流一樣。當社會主義革命不斷深入，革命的浪潮拍擊到自己頭上，是牴觸反對甚至躲進資產階級法權的保護殼裡怨天尤人，牢騷滿腹，還是跳上社會主義航船踏浪疾進。這就是對我們的考驗。老徐啊，如果是自己在停頓，卻說時代前進的激流太快了，這是十分危險的！”

　　徐進亭非常反感地說：“你本來是個抓生產的幹部，為什麼什麼事情都往政治上扯！”

　　徐進亭急走幾步，躲開了霍大道。這樣默默走了好長一段路，兩個人誰也沒有說話。

　　老霍不時抬起眼睛掃掃身旁的老徐，老徐低頭走路，無精打采。這兩個人有點像一個戰士押回來一個逃兵。一個是思想戰線上的戰士，押回來一個從思想戰線上撤退下去的人。

　　這兩天老霍在醫院裡一邊寫著過去那些鬥爭經歷，一邊老是想著老徐。他甚至心裡發愧：每年我們局可以向黨向國家交出成千上萬種新產品、新機械；可是黨要問起我，霍大道，你這一年帶出多少幹部？帶出多少鐵的工人隊伍？我怎麼回答呢？我能說，我的副手掉隊了，那主要怪他自己。這像話嗎？

　　可又怎樣幫助這個掉隊的人呢？

　　過去在戰爭年代，老霍可沒少碰到這種情況，但他從來沒有感到作過難。行軍中，戰友掉隊了，他把戰友的背包、槍彈全背到自己肩上，實在不行，扶著拉著戰友也要趕上隊伍。戰鬥中，戰友受了傷，他把戰友背在自己的背上，滾著爬著也不會掉隊，更不會扔掉戰友。甚至戰友在自己肩頭上犧牲了，可體溫還是熱的。幾十年過去了，現在想起來，好像那些戰友還活著，並沒有和這個時代掉隊，更沒有和自己疏遠感情。他們人不在了，革命精神長存！

而現在的一些人，身體健在，思想卻落伍了，這是多麼錯誤的顛倒，多麼可怕的停頓！

戰爭年代幫助掉隊的戰友，哪有這麼困難！你看，老徐就在自己身邊走著，比自己還粗還壯，他並不承認自己掉隊，神經敏感得很，談不好就會起反作用。和平年代的思想工作可比戰爭年代的思想工作複雜哩！人官做大了，有了名譽和職權，自尊心強了，面皮薄了，聽批評的話不如聽吹捧的話順耳了。學習無產階級專政理論，要批判和限制資產階級法權，就起反感，不滿意。

老霍想到這兒，下了狠心，一定要把老徐拉上來，一次不行兩次，兩次不行十次、百次。不能讓他掉下去。他打破沉默，好像很隨便地問：“這幾天礦山機械廠的情況怎麼樣？”

“還不錯。”徐進亭敷衍地應了一聲。

“礦機廠的問題到底在哪裡，你心裡有底了吧？”老霍又問。

“沒什麼太大的問題。”

‘噢？”老霍轉頭看看他，老徐臉上好像罩著一層霧。就說：“問題不那麼小吧？丟了路線這個綱，不抓階級鬥爭，生產也不會搞好。”老徐不以爲然地“哼”了一聲。他看不慣三句話不離綱和線的人，就說：“不見得，他們生產形勢還可以。”他這樣一是表示對老霍六月份的批評不認賬；二是不讓老霍猜出他住院的真正原因。但他卻忘了老霍是個打破沙鍋 —— 璺（問）到底的人。緊接著盯問：“二百五十毫米潛孔鑽機的進度怎麼樣？”

“差不多。”

“差多少？”

“幾百台吧！”

“前天才搞出兩千零十五台，這兩天能幹出那麼多？”

老徐猛然想起老霍在統計和數字方面有特殊的記憶力，有人說他的腦子是個“有思想感情的電腦”，對他可不是順嘴謅個數能唬得住的。就說：“可能統計員告訴我錯了。”

老霍又問了一個數：“機械產品呢？”

“……”

“鍛鋼件呢？”

“……”

徐進亭沒有答上來，他腦子裡在轉圈圈。以前他對這些產品的數位不大關心，他死盯住產值和利潤的數字，他深信搞工業只要抓住了產值和利潤，就是抓住了牛鼻子。可是這個月，他對產品品種的數位關心一些了，但完成得不理想，實數實報等於給自己的蹲點組抹黑。但要說不上來吧，蹲了一個多月幹什麼了？隨便估計一個高些的數字吧，又怕老霍知道內情出洋相。老徐假裝摸摸口袋，說：“我的小本子沒有帶著，腦子又不如你的好使，記不準了。”

徐進亭好像把自己裹在橡皮氈子裡。老霍心裡想：他真是刀槍不入了！那好，我就用坦克拱你，不怕捅翻你，就怕你麻木不動心，那種病才是不好治哩！

他說：“老徐，我記得以前在你家裡看過一張照片，大青川戰役時，你是紫山口的‘石頭營’營長？”

“怎麼，你對我個人的過去情況也像對抓局裡的工作一樣熟悉？”

“正想問問你，那陣你是怎麼撈到那麼好的任務？”

“那是好任務？差點把命丟了！”

"怎不好？一個營堵住敵人兩個團，頂了七天七夜，彈藥接不上了砍石頭；糧食送不上來，啃石頭上的青苔。"

談起這個，老徐似有很多感慨："我徐進亭過去雖然犯過錯誤，一場硬仗下來就洗清了，甚至還能再立新功。那陣我那'石頭營長'的外號也和你現在'霍大刀'一樣，叫得很響，使很多人羨慕過。現在完了，好漢不提當年勇。"

"現在怎麼完了？為什麼不提當年勇？"

徐進亭歎了一口氣："提這些幹什麼？七一年不該要求調到機電局來，那時候只考慮文化大革命中被批得太臭了，在原單位無法再幹了，想換個新地方會好一些。其實在哪兒都一樣，人過五十別跌跤。"

"這麼說現在的徐進亭，已經不是過去的'石頭營長'了？"

"歲月不饒人吶，你我頭髮都白了，文化大革命這一跤跌得太重了，傷筋動骨了。

可不能再走錯步了，每走一步都要反覆掂量掂量，與其走錯步，不如不邁步，何苦呢？""所以，你就躲到醫院的病床上去？"老霍一針見血地刺痛了徐進亭。徐進亭一斜愣眼："嗯？"

"嗯！你這個'石頭營長'，現在變成'皮球局長'。表面很圓滑，但肚子裡老是氣鼓鼓的，一碰蹦蹦跳。你就不總結總結，這個變化的背後，有著多麼沉痛的教訓！"

徐進亭想掩飾："我的高血壓你還不知道？"

老霍那鋒銳的目光像探傷儀，盯著老徐的眼，老徐急忙避開了。老霍說："你嘴上說可不能再犯錯誤了，實際上是怎麼幹的呢？黨內十次路線鬥爭的經驗告訴我們，**由工人運動內部的機會主義派別活動家來維護資產階級。比資產者親自出馬還好**。這就是說，混入共產黨內的資產階級代表人物，是社會主義時期無產階級的主要敵人。他們平時待在黨內，卻偷偷做著資產階級的工作，一有風吹草動就公開打出了資產階級的旗號。現在社會上傳出一股惡毒的謠言，黨內也出現了一些奇怪的言論。在這股風面前，你不分辨，不研究，就跟著向右跑起來。你就沒有感到這是多麼危險的錯誤！」

徐進亭聳聳肩膀，甩開霍大道，向右一拐踏上了河堤。說：「資產階級呀，路線錯誤呀，我不是小學生，我懂，而且也不怕這一套。你反覆說，有人停頓了，是你還是我？老霍同志，是你停頓了。文化大革命過去八九年了，可你的思想還停留在文化大革命時期，張口階級呀，閉口鬥爭呀，左手一條綱，右手一條線，什麼事都要卡一卡，量一量。別忘了，咱們是機電工業局，替國家經濟扛著大頭。人家有些資本主義國家，並不講什麼階級，什麼路線，鋼鐵就是比你多。打起仗來，你能用大批判罵倒敵人？能用唾沫當炮彈？」徐進亭越說越激動，狠抽了幾口煙，又接著說，「時代確實前進了，現在是該排除干擾，騰出手抓抓生產了，別動不動拿大帽子壓業務幹部。現在全國形勢不錯，可咱們局不大對頭，幹部老的受壓，生產好的挨批。我也借物打個比喻，你看——」徐進亭停在岸邊，用手指著給霍大道看。岸邊一塊突露的石頭伸出水面，擋住一小股水流的前進，在河邊形成漩渦，倒回一股逆流。他說：「你不是說生活像這激流嗎，現在要改流了，河是會改道的，十年河東變河西嘛！」

霍大道目光銳利，輕蔑地說：「那不過是一塊頑石擋道，革命的激流是阻擋不住的！」

「阻擋不住？」徐進亭心裡一震。風吹樹搖，一片陰影在他臉上晃動。

兩個人都盯住河裡的水流，只見岸邊的乾草、碎葉、破紙片，被急流衝擊著，淹卷著。大河一往無阻地向前奔流。

霍大道看看徐進亭那難看的臉色，說：「十年河東變河西，這是一句舊話。你如果用它來指自然變遷，我說這是舊社會人們對大自然無能的表述。現在大自然聽候人的調遣,人們改造山河。這句話已經成了過時的廢話。你如果是用‘十年河東變河西’指政治形勢的變化,倒請說得更明白一點,你想怎麼變法?是不是文化大革命的‘河東’,現在要變成否定文化大革命的‘河西’了?"

"你這是什麼意思?"徐進亭惱怒地盯著霍大道。

"我正要問你哪,剛才聽你那番議論,看來你很關心生產,可是今天是全局調度會,永豐同志剛提上來,你又知道我還在醫院裡,你又躲進醫院,是給新幹部補台,還是亮他的台?是對工作有利,還是不利?"

"嗯?"徐進亭被刺疼了。

"他沒有同意你把那三十幾台床子給礦機廠,他年輕,剛上來就辦了這麼一件事,有主見,有剛性。我們應該高興。你呐?心裡氣不順,同志,你自己說過:承認別人正確並不是恥辱!"

徐進亭喘氣又粗了,紅著臉反問:"你拼命要出院,是為了給他補台呢?還是為了去北京開會?"

"正要和你研究這件事,我想今年的會叫永豐同志去。"

"什麼?你可真會趕潮流!"

"你這又是什麼意思?"

"為了表示你多麼支持新生事物,多麼注意培養新幹部,就叫他去參加全國計畫會議,他會因此對你更尊重,更聽你的話。但是你哪,卻拿黨的事業去樹自己的威信,拿全局的生產當兒戲!"

老霍壓住自己的感情,平靜地問:"為什麼我去開會就不是拿全局生產當兒戲,而他去就不行呢?"

徐進亭再也壓不住心裡的火氣,完全變了一個人:"姜永豐算什麼幹部,他見過什麼陣勢?他能代表機電局?"

"論資排輩,以我為大,這完全是資產階級法權思想。"老霍也激動地說，"咱醜話說在前邊，你有這種觀點必然和新幹部搞不好團結。而新老幹部不團結，老的負主要責任。同志，我們的奮鬥目標是共產主義，而共產主義的實現不是我們一代人的事情，而要靠幾代人的努力奮鬥，所以作為一個擔負領導工作的共產黨員，如何對待新生力量，這是衡量自己有沒有政治遠見，有沒有共產主義理想，有沒有革命責任感的重要標誌！"

馬路上的行人都奇怪地看著這兩個人，他們走得很慢，說話聲音很小，但又十分熱烈。一個眼睛裡閃著光，一個低頭梗梗著脖子。

徐進亭一言不發，步子加快了。老霍看看他，暗想：行，只要你身上共產黨員的血沒有凝住，你的病就有治。他想往深處再刺一刺，就說："過去你當'石頭營長'的時候，想的是什麼？爭的是什麼？現在又想什麼、爭什麼呢？"

老徐不回答，心想：我這"石頭營長"倒給他留下話把了。

老霍說："過去，我們成天想的是當突擊隊，爭著去打頭一份的硬仗，爭著承擔最危險、最艱鉅的任務。爭到了就高興。爭不到就吵就鬧。現在可倒好，爭榮譽、爭地位、爭享受；一想自己二想家、三想孩子將來幹什麼。這就必然患得患失，革命意志衰退。這樣才是拿著自己當籌碼在黨的事業上押寶換大價，繼續滑下去必然被新的革命潮流所淘汰！"

這批評太尖銳，刺的太深太疼了，徐進亭有些吃不住勁，就說："好吧，隨你怎麼說。"

"我當然要說，想想你剛才說的什麼話吧，什麼資本主義國家不講階級路線，可鋼鐵比我們多呀，什麼不能拿大批判當炮彈呀，你乾脆點說，社會主義不如資本主義，我們應該向資本主義國家看齊，全面復辟資本主義。你還擺出了一副救世主的架子，打出了生產救國的旗子，可是你忘了列寧是怎麼告誡我們的：一**個階級如果不從政治上正確地處理問題，就不能維持它的統治，**

因而也就不能解決它的生產任務。"霍大道說沒說完，但已經來到機電局門口。徐進亭心裡非常煩躁，根本不想參加這種調度會，但是老霍已經拉住了他，他料想自己再走開也太不像話了，只好硬著頭皮上樓。

小萬臉紅紅地從樓上正往樓下跑，差點撞上兩位局長，氣喘吁吁地說："我去會議室看到你們不在，正要開車去迎呢。"

老霍問："這麼快就回來了？小強怎麼樣？"

小萬說："沒見到。"

"嗯？"

"昨天晚上從醫院跑了！"

老霍突然暢聲大笑了："機電局裡從醫院開小差的人太多了。"

小萬說："上邊有什麼樣的局長，下邊就帶出什麼樣的工人唄。"她嘴裡這麼說，臉上卻露出一種自豪的神情。

老霍問："嗯，這麼說，他沒有傷骨頭？不然叫他跑也跑不了。"

小萬說："醫生說骨頭沒斷，只是砸破了肉，挫傷了筋。"

"嗯，下午去廠就能看到他了。"

十五

兩位局長上樓去了，小萬在門口仔細地擦著越野吉普車，她對這輛車維護得格外精心。重點企業抓生產的頭頭們，和她打著招呼走進會議室。最後一個來的是礦山機械廠黨委副書記于德祿，他工作服都沒有來得及換，可能在料場幹了一夜，眼睛紅紅的，精悍的目光今天透出一股橫勁，氣沖沖火燎燎。他是頂著一腦門子"官司"來的。早晨他得到信說那三十台設備調不來了，他立刻給徐進亭打電話，而徐進亭卻住院去了。嘿！于德祿的氣真不打一處來：“好啊，這算哪一齣戲？身爲副局長，在這種時候溜了！還想讓別人當替罪羊？六月份我就當了一次傻小子，這回不受這夾板罪了，是誰的責任誰擔！”

他老遠就衝著小萬喊：“二局長，老霍今天能回來參加會嗎？”

“嘍，我說這是誰呢？氣這麼粗。大將出馬總是最後一個壓陣。”小萬尖刻地回敬他。

于德祿嘻嘻一笑：“你就跟著霍局長學吧，練個刀子嘴，沒人敢碰你！”

小萬氣得要拿手裡的棉紗砍他，于德祿躲開了，拿著腔調說：“我們是後進單位，不在後邊還行！”他把“後進”兩個字拉成長聲。

小萬把兩個局長從醫院“一進一出”的事告訴他，于德祿抽抽鼻子，大步上樓了。

會議室裡坐滿了人，有人給他讓座位，他點點頭，隨隨便便地和熟人們打著招呼，在局長對面的頭排椅子上坐下來。

調度會還沒有開始，這裡的氣氛就快夠九十度了。各廠的頭頭們碰在一起，話還少得了嗎，各自思想上、生產上的問題早就相互“調度”上了。有大聲說的，有大聲笑的；有真心取經，小聲而熱烈交談的；也有交換地品賞著煙絲，還短不了相互挖苦幾句的。

姜永豐是這個會的主持人，他過去一直是參加者，今天第一次成了召集者，心裡稍稍有點發毛。可看到老霍進來，立刻有了主心骨，他往椅子上一坐信心百倍。他拿眼掃掃張練、老胡這些老熟人，他們都是調度會上的臺柱子，全是一聽說有任務就潑命搶的角兒。有他們在，調度會多咱也會開成“風格會”。大姜也是“愛吃魚”派，對調度會上的氣氛最感親切，甚至連那嗆嗓子的煙霧聞了也格外興奮。

　　但是，也有怵頭調度會的。

　　調度會，關鍵在"調度"上，調度就要解決矛盾，下決心拿辦法。這種會被稱做是領導幹部的"鏡子"，真有水準，假有水準，一上調度會就露餡了。徐進亭是"怕吃魚"派，特別怕"魚刺"紮了嘴，一沾調度會就腦仁疼，私下對小萬發過牢騷："那真是要命的會，長血壓的會。"在徐進亭眼裡，全局三百多個工廠，三十幾萬職工，成千上萬的資金設備，成千上萬的產品，成千上萬的問題和矛盾。你要設備，他要材料，這個揭矛盾，那個擺困難。再加上個別單位的頭頭只爲了當時不挨批評，報喜不報憂，逢場作戲編假數字，就更給調度會增加了複雜性。千奇百怪的矛盾，五花八門的困難，真如滔滔洪水，把會議主持者團團裹住。對領導者的神經和毅力真是一次衝擊和考驗哩！

　　但徐進亭心裡怵調度會，嘴上和外表卻從未吐露過。他有自己一套辦法，具體問題不涉及，實際困難不管，不著急不上火，聽到最後"叭叭"一拍板，大道理一擺。這個該這麼辦，那個該那麼辦；這個誰負責，那個誰負責。就是他自己什麼也不負責。他在會上大話說得很響，氣魄顯得很大，會一散吐口長氣全不管了，愛完成完不成。霍大道檢查起來，他可以把那些具體的負責人，滿有道理的批評一頓。如果霍大道不追究，他也不追究。到下次調度會上如此這般，再來一遍。難怪工廠的頭頭們說："不怕開調度會，就怕徐副局長主持調度會！"

　　說到心裡，徐進亭對調度會根本不感興趣，不過是受累不討好，有了運動都是抓業務的挨板子。他滿心想主持政治工作會議。他認爲一個局的頭頭，必須一手把牢組織處，一手把牢宣傳處，組織處是抓班子的，宣傳處是造輿論的。不掌握這兩個部門，你就沒有實權。可他連個副書記都不是，僅僅是個常委，而且又叫他下去蹲點，徐進亭帶著這肚子意見，怎麼能主持好調度會！他心裡只想著有實權的那一攤兒，抓生產只是應付門面。

可是最近氣候有點"熱"，上邊的精神，領導的講話一個一個往下灌，生產壓倒一切，把生產搞上去就是當前一切工作的綱了。徐進亭正要借這股好風，認真抓撓一氣，不料霍大道又把姜永豐提上來，排到自己前邊。徐進亭心裡很堵，今天看這架勢，這個調度會理所當然是姜永豐主持了，而且剛才老霍還想叫姜永豐去北京開會，這都如同把刀子插到徐進亭心裡，這兩件事都應該是他徐進亭出頭。徐進亭抽著煙，就這麼翻腸倒肚地思慮著。他一眼看見于德祿進來，心裡一動，好，過去開調度會都是抓生產的副主任老劉來，今天怎麼他親自出馬了？徐進亭有點幸災樂禍地在心裡說："看吧，今天會上準有戲唱哩！"他從煙盒裡抽出一枝帶過濾嘴的香煙扔給了于德祿。

姜永豐用精明的眼光打量著于德祿，心裡也很高興，根據礦機廠領導班子目前的精神狀態，姜永豐正想找于德祿好好談一談，他今天來開會就更好了。但他這個大辣子要放在最後唁，不能叫他一個人使整個會議卡殼。

調度會進行的出乎徐進亭意料的順利，機械工人學習了無產階級專政的理論，又評論《水滸》，批判投降派，激發了衝天的幹勁。機電局又剛開完學大慶經驗交流會，各工廠訂了新規劃，有了新指標，工人的勁頭嗷嗷叫。生產形勢好，會上扯皮的事就少。

但會開到一半，還是被礦山機械廠給卡住了。這個廠在全局新的躍進棋盤上像個落了伍的卒子，不僅自己落後，還扯住了別人的腿。該他提供的毛坯，他沒有提供出來；該六月份給加工完的零件，到現在還沒有交貨；拖欠合同，影響了全局。姜永豐把目光轉向于德祿說："老于，你講講吧。"

于德祿似乎早就知道會有這個局面，淡淡一笑，不緊不慢地從嘴裡拔下香煙，目光又變得像鷹眼一樣尖銳。他很有信心地開口了："我們和兄弟廠比，差距很大。但也和全國、全局的形勢一樣，一派大好。特別是通過學習無產階級專政的理論，廣大職工不計較崗位、時間和報酬，不做商品和貨幣的奴隸，要當國家和企業的主人。大幹快上的年代就要有大幹快上的精神氣，學大慶就要有鐵人的心、鐵人的勁！……"看不出，他那強勁的大下巴，厚厚的嘴唇，意是這般善於變化，嚅動，急切而又富於感情地吐出一串串有趣的詞句。他是個鼓動家，很能說話，而且說出的話很響亮，很動聽，很有力量，能勾住人心。他講了廠子裡很多動人的故事，講得有聲有色，很吸引人。給人的印象是，他們礦機廠的學習運動正深下去，生產正躍上來；而他這個領導人很會用政治統帥生產，把群眾確實發動起來了。你看他自己對廠裡情況吃得多透，連工人中間發生的一些細小的故事，他都知道得很清楚。給人的感覺，他是個穩妥可靠的領導幹部。

霍大道高興地說："說得好，我們的工人，就是比我們這些幹部學得好做得好。"徐進亭得意地插了一句："礦機廠的形勢一直不錯！"姜永豐閃亮的目光看看兩位老幹部，沒吱聲。

中小型工廠的領導幹部們，向于德祿投來欽佩和羨慕的眼光。徐進亭心裡在給于德祿叫好，莫怪有人說，于德祿真是一個無所不能的人啊！你看他說得多巧妙，既沒有捏造事實，給人以大吹大擂的感覺，又挽回了老霍月初對他們廠批評所造成的影響。徐進亭心裡聽得挺得勁。于德祿雖然隻字沒有提蹲點組，但是他們七月份的形勢這麼好，能說和蹲點組沒有關係嗎？而且從他嘴裡說出來，比自己說還好，等於群眾和基層幹部往自己臉上貼金。

于德祿根本不理會這些，話鋒一轉："……當然，我們還努力得很不夠，剛才有的協作單位埋怨我們拖欠合同，我們是拖了你們的後腿，也有人拖住了我們。你們單位生產飛起來了，就想改變原合同，要求合同也一塊飛起來，可我們不是只爲你一個廠服務，我們和一百多個廠協作配套，你們都飛我們受得了嗎！"

會議室裡發出一陣笑聲，

大夥笑他剛談群眾學習理論的生動事例時那麼帶勁，一接觸生產實際，又扯皮了。

于德祿卻不笑：「話說回來，請大姜局長把心放到肚子裡，礦機廠從來沒有拖過局的後腿，這個月的計畫我們死保！」

「噢！」這一手到會的誰也沒想到，大夥心裡有數，根據礦機廠的現狀，不拼命保不了計畫，而于德祿思想還沒有通吶。徐進亭也吃了一驚，摸不透于德祿是什麼意思。只有霍大道，盯著于德祿，揣摸著于德祿心裡的小算盤怎麼打。

姜永豐並不放他：「你具體說說怎麼保？」

「具體數字你們這都有，還要我浪費時間幹什麼？」

徐進亭抬起眼皮，瞄瞄于德祿。心想：「這傢伙真是個人材，鐵嘴鋼牙，昨天還跟我說計畫明明完不成，今天卻說得這麼輕鬆肯定。」

「有什麼困難沒有？」姜永豐又釘了一句。

于德祿又點上一枝煙，眼睛毫不躲閃地盯著姜永豐，彷彿不經心地說：「困難還能少得了？但是什麼事物都可以分解，困難也不是鐵板一塊，也可以分解，把它大卸八塊，然後一口一口地吃掉。『難』不就轉為不難了嗎！」

「就應該這樣！」徐進亭插了一句，他想借著于德祿的話音，再拿大話一蓋，調度會就可以收場了，礦機廠的一切問題都可以包住了。他說：「礦機廠問題不大，形勢大好，德祿又拍胸脯，七月份肯定又是個大勝仗！」

「結論能這樣下嗎？」姜永豐心裡琢磨著徐副局長的話，看看霍局長。

老霍還在很有興趣地盯著于德祿的臉。誰發言，他就這麼聚精會神地看著誰，那神情像一個導演在專心欣賞表演者熱烈的面孔。這是他的習慣，不把別人的意思掏盡，他不張嘴。他現在從于德祿神氣上看出了問題，于德祿是鼓著肚子說氣話，必須讓他把心裡話全倒出來，就說："老于呀，你的話很對，能不能再談點具體措施。你那個小本子上的數字還保密呀？"

于德祿要的就是局長這句話，他佩服老霍真不愧是大刀，但嘴裡卻哈哈一笑："好好，大家不怕耽誤時間，我沒關係。"他開始翻他的小本，嘴裡還不閑著，"誰沒帶著數字可千萬別上調度會。看來和抓生產的人打交道，只有數字才能溝通感情。"

老霍聽著于德祿一串串地念數字："鋼水三萬三千噸，鍛鋼件九千噸，機械產品四萬……"姜永豐打斷他："你等等，這是誰的計畫？"

于德祿炮彈反射一般回答："你們局裡下的計畫！"

"這真奇了，還有賬在嘛，你們廠這個月鋼水是三萬九千噸……"姜永豐端出了局裡的真正計畫。

于德祿鄭重其事地說："永豐，你剛剛上來，不瞭解情況。你說的那是原計劃，我們廠完成有困難，就根據實際情況做了削減。已經請示過局領導了。"

老霍完全看透于德祿的把戲了，他想在這個會上借"刀"殺人。老霍掃了一眼徐進亭。徐進亭腦子震了一下。

姜永豐不放："誰同意的？"

于德祿："徐副局長！"

姜永豐一怔。徐進亭盡力控制住自己的憤怒，用平靜的語調說："我什麼時候說同意了？"

"前天，在你的辦公室裡，有我，老劉，韓風在場。"

"我只說研究研究嘛。"

"可事後你並沒有說研究結果不同意呀？我們守著局領導，又認真作了反映，領導沒有反對，我們就幹唄。而且那天你確實點著頭，嘴裡哼著。在我的記憶裡，講大話，說空理，不負責任的拍板，你是蠻痛快的。遇到具體困難，叫你表態，從你嘴裡聽到一句痛快話，說聲同意，或不同意，太難了。韓風總結出兩條，他說，你點著頭哼哼就是表示同意；搖著頭哼哼就是表示不同意。"于德祿這個該死的嘴，他正兒八經地說著，一點也不笑。別的人卻有的捂著嘴，有的咬下唇，極力控制不讓自己笑出聲來。

徐進亭還能說什麼呢？他躲在自己噴出的煙霧裡，煙霧把他熏得瞇起雙眼，這團團煙霧倒也正好掩飾了他的憤怒和尷尬。一個下級竟當眾說上級這樣的話，而這個下級又恰恰是自己蹲點單位的負責人，他氣得手都打顫。他不看于德祿，也不反駁。越描越黑呀！

有的工廠頭頭心裡很痛快，暗說，對這位副局長是該這麼觸一觸！

會議開到這程度，叫剛上任的副局長姜永豐說誰呢？想了想說："老于，每月的計畫都是局黨委會上討論決定的，任何個人都無權改動。你不是很清楚嗎？"

于德祿反守為攻："我們也得聽蹲點組的！"

這純粹是給新上任的姜永豐出難題。

老霍轉臉向徐進亭："老徐，你現在怎麼看？"

徐進亭下了狠心啦，從口袋裡掏出記著那天國家某個領導人講話的筆記本，往桌子上一放，胸有成竹地說："那天我是向于德祿同志說過要把計畫研究研究，但不是削減，而是增加！"

這下輪到于德祿和其他人吃驚了，徐副局長今天是怎麼啦？

徐進亭繼續大聲說："計畫有什麼可完不成的，現在一切都停下來，給生產讓路。經濟上去上不去的標誌是產值，這是牛鼻子。基層那些大學習班，小學習班，可以停下來。只寫大批判稿寫不出鑽機，占那麼多業餘時間學習不如加班大幹。六十噸礦用汽車的試製也應停下來，全力以赴突生產，狠狠整頓企業，建立規章制度。我就不信完不成計畫！"

徐進亭突然態度大變，擺出這麼一篇道理，人們十分驚奇。隨即展開了熱烈的爭論：

"這樣搞不又是生產第一，業務掛帥了嗎？"

"你這個辦法還是劉少奇的辦法！"

徐進亭打斷了大家的議論說："不要總翻老皇曆，文化大革命搞了八九年了，現在是需要把生產排在第一位來搞搞了！"

老霍說："我們不反對搞生產，但你那個生產第一是錯誤的，那不又成了黑貓白貓，搞唯生產力論嗎？"

"這不是我的發明，那天傳達國家那個領導人的講話，你沒聽，還是沒記？"

"我也聽了，也記了，還琢磨了。我問你，黨的基本路線還要不要？毛主席親自制定的'鞍鋼憲法'還執行不執行？"

"哎呀，這兩個並不矛盾。"

"矛盾很大，是背道而馳。"

"那是你的理解。好吧，這個講話，據我瞭解不是一般領導人講的。如果不按這個講話精神辦，調度會一天開一個也不管事！"徐進亭說完站起身，不等調度會散就走了。

于德祿本想借霍局長這把"大刀"批評徐進亭，沒想到落了這麼個結果，他心裡有點嘀咕。

老霍對姜永豐說："繼續開吧。"

十六

徐進亭中途退出了調度會，老霍追出來喊了兩聲，他假裝沒聽見坐車走了。

老霍和姜永豐低聲商量了幾句，調度會繼續開，但是不能就生產論生產，光"調度"產品、設備，要先"調度"人的思想。老霍先讓姜永豐介紹了水泵廠是怎樣抓無產階級專政理論學習的，又讓電機廠老胡給廠打電話，把一個工人理論小組的年輕姑娘請到調度會上，介紹電機廠工人是怎樣評論《水滸》、批判投降派的。

這個異乎尋常的調度會開得非常精彩，會上沒有爲哪個廠的具體生產任務爭斤奪兩、討價還價，可是人人心裡都明確了：自己的"任務"到底是什麼，應該怎樣去幹。

于德祿越聽越坐不住屁股，老霍有時拿眼角掃掃他，裝做沒看見。臨散會時，他問于德祿："找出你們的差距來了嗎？"

于德祿苦笑一下，說："找到了，這不叫調度會，這是無產階級專政理論學習班。"

送走了各廠的領導幹部，老霍對姜永豐說："你要準備進京開會。"

姜永豐一怔："我？我還沒經過那麼大的陣勢。"

"去一次不就經過了。下午起草個匯報提綱，臨走前咱們再談一次。"

吃過午飯，老霍沒有休息，來到礦山機械廠。這裡的氣氛有點異樣，原來徐進亭退出調度會就來到廠裡，一反常態，他中午也沒有休息，以蹲點組的名義向礦機廠做了佈置："大力整頓，猛幹快上，任務不許少一兩！"開闢兩個戰線，車間裡原來三班倒的工人改爲兩班，上十二個小時，騰出一班工人到車間外邊幹，也是一天干十二個小時。工人業餘大學停課，廠裡舉辦的無產階級專政理論學習班解散，工人理論隊伍的活動也暫停，一切妨礙生產大突擊的活動一律停止。他認爲這到了叫勁的時候，正像俗話說的是騾子是馬牽出來遛遛。徐進亭橫下一條心，要爭這口氣，拿出當年的魄力，打勝了這一仗就有話說了。

于德祿開完調度會回來一看，有點作難了：局長叫大抓理論學習，抓評《水滸》，把政治路線搞正確。副局長倒說那是遠水不解近渴，一切給生產讓路。他有點拿不準，可是徐副局長今天像換了一個人，說話果斷，態度堅決，而且指出大抓生產，把經濟搞上去，這是當前一切工作的重點。而且這是有的中央領導人在講話中一再強調的。徐進亭還叫打字員把他的那份記錄列印出來，每個幹部和車間班組長發上一份，要完成七月份任務不借這股風不行。

老霍在礦機廠轉了幾個地方，就聞出氣味不對。小萬要上樓告訴于德祿一聲，老霍止住了她："不要驚動他，咱們先到車間裡轉轉。"

礦機廠九個大車間，剛轉了五個，小萬兩條腿就有點提不動了。莫怪車隊的司機們私下議論：不怕地不怕天，就怕跟著老霍轉車間。小萬累得這樣，再看老霍哪，好像勁剛上來。天悶熱得出奇，這大晌午頭就是在涼快地方坐著，喘氣都困難，何況還腳不停地東走西看。老霍的汗衫全濕透了，卻大步嗖嗖，把小萬一甩老遠。小萬幾次勸他坐下一會兒，他都沒往耳朵裡去。老霍心裡有火，越走越快，他心裡那把火燒得越旺。

小萬沒辦法，只得跟在後邊跑。前邊，老霍那快步如飛的架勢，真像趕火車似的。

他們來到鑄造車間，老秦和一群突擊隊員們圍著礦用大汽車的底盤，好像是開會，可又都不說話。強秉志坐在砂箱上，咬著下唇一聲不吭，眼睛盯住剛鑄出來的底盤。有個隊員焦急地說："隊長，你說句話呀！"

一個短頭髮的愣小子火了："我說小強，你的舌頭叫鋼水燙傷了？"

小強看看他還是沒吭聲。幾個女鑄工看不下去了，推了那個愣小子一把："去，到電扇跟前吹吹風，降降溫。"

愣小子被女將們鎮住了。老秦給青年們提來一桶鹽汽水。

老霍沒打擾他們，走到旁邊看剛澆出來的底盤。哦呀，原來他們搞了一條澆鑄底盤的自動生產線，王凱和幾個設計組的工程師都在這兒。他們從海邊夜戰之後，參考那天夜裡測繪下來的資料，以底盤生產爲試驗點，奮戰了幾天幾夜，終於把自動線搞成了。王凱這個老工程師，眼睛熬紅了，下巴上的鬍子也顧不得刮，像掛著一把雪。幾天來誰也趕不走他，自動線就像是他的寶貝孩子，生怕這些小青年把他的"孩子"給磕著碰著。

王凱看見老霍，起身奔過來，抓住老霍的手，說："局長，到底怎麼回事？"

老霍握著王凱發燙的手，故意笑了笑說："我正要問你們哪。"

"老徐做了決定，停止礦用大汽車的生產，說這不在計畫之列，是某些人爲了出風頭硬搶來的。他叫礦機廠全部投入生產大突擊，每人每天延長四個小時工作。也叫我們這些搶底盤的人，全部到鑽機車間搶產值去。"

老霍自語似的說："他口口聲聲一切爲生產讓路，正是這個大突擊卻嚴重地破壞了國家重點產品的生產。"

"他還說這個辦法是根據中央一個領導人講話精神制定的。"

"是啊，中央是有人做過這樣的講話，老徐就是打了這個強心針才硬起來的。"

這時工人們也發現了老霍，擁過來圍住他，七嘴八舌地嚷開了：

"我們眼看要成功了，卻叫我們停下來，徐副局長又犯老病了！"

"學習班解散了，大學停課了，理論隊伍不讓活動了，生產壓倒一切了，唯生產力論又來了！"

老霍看著青年們激動的神情，心裡感到一陣欣慰。他見強秉志一瘸一拐地直往人後躲，就笑著說："小強，別藏了，我不會再把你送回醫院的。不過，下次可不許再從醫院開小差了！"

那個女工大聲抗議："你這個局長，還說下一次？可別再有下一次了，這一次就夠了！"

"噢，對。"老霍話鋒一轉，"剛才你們提了一大堆問題，想出答案沒有？給我說說。"

青年們說："我們正等著您給說答案呢。"

老霍嚴肅地搖搖頭："答案要你們自己去找，如果一時找不到，就再反覆學習毛主席關於階級鬥爭的論述。毛主席說：'**列寧爲什麼說對資產階級專政，這個問題要搞清楚。這個問題不搞清楚，就會變修正主義。要使全國知道。**'這個問題你們搞清楚了嗎？如果毛主席提的這個問題你們搞清楚了，你們剛才那些問題就解決了。"

"眼下我們怎麼辦？"

老霍眉毛一抖："鬥！你們突擊隊裡除去姓張王李趙以外，還應該有個共同的姓 —— 鬥！搞革命的都應該姓鬥。矛盾出來，鬥；困難來了，鬥；修正主義路線、錯誤傾向來了，更要鬥！"

老霍的話，好像把鋼水撩到工人心窩子上。

那個愣小夥子叫起來："對，不管副局長有什麼上頭精神，咱幹咱的，不理他。"

強秉志一擺手："不理他可不行，要和他對著幹。小呂、小江，你們兩個代表突擊隊，好好寫張大字報，向徐副局長問幾個爲什麼？"

"好！"青年們一窩蜂似的走了。

老秦對老霍誇耀地說："怎麼樣？我這群娃娃兵不錯吧？"

老霍深沉地點了點頭："他們還是生鐵疙瘩，要成爲好鋼，還得多經幾次火燒錘打。"

"老霍，我想把小強提起來當車間副主任，可于德祿不同意。"

"爲什麼？"

“說他是小‘六九’，信不住。”

老霍眼裡射出一種光：“培養接班人，不能按部就班慢慢來，要採取大膽的革命措施。就從今天這件事看，這夥小青年衝勁比我們大。”

老秦擠擠眼：“這麼說，你這局長支持我？”

老霍笑了：“這是鬥爭的需要，我們事業的繼往開來需要青年；老一輩從雪山草地踏出的長征路，要有革命的第三代、第四代……走到底；黨的基本路線也要有青年貫徹執行下去。我們的希望，世界的前途，都在青年身上；所以趁我們活得還結實的時候，趕快把他們帶出來。你把這個道理講清楚，于德祿一定會同意。”

老霍說完就離開了鑄造車間，他又轉了幾個地方，只見礦機廠的大道上、露天空場上堆滿了木型樣子，各種產品和水泥、白灰等基建材料。老霍的眉梢一起一落，眼角的皺紋一伸一縮，他幾乎是動怒了。向一個搬運工人一打聽，才知道這又是徐進亭的指示，為了給生產大突擊騰房子，把木型庫、基建材料庫、成品庫全騰出來了，只好把庫裡的東西堆在露天。

老霍問：“要下雨怎麼辦？”

工人說“我們也提了，蹲點組說，目前把生產突上去是一切工作的重點，四面八方要給開綠燈。”

老霍平時像孩子一樣純潔透亮的眼睛，這時變得冷竣而又深邃莫測，胸腔裡好似鋼水漲了潮。他快步向辦公樓走去，必須立即止住這種錯誤做法。他路過鑽機車間東大牆，看見牆上剛貼了一份寫滿八張大紙的大字報，一群人正圍著看。老霍也走過去，大字報的標題是：“生產大突擊就是修正主義路線向無產階級的大反撲”。老霍越往下看越激動，精神越振奮。拿著毛筆的靳寶太湊過來，小聲說：“老霍，表個態吧。”把手裡的毛筆遞過來。

工人們也齊聲說：“對，請霍局長對我們的大字報表個態吧。"

"好！"老霍在大字報底下寫上：我完全支持！

"霍大道"

簽完名，老霍把毛筆還給靳師傅，大聲說："修正主義路線既然撲過來了，我們就應該打退它的進攻！我也問你們一句，面對這場生產大突擊，你們為什麼不展開群眾性的大辯論，開展革命的大批判，進行大反擊！"

靳寶太立刻領會了老霍的意思，大聲招呼工人們："走，咱們商量商量去。"

<h1 style="text-align:center">十七</h1>

鑽機車間和鑄造車間一帶頭，只半天工夫，礦機廠裡貼滿了大字報，群眾的情緒像火一樣燒起來了。工人們有的來到樓上，要和蹲點組辯論出個是非曲直。這氣勢真像又回到了文化大革命的年代。

徐進亭慌了、急了、火了，氣得眼睛都紅了，他先給各車間主任打電話，叫他們把自己的工人喊回去，現在不是文化大革命那陣了，要安定團結，好好搞搞生產了。然後氣哄哄地來找老霍，他知道這把火是老霍放起來的。老霍正和于德祿談話，他準備和于德祿談完就去找老徐，老徐卻推門進來了。老徐盡力控制住感情，壓低聲調說："霍大道同志，你想幹什麼？"

老霍給他倒了一杯水，叫他坐下。徐進亭沒有坐，把水杯推開，怒沖沖盯著老霍。老霍平靜地說："立即撤回你的錯誤決定。"

"錯誤決定？"徐進亭嘴角一撇，閃出一絲帶刺的微笑，從口袋裡掏出記錄中央領導人講話的本子，使勁往桌上一拍，問："這個也錯了？"

老霍沒有被鎮住，仍然平靜地說："這個講話不符合毛主席歷來的教導！」

「老霍同志，我提醒你，不要太狂妄！」

「群眾是真正的英雄，你可以去聽聽群眾的意見。」

徐進亭鼻子抽了一下：「這個廠本來挺平靜，怎麼你一到大字報就出來了！」

「你把有大字報當成壞事嗎？」

「我是說太巧了，群眾的大字報和你的口徑正一致。」

老霍堅定地說：「我支持工人的大字報，支持他們反擊眼下刮起的修正主義妖風。」老霍尖銳的目光逮住了老徐思想上的核子，但他決心摁住感情，平心靜氣地和徐進亭談一談，好好把礦機廠的問題商量一下。就說：「老徐，經過文化大革命，群眾不是好糊弄的了，也不容易被糊弄了。」

老徐說：「群眾是英雄嘛，這個道理我還懂得。但這個廠任務這麼重，目前正需要平靜一點，穩當一點。而不需要點把火，把群眾情緒燒起來。煽風點火誰不會？向群眾買好，誰不會？燒垮了于德祿，燒垮了廠黨委對生產又有什麼好處？」他沒有說燒垮自己和蹲點組，這是有意挑撥于德祿對老霍的不滿。

這話刺得夠狠的，老霍心裡難過。不是他的心被刺中了，刺疼了；而是老徐總是把事情顛倒著來看，他替老徐難過。老霍平靜地說：「你是不是怕燒到你身上？」

老徐嘴角閃出一絲嘲弄的微笑：「我有什麼可燒的？挨燒這又不是第一次？現在我什麼也不怕了！」

老霍控制住自己要激動起來的情緒，說：「同志，文化大革命的教訓你又忘了？」

徐進亭心裡的不滿突然爆發出來：「我沒忘，而且也不怕別人再用文化大革命的辦法把我整下去！」

老霍心裡真好像被捅了一刀子，曾經一度裝得與世無爭的徐進亭，腦子裡竟藏著這麼多醜惡的想法。他加重口氣說：「難怪這些日子你一反常態,看見社會上刮起一股妖風,想否定文化大革命,想以生產來偷換階級鬥爭這個綱,復辟資本主義,你就趁風駕雲,舊病復發了。你骨子裡本來就對文化大革命不滿……"

徐進亭一揮手,打斷了老霍的話:"這不是六六年了,你來這一套唬不住我!我還是副局長,礦機廠蹲點組組長,我有權按上級精神,指揮這個廠的生產。"

老霍目光嚴峻,盯著徐進亭:"如果你堅持自己的錯誤,馬上召開局黨委會,讓黨委來做決定!"

"可以!"

十八

局黨委會開的像煉鋼一樣緊張,爭論非常激烈,大多數委員要求立即撤銷徐進亭在礦機廠的錯誤作法。徐進亭不服,聲稱要給中央打報告,非要弄個明白不可,到底是中央領導人的講話對,還是霍大道對。

散會時,夜已經深了。

天空黑森森的,沒有一絲亮光。雷一陣,閃一道,似乎是齊幫湊夥地為一場大雨吶喊開道。老霍看看天空,心裡打個轉兒,腳步更快了。他想回家穿件雨衣,順便告訴家裡一聲,然後去礦機廠。可是老霍還沒走到家,大雨就潑下來了,把他澆了個透濕。他回到家,換好衣服,匆匆吃了點飯,心裡也像電閃雷鳴一樣翻騰著。雖然局黨委撤銷了徐進亭在礦機廠搞"生產大突擊"的錯誤決定,但這場暴風雨來的太快了,堆放在露天的設備、材料,特別是水泥、白灰、耐火器材等基建材料來不及搶救怎麼辦?這要給國家造成多大的損害!

雨實在太大,風實在太猛,馬路兩旁的楊樹有的被刮斷了。老霍試了兩次,都沒有衝出去。沉了一會兒,他終於坐不住了,站起來穿好雨衣，猛地推開屋門，他怔住了。大街上白花花一片大水，風吼雷鳴，水響一片，大雨還似翻江倒海般地往下傾。排水溝的溝口哼哼吼叫著，水擰著漩渦灌進去。但是雨水太大、太猛，排水溝已經排不贏了。馬路上成了小河。

老霍擰起了眉毛，怔怔地對著大雨出神兒，多少年來沒見過這麼大的水，地下有著先進的排水設備，這個城市又有五條河通海，馬路上怎麼會積起這麼多雨水？

一團團雨花，一陣陣漩渦在他眼前變成了一串串問號，他做著各種猜測。驀地，他想起那天晚上在碼頭夜戰，港口工人告訴他大海近來的反常情況。他腦子裡飛速閃過一個念頭：會不會海上刮起了颱風？還是海裡發生了地震？不管怎麼說，看來是修正主義路線伴隨著一場自然界的突然襲擊攻上來了！

老霍沒有猜錯，東去五十里的大海裡發生了海嘯。一排排擊天裂雲的大浪頭，似群山列隊般地湧來，淹了海岸，漫過稻田，向城市壓過來！逢坎越頂，遇牆毀牆；海面比岸上還高，難怪排水溝不起作用了。

老霍再也捺不住了，他一頭衝到大街上，身上一激冷，站在沒膝深的水裡，渾身冷颼颼的，心口隱隱發疼。

他心裡發狠，抬頭望著雨點子，掃一眼烏黑的天空，眼角皺紋抽動著，如炬的目光似要穿透過濃重的黑雲。他拉拉雨衣的帽子，蹚著水向北灣工業區走去。但沒走幾步就被急奔出來的莊林拉住了胳膊，拼力又把他拖回屋裡。問：「你幹什麼去？」

老霍說：「你看不見嗎？人家打上來了，我們還能待在家裡光等著挨揍！」

莊林並沒有理解他的意思，以為北灣區有機電局十三個廠子，哪裡地勢低，老霍不放心。就著急地說：「這麼大的雨，你不要命啦？」

老霍沒有發火，也沒有答理老伴，找到止痛藥吞下去，雨衣卻不脫。老伴一看他臉色，著急地問："你病又犯了？"

"沒有。"

"你騙我！"莊林要給他脫雨衣，想把他扶到床上去。

老霍拉開老伴的手，平靜而耐心地勸說她："你看你，就好大驚小怪，我吃藥是先預防著點。你想想，這麼大雨，礦山等著要鑽機，要大汽車，可是我們的廠子怎麼樣？機器泡了沒有？鐵路衝了沒有？這又是在夜裡，廠裡有沒有人組織群眾排水防洪？特別是那個礦山機械廠，老徐搞個'生產大突擊'，把很多貴重的設備材料都拋在露天！"

"啊！他怎麼這樣幹？"莊林一驚，可一看雨這麼大，又猶豫："你不去，人家就不會幹嗎？"

老霍還是耐心地說："看你，又說氣話。幹部幹部，就要幹在前頭，先走一步。作為領導幹部，更要在群眾困難的時候，出現在群眾面前。"

"你有病！"

"病在我身上，我自己有根。"

"非要去不行你也得等等，我去要個車。"

老霍擺擺手："大街上這麼深的水，汽車動不了窩兒，除非你有本事能搞到一條潛水艇。"

老霍說得很輕鬆，老伴卻眉頭打結："沒有車，你不能去。大水連天的，你知道哪兒深、哪兒淺？"

老霍看看她，不再說話了，卻把褲腳挽起來。

莊林見他鐵心要走，心裡一酸，眼圈紅了："你甭瞞我，你心絞痛又犯了，再加上動脈硬化，半路上出點事怎麼辦？"

老霍看看老伴，語氣莊重地說："同志，那年我們在蘇南，你得了傷寒，劉司令員叫我留下照看你，你不肯，對劉司令員說，一個師長不去帶兵打仗，守著老婆算什麼！劉司令員當時怎麼說的你還記得嗎？他說，怪不得衛生隊的護士們都叫你莊大姐，你還真是個好大姐哩！行，'霍大刀'的愛人就該有這股剛性。倒，也要倒向前！今天，你是怎麼啦？"

莊林半天沒吭聲，然後擦擦眼角站起身，把救急的藥塞進老霍的衣袋裡，拿菜刀把拖把頭剁下去，把拖把桿遞給老霍當拐棍。

老霍滿意地掃了老伴一眼，然後把那瓶枸杞子泡的酒揣進懷裡，精神抖擻地衝進了大雨中。

莊林來不及找雨衣，披件舊衣服跟出屋，站在水裡看著老霍吃力地蹚著水前進，她真想撲上去再把老伴勸回來，但她終於沒有動。直到雨簾完全把老霍的身影擋住了，她還站在雨水裡，一動也不動。……

雨水沒過了膝頭，老霍走起來十分艱難。剛走到一半路程，他就筋疲力盡了，加上心絞痛發作，他感到每一次抬腳動步，就像牽住了心扉一樣疼。頭上嘩嘩澆著雨水，身上卻一陣陣冒虛汗。他每走一步，都要下很大的決心，需要很大的毅力。四處都是水，想找個地方坐下歇一會都不行。他給自己下了一道命令：走下去，一定要走下去，這口氣不斷，就不能倒下去！

老霍知道，只要倒下去，就會站不起來了。

他終於看見北灣橋了，翻過橋再有二裡路就到礦山機械廠了。水還沒有漫上橋面，他坐下來，把濕漉漉的藥片吞下去。稍歇了一會兒，覺得心痛的越來越緊，他意識到再這樣坐下去就有站不起來的可能。他眼一瞪，心一橫，一抖精神，拄著拖把桿站了起來。心部猛地一拉，他左手在臉上抹了一把，不知是冷汗還是雨水。

老霍忽然想起了《戰鬥進行曲》，輕聲哼了起來：

我擦好了三八槍，

我子彈上了膛，

我背上了子彈帶，

勇敢向前方！

......

老霍大步向橋下走去，一下橋，地勢更低了，水流也更急了。洪水已經淹到了他的腰部，他幾次險些被洪水衝倒。人始終沒有倒下去，但拐棍卻被衝走了。連淋帶淹，衣服也全濕透了。他感到身上木麻麻的頭昏目眩，覺著情況不好，伸手到衣袋裡去摸藥，藥片全被水溶化了。怎麼辦？往前看，白浪滔滔，越走越危險；向後轉，有座橋，退回橋上最安全。但是，老霍腳步沒停，連頭也沒有扭回去瞧一眼，雖然一步挪動不了多遠，但仍是不停地在挪動。

他幾乎是處於一種半昏迷狀態，頭昏沉沉的，全身麻木，連心絞痛也不那麼鑽心了。但他還在命令自己走下去，他甚至還算出離礦機廠的大門已經不遠了。

無情的雨鞭，發顫了，變軟了；肆虐的洪水，驚呆了，逃跑了！鐵錚錚的老霍，在水裡挺著，在雨裡走著！

誰說他昏迷了？不，老霍戰鬥的神經永遠醒著，任你什麼樣的風雨雷電也炸不斷、摧不垮！

也許有些醫生不理解這樣的"病人"，不相信有心絞痛的病人會有這樣的奇蹟。但是，機電局三十八萬職工理解他們的霍大道，就像理解焦裕祿、王進喜一樣。

老霍突然感到一陣輕鬆，耳邊傳來親人的呼喚。他睜開眼睛，左邊站著白髮飄動的老伴莊林，右邊是司機萬寶真。莊林沒有去擦那滿臉的淚水，用力扶住丈夫的胳膊，她覺得自己胸腔裡鼓蕩著一股豪情。小萬一邊攙著局長，一邊拿毛巾擦掉老霍臉上的雨水；這幾天她看的老霍所寫的回憶錄，突然間在眼前都活起來了。現在，她和霍局長、莊大姐走在一個節拍上，感到非常興奮和自豪，胸中有一股勇往直前的力量在鼓舞著她。

老霍欣慰地笑了。親切地問："小萬，你怎麼來了？"

小萬說："大雨把我給吵醒了，我一猜您準在家裡呆不住，吉普車又開不了，就跑到您家裡一看，莊大姐正要來，小華也非要跟著，我把她留下看家了。”

雨似乎小多了，水也不冷了，老霍心裡發熱，身上鼓滿了勁。說：“來，咱們唱個歌。”

小萬問：“唱什麼？”

“《戰鬥進行曲》。”

於是，清亮而有力的歌聲又響起來了，穿過風雨，壓住濤聲，像海燕在水面飛翔；似雄鷹在風雨裡搏擊。

小萬眼尖，突然看見前面露出水面的半截水泥樁上站著一個人，正向這邊招手。小萬剛要喊問是誰，只見那個人跳下水泥樁，奔過來，濺起的雨水把衣服打濕了他也不顧。走近了看清是靳寶太。靳師傅眼睛發紅，眼眶裡充滿淚水，嘴唇抖動著，叫小萬扶住莊大姐，他自己使勁架住了老霍，他真想抱住自己的局長。邊走邊說：“我估摸著你一定會來的。”

老霍問：“設備和材料救出來沒有？”

靳師傅心疼地說：“搶出來一部分，糟踏了不少。大夥眼睛都氣紅了，徐進亭這搞的什麼生產大突擊，純粹是生產大破壞！”

“搞修正主義的人，總是打著關心生產的招牌，實際他們既破壞革命，也破壞生產。”

老霍盯著靳師傅那鐵黑的臉色，說：“你這老胃病在雨水裡泡一夜可受不了。”說著從懷裡掏出那瓶用枸杞子泡的酒，塞到靳寶太手裡：“這種酒最暖胃。”靳寶太眼淚嘩地下來了。小萬也激動地抹抹眼角。歌聲更響了。

礦山機械廠排水護廠的工人們，猛然聽見這烈火一般的歌聲，都抬起頭來，看見從大雨滔天的公路上，走來四個臂挽臂的人。

“靳師傅真的把霍局長接來了！”

“霍局長！”

這群和風雨搏鬥了一夜不曾皺眉、不曾歎一口氣的漢子們，看見老霍，呼傢伙，眼眶子全濕了。他們發瘋似的踢飛洪水，急奔過去，扶住莊林，拉住小萬。這群護廠隊的首領是于德祿，他搶過老霍背在背上，向保健站跑去。老霍在于德祿背上哭笑不得，只得擂著他的背喊：「于德祿，你發瘋了，我冒雨趕來可不是為了住你的醫院！」

于德祿不管局長怎麼抗議，還是把他背到保健站。指揮醫生們給老霍打釘、服藥，做了檢查，換上幹衣服。中心醫院的李大夫，為了早晨給各車間值夜班的紅醫講課，昨天下班後，沒有回家，就住在保健站的宿舍裡。這時候被驚醒了，他以為出了工傷事故，就走出來看看。被于德祿一眼搭上了，他過去把李大夫拉過來：「正好，你這權威快給霍局長檢查一下。」並把老霍蹚水而來的情況講給他聽。

李大夫比幾天前在醫院裡給老霍檢查得還仔細，而且他生平第一次產生了這樣的感覺：病人比自己高，自己在給對方看病，對方的精神卻在感染和教育自己。他懷著一種少有的崇敬和欽佩的心情在看病。而在這之前，他總以為不管什麼人，躺到病床上就是我的病人，什麼時候也是醫生高於病人。

他的手摸到老霍的心臟部位，像摸到了老霍的堅強的意志。病儘管很重，但是這樣的心臟，就如同北京車站的大鐘一樣，不會停擺的。他下廠第一天，碰到的第一個病人想不到竟是老霍，他心裡翻起一陣陣浪花，有激動的漩渦，也有慚愧的飛沫。

老霍沒有注意李大夫的神情，他卻注意地盯著于德祿。這個粗壯的漢子，幾天來彷彿消瘦了許多，連絡腮鬍子也乍撒起來了，對於他在這種夜晚沒有離開工廠，老霍心裡是滿意的。心想：我是不是對他批得太狠了，要求太嚴了？不？要求不嚴是帶不出好幹部的。

他詳細地詢問了水淹的情況。

于德祿耷拉著腦袋說：「廠區專用鐵路衝垮了一段，四個車間停產了，按徐副局長指示搬到露天的設備材料，損失了百分之四十，他算把我們廠坑苦了！……」

聽完了于德祿的匯報，老霍一揮手：「別這麼哭喪著臉，像個打了敗仗的樣子！喊醒你的廣播員，把全廠喇叭都打開，播放樣板戲，表揚防洪排水的好人好事，聲音要壓過雨聲。」老霍在地上走了幾步，斬釘截鐵地說：「立即叫車間把已經搞好的新鑽機打包裝箱，天亮前搞完，雨一停就送往礦山。」

于德祿說：「鐵路壞了，拿什麼送？」

老霍：「這個你別管。組織突擊隊，全力以赴排水，上午八點鐘那四個車間要恢復正常生產。」

于德祿不相信地搖搖頭。

老霍也不多解釋，又下令：「你派十二個腿長腳快的人，分別到工業區各個廠去報信，每廠來個負責人，開一輛卡車來，要快！」

于德祿趕緊去佈置，老霍到交換臺用專線電話要通了水泵廠，找到他們廠一把手問：「你們那兒怎麼樣？毫無損失，嗯，什麼？再這樣下一個月也不要緊？不，還是要麻煩你別再求雨了。再下，北灣區可吃不住勁了！喂，你能不能立刻找到二十個汽車司機，開動二十輛卡車？噢，開三十輛也行？你們的司機都沒回家嗎？」

耳機裡傳來水泵廠一把手的聲音：「沒走，全體幹部也沒走，準備大雨後執行緊急搶救任務。」

「你們怎麼知道今夜有特大暴雨？」

「聽氣象嘛。剛才我們還給氣象臺打了個電話，這雨大的奇怪，氣象臺講，海上發生了海嘯。」

「噢！怪不得水這麼凶！」老霍心裡一動，造機器的工廠每天聽氣象預報，就問：「你們每天都聽氣象預報嗎？」

"每天都聽，這還是大姜在廠子時訂下的制度。我們水泵廠是支援農業的工廠，不關心氣象還行！"

老霍臉上興奮地閃著光，領導班子都像水泵廠這樣，什麼樣的突然襲擊不能對付？他說："你派汽車送五十台直徑三米的大水泵來，走郊區的國防公路，讓咱們造的'鐵龍王'和自然界這個'水龍王'較量一番。"

老霍又一一給他估計可能會出問題的單位打了電話，瞭解了水情，作了指示。最後打通了汽車廠，找到了張練。張練這個能耐人，正領著全體幹部在總裝車間夜戰，和工人們搶礦用大汽車，一聽說老霍來電話找他，心裡猜了個八九不離十，向穿著工作服的設計處長王凱擠擠眼說："局長準是要汽車來的！"他拿起話筒，沒等老霍張嘴就說："你可親自給我下的計畫，叫我在月底交出十輛大汽車，現在離月底還有八天零十八個小時！"

老霍急了："另賣關子了！八點鐘能不能開來五輛？"

王凱搶過話筒說："老霍同志，我是王凱，加把勁，十輛都能搞成。"說完把話筒交給張練，樂顛顛地走了。張練說："到哪兒去找你？"

"礦山機械廠。"

"一言為定，少一個軲轆，你撤我的職！"

老霍放下電話，到各車間轉了一圈，回到樓上見北灣工業區十三個廠子，頭頭們都來了。他挨個廠子問明瞭情況，統一做了部署。囑咐各廠領導人，既要和自然界的狂風暴雨鬥，又要和政治上的邪風惡浪鬥，警惕階級敵人利用這場大雨製造謠言，製造事故，搞破壞活動。越在這種時候，越不要忘記抓緊階級鬥爭這個綱。他還通知，今天下午在礦機廠召開批判現場會，批判修正主義路線，批判唯生產力論，回擊眼下這股打著搞好國民經濟旗號的右傾機會主義思潮。各廠負責人都要來參加。

散會的時候，水泵廠把"鐵龍王"送到了，各廠的頭頭們非常高興，拉著"鐵龍王"信心十足地走了。老霍又喊住他們："主要負責人在廠子指揮排水，派一名副主任帶上行政科長、工會主任、瓦木工，用卡車拉著油氈、木料、白灰，雨一停就挨個到職工家裡去看看，有房子漏雨的立即搶修。"

老霍佈置完，舒了一口氣。于德祿咧著大嘴笑了："我要再叫一聲難，情願把于德祿三個字倒過來寫。"說完卷著一陣風就要跑，老霍又把他叫了回來，說："給你個艱鉅的任務。"

"什麼任務？"

"組織你的理論隊伍寫一篇批判稿。"

于德祿一笑，很有把握地說："你放心，不是下午開會用嗎？批判稿有的是，這上千張大字報，哪一張不是一份很好的批判稿！"

老霍說："我要你親自動筆寫，從'生產大突擊'聯上那個領導人的講話材料。"

"批'講話'？"

"不敢？"

"敢！"

老霍點點頭，拿出自己的工作手冊，遞給于德祿："這是我聽完那個'講話'的傳達以後，畫的問號，提的問題，和在上邊加的批語，給你做個參考。稿子要聯繫實際，火力要猛，勁頭要狠，目標要準，八點鐘交卷。"

"堅決完成任務！"

十九

兩個小時後，雨停了，大水也泄淨了。城市格外乾淨，空氣格外清新。

北灣工業區，已經看不出絲毫大水淹泡的痕跡，而像洪水一樣波浪齊天、猛勁上漲的是工人更大的熱情和幹勁，這是被海嘯和暴雨激起來的。礦山機械廠更像開了鍋。靳寶太正往大牆上貼新標語：

　　　　"徹底批判修正主義路線！"
　　　　"打退資產階級的進攻！"

　　強秉志把一大幅宣傳畫，貼在大門口的宣傳牌子上，題目叫《大道上的戰士》。

　　小萬開車送姜永豐去北京開會，來到礦機廠找老霍。大姜問小強："霍局長在哪兒？" "和工人們在搶修鐵路！"

　　大姜進廠去找老霍。小萬走近宣傳畫，認真端詳起來。強秉志警惕地看著她，怕她再像月初那一天似的，差點把畫撕了。

　　小萬笑了："看把你嚇的。爲什麼不叫《大道上的帶頭人》？"

　　強秉志說："我們突擊隊的人在討論時說，戰士也可以帶頭，帶頭人也是戰士。"小萬撇撇嘴："哼，什麼都是你們突擊隊說了算。局宣傳隊讓我作了個歌，叫《文化大革命永放光芒》，想聽嗎？"

　　強秉志說："想聽。"

　　小萬說："你想聽我還不想唱哪。"其實是她看見大姜、于德祿陪著霍局長來了。

　　大姜那寬大的面孔像陽光杲杲的晴空，這個大個子什麼時候都是充滿信心和力量，特別是昨天晚上局黨委會上那場大辯論，更擦亮了他的眼睛，給了他新的力量，他知道該怎樣向中央匯報和匯報什麼了！他正要問局長還有什麼囑咐的，看見迎面開來十輛巨形長車，哈，機電局自己造的六十噸礦用汽車！

　　汽車開到門口，張練和王凱從車上跳下來。工人們擁著汽車進廠裝潛孔鑽機去了。

　　局設計處長王凱趁著汽車往礦山送鑽機的機會，要到礦山對汽車的使用情況做一番考察。

　　老霍看看王凱那滿眼的紅絲，擔心地說：“這些日子你休息太少了，注意身體。”

　　王凱說：“沒關係，車在路上要跑兩天，存的覺補睡。”

　　姜永豐精神振奮，對老霍說：“局長，我要走了，你還有什麼要囑咐的？”

　　老霍送姜永豐走了幾步，說：“你那個匯報提綱我看了，寫得很好。你是個造反派，在這個會上更要旗幟鮮明，如果有人以領導人的身份，像那個‘講話’一樣，兜售修正主義的東西，就要站出來堅決頂住！”老霍說著拿出于德祿領著工人理論小組寫的那份批判稿，他剛才還在上面親自做了很多修改。老霍把稿子交給姜永豐，說：“你帶上它，向黨中央匯報，我們工業戰線上的廣大工人和幹部不同意那個領導人的講話，認爲他的講話裡有嚴重問題，必須進行批判肅毒。你可以把老徐搞‘生產大突擊’給國家帶來的危害，也講一講。永豐同志，更大的鬥爭還在後頭，我們要頂風打上去！”

　　姜永豐心裡熱乎乎的點著頭，和送行的人挨個握了手，然後坐進吉普車。

　　吉普車順著坦蕩蕩的大道，飛快地向北京馳去。

　　　　　　　　　　　（原載《天津文藝》1976 年第 1-8 期）

機電局長的一天

工業學大慶，

領導幹部必須做鐵人。

這是和平年代的戰爭，

是新的長征。

—— 摘自機電局長霍大道的手記

一

　　一個人一生當中會有多少個不平常的一天，一個單位一天當中又會碰到多少樁不平常的事情。

　　今天，機電局接到國家計委的通知，要派負責生產的幹部到北京參加計畫會議。生產處長王凱準備出發。可是，對今年的生產怎麼樣估計，明年做什麼打算？飛、跑、走、蹭四種計畫，他帶哪一類計畫進京？

　　今天，氣象臺預報夜晚有場暴雨，而機電局必須在山洪到來之前交付礦山四千台二百五十豪米潛孔鑽機。這個鐵任務落在礦山機械廠。如果這場雨引起大水，鐵任務就要受到影響，怎麼向國家匯報？

　　今天，又是機電局每月例行一次的生產調度會。全局三百多個企業，成千上萬的喜訊，成千上萬的產品，成千上萬的困難，成千上萬的矛盾，一大攤子事情都要在調度會上被提出並予以解決。這會兒，參加調度會的重點企業負責人快到齊了，可是，會議還沒有主持人！

　　往常這個調度會是由機電局局長 —— 霍大道主持的，可他前天在起重機廠勞動，心絞痛復發，住進醫院了。黨委書記雲濤剛調來不久，對生產情況還沒吃透。王凱沒了主心骨，急得他從樓下躥到樓上，從樓上又顛到樓下，到處找副局長徐進亭。徐進亭是分工專抓生產的，雖說這一陣在礦機廠蹲點，但今天這樣的日子，王凱也只好找他了。

　　王凱跑到大門口，見一輛蘋果綠色的北京牌小轎車正從車庫裡開出來。他以為這是要送自己進京的，就煩躁地一揮手：“今天走不成啦！”

　　年輕的女司機小萬從車裡探出頭：“不是送你進京，是送徐副局長去住醫院。”

　　“嗯！”王凱心裡一動，“他怎麼了？”

　　“還不是血壓！他的血壓說高就高。”小萬人稱“二局長”，對機電局幾個領導幹部的脾氣秉性摸得可透了。

　　“他住院可真會選當口！”王凱心裡說。甩手要上樓。

　　“‘二局長’，老霍在嗎？”身後一個粗啞的大嗓門喊小萬。王凱聽出是礦山機械廠黨委副書記于德祿，便又轉回了身。

　　于德祿長著一副粗墩墩的身架。他看到生產處長，躥上一步，把一份電報摔給王凱。

　　這是礦山打來催要鑽機的。王凱看完，若有所悟：“是不是這封電報把徐副局長逼到醫院去啦？”

　　“眼看要坐蠟，他扒拉扒拉屁股躲進醫院圖清靜！”于德祿忿忿地說，“這回我可不客氣了，要跟霍局長徹底揭揭矛盾。”

　　“雲濤同志強迫老霍住醫院了。”

　　于德祿大眼珠子一瞪，衝著要開車的小萬喊：“把我捎到醫院！”

　　王凱一把拉住了他：“老霍的脾氣你不知道！雲濤同志說

過：檔、資料、圖紙一概不許往醫院送。就這樣，昨天晚上我去看他，不知他從哪裡搞到的紙、筆，還趴在桌上寫什麼。—— 咱們先開調度會吧，你有困難我發動別的廠幫你。"說著，拉于德祿上樓，又轉身叮囑小萬："到了醫院，如果去看霍局長，嘴上可派個站崗的。"

小萬點點頭，把徐副局長一向最喜歡坐的小轎車，開到他家門口。徐副局長已經站在門口等候了，他左手提一個綠色塑膠袋，裡面放著牙具、毛巾、肥皂之類的東西，右手拎一個大網兜，兜裡裝的全是藥瓶子、花盒子，還有一個大搪瓷盆，盆裡的東西最惹眼，滿滿一下子油炸"老虎豆"。

小萬接過網兜，順口問："您還愛吃老虎豆？"

徐副局長回答說："你看這是'老虎豆'嗎？是'四一六'—— 抗癌藥。"

小萬嚇了一跳："啊！您得了癌症？"

徐副局長笑了，拉拉她的小辮子："傻姑娘，得上癌症再吃這個就晚了。我這是為了預防，找中心醫院的李大夫專門配製的。"

"您活得可真在意呀！"小萬使勁咬住舌頭，才沒有甩出這句帶稜子的話。

徐副局長又高又胖，五十多歲的人了，大臉盤子紅潤潤的閃著亮光，一點褶兒也沒有。別看這麼個威武大漢，倒有一副阿彌陀佛的善性子，是個平時該急不急、遇怒不怒，高興時還喜歡和下級開個玩笑的老幹部。

今年五月，礦山機械廠一把手調走了，局黨委書記雲濤提出要派個蹲點組下去。局長老霍提出要去，常委們不同意。徐進亭沒有吭聲，卻派到了他的頭上。他心裡不舒服，憋了口氣。一到礦機廠，就指示廠裡二把手于德祿一定要在六月份放高產，爭取參加七月份召開的全局工業學大慶經驗交流會。于德祿聽了他的話，大抓衝擊鑽機，這個老品種幹起來輕車熟路，產值一突就上去了。但是被霍大道發現了問題：他們為了突擊產值，把設備拼了個稀裡嘩啦，把老家底幾乎吃光，而國家要求大批投產的新品種 ——

二百五十毫米潛孔鑽機卻停下來了。結果，礦機廠不僅沒有被評為先進單位，反而吃了批評。七月份礦機廠上了新品種，可是全面的生產跌下來了。如今，礦山的催貨電報和氣象臺的天氣預報一塊兒逼到眼前。徐進亭感到，再不快快拔腳撤出來，就會陷進去不好收場。他把這些難辦的事情在大腦篩子裡篩了又篩，過了又過，反覆權衡得失，最後決定住院。

徐副局長笨重的身體進了小轎車，車子很快就開上了去醫院的馬路。

小萬到機電局後，第一次出車就是送一位昏迷不醒的老同志去醫院。這位老同志臉色蒼白，顯得那對臥蠶眉分外濃黑。他個頭不高，體質單薄，是在工地和鉚工摽肩膀抱了六個小時鉚釘機以後昏倒的。當那個鉚工知道他就是患有嚴重冠心病的局革委會主任霍大道時，難過地捶著自己的大腦袋，嘩嘩流淚。小萬還沒到局裡來，就聽人講過，自己局裡有個"霍大刀"，聽這名字就夠厲害的了。他說話爽利得像大刀，思想敏銳得像大刀，作風又快又狠，也像大刀。

可是那一天，小萬怎麼也不能把這些傳說和眼前的病人對上號，他哪像個"大刀"呀！挺親切的一個老同志。小萬冒冒失失地向護送的生產處長問了一句："他就是有名的'霍大刀'嗎？"

生產處長瞪她一眼："去，霍主任的名字叫'霍大道'，勝利大道的'道'。"

小萬吐吐舌頭，心裡想："這麼大的幹部，怎麼叫這麼個名字？一點也不深奧。"

後來，王凱把老霍名字的來歷告訴了小萬 ——

老霍十二歲那年秋天，聽說紅軍從草地上過來了。他在野窪裡把地主的三頭牛綁在樹上，用鐮刀割斷了牛脖底上的氣管，跑到大道邊上，攔住了紅軍隊伍，把趕牛鞭子哧嘣一撅兩半，往地下一扔，對一位紅軍營長說："我要跟你們走！地主的牛全叫我宰了，反正你們不收下我，我也活不成了。"

"噢！"紅軍營長很驚奇這個小傢伙的心路，就問："你爸爸、媽媽呢？"

他搖搖頭。

"你叫什麼名字？"

他又搖搖頭。

"平時他們管你叫什麼？"

"我姓霍，可是他們連姓也不叫，說這個姓晦氣，怕給他們招災惹禍，平時他們就叫我'拽牛尾巴的'！"

"好，我們收下你！"紅軍營長把他摟進懷裡，"咱們一起，把舊世界打它個落花流水！"營長摸著他的頭，"從現在起，你就有家了，有親人了，也要有個真正的名字！"

營長看著紅軍隊伍似鐵流滾滾，順著大道向北挺進。眼裡射出光彩，"你就叫'大道'吧。大道上參軍，永遠跟著毛主席，在勝利的大道上前進！"……

聽了這個故事，小萬非常感動。沒過三天，接霍大道出院，小萬對他更是尊敬極了 ——

老霍住院第三天，能下地走動了，就堅決要求出院。醫生拗不過他，打電話請來了他的愛人，衛生局組織處處長莊林。莊大姐聽了醫生的陳述，搖搖頭說："我知道他的病很重，但更知道他的脾氣……讓他回家吧。"

可是，老霍沒有回家。出了醫院，臨上車前，他對小萬笑著說："你叫萬寶真吧？我第一次坐你的車，不應該是到醫院，應該是去工地。今天咱們來個遠路程，上會戰工地！"

現在，小萬一面開車，一面感情深重地惦記著正在醫院裡的霍局長，由霍局長又想到要去住醫院的徐副局長。她不禁脫口說道："徐副局長，霍局長告訴過我一個偏方：大幹治大病。"

"這在醫學上講不通。"

"霍局長說，這在哲學上完全講得通！"

"嗜！"徐進亭歎了一口氣，"沒有病，誰願意往醫院跑。你不知道，我這血壓……"

"中心醫院的空餘病床不多，您想住院就準能住得進嗎？"

"我早晨給李大夫打了個電話，他說今天有個病人要出院，正好空一張床。"

小萬心裡咯噔一下，犯了嘀咕，她再也不說話了。

車開到醫院門口，小萬沒顧得替徐進亭打開車門，就提著他的大網兜，搶先向三樓住院部跑去。

二

霍大道辦完手續，走出住院部，迎頭看見跑上來的小萬，他心裡一喜："好小萬，你來的可真是時候！"

小萬卻使勁咬了咬嘴唇，不讓眼裡的淚瓣掉出來："我一猜就是這麼回事！"

"又怎麼啦？"老霍看看她，笑了，"不應該拿眼淚給出院的病人道喜。"

小萬沒等老霍把話說完，就忍不住說："有人有點病削尖腦袋往醫院鑽，您身有大病卻一次一次從醫院往外跑！"

這時，徐進亭走上來，和老霍對面怔住了：

"老霍，你要出院？"

"老徐，你要住院？"

　　一向冷靜、超然、彷彿與世無爭的徐進亭，窘得大臉盤子通紅。

　　老霍說："小萬，你說對了，是得跑啊。今天是什麼日子？王凱要進京匯報，鑽機任務不落實，調度會要開，這是吹衝鋒號的時候，不能躺在病床上！"

　　徐進亭訕訕地說："你病得這麼重，哪能出院？再養一養，等幾天……"

　　"不能等，一分一秒不能等，要搶！"老霍打斷了他，隨又打量著他，"你這是……血壓又出了問題？"

　　"就是，就是。"徐進亭皺眉，搖頭，全身都在表示他的確病得不輕，"血壓很不正常，頭暈得厲害。"

　　老霍明白了，他心裡掠過一道陰影，難過地看著徐進亭：他確實有病，可躺到醫院的病床上就能治好這種病嗎？

　　"你來住院，雲濤同志知道嗎？"

　　"還沒有告訴他，你知道了也一樣。"

　　"不一樣。你蹲點是常委會上決定的，要離開也得交接一下吧？"

　　徐進亭正不知如何回答是好，一眼瞥見李大夫從樓道口路過，忙借梯子下牆頭，叫住了他："李大夫，原來你說的空床，就是老霍住的那張。咳，這怎麼算是空床！這兩天先不要安排別人，我回去向雲濤同志匯報，儘量勸老霍還回來住院。"

　　李大夫停住了步子，問："您哪？"

　　"過兩天再說吧。"徐進亭留下一句活話。

　　"咱們走吧！"老霍向小萬說。

　　小萬左手提著徐進亭的抗癌"老虎豆"，右手又接過了老霍拿著的一卷稿紙，她看了一眼，驚訝地說："霍局長，您寫了這麼多稿子，是回憶錄吧？哎呀，住了醫院還不好好休息！"

　　"這就是休息嘛！"

老霍說著先下樓了。徐進亭也跟下來。

一坐進車子裡，老霍就問：“潛孔鑽機進度怎麼樣？”

“差不多。”

“差多少？”

“也就幾十台吧。”

“嗯？前天才裝起三千零七十五台，這兩天能搞出那麼多？”

徐進亭猛然想起老霍在統計數字方面有特殊的記憶力，對他可不是順嘴謅個數能對付過去的，感到屁股底下彷彿坐上了蒺藜，就勢摸摸口袋，說：“我的小本子沒有帶著，腦子又不如你的好使，記不準了。”

老霍知道，自己這樣著急的事情，老徐卻沒有往心裡去，再問下去是不會有什麼結果的了。於是，他轉換話題，興奮地談起一個新的想法：“上周我到部裡開會，國家要試製六十噸礦用汽車，部領導看我們壓力太大，想安排給別的省市，我得到信兒，就去搶來了。你看，以礦機廠為主，組織一場會戰怎麼樣？”

老徐簡直無法理解這位“大刀”了。潛孔鑽機老賬沒還，又背新賬，找著挨板子嗎？他本想勸勸老霍，要量力而行，適可而止。但轉念一想，算了吧，不挑那份擔子不操那份心，何苦做對立面。於是，繞了個彎子說：“和于德祿商量一下看吧。不過，他的情緒很大。本來嘛，六月份賣了力氣，反而吃了批評，心裡會怎麼想？”

“不能用遷就錯誤的辦法照顧情緒！ —— 你是不是也有點情緒？”

“我？”徐進亭顯出一副寬宏大量的樣子，“叫高血壓管得早就不會生氣、發火、鬧情緒了。不像你呀，身上總有一種刺激人的東西。”

“沒辦法，就是學不乖，談意見模棱兩可，批文件敷衍一氣，說話像兔子一樣繞圈子，待人處事一錐子紮不出血 ── 我要命也來不了這一套！”

“你這個刀子嘴，真能挖苦人。你我都不是毛頭小夥子了，又都挨過燒……”

“這是什麼話！”霍大道兩眼盯住徐進亭，半晌才接著說下去，“老徐，你我都是革命戰士。過去，跟著毛主席南征北戰；現在，跟著毛主席移山填海。應該是越幹越有勁，越幹越年輕！頭髮白了又怎麼樣？只能說明我們身上的擔子更重了，只能激勵我們更好地向小將學習。文化大革命以來，小將促我們，幫我們，好得很嘛！文化大革命這把火，燒得必要，燒得及時，燒掉了身上沾染的毒菌污垢，燒得心裡頭熱氣騰騰。對這一點，我是深有體會呀！這是毛主席給我們加了鋼，淬了火！”

“我可再也經不住大火了，每走一步都要反覆掂量掂量。與其走錯步，不如不邁步，何苦呢！”

“所以就躲到醫院的病床上去？不朝著建成社會主義的現代化強國這個宏偉目標往前奔了？不革命了？可你還是個老黨員，入黨的時候曾經宣過誓，要為共產主義事業奮鬥終身！”

老霍把話一口氣說完，直盯住徐進亭，只見他那平時就缺少神采的眼睛，依然淡漠無光，看不出他的情緒是服氣還是不滿，他心裡到底想的是什麼。好像裹著橡皮毯子！霍大道心想，他真是刀槍不入了。什麼事才能使他動起感情來呢？就是發發火也好呀！

這時，小萬一按喇叭，車子在機電局門口停住了。

<h1 style="text-align:center">三</h1>

霍大道和徐進亭一前一後走進會議室，人們又驚又喜。特別是生產處長王凱，他剛才正被一大串矛盾纏繞，會議讓于德祿給

卡住了。

在全局新的躍進棋盤上，礦山機械廠像個落伍的卒子，不僅自己掉隊，還扯住了別人的腿。可于德祿不管別人衝他喊，他就是不吭聲。現在一看到正副局長進來，他開口了：「你們幾位指著鼻子罵我，我也認頭。七月份，我們生產下降，拖了協作單位的後腿，挨批應該。但是，七月下降是由六月產值上升造成的！霍局長批評我單純追求產值就是追求名利，我承認。可你們局領導拿名利激我們、誘我們，領錯了路，導錯了向，就沒有責任？」于德祿說到這裡，扭頭看了一眼徐進亭，接著說道：「局蹲點組一去，就跟我談：『你們是全局九大台柱廠之一，這樣大廠的一把手在局裡說話是占分量的，我看你要幹出點成績來！六月份拼命也得突上去！』說老實話，我的個人英雄主義膨脹了，可把新產品丟掉，心裡也有點敲小鼓。沒想到這位領導卻給報社打電話，登了小半版；還給我鼓勁兒：『好啊，你于德祿面前的大門全打開了，你創造了奇蹟，反過來奇蹟又會幫你的忙。』這下可真幫了忙，局長大會批，群眾不滿意，我受夾板氣！」

大家都清楚于德祿指的是誰，但徐進亭悠然地抽著煙，看也不看大家，不拾這個茬兒。他這是外鬆內緊。

調度會是領導幹部的「亮相台」，水準高低一上調度會就露餡。徐進亭向來把調度會看成是要命的會，長血壓的會。每開一次這樣的會，神經和毅力都要經受一次考驗和衝擊。因此，在這樣的會上，他很少發言，儘量不表態。現在，于德祿把矛頭明晃晃地指向了他，他還是不吭聲，既不承擔責任，也不反駁。這可叫主持會的王凱作了難，等了一會兒只好說：「老于，你談談七月份的生產情況吧。」

「把六月份犯路線錯誤的責任分清，七月份的賬就好算了。」

「路線錯誤」四個字刺疼了徐進亭，他終於說話了：「不要說得那麼嚴重嘛，泄自己的氣。無限上綱就是無'線'上綱。"

于德祿炮彈反射一般頂了回來："這是霍局長在四千人大會上講的：'國家要先進的高效率鑽機，你非要幹低效率落後的鑽機。表面看完成了產量產值計畫，實際是糊弄國家，拖社會主義建設的後腿。這是資本主義辦企業的路線。'霍局長，我一個字也沒記錯吧？"

"你的記憶力很好。"老霍一直很有興味地盯著于德祿的臉。這是他的習慣：誰發言他就這麼聚精會神地看著誰，不把別人的話掏盡，不到節骨眼上，他不張嘴。現在，他摸準于德祿的"脈"了，他覺得火候已到，該說幾句，把這個調度會"調度"一下了。他說："你們廠六月份的錯誤，廠黨委有責任，蹲點組有責任，但是廠在局領導下，蹲點組是局裡派的，所以我負全面責任。這個問題，明天晚上黨委常委開會，請你也參加，再交換意見。今天是調度會，談談你們的任務完成情況吧，特別是潛孔鑽機。"

于德祿心裡還不服，但是老霍提出的問題，讓人不能不立時回答。於是，他賭氣似的說："七月份我們堅決保證完成局下達的計畫數字。"

大家全驚奇得瞪大眼睛看著于德祿。號稱"交換臺"的王凱，生產上的事瞭若指掌，他不信于德祿的話，趕忙追問："你說說具體數字。"

"潛孔鑽機三千四百台，鋼水……"

"什麼？"王凱打斷了他，"局裡給你們下的指標是四千台！"

"四千有困難，我們做了削減，請示徐副局長，他批準了。"

"什麼？"這回輪到徐進亭吃驚了，他盡力控制住自己的憤怒，語調平靜，不失身份，"我什麼時候說過同意了？"

"月初開完四千人大會回來，黨委討論計畫，我們提出有困難……」

老霍打斷了他：「黨委會沒有擴大一下，請靳師傅也參加？」

「沒有。」于德祿順口回答。他沒有理解老霍問話的意思，只顧繼續說下去：「我們提出有困難，要削減，我請徐副局長表態。徐副局長，當時你怎麼說的？你說可以研究研究。」

「對，研究可並不等於同意。」

「可事後你也沒有通知我們研究結果不同意呀！我們守著局領導，又認真作了反映，你不反對我們就幹唄！」

徐進亭還能說什麼呢？他躲在自己噴出的煙霧裡，不看于德祿，也不反駁，不能這樣和一個基層單位的頭頭對口舌！

王凱十分不滿地盯著徐進亭：平時什麼事情推到你那兒，就用「研究研究」四個字搪塞過去，這回碰上于德祿，夠嗆了吧！

老霍問：「于德祿，每月計畫都是局黨委討論後定的，任何個人都無權改動，你不知道嗎？」

于德祿沒有吭聲。

老霍又問：「下計畫的時候，局裡考慮到你們的情況，壓低了指標，在全局做了平衡。這個情況老徐沒跟你講嗎？」

「沒有！」于德祿得理不讓人。

老霍火了：「老徐有他的錯誤，但你不是去幫助他補台，而是利用他的弱點投機取巧，推卸責任！你的組織原則，你的黨性到哪兒去了？」

好狠吶！老霍批評幹部就是這麼狠。一向敢跳敢叫的于德祿，這會只是挺著脖子，漲紅著臉不吭聲。

老霍口氣緩和了：「過去我們打一次敗仗，就像一塊老繭長在心裡，再也去不掉，直到下一個戰役找敵人算了總賬才舒心。你打了敗仗不是考慮全國、全局的損失，而是撥拉自己的小算盤，你是什麼樣的指揮員？」

"我不同意！"于德祿強硬地說，"我有錯誤，但不能說我們廠打了敗仗，誰也不能否定大好形勢，否定群眾！"

霍大道眼角的皺紋一伸一縮，他可不怕別人扣大帽子："不錯，經過文化大革命，形勢突飛猛進，越來越好，廣大群眾發揮了衝天幹勁，出現了從來沒有過的嶄新氣象。但是，總的形勢大好，不等於個別單位就沒有問題；群眾幹勁足，不等於這個地方的領導就是走在前頭了。于德祿同志，我說的就是你們這個礦機廠，你們完不成指標，攻不下尖端，拿不出國家急需的產品，這不跟在戰爭中打了敗仗一樣嗎！過去指揮一個師，或者一個團、一個營，都要絞盡腦汁，琢磨敵人的兵力部署，研究制定自己的打法。一處算計不到，就會吃敗仗，影響整個戰局，使成千上萬的戰士犧牲。現在可好了，反正腦袋掉不了啦，不動腦子，吃省心飯，打了敗仗不以為敗，不痛不癢。要知道，你一個單位在工業建設上打了敗仗，就有可能影響我們將來反侵略的那場大仗！"

徐進亭心裡一震，雖然誰也沒有注意他，誰也沒有想到他，他心裡還是被刺了一下，多了一層不痛快。

霍大道總愛說文化大革命，總愛提戰爭年代，總是用文化大革命後的大好形勢鼓舞人衝鋒不止，總是把調度會開得跟戰爭年代下達戰鬥任務一樣。大家都陷在嚴肅的思考裡，誰也沒有把他的話只當成對某一個人的批評。連于德祿也被老霍的思想感染了。跟老徐比，于德祿有氣，他對徐進亭有意見，認為這個副局長聽到矛盾發愁、遇到矛盾就躲，跟著這樣的領導幹工作，真是活受罪。跟老霍比，于德祿覺得自己膚淺，應該嚴肅地正視自己的思想，跟上這樣的領導幹工作，拼上性命也痛快。

"于德祿同志！"老霍點名叫號，口氣不容你討價還價，"這個月的計畫一斤一兩不能少，特別是那四千台潛孔鑽機。你聽氣象預報了嗎？雨季一到，老鑽機沒法再用了，必須換成新鑽機。鋼鐵要大上，機械工業要發展，開礦不跟上去還行！"

"還有五天吶！我說局長。"

"群眾發動起來，五天也能搶上去。"

這時，電機廠的負責人老胡，見于德祿還要蘑菇，坐不住了，插話說："老于，你是員硬將，還沒從你嘴裡聽到過孬話。來，你報個數，設備缺什麼？人力缺多少？我給你。"

水泵廠一把手姜永豐，是文化大革命中湧現的年輕新幹部，這時也趕忙搶著說："于德祿同志，我們派個技術過硬的突擊隊，專幫你們搶潛孔鑽機怎麼樣？"

這兩個人一帶頭，會上可熱鬧了，這個送"槍"，那個送"炮"，鬧得于德祿身上像著了火。他是站在人前只高不矮的角兒，哪吃過這個，就站起來急鼻子快臉地說："謝謝大家，我們那個大攤子，靠伸手要飯可不是辦法，還是得自力更生，保證這個月任務一斤一兩不少。局長，這下行了吧？"

"光這樣還不行！"老霍這句話說得很平靜，可是在場的人聽著都吃了一驚。只聽老霍接著說下去："要不斷地給自己出新的難題，做新的文章。我們局從部裡搶來了一個新的任務，要試製六十噸礦用汽車。于德祿，這麼個重大而光榮的擔子擺在眼前，你們搞礦山機械的廠子不伸肩啊？"

接著，生產處長王凱講了試製的辦法和計畫。

這回于德祿可真跳起來了："國家並不是非要把這任務交給咱們局，何苦硬攬這個大頭哎！"

王凱也有些火了："這又不是請客吃飯，請就吃，不請就不吃。"

"好話！"老霍大聲讚許著說，"我們有些領導生產的同志，就是缺少戰爭年代作為指揮員的那種氣概和決心。那時候，上級一說有任務，都搶破頭，越是難打的仗，不好啃的骨頭，越搶得厲害。那才是打硬仗的作風。"

　　"局長，這任務算我們一份。"姜永豐搶著說，"這幾年我們攻下了一批國家急需的新產品，深有體會，攻尖端能帶動一般，大會戰可以促進大上快變。"

　　于德祿訴苦地說："怎麼'難、重、急'的任務都落在我們頭上了，得回廠研究一下再說。"

　　"只能研究怎樣幹好，不是研究幹不幹。"老霍的口氣斬釘截鐵，"過去，仗越打越大，說明全國快解放了。現在，任務越來越難，說明我們工業建設面貌日新月異；任務越來越重，說明我們社會主義建設規模更加宏偉壯麗；任務越來越急，說明我們國家在快馬加鞭，突飛猛進。本世紀內，我們要成為社會主義的現代化強國！今後的二十多年裡，'難、重、急'的任務將會一個跟一個，而且必然要求我們提前再提前。因為社會帝國主義在張牙舞爪，兩個超級大國在明爭暗鬥，'緩和'的高調唱得越響，戰爭的火藥味兒越濃。世界上有這些妖魔鬼怪在，註定有一天要打大仗。時間，是個很嚴肅的問題。咱們必須一切往前趕，拼命往前趕，一定要趕在戰爭之前準備好。這就得用打仗的勁頭搞生產，也可以把這個叫做和平年代的'戰爭'。在和平年代不樹立戰爭觀念，可要吃大虧哩！"

　　思想統一了，各廠的頭頭們一窩蜂圍住生產處長，搶頭一份的竟是剛才叫苦連天的于德祿。

　　調度會痛快俐落地結束了，王凱很滿意，他每參加一次老霍主持的生產會，就像參加了一次理論學習班一樣痛快豁亮。你看老霍，數不清的矛盾的韁繩全抓在他手裡，他卻從容鎮定，運轉自如。可是老徐，此刻竟是愁眉不展。王凱問他有沒有話說，他只搖搖頭。

　　散會後，王凱興沖沖地對老霍說："局長，連于德祿都拍了胸脯，沒問題了，我下午可以進京了。"

　　"不行，不能滿足於紙上談兵。于德祿拍了胸脯，但沒有拿出具體措施，是思想上真通了，還是迫於形勢？再說，礦機廠群眾情緒怎麼樣？今天晚上的大雨會帶來什麼新問題？你帶著這些問號向中央匯報嗎？你的任務，拿出個匯報提綱，一下午不行就開夜車，根據咱局實際情況，有些單位一時還飛不起來，留有餘地，就搞一個快跑的計畫。只能快跑，不能再慢了。我下午拉老徐到廠裡去轉轉，明天早晨咱們碰頭。"

老霍同王凱談完話，再回頭，徐進亭已經不在了，他追到大門口，老徐正往轎車裡鑽。老霍叫住他說："在局裡吃午飯吧。礦機廠的這一仗怎麼打，咱們還得商量一下。"

"于德祿的事我管不了囉！上壓下擠，叫我怎麼幹？"老徐說完坐進汽車，砰地關上車門。

四

小萬沒在食堂吃飯，拿了兩個饅頭，鑽進霍局長常坐的越野吉普裡，看霍局長寫的"回憶錄"。這一段沒頭沒尾，頁碼是二二七。可小萬看得入了神，連老霍坐進車裡都不知道。"看啥哪？"小萬聽到說話才抬起頭："霍局長，把前邊寫的也給我看看吧。"

"那個以後再說，先開車去礦山機械廠。"

"您又不睡午覺！"小萬關心地責備道。

"任務緊急嘛！"

小萬一聽這個，趕忙收起"回憶錄"，啟動了車子。

車一開動，老霍笑了。他興致勃勃地說起來，像是自言自語，又像是說給小萬聽："都說薑是老的辣，可我看咱們的小姜也蠻厲害。文化大革命鍛造出來的呀，抓生產轟轟烈烈，又扎扎實實。他們水泵廠搞了兩條自動生產線，五個月完成了全年任務。礦機廠要試製六十噸礦用汽車的底盤了。我想把于德祿拉到水泵廠去學習學習,搞一條底盤鑄造自動線。"

"這才剛試製,您就想到搞自動線,想到將來大批投產了。"

"這就跟打仗一樣,要走一步看兩步、三步。"

小萬忽然想到什麼,咬住下唇再也不吭聲了。她把車開得很穩,想讓老霍在車上睡一會兒。老霍卻還是說個沒完:"六十噸礦用汽車是採礦的急需設備呀!噸位太小的根本不行,一趟一趟把時間都花在裝卸和往返路途上了,效率太低。今後還得搞一百噸、一百五十噸的,而且全是自動裝卸!"不管局長興致多高,小萬就是不吭聲。老霍看穿了她的鬼點子:"你可真有本事,把吉普車開成壓道機了。"

小萬忍住沒笑出聲,正想稍稍加快點車速,老霍突然命令說:"快,掉頭!"

小萬不知出了什麼事,兜個彎子把車頭轉過來。

老霍又命令說:"追上前面那輛新卡車。"

小萬一踩油門追了上去。老霍眼睛貼在玻璃上,盯住前面奔馳的卡車。看了一陣,又叫小萬超車,他扭回頭看卡車的前部。後來乾脆叫小萬和卡車並行,他把頭伸出窗外,對卡車司機喊:"司機同志,靠邊停一停車,有事情和你商量。"

司機不知發生了什麼事,把車開到道邊停住了。老霍走過去說:"你忙不忙?我們正搞六十噸礦用汽車,想看看你這輛剛進口的'包利'。"

"老師傅,您好眼力啊!這輛車我剛接來。"司機一看碰上了識貨的同行,馬上熱情地向老霍介紹起來。小萬在旁邊抿嘴笑了。

老霍確實像個行家。他叫小萬當記錄,自己打開車頭箱蓋,裡裡外外看了個遍,一會兒坐到駕駛樓子裡試試,一會兒鑽到車身底下瞧瞧,一邊觀察,一邊議論:

"哈,你們看,它這兒不行,太笨!我們的車絕不這樣搞。"

　　“嗯，這個地方改得不錯。這些貪心的資本家，爲賺錢，真用盡了心機節省原料。我們不爲賺錢，也要降低成本，可以取它這一點。”

　　“哦呀，這個件竟這麼整，簡直是糊弄！光爲了騙錢！司機同志，你多注意這兒，將來這兒準出毛病。”

　　老霍有時也提出幾個不明白的問題，有些問題使兩個司機也很作難；有的地方老霍講得出來，他們反而講不出來。卡車司機誠懇地說：“不瞞您說，我剛接來車，還沒拆開看過哪。”

　　自以爲熟悉霍局長的萬寶真，也在他豐富的專業知識面前嘆服了。她那一雙明亮的大眼睛，由於驚奇，睜得更大了。她哪裡知道，老霍從部裡接來任務後，仔細研究了各種汽車的圖紙，比較、分析了各類汽車的優缺點，又讓機電局設計處長掛帥，從汽車廠和礦山機械廠抽出幾各技術工人，組成了“六十噸礦用汽車設計小組”，他也參加了幾次小組活動。這位元老機電局長，對組織機電工業生產有著豐富的經驗和廣博的專業知識，有時使工程師們竟也感到自愧不如。

　　老霍用棉紗擦著滿手油泥，對司機笑著說：“幫忙幫到底吧。我想借你這輛車，叫我們的設計人員解剖一下。長處有一點就取它一點，主要是避免它的短處。明天早晨還你一輛完整的卡車，行不行？對，你不用作難，我給你們領導同志打電話。”這時候，卡車司機才知道，這位老師傅原來是機電局長。

　　借用卡車的事很快就安排好了，老霍又來到礦機廠。他沒有讓小萬去告訴于德祿，而是一頭紮進了鑽機車間。露天跨裡一堆鋥亮的鑽桿把他吸引住了。橫七豎八象柴垛的鑽桿堆上，幾個工人正七手八腳地往火車上扔。老霍一眼就看見人群中的老靳師傅，一把拉住他說：“老靳師傅，這鑽桿經過了煉、鑄、鍛、切四道工序，工人流的汗水也和它的分量差不多了，就這麼又送回平爐煉鋼去了？”

老靳師傅歎了口氣："有什麼辦法！蘿蔔快了不洗泥。我頂住了，不合格的堅絕不裝配，寧可回爐，也不能糊弄在地下作業的礦工兄弟。"老霍點點頭："你頂得對。"

"機工工段跟我可仇大了，說影響了潛孔鑽機的任務由我這個裝配組長負責，連外號都給我起下了 —— '死鉚子'！"

"對待產品品質，就得鑿死鉚子。"

"我就說這個理兒，嘴上天天喊學大慶，幹起活來不堅持'三老四嚴'，這算哪號工人！"靳師傅口氣一轉，"老霍，我估摸著你該來抓一抓了。頭頭抓，抓頭頭。我們廠有敗家子，這不活活是大道上撿芝麻，小道上灑香油嘛！"

老霍點點頭："只抓生產不抓管理的幹部，就是社會主義的敗家子。"

這時，裝配工們圍了過來。

老霍問："任務這麼緊，你們裝配工段為什麼這麼清閒？"

"零件加工不出來，供不上手。"

"要是零件供上手，一天能裝多少台？"

"鉚鉚勁一百八九十台。"

"到月底還有四天多，任務還差八百台，應該沒問題啊！"

"有問題，機工工段一天只能生產一百多台單件。"靳師傅指指車間裡邊，"你看有多少台設備站在那燒香呢！"

老霍展眼看了看："是上個月拼壞的吧？為什麼不搶修？"

"修哪有要新的省事，家大業大了。"靳師傅氣呼呼地說，"上個月驢不死不下磨，這個月驢死了想吃驢肉。一提起這些事就衝我的肺管子！"

老霍深深為工人的這種高度責任心感動了。他平時那一對純潔晶亮的眼睛，這時變得嚴峻而又深邃："老靳，我們必須在月底交給礦山四千台潛孔鑽機呀！"

"四千台？"靳師傅吃了一驚，沉了好半天才說，"廠部說是三千四百台。我還以為手拿把攥哩。那好，我們抽出一部分鉗工，連夜搶修設備，全都修好只怕來不及……」

「調給你一個突擊隊，三十名精兵強將，行不行？」

「那，任務我包了。」

「先把裝配好的三千二百台打包裝火車。」

「行，鑽機的事你就別操心了。」靳師傅沉思了一下，「有件大事，你得抓抓，走！」靳師傅領著老霍來到車間外東牆下，指著牆上一張大字報，「我們寫的，你看看吧。」說著，扯下自己脖子上的毛巾，讓老霍擦了擦臉上的汗水，匆匆走了。

大字報分析了廠黨委三個問題：

一、我是老大。六月二十八日的報上登了礦機廠的消息，廠部發給每人一份；登載學大慶先進單位經驗的報紙，卻不每人一份。

二、老虎屁股碰不得。對六月份的錯誤不認賬，對局黨委的批評不服氣。

三、只抓生產不抓管理，對「**鞍鋼憲法**」吃得不透，學大慶沒有學根本。

老霍在這張大字報前站了很久很久，他眼角的皺紋一伸一縮，他動心了。過了會兒，他對身邊的小萬說：「把徐副局長接來，我有事和他商量。」

五

老霍給局黨委書記雲濤掛了個電話，匯報了自己的想法，徵求了書記的意見。抓空又轉了幾個車間，特別是到鑄造車間對六十噸汽車底盤的任務摸摸底。又給水泵廠黨委打了電話，叫他們把突擊隊調來。他估計老徐該到了，就來到傳達室等候。但是等了足夠汽車打兩個來回的時間，才見老徐姍姍而來。老霍先領他看完了大字報,然後說出了自己的看法:"群眾是最亮的鏡子,領導只有到群眾中去,才能認清自己。我看這個廠黨委應該開門整風,用學習無產階級專政理論這個動力,端正辦企業路線。同時,也只有讓群眾能向領導說真心話,而領導又聽得到、聽得進,積極性才能調動起來……"

老徐對大字報的反應截然不同,沒等老霍說完,他就反問道:"原來這個廠挺平靜,怎麼你一來,大字報就出來了?"

"你把有大字報看成壞事嗎?"老霍也反問他,"同志,不怕議論紛紛,就怕鴉雀無聲。如果聽不到群眾的聲音,那問題才是真正嚴重了!"

"任務這麼緊,群眾情緒平靜一點,總比這樣大轟大嗡好!"

"我不這麼看,平靜是虛假的,不平靜是正常的,不平靜才能推動社會前進。再說,這也不是大轟大嗡,這是群眾運動。我們搞工業生產,就是要堅持毛主席在'**鞍鋼憲法**'中指出的辦企業路線,就是要依靠群眾,大搞群眾運動。"

徐進亭沉了一會兒,冷漠地說:"你是局長,又是黨委副書記,你決定了就幹唄!"

"這不是在和你商量嘛。"老霍真誠地說,"老徐,你怎麼老是把自己困在心灰意懶的情緒裡?這很危險。"

徐進亭憋在肚裡的種種不快,突然爆發出來了:"我心灰意懶,無所用心,沒有你那麼多的熱情。但是我知道不能在不應該使用權力的地方使用權力;共產黨員就要用肩膀頭子幫助同志,而不能給他腳下使絆子!"

老霍心裡被捅了一刀子。他冷靜地看著徐進亭問:"你是指我在你蹲的點上放了把火,還是指我在調度會上點了你的弱點?"

徐進亭鼻子裡哼了一聲,沒有回答。

　　老霍緊盯著他道：“我們都是老同志，說話不用兜圈子。這個廠不是哪個私人的點，是局黨委委派你來蹲點的，就不許別人來說個不字了嗎？”

　　徐進亭點火抽煙，藉以在腦子裡掂量輕重。他感到，內心的一些想法擺到桌面上是站不住腳的，還是走爲上策，於是大聲說：“這個點我蹲不了啦，這些問題你看著辦吧，我去向雲濤同志請病假。”“老徐同志，你帶著這樣的情緒，住進什麼醫院也無濟於事。局黨委的會必須開，你就是請病假，也會幫你把思想問題搞清楚。”

　　對老霍這些熱誠的話，徐進亭聽不進去，連樓也不上，坐車走了。

　　望著徐進亭的背影，霍大道心裡隱隱作疼。他怕心絞痛復發，掏出隨身帶的藥，吞下兩片，轉身走上了礦機廠的辦公大樓。

　　樓上正開著廠黨委會，委員們爭論得很激烈。憋了一個多月的分歧，借著討論局調度會的精神，爆發出來了。大家給于德祿提了不少意見。于德祿很會說話，也很能“吃”話。不管委員們意見提得多尖銳，話說得多重，他全“吃”下來了，因爲上午老霍已經把他的思想敲開了縫。這種人有個特點：遇到批評不如聽到表揚對胃口，心裡不服就又跳又叫；待到心裡一認可，任你批多狠、克多重，也能經得住，絕不會躺倒。

　　意見擺得差不多了，思想交鋒的火候也夠足了，有人出去打水，發現了在門口坐著的老霍，趕緊把他讓進會議室，而且一定要他說幾句，表個態。

　　于德祿更不放他：“局長，你批我，拿任務壓我們，我都接受。可現在看我們走投無路了，也得指指道，教給點辦法。”

　　老霍笑了：“于德祿同志，你幹嘛說得這麼可憐！你們爲什麼不找工人商量？他們哪裡有一肚子錦囊妙計。眼下就有一條，你們想聽不想聽？”

“誰說不想聽呢！”

“那好，帶上你們的本子，拿上筆，跟我走，黨委會暫時搬搬家。”

老霍領著礦機廠的幹部們來到東牆下，指著大字報說：“咱們每個人都把大字報抄到自己的本子上，然後就在這兒研究一下怎麼辦，行不行？”

“行！”幹部們一口答應。

盛夏的陽光真像蘸了辣椒水，坦蕩蕩的東牆下，沒有一塊蔭涼地。天氣又熱又悶，幹部們如同站在火裡、鑽在蒸籠裡抄大字報。他們一筆一劃地抄著，認真而嚴肅。不一會兒，人人身上大汗淋漓。于德祿悄悄跑到傳達室端來一個凳子，放到局長跟前：“您年紀比我們大，又有病，您坐下抄。”

“越是有病，曬曬太陽越有好處。”老霍把凳子推到一邊，“腦子要是長時間不叫太陽曬，都會長毛。哈，都出汗啦！好，連身子帶思想一塊出出汗，要出透。”

“霍局長領著黨委成員在抄工人的大字報！”這個消息在這盛夏的午後，卻像一股清涼涼的風，吹遍了礦機廠的每個角落。職工群眾的心被吹動了，似那樓頂的紅旗，飄拂、舒展。

“呀！老霍在車間裡轉了兩個多鐘頭，水沒沾唇，腳沒停閑哪！”靳師傅連跑帶顛地趕來了，看見這個嚴肅的場面，他沒有呼喊，悄悄又轉身回去了。等了一會兒，他捧來一頂大草帽，輕輕扣在老霍的頭上。

汗出來了，勁也上來了。抄完大字報，黨委就在現場做了三條決議：一、把工業學大慶先進單位的經驗立即列印，發給職工每人一份。二、今天下班後召開全廠職工大會，宣讀這張大字報，然後黨委做檢查。三、黨委開門整風，發動群眾提意見，揭矛盾，加強企業管理。

這三條決議還沒等往下發，已經在全廠風快地傳開了。

職工們圍住老霍，有人鼓掌，有人喊著，要他講話。老霍把于德祿往前一推：「你是主角，你不唱誰唱！」

平時能言會道的于德祿，此時卻臉紅脖子粗，吭哧了半天才說：「我這個人最大的毛病，就是愛翹尾巴，搞個人突出，再加上主觀武斷，深不下去，就不能經常見到群眾的面，更甭提能見到群眾的心了。這次黨委整風歡迎大家多提意見。」

幹部們回到樓上，還沒進屋，于德祿拿眼一瞄，老霍沒有跟上來，雙手一擺，在樓道裡就說上了：「不用就座了，簡單說兩句，就散會分頭行動。今天調度會上我搶到任務，可霍局長他不放心，又追了下來，親自發動群眾揭矛盾、想辦法，領咱們站著開了個黨委會。這一手厲害！抓工作沒有這種狠勁不行。黨委三條決議已經定了，同志們下去就按照局長的作風狠抓，當然也包括抓我頭腦裡錯誤思想的根子。」

黨委會還沒散，有兩隊人馬敲鑼打鼓湧過來。一隊是水泵廠幫助大戰潛孔鑽機的突擊隊來報到，一隊是鑄造車間來請求黨委批准製造礦用汽車底盤的自動生產線。

礦山機械廠掀起了熱浪。

六

晚上，老霍在徐進亭家等了個把小時，他也沒有回來。老霍離開徐進亭家，心裡很不踏實，他為徐進亭的思想狀態擔心。

天空黑森森的，雷一道，閃一道，齊幫湊夥地為一場暴風雨開道。

老霍回到家，推開自己的房門，看見雲濤和徐進亭正在他桌邊翻閱那部回憶錄的稿子。說它是回憶錄，其實又像是日記。不管它算什麼吧，你只要捧起來看上幾行，就不會再輕易放下了。字裡行間噴出一股熾熱的戰鬥激情，筆法語調完全如老霍平時說話的口氣。

雲濤見霍大道回來，站起身，說："你果真在發奮著書啊！"

"這算什麼書呵。有時候晚上睡不著覺，就寫它幾頁，目的就是教育自己，不要忘記過去，激勵自己繼續革命，頂多再給孩子們看看。"停了一下，又繼續說："剛進城那陣，我們反覆強調過列寧的一句名言 ── 忘記過去就意味著背叛。有多少人真正理解了這句話？夜深人靜，我鋪開紙，拿起筆，過去的一切又都回到了眼前，首長、戰友、老鄉、兒童團，好像又都站到了自己的面前。寫著他們，自己的精神境界也在這種回憶裡變得激昂奮發。當然，寫的時候也思索，也分析，從歷史的反光鏡中對現實的東西也看得更清楚了。"

雲濤看了看老徐："進亭同志，有沒有勇氣也拿起筆來，有空就寫它幾頁紙，先從教育自己開始。你的過去不也是一本書嗎？"

老徐沒有回答。三個人沉默著。過了會兒，書記神情一轉，對老霍說："下午老徐同我談了很久，敞開了思想。他提出要撤蹲點組，我還是認為不能撤。當初我提議老徐去蹲點，是想他到基層滾一滾，對身體和精神都有好處。他和你比可以算壯勞力了，不能在這正較勁的時候撤下來。你的意見呢？"

"我同意。"老霍轉頭對老徐說，"聽說有一次你的二小子不留神踢翻了你的花盆，你罵他，他不服，反倒說你變修了。你給了他一巴掌，還說：'老子修了？你見過日本鬼子嗎？你見過國民黨反動派嗎？'有這事沒有？"

老徐渾身長刺，很不自然，解嘲地說："你對我家裡情況也像對全局生產情況吃得一樣透啊！"

老霍仍然順著自己的意思往下說："你是不是認為打過日本鬼子，打過國民黨反動派的人，就永遠是革命的了？其實是身在變中不知變啊！老徐同志。"

　　"經過文化大革命，這一點是更清楚了：不進則退，不鬥則修。要不變色，就要立新功啊！"雲濤說罷，炯炯的雙眼盯著老霍，想聽他繼續說下去。

　　老霍接著說道："對，就是這話。不能前三十年立功，後三十年撈本，過去是打不倒，現在不打就倒。應該識變、知變、防變，不斷地同政治上的衰老作鬥爭，才能保持永不變修。老徐，你發展到今天這種狀態，一個主要的原因，就是沒有真正接受文化大革命給你的教育。運動中你被燒了一次，老是耿耿於懷，對黨有情緒，對群眾有情緒；想自己、想家、想孩子多了，想革命、想黨的事業、想將來少了。這個教訓多麼深刻啊！"

　　老霍說著又從小本子裡抽出一張紙條。一見紙條，徐進亭全身的血騰地湧到臉上，雙頰漲得發燙。這是有一次黨委成員集中學習的時候，他走神兒了，在紙上亂塗亂寫，其中有幾句順口溜："吃飯莫飽，走路莫跑，多多睡覺，少少用腦。"打掃會議室的同志從地上撿到了，看不明白是怎麼回事，就交給了老霍。老霍說："過去打仗的時候你也不怕死，不想保腦袋多活幾年，現在是怎麼啦？到頭了，該養老了？同志，我們腳下的長征路還沒到頭，我們正在進行一場新的長征，是戰士就要戰鬥到生命的最後一刻！"

　　屋外，電閃雷鳴，風呼呼吼叫；屋內，鐵火熱風，正進行著激烈的思想交鋒。徐進亭的思想如回爐的鋼件，哧哧地冒著火星。

　　一場暴雨眼看就要來到了。老霍陡然站起身來，看了看黑沉沉的天色說："我要到礦機廠去一下。"

　　雲濤攔住他："你哪兒也不能去，今天根本就不應該從醫院裡跑出來，晚上要好好休息。再說，你還有什麼不放心的？對大雨做了準備，鑽機任務有了把握，王凱的匯報提綱我也看了，明天就叫他進京去開會。你今天這十幾個小時也夠緊張了！"

　　徐進亭也說："老霍，你就把心放到肚裡吧，明天我回礦機廠。"

雲濤還不放心,又探頭向裡屋的莊林說道:"老莊同志,今天晚上就把這個任務給你吧,好好看住老霍,不許他出門。"

莊林笑了:"這個任務,我可不一定完成得了啊。"

雲濤和徐進亭剛坐進吉普車,篩豆似的大雨點子就砸下來了。

這不是雨,這是大自然搞的一場突然襲擊!半夜時分,東去五十里的海上發生了海嘯。雖然輕微,卻也把一排排小山般的浪頭推上海岸,漫了田野,洶湧奔瀉過來,使這座城市的排水系統一時失靈。下了半夜的瓢潑大雨,排不出去,馬路頃刻間成了小河。霍大道聽著這股嘩嘩的雨聲,躺也躺不住,站也站不停。到了下半夜,他再也捺不住心裡的急火了。披上雨衣衝到馬路上,站在沒膝深的水裡,他渾身一陣激靈,心頭隱隱發疼。抬頭迎著碎石子般的雨點子,他掃了一眼天空,天好像漏了,大水猛勁地往下瀉。老霍心裡發狠,拉拉雨衣的帽子,蹚水向北灣工業區走去。

莊林急奔出來拉住了他的胳膊,拼力拖回屋裡,問:"你幹什麼去?"

"到廠裡去看看。"

老莊急了:"這大雨瀉天的,你不要命了。"

老霍沒有發火,吞下兩片藥止痛,繫好雨衣扣子。莊林一看他臉色,吃驚地說:"你病又犯了?"

老霍平靜地說:"沒有。"

"你騙我!"莊林要給他脫雨衣,想把他扶到床上。

老霍擋開她的手,耐心地說:"你就好大驚小怪,我吃藥是預防著點:你想想,這雨水這麼大,北灣有十幾個工廠,地勢又最低,特別是礦機廠,叫人不放心。"

"你有病!"

“病在我身上，我自己有數。”

“你非要走，等我去叫汽車。”

老霍笑了：“你不看馬路上水那麼深，汽車打得著火嗎？除非你有本事能搞到一條快艇。”

莊林見他鐵心要走，心裡一酸，眼圈紅了：“你甭瞞我，你心絞痛又犯了，雨水這麼大，半路上出了事怎麼辦？”

老霍看著老伴，語氣莊重地說：“同志，那年我們在蘇北，你得了傷寒，劉司令員叫我留下照看你，你不肯，對劉司令員說，一個團長不去帶兵打仗，守著老婆算什麼！劉司令員當時怎麼說的，你還記得嗎？他說，怪不得衛生隊的護士們都叫你莊大姐，你還真是個好大姐哩！霍大道的愛人就應該有這股剛性。今天，你是怎麼啦？”

莊大姐半天沒吭聲，然後擦擦眼角站起身，取過牆角的拖把，把拖把頭卸下來，把拖把桿遞給老霍：“拿著這個當拐棍。等我穿上雨衣，跟你一起走。”

“用不著你。有這個就挺好。”老霍滿意地掃了老伴一眼，精神抖擻地衝進了大雨之中。

莊大姐來不及找雨衣，頂件舊衣服跟出屋，站在水裡看著老霍吃力地蹚水向前走去。她真想撲上去再把老霍勸回來，但她終於沒有動，直到雨簾完全把老霍的身影遮住，她自己也被澆濕了，仍然還站在雨水裡想著主意。

雨水沒過了膝頭，老霍走起來十分費勁，走到一半路程，就筋疲力盡了。加上心絞痛發了，他感到每一次抬腳動步，都像牽住了心葉。頭上嘩嘩澆著雨水，身上卻一陣陣冒虛汗，他每走一步都要下很大的決心，需要很大的毅力。四周都是水，想要找個地方坐下歇一歇都不行。他給自己下了一道命令：走下去，一定要走下去，這口氣不斷就得走到底，絕不能倒下！

他終於看見北灣橋了，翻過橋再有二里路，就是礦山機械廠了。

水還沒有漫上橋面，老霍走上橋來，坐在濕橋板上，稍歇了一會兒，覺得心痛得越來越緊，左手在臉上抹了一把，分不清是冷汗還是雨水。他意識到這樣坐久了就會站不起來啦。他心一橫，抖擻精神，拄著拖把桿站了起來。

老霍大步向橋下走去，一下橋，地勢更低了，水流也更急了，洪水已經淹到了他的腰部，他幾次險些被洪水衝倒。衣服全濕透了，頭昏目眩，他感到情況不好，伸手到衣袋裡去摸藥，藥片全被水溶化了。

怎麼辦？往前看，白浪滔滔，越走越危險；向後轉，有座橋，退回橋上就安全了。可是，老霍腳步沒停，連頭也沒有扭回去瞧一眼。雖然一步挪動不了多遠，卻仍是不停地在挪動，向前挪動。

無情的雨鞭，發顫了，變軟了！

肆虐的洪水，驚呆了，逃跑了！

鐵錚錚的老霍，在水裡挺著，在雨裡走著！

也許有些醫學專家們，不相信一個患有心絞痛的病人，能在大雨泡天的洪水裡戰鬥一個多小時，他們不理解這種"病人"。但是機電局三十八萬職工理解他們的老霍，就像理解焦裕祿和王進喜一樣。

老霍走著走著，突然感到身上一陣輕鬆，耳邊傳來了親人的呼喚：

"老霍！"

"霍局長！"

他睜大眼，左邊站著老伴莊林，右邊是司機小萬。莊林沒有去擦那滿臉的淚水，使勁架住丈夫的胳膊，她覺得自己胸腔裡鼓蕩著一股從來沒有過的豪情。小萬用力扶住局長，她以前含著眼淚看的老霍所寫的那些回憶錄，突然間在眼前都活起來了。此刻她和老霍、莊大姐邁在一個節拍上的雙腳，難道不是在搶渡"大渡河"，不是在過"雪山草地"，不是在走一條新的長征路！

老霍欣慰地笑了："小萬，你怎麼來了？"

"大雨把我鬧醒了，我一琢磨，這種節骨眼您準是在家待不住。車開不了，就跑到您家去，見莊林同志正要來追您，我們就跟著您的腳步走來了。"

這時，靳師傅站在露出水面的半截水泥樁上，向北灣橋方向瞭望。他的心是和老霍相通的。他堅信在這樣的時刻老霍會到廠裡來。當他一看到老霍他們隱約的身影，就急步奔過去，顧不得水花把上衣打濕。一靠近老霍，這位老工人發紅的眼睛裡滿是淚水，嘴唇抖動著。他叫小萬扶住莊大姐，自己穩穩把住了老霍："我在等你，我知道你會來的。"

"車間停產了？"老霍彷彿不在意地問。

靳師傅難過地點點頭："我是向你打了保票的，可這大雨給攪了！"

老霍嘴角蔑視地一撇："這算不了什麼，無非就是水多了一些，即便再加上大火，加上原子彈，咱們也能對付。"說完，他推開靳師傅，自己大步向前走去。

礦山機械廠排水護廠的工人，看見靳師傅果然把霍局長迎來了，他們發瘋似的踢飛洪水，飛跑過去，扶住莊大姐，拉住小萬。這群和風雨搏鬥了一夜不曾皺眉、不曾歎一口氣的漢子，這功夫眼眶子全濕了。

護廠隊的首領是于德祿。他搶過老霍，背在背上，向保健站跑去。老霍在于德祿背上哭笑不得，搥著他的背喊："于德祿，你發瘋了，我冒雨趕來可不是為了住你的醫院。"

"誰叫您來的？您根本就不用來。"

"這還用人叫？我自己要來的！我知道，有你們，我不來也行。可是，你知道，你們不叫我來，那可不行！"

于德祿不管局長怎麼抗議，還是一直把他背到保健站，看著醫生給老霍打了針，服了藥，換上幹衣服。于德祿這才安靜下來，對老霍說："老天這一搞突然襲擊，我的罪就更大了！夜裡我一邊領著工人防雨排水，一邊暗罵自己，覺著你對我的批評不是過重，而是還輕。"

老霍看看他，這個粗壯的漢子一夜間彷彿消瘦了許多，絡腮鬍子也乍撒起來了。對他在這樣的夜晚沒有離開工廠，領著工人們大戰洪水，老霍心裡是滿意的，嘴上卻說："老于，帝國主義、修正主義也是搞突然襲擊的專家，我們不防備就要吃虧。"

于德祿愧疚地點著頭："幹部職工情緒正熱，這一大瓢冷水潑得太苦了！"

"這不是潑冷水，是火上潑油！"老霍詳細問了水淹情況，然後斬釘截鐵地說，"八點鐘讓那四個車間恢復生產。你派兩支硬隊伍保住變電所和鐵路，叫交換臺通知北灣區各廠來個負責幹部，帶一輛卡車，越快越好。"

老霍親自給水泵廠打電話，要求派二十輛卡車，繞郊區的戰備公路，送五十台大水泵來，專供各廠使用，"讓咱們的'鐵龍王'和霸道的水龍王較量較量！"他又給可能會出問題的單位一一打了電話，瞭解了水情，作了指示。

不一會兒，于德祿領著北灣區各廠的負責人來了。老霍詳細做了防洪排水的部署，最後對小萬說："你打個電話向雲濤同志匯報：全局有十八個工廠的部分車間停產，到今天上午八點鐘能恢復正常。礦機廠幹部、工人幹勁很高，鐵路線沒有被淹，有三千二百台潛孔鑽機已發車。電機廠也來搶去一部分任務，後八百台三十一日上午可以發車。"

水泵廠把"鐵龍王"送到了，各廠負責人高高興興地拉著"鐵龍王"走了。小萬打完電話樂顛顛地跑回來。

"報告局長，雲濤同志和其他幾個領導都下廠了，我把情況告訴了值班員。另外，徐副局長也來了，一到就去鑽機車間了。"

老霍用手指點點她，也笑了。

兩個小時後，雨停了，水排淨了。城市格外乾淨，空氣格外清新。生產處長王凱進京開計畫會議，來到北灣區。這裡已經看不出絲毫雨淋水泡的痕跡，而像洪水一樣波浪齊天、猛勁上漲的是工人更大的熱情和幹勁。礦山機械廠更像開了鍋。裝配工靳師傅正往車間東牆上貼標語。鮮紅的大標語似雨後彩虹：

"把丟掉的時間搶回來！"

"把落下的任務補回來！"

王凱好不容易才在爐臺上找到了滿頭大汗的老霍。他問："局長，我要走了，你還有什麼叮囑的？"

老霍想了想，說："沒問題，你去拍胸脯吧。在會上，你掌握這麼個原則：除去理所當然地全面完成國家生產計畫之外，凡是攻尖端、補空白、製造高大精尖產品的任務，給咱，咱要；不給咱，要搶。三十八萬機械工人的志氣和雙手做你的後盾，你在會上的所做所言，對下，要能代表這三十八萬人，對上，要讓毛主席、黨中央滿意放心。"

王凱深沉地點點頭。

進京的車子，在坦蕩的大道上向前飛去。

新的一天開始了。機電局勝利地度過了不平常的一天。但這一天對機電局長霍大道來說，卻很平常。在他一生的戰鬥里程上，經歷過多少個這樣的一天，還要迎來多少個這樣嚴峻而壯麗的一天。

（原載《人民文學》1976年第1期）

姐　妹

陳　大　斌

今年春早。頭年臘月二十幾上就交了"立春"節。自打立了春，幾陣春風一刮，一天暖似一天了。大太陽底下，挖河打井的，積肥平地的，只要使勁動彈一陣，就滿脊樑往外滲汗珠兒。過多的棉衣顯得過分厚實沉重，簡直想往下甩了。

無產階級文化大革命，有如春風化雨，推動著農業學大寨運動熱火朝天地展開。公社社員們早把多閒變爲多忙，頂寒風冒雨雪大幹了一個多天。春節期間社社隊隊都忙著備耕。楊柳村的楊大嬸怕大閨女忙著隊裡的事，來不了娘家，想去看看閨女。正巧，鄉郵員捎來了個口信，說初五這一天，大閨女要來走娘家。楊大嬸心裡可高興了。今天是正月初五，楊大嬸正忙著等閨女。

楊大嬸是個老貧農，過罷這個新春就是六十的人了。她有兩個閨女。大閨女叫迎春，今年二十五歲。三年前嫁到本公社的東方湖大隊，離娘家三十里河堤路。這閨女從小就大膽潑辣，敢下河摸魚捉蝦，敢上樹掏斑鳩蛋，敢跟男孩子們搬跤。粗手大腳滿身勁，年紀相仿的男孩子都不是對手。她七八歲就頂上個半大小子，十五六歲就頂個棒勞力了。大躍進時代成了全隊有名的女將，參加過治淮工程。幹活一般小夥子比不上她，對階級敵人的破壞活動敢鬥敢批。大夥給她送個外號叫"闖丫頭"。出嫁當媳婦以後，也是隊裡的一員闖將。老閨女挨著姐姐起的名，叫二春。今年剛滿二十。雖說她跟迎春一母所生，可脾氣卻大不相同。她非常文靜，愛學習、愛鑽研個問題。認誰了理兒拖拉機也拉不回頭，有股子強勁兒。她戴著紅領巾上小學時，寒假裡一個大雪天，她從十裡外鎮上供銷社給隊裡背回來一口袋麩皮。渾身讓雪水浸透了，兩個丫角小辮辮凍得像兩根木棒槌。可是交麩皮給保管員時，發現多了三斤多。二春提起三斤多麩皮就要送回去。雪大天寒，往返二十幾里路，大夥都勸她不要去，說等天晴了，趕集順路捎去就行了。可二春說：“不行！這是全公社各個大隊分的，咱們多了，沒分的隊就少了哩！”誰也攔不住她，她背著口袋就闖進風雪裡。大夥懷著喜愛的心情說：“真是個‘強丫頭’！”這之後，“強丫頭”的名子就一下子傳開了。她在文化革命開始那年，在公社農中參加了紅衛兵，領著幾個夥伴徒步串聯到了北京，在天安門廣場接受了毛主席的檢閱，回來後在隊裡參加了農業生產，和社員們一起批判劉少奇在農村推行的反革命修正主義路線，打擊階級敵人的破壞活動，批判資本主義勢力，陣陣衝在前頭，受到廣大社員的好評。就這樣，兩個閨女在毛主席的陽光雨露下陸續長大成人了，都成了隊裡的好社員，不斷受到社員們的誇獎。大夥都說楊大嬸有一文一武兩個好閨女，楊大嬸心裡蜜糖般的甜。

　　可是楊大嬸也常常為閨女們操心。做娘的人呀，在舊社會為孩子們愁衣愁食；而今，在社會主義時代裡，楊大嬸再不愁兒女的吃穿了，她為閨女操著另外的心思。文化大革命以來，閨女們不光是個普通社員了，她們陸續被大夥推舉出來當了幹部，為革命挑起了重擔子。一個隊一個社的工作，都連著毛主席親手譜劃的社會主義大事業，自己的這些黃毛丫頭能幹好嗎？前年二春開始擔任公社“小銀行”──信用社的農貸員時，才十八歲，紮著一對丫角小辮辮，還像個小孩子嘛。楊大嬸真是不放心，要是誤了黨的工作可怎麼辦？她找到大隊老支書，說：“還是不要讓‘強丫頭’當農貸員吧！她在你眼皮子底下長大的，你還不知道她嗎？"說著把二春的強勁事兒說了一串。老支書聽著笑著說："老嫂子呀，你這是變著法子表揚你二春哩！幹工作就是要有點原則性嘛。缺點可以改，本事是幹中學來的。通過文化大革命，青年們成長得快著哩，別小看了自己的那些丫頭啊。"他把楊大嬸讓到屋裡，詳細給她講了人的知識、本領是從實踐中來的道理，對她說："讓孩子們闖去、幹去吧！今後的天下是他們的呀！"

　　楊大嬸覺著老支書說得對，可她還是止不住要為閨女操心。二春擔負了農貸員工作之後，在黨組織教育下，更加積極學習，認真工作，和各隊幹部、社員都處得不錯。有時也有個別隊的幹部為了多領貸款，免不了要和她發生爭執，有的人發起火來，大吵大嚷。可是任憑你怎麼吵，二春心裡有準主意。反正不能不按原則辦事，嗓門再大，該不發的還是不發。等你火發完了，她才來了勁兒，搬個凳子坐到你面前，細細跟你說道理。好多急火燎躁脾氣的幹部，都被她說得泄了火，服了理兒。一年不到，領導上和各個大隊都說二春是個堅持原則的好農貸員。半年前她光榮地參加了中國共產黨。楊大嬸這才慢慢放下心來。

　　可是沒過多久，臘月尾上，又傳來大閨女迎春也當了幹部的消息。東方湖大隊今年要大塊種棉花，成立了一個植棉專業隊，選了迎春當隊長。這下楊大嬸的心可是穩不住了。她想，這丫頭是個敢闖敢拼的好兵，怕不是當幹部的材料吧？要不是因為隊裡活兒忙，大嬸早上東方湖去看看閨女了。今天大閨女要來，大嬸正好跟閨女談談。

　　天一朦明，楊大嬸就起來了。跑到院裡，抬頭看看天，藍天上晴朗朗萬里無雲。伸手試試，春風不冷不尖，暖和和的。這正是閨女回娘家的好天氣嘛！這時，二春早已掃淨了院子，擔滿了水缸，坐在桌前專心學習毛主席的書了。每逢閨女學習，就是家務事再忙，她也不去驚動閨女，讓她好好學吧！

　　過了一會兒，二春學習完了，要幫著娘幹活了。楊大嬸看看閨女又換上了平時穿的那件罩衫，就說：「丫頭，過年過節的，快去換件新衣裳。等會說不定你姐夫也來哩！」

二春笑笑說：「姐夫也不是外人。你平時不是說穿衣裳要『新三年，舊三年，縫縫補補又三年』嗎？」

大嬸知道閨女的強脾氣，就不說了。過一會兒，她又掏出幾塊錢來，說：「上供銷社去買點點心花糖來。等會孩子們來了，姨呀、姨呀喊得親熱，給孩子們點吃的。」

二春又笑了，說：「我準備齊了。你做的芝麻、麥芽糖，還有脆花生，香瓜籽兒，能擺滿桌子了，還用再去買？你不常說，從小就得讓孩子們懂勤儉嗎？」

楊大嬸又笑了笑，心裡想，這「強丫頭」啥也有強理兒，你就別想扭動她的主意。可是人家「強」得對呀，她也就不強求了。

太陽慢慢升高了，院子裡灑滿了金燦燦的陽光。大嬸不斷地跑到院門口張望。河堤上，村道上，人來人往，卻沒有閨女和小外孫的影子。她心裡叨念著，這闖丫頭就是不如她妹妹心細，不知道你娘眼巴巴地等你？就不會早一刻動身嗎？

她正叨念，只聽院門外「嘀鈴鈴──」響起了一陣自行車鈴聲。大嬸喊著：「二春呀，鄉郵員小劉送報來啦。快迎進來喝碗水，吃塊糖，人家一年到頭辛苦……」

可二春還沒跑到院門口，就聽院門外面喊了起來：「娘，妹子，是我來了！」接著小外孫也高聲喊著「姥姥──」

啊呀，迎春來了！楊大嬸樂得一面應著：「唉──」，一面腳沾地皮似的跑著往外迎。可剛迎到門口，她不禁一怔：只見迎春騎著輛男式自行車，車後座上帶著三歲的孩子。她不禁抱怨起來了：「你這孩子就是粗心大意，三十里河堤路，路下面的大河滿是水，要是騎翻了車子可怎麼好？」

迎春根本不介意，笑著說：「娘呀，快別掛心，保準翻不了！就是真翻了，也不過掉在河裡洗個澡。」

二春看著姐姐，笑著說：“姐姐真行。頭年臘月我看你才學騎車，騎上去歪歪巴巴，像扭秧歌似的。這才幾天，你就能帶著孩子趕路了。”

迎春說：“嘿呀！這還要誇獎？這騎車有什麼難？坐上去兩條腿只管使勁蹬就是了！”

迎春推著車子進了院子，邊走邊對二春說：“我正要找你算賬哩！頭年你到我們大隊摸農貸的底兒，爲啥不上我家來哩？要不，也省得我火急火燎地往這跑。”

二春對姐姐撇撇嘴，說：“嘞，姐姐這可真是倒打一耙呀！那天我摸完了情況，滿村找你們大隊幹部，也找你，你們都下東窪修水利去了，天快黑了也不照面兒。我也急著回來向公社匯報，就趕回來了。今天你上門來了，這就更好了。要不，不出年假我就得去找你們。”

“這就對了嘛！我知道妹子一定能使勁支持我這個新手的。今天我來看看娘，也順便把貸款領了，把植棉用的農藥，化肥都訂妥。明天滿了年假就該整地，送肥，抽不開身子來了。”

二春沒答話，抱著外甥進了屋，說：“這事兒咱們坐下來慢慢說吧。”

迎春拍拍孩子的腦袋瓜，說：“快去跟姥姥玩去，我跟姨要談工作了。”

楊大嬸本想問問迎春當幹部的情況，一看姐妹倆正拉著工作的事，又拉得這麼親熱，也就不插嘴了。她領著孩子走出來，要趁這空去供銷社灌點醬油。屋裡，倆姐妹笑著說著，十分熱烈。她走出了院子還能聽得見笑聲。大嬸心裡甜蜜蜜的，一文一武兩個閨女，互相幫助，倒滿搭得上趟子。可是她剛灌好醬油出了供銷社的門，就有一群孩子一陣風似地跑上來，喊著：“楊奶奶！快回家吧，兩個姑姑吵起來啦！”

大嬸心裡“咯噔”一下，剛才還有說有笑，親親熱熱，怎麼說吵就吵起來了？她趕緊往回跑。剛進院門就聽見迎春的大嗓門了：

　　　"你這不是拆我的台嗎？冷不丁的把貸款給取消了！"

　　二春倒還沉得住氣，坐在凳子上。迎春早已坐不住了，跑到妹妹面前指著她直嚷嚷！

　　"死丫頭，有話不會坐下來說嗎？吵什麼！"楊大嬸進了屋就生氣地說："姐妹們輕易不見面，一見面還要吵！"

　　迎春聽話坐下了。可剛坐下又"撲楞"一下跳起來，說："不行！我的好妹子，你知道過去我們大隊沒有大片種過棉花，大夥把這副擔子交給我來挑。你姐我是頭一回上陣當幹部，你該下大力氣支持呀！頭年就把計畫做好了，我滿心熱火地跑來，可好！你冷不丁地給取消了貸款！打灶底下把柴火全給我抽出來了，叫我怎麼燒熟這鍋飯？"

　　二春說："姐，支持你們，就非要給貸款嗎？沒有貸款你就燒不熟這鍋飯了？那你說，咱們發展生產靠的是什麼呢？農業學大寨，大寨靠的是自力更生，艱苦奮鬥的精神，靠貧下中農一顆紅心兩隻手。可你們手伸的老長，這叫學大寨嗎？伸手伸慣了，就只能增加依賴思想，對國家，對隊上，對社員都沒有一點好處。再說，你們大隊老支書臨上縣裡時在公社就對我說了，先不要馬上發貸款。讓我找你們商量商量，找找辦法。"

　　"老支書說過是不假，他也讓我們想點辦法自力更生，可那要有辦法才行啊！"二春說："老支書不光說不要貸款，還給我指出了在副業上找找路子。只是那天他上縣走得急，縣裡開完會，又到省裡去學習，沒來得及辦完這件事。我按著老支書的指示，到你們村調查研究，這才發現你們村是有辦法拿出錢來買化肥、農藥的。"

　　迎春一聽更上了火，嚷道："有辦法？我們是頭年種棉花，就是沒有本兒。我們從來不騙國家！別的先不用說，你先把'辦法'給我擺出來！"

二春說："毛主席教導我們：**'以糧為綱，全面發展'**。以副養農，你們隊有副業門路。"

"副業？我們隊能辦什麼副業？"迎春緊逼著問。

二春不慌不忙掏出一個小本本來，說："你們村北大汪去年不是割了上萬斤葦子嗎？"

"葦子倒有點。這幾年，年年都是送到沱河北裡換柴燒。"

"咦，真大方！你們就是這樣管一個隊的大家業呀？葦子用處可大了，別的不說，就說編席吧，這葦席目前國家、兄弟隊都需要。"

"呵呀！葦子能編席，還讓你對我說？可我們村從來沒有這門副業，勞動力裡沒有一個會編席的。現在去學，也是火上房子現掏井，救不了急。"

"不！不是現掏井，是現成的井，你們沒去打水。你們村有人會編席。"二春翻著小本本說。

"誰？我們村沒有。"迎春很有把握地說。

"我說有！你們村西頭，老槐樹下大院裡劉永祥大爺老倆口，北汪崖上的汪大爺，還有吳家奶奶……"

迎春使勁擺了擺手，說："別報了！你就叫我靠這些五保戶老弱殘疾搞副業呀？他們能管好自己就不錯，隊裡不能讓他們再上陣了。"

二春有點生氣了，臉漲得紅紅的，說："五保戶怎麼了？老人們體弱是事實；可這些人多是苦大仇深的老貧農，有建設社會主義的高度積極性！這編席的主意，就是五保戶劉永祥大爺親自對我提出來的。他領我見了好幾位老人。他們在你們村沒有編過席，可過去逃荒下江南時，編過席。"

迎春口氣軟了："這，這是真的？"

"一點不假。劉大爺他們正在串聯呢，大概能串起幾把手來。姐姐，這些老人一心要為社會主義作貢獻，你們應該支持他們實現這個心願！他們又能刮楣子又能編，隊裡只要派個壯勞力幹搬葦子壓楣子這些雜活就行了。你們還可以派幾個半勞力去當徒弟，大夥兒都學會了，往後你們的大葦塘可就成了聚寶盆了。"

迎春臉紅了，可也更興奮了。她又問："那要是真能編出席來，好賣嗎？"

"這個，我上供銷社打聽好了，他們包收。"

迎春揮了揮手，說："好了！別的先不用說了！我先得回去看看永祥大爺他們。要是真有這個辦法，我回來跟你檢討，好好謝你！可是要靠不住，我也不饒你！"說著她跑到院裡推起車子就往外走。楊大嬸忙去攔她吃了飯再走。迎春說："娘，快別攔我，你還不知道我的性子嗎？我心裡急得火燒似的，工作沒安排好，我心裡滿著哩！"

楊大嬸不攔了，迎春將要出門，二春拿著二十塊錢對她說："姐姐，帶給你們一隊的吳永禾大爺，這是貸給他買豬秧子的錢。"

迎春接過錢來瞅瞅二春，二春說："瞅什麼？該貸的，主動送上門；不該貸的，一分一厘也不給。"

迎春走了。二春說："我上供銷社去一趟。"也走了。楊大嬸心裡犯起了嘀咕：兩個丫頭吵了一大晌，到底是誰對誰錯呢？從話面上聽，二春說得在理兒。可是，那編席的法子牢靠嗎？不給人家貸款，會不會誤了人家隊裡的計畫呢？……

一會兒二春回來了，楊大嬸忙問道："老丫頭，你們吵了一晌，娘不放心。你真有把握覺著你說的全對？"

二春說："娘，別掛心。毛主席教導我們**"農業學大寨"**。發展農業生產要靠自力更生，艱苦奮鬥的大寨精神。大寨貧下中農說得好：一顆紅心兩隻手，自力更生樣樣有。要是隊隊伸手向國家要，那國家的東西又是哪來的呢？咱們搞社會主義建設，也像一個家庭過日子似的，眾人拾柴火焰高。大夥都添柴，一人一把成個大草垛；要是反過來，人人都伸手來拿，你一把，我一把，就把一個大垛抽光了。我們這農貸員好比把關看門的，不能拿國家的錢大撒手。"

楊大嬸說："這些都是至理話兒，'雙手出百寶'，'地裡出黃金'。咱們社員是得盡力給國家貢獻點兒，不能給國家當拖累。可我還得問你，你姐姐隊上編席的事，你也真有把握？"

二春笑著說："娘，這個事我可是調查過啦。他們隊老支書對我說在副業上找找門路，開初我聽劉大爺說時，也覺著沒把握。後來跟他訪了幾個老貧農，大夥都說能編，我心裡才定準了。毛主席說，要調查研究，要靠群眾。我這一年可是嘗了點甜頭兒呢。有時到一個隊，幹部講要貸款。好像不馬上給他，生產就沒法搞了，種子都撒不到地裡似的。……"

大嬸聽得很入神。聽到這裡，忙問："那你怎麼辦？"

"我就聽毛主席的話，調查，找群眾呀。一調查，情況就清了，辦法也就有了。頭年裡我在姐姐莊上調查好幾回了，才找出編席的好辦法，向領導匯報，決定取消他們的貸款。調查中也發現有的戶真需要幫助，那就主動去幫助他。這不，才讓姐姐給吳大爺帶去買豬秧子錢？"

楊大嬸完全被二春說的話迷住了，看見閨女在過著一種嶄新的生活，她心裡高興呀！可也更為大閨女焦心了，說："二春，你快好好幫助幫助你姐姐吧！她只會闖……"

二春說："闖才能闖出本事哩！這是姐姐的大優點！……"

娘兒倆正說得熱烈，院門口又響起了自行車鈴聲。楊大嬸想迎春來回六十里河堤路，她闖得再快也回不來。可是開了院門，進來的卻正是迎春。她推著車子，車後座上還坐著個白鬍子老頭。原來她剛出村不遠，就遇上了這位老頭，便帶上他急忙趕來。二春一看，忙喊著："劉大爺！"就迎了上去，扶他下了車子，然後喊道："娘，這就是我剛才說的東方湖大隊的老貧農劉永祥大爺。"

大嬸忙上前迎客，可是她一看來人，不由得怔了一下；劉大爺也眯著眼睛瞅著她，相視了好一會兒，兩人一起喊了起來：

"是你呀，劉大哥！"

"是你呀，老妹子！"

兩個閨女都糊塗了，你看我，我看你，誰也不明白。大嬸說："丫頭們，你們光知道叫劉大爺！你們可知道，他老人家還背過迎春跟咱們一塊逃過荒。那年迎春才兩歲，你爹挑著她，帶著我下江南逃荒。你爹吃了一春的野菜，身上虛，過了淮河就挑不動擔子了。正好路上遇著劉大哥，就把迎春接過去，背一程，抱一程，一直背到江南。"

劉大爺說："那時候迎春就是個大嗓門，一路上餓了就哭，差點沒把我耳朵震聾。可我總算沒白出力氣，現在孩子是隊裡的闖將，隊裡人人誇呀！"

迎春聽了劉大爺的誇獎，忙說："劉大爺，別這麼說了。這會兒我心裡有愧哩！"又對媽媽和妹妹說："劉大爺今天一聽我上公社來領貸款，就趺趺撞撞出村來攆我。他一心爲的是給國家減輕負擔，一心給集體辦副業，現在我算看見大爺的紅心了！"

迎春扶著劉大爺坐下，說："大爺，這個事你該早點給我說呀！我差點辦出了錯事。"

"我也是想了不少天才拿定主意呀。原先我也怕人老了，鬧不起來啦。二春聽了之後說這個主意好，又領著我串了幾個老夥伴，我這才定準呀！再說，你們也忙。我一找你們要點活幹，你們就說：'養你們的老，是社會主義的優越性！'孩子，你可知道，越講這社會主義的優越性，我心裡越熱，越待不住呀！你們關心我們，可沒摸準我們的心思！我們坐著吃閒飯，不能爲建設社會主義出把力，心裡難受啊！"

二春聽了劉大爺的話，心裡很激動，說："姐，你聽聽，你光知道忙，伸手要貸款，看看老貧農在想些什麼吧！這些力量你們爲啥看不見呢？"

劉大爺望望迎春紅著臉低著頭，說："話也說回來，迎春她們一天到晚苦幹，也是一心爲公，要辦好社會主義啊！"

迎春猛一抬頭，大聲說："劉大爺，別這麼說。咱爲社會主義出點力，吃點苦，是本分；要是有了錯處，挨批評也是應該！妹妹批評得對！"她把臉轉向二春："妹子，你姐姐不是那種怕風怕雨的嬌花嫩草，你就架上大炮猛轟吧！"

二春聽了姐姐的話，心裡熱辣辣的，說："姐姐知道錯了，這就不用我多說了。我能說出什麼來呢？姐姐，現在咱們都出來爲革命挑擔子了，光憑熱情，闖勁不行了，咱們得努力學習。毛主席給咱指明革命方向，也教給咱幹工作的辦法，以後咱們都下苦功夫學習吧！"

劉大爺悄聲對楊大嬸說："老妹子，你看，這兩個閨女，一文一武，性子不同，心氣都是一樣的。多好的一對丫頭呀！"

說話間，天已晌午。大嬸擺上桌子，端上飯菜，幾個人親親熱熱吃了飯。撂下飯碗，迎春和劉大爺就要回去。他們說："回去馬上組織人力，好早一天編出席來。"

迎春把孩子留下來跟姥姥住幾天，她要用自行車帶著劉大爺回村。大嬸也就沒多留她。

二春把車子搬到大門外，扶著劉大爺在後座上坐穩了。然後飛身上車，使勁地蹬起來。她蹬得很有勁，車輪飛也似的轉動，河堤大路上輾起一溜煙塵。

二春望著姐姐遠去的背影，讚道："娘，看姐姐多敢闖呀！她做啥也都學得快！"

楊大嬸滿臉全是笑，說："是啊，讓她去闖吧！"

直到看不見迎春騎車的背影，娘兒倆才轉身往回走。二春緊緊偎在娘身邊，邊走邊說：“娘，我還要給你提條意見呢！”

楊大嬸忙停住了腳步，問：“啥意見？”

二春笑著說：“往後再也別這不放心，那不放心了。有黨，有毛主席領路，有群眾幫助，只要有心學，於什麼也能學會。毛主席為我們開了路，革命需要我們都來出力幹啊！”

大嬸說：“你說的對，娘現在不再擔心了。一年前你當農貸員時老支書給我說的那些道理，你們這一年多的工作，還有今天你們倆一頭響的吵嚷，我才更明白了。工作本領是幹裡頭學來的，沒有天生的能人。毛主席給你們創出來這好時光，正是你們大顯身手的時候，做娘的得給你們加油使勁兒，不能光皺著眉頭怕你們出錯呀！要是老那樣，就礙你們年輕人的手腳了。”

二春一聽這話，高興了，抱緊娘的胳膊，親熱地喊著：“娘！這話說得多好啊！”

說著娘兒倆都笑了起來。一陣暖和的春風迎面刮過來，帶著她們歡樂的笑聲飛向遼闊的淮北大平原。

（原載〈北京文藝〉1974 年第 1 期）

女 船 長

陸 俊 超

一

港務管理局的會議室裡，聚集了在港船隻的各級領導人。會議的主持人 ── 調度主任扼要地講明會議的內容後，這間臨海的會議室裡，氣氛突然變得嚴肅起來。沉默許久還沒有人發言，只是出現了低聲的私議和一個個認真思考的臉容，可見主持人出下的是什麼樣的一道難題了。

是的，這是個不同一般的任務：十五根援外鐵路橋梁鋼架，每根長一百二十呎，重十五噸，必須急速運到上海。鋼架如此之長，時間又如此緊迫，在港船又不是特殊結構的專用船，全是普通的貨輪，艙裡擱不下，甲板上也只能擱下幾根，一次怎麼運啊？

在長時間的深思中，一個女高音突然打破沉默：

"這個任務交給我們'前進號'吧！"

大家的目光都集中到了她的身上。是她，文化大革命中提升起來的一個工人女船長 ── 李小梅。李小梅迎著眾人的目光站了起來。細長的身材，兩道濃黑的劍眉下，那雙烏黑的眼睛閃爍著激動、剛毅的神采。她的年紀剛剛三十出頭，但那神態還像小姑娘般熱情、爽朗，嘴角露出謙遜的微笑，充滿自信又帶著向同志們商討的口吻道：

"把這批鋼架橫著裝在甲板上，我計算了一下，我們的船是五個艙口，能夠一次把它運走。”

　　室內立即活躍起來，不少人向李小梅投來了敬慕的目光。這時在嘈雜的人聲中出現了一個慢條斯理的聲音：“橫著裝，鋼架各向舷外突出三十三點二呎！這樣的裝載……”發言的是“前進號”的大副張永瑞，他那吞吞吐吐的語氣和室內的氣氛以及李小梅的激昂有力的聲音很不相稱。他今年四十多歲了，曾在海運學校裡教過船舶裝卸學，文化大革命以後，他一改過去那種好爲人師的態度，變得謹小慎微起來，他給自己訂下了這麼一條戒規：發言要含蓄，略帶啓發式，既能闡明意見，又不擔風險。果然，他的語氣引出了另一個微弱的聲音，弄不清是哪一艘船上的駕駛員發出來的：

　　“裝著越出舷外幾十呎的甲板貨出海航行，書本上沒有見過，也沒有聽說過。這裡是開放港口，海上來往的船這麼多，可不能讓人家笑話我們。再說橫著一排一百二十呎寬的鋼架開進上海港，黃浦江的航道可沒有放寬啊！”

　　這時，“前時號”的支部副書記，老水手長許阿強站了起來，乾脆爽朗地說：“本本上沒有的，我們給添上嘛！”船上政委這次因事沒有隨船出航，由他接替支部工作，所以和船長一起參加了這個會議。說畢，他朝身旁的李小梅瞥了一眼，急於想看到她的反應。十幾年前，當李小梅登上甲板的時候，不，確切的說，她是踏碎了海上的舊傳統奔上甲板來的第一個女水手，當時她遇到的就是這樣的目光。幾年後，在黨的培育下，李小梅在政治和業務上獲得了迅猛的進步，黨支部把她送進了駕駛員培訓班，提升她擔任駕駛員。文化大革命中，老船長退休後，黨和全體船員又把她推上了船長的崗位。在十幾年的相處中，阿強師傅總是站在前頭鼓勵她，支持她，和她並肩戰鬥。

　　阿強師傅的回答，有力地增強了李小梅的信心，她沉著地補充道：“黃浦江的水道並沒有放寬，這對操縱船舶是增加了不少困難，我們一定要加強這方面的措施。兩個月前，我們的引水員曾經打破紀錄，把一艘七萬噸的貨輪領進了黃浦江，它的寬度超過九十歎。"

"那是條船，是個整體。"

"船是人操縱的，"李小梅熱情洋溢地說道："經過文化大革命的鍛煉，我們'前進號'的廣大船員，一定會把這批緊急的援外鋼架，看作是和輪船共命運的整體！"

鮮明、簡潔，具有說服力的語言使得原先幾個還持保留甚至懷疑態度的人，有的開始點頭表示贊同了。調度主任無限欣喜地催促道："李船長，我們到現場看一下，馬上就行動吧。"

張永瑞心事重重地緊跟在李小梅的身後，來到現場時，指著巨大的鋼架建議道："船長，這可不是一般的甲板貨啊！最好跟局裡通個長途電話，給我們下個正式的命令。"

李小梅看了下表，思忖著：各港跟局裡的通話時間已過，再接不但延誤時間，而且遠在上海，情況不詳，很難立即答覆，到時還得徵求港方和船舶的意見。她知道張永瑞提此建議的目的無非是怕擔責任，就熱情鼓勵道："兄弟港的領導可以代表上級作出決定的，開船後我們向局裡發個電報吧。大副，革命的需要，國際主義的義務，就是命令，人民會批準我們這麼做的，整個階級會支持我們的。"

二

李小梅剛登上舷梯，一座大海吊已經舉起巨型的鋼架朝"前進號"徐徐駛來。水手們早已聚集在甲板上迎候他們的船長了。看見李小梅，紛紛叫喊道：

"小梅！這些鋼架準是你爭來的吧？"

從水手們親切的稱呼中可以看出大家對李小梅的愛戴。是啊，他們在波濤洶湧的海上曾經一起爬過大桅；在舷外搖晃的跳板上一起敲鏽、油漆；又在風和浪靜的夜晚，坐在艙口一起編打過各種各樣的水手繩結；文化大革命中，她更是鬥志昂揚，常領著同志們並肩戰鬥。水手們瞭解她，信任她，支持她。她迎著水手們回答道：“同志們，這不是普通的鋼架，這是通往非洲去的友誼的橋樑！”

一場搶運鋼架的戰鬥在“前進號”的甲板上展開了。當第一根鋼架橫裝上甲板時，鋼架越出船舷幾乎到達鋪設在碼頭旁的軌道。大副張永瑞無限感慨地搖著頭，認為這樣的裝載未免太出奇了，他走到親臨現場的調度主任身邊嘟囔道：

“主任啊，別忘了，你是在跟輪船打交道；輪船是跟海洋打交道，這樣的任務今後得提前安排啊！”

處在緊張繁忙狀態中的調度主任，沒有辨清對方的語意，認真地回答道：“是這樣的，援外工程的速度提前了，這批鋼架也是提前趕出來的，得到消息，我們一分鐘也沒有耽誤。”

和調度主任一起在現場參加指揮的李小梅，興奮地說道：“我們的同志知道了這是一批援外任務後，多高興啊，我們把它當作一場接力賽，同志們絕不會按老步子走的。”

“是的，同志們只要一聽到援外任務，勁頭就更足了。李船長，為了準時、安全的把這批貨運抵上海，你考慮一下，需要港方做哪些工作？我們將全力以赴。”

“我看了氣象預報，一個熱帶風暴明天從東海出口北上，風力七到八級，我們正巧遇上，甲板上橫裝著這樣長的鋼架，光是綁紮加固是不夠的，必須電焊固定。”

“好的，我馬上打電話把電焊班派上船。”

碼頭上聚集了從各條船上趕來觀看的海員，參加今天會議的駕駛員對這次裝載更是十分關切，有的特意登上船幫李小梅一起出主意。碼頭上、甲板上呈現出一片熱氣騰騰的景象。裝載結束前，李小梅和阿強師傅逐根檢驗著加固工序。張永瑞憂心忡忡地跟在後面察看著，彷彿有一樁重大的心事尚未擱下。按照慣例，對甲板貨的安全，大副負有直接的責任。文化大革命前，遇上這種情況，那好辦，把本本、條條攤開就是了。今天這些東西已經失靈了，他就像丟失了什麼護身的法寶似的，無可奈何地歎息著。但最後他還是逼著自己走到李小梅跟前，固執地提出了建議：

> "船長，貨馬上就要裝好了。你應該在貨運單上親自批註一下，這批貨是港方要求我們裝的，萬一出了什麼事，我們船上不承擔任何責任。"

李小梅猛地回過頭來，顯得十分嚴肅，她為張永瑞一再表現出來的這種怕擔風險，推卸責任的態度所激怒；衝著他說道：

> "大副，我們不是單純的搞運輸、做買賣，你想得跟大夥不一樣啊！你整天講著'責任，責任'，可是你一直沒有弄懂，我們的責任是向人民負責，我們的責任是幹革命！"

張永瑞就像被當頭猛澆了一桶冷水，像只呆雞般站立在原處，望著李小梅扭身走去的背影，不滿地尋思著：我這完全是出於一番好意，為她、也為"前進號"著想，她卻回敬這一手。想著想著，張永瑞又深深地悔恨起自己來了，因為像剛才這種自己往釘子上碰的遭遇已經不是第一回了。給他印象最深的一次，是兩年前李小梅產假期滿後重返輪船的時候。當時張永瑞驚異地凝視著她，他無法理解，一個年輕的母親，丟下家，出海遠航，這究竟是為的啥呀！他對李小梅甚至產生了憐憫之情，他懷著和剛才類似的心情和她交談道："世界上哪有出海遠航的媽媽！岸上有的是工作，你何苦硬要選擇航海這一行呢！"當時李小梅還給他的同樣是叫他心跳不已的語言：

> "我選擇的是革命！不是享福的安樂窩。"

是的，李小梅不需要這種瓦解鬥志的憐憫。這個海員工人的後代，解放前，當她還是個七八歲的毛丫頭時，就是風裡來浪裡去、終年赤著腳，和母親兩人在黃浦江上搖船度日，身受著階級恨、民族仇的搖船娃。上了年紀的船工至今都還記得搖船娃的那段驚險的遭遇：那是個風急浪湧的陰雨天，一艘外國船像個醉漢似地在黃浦江裡橫衝直撞，把她們的小船撞沉在急流裡，當附近的船工們趕來把母女兩人從水裡救起時，這個搖船娃昂起頭，朝大洋船罵道：“強盜船！強盜船！叔叔，帶我們找他們評理去，他們開的是什麼船，走的是什麼道！”一個七八歲的搖船娃竟能講出這樣的話，不禁使船工們大為欽佩，一時紛紛把它傳開了。

現在鋼架已經全部裝妥，但張永瑞還陷在惱人的回憶裡，他又無限感慨地搖著頭，悻悻然地向船首走去。

信號台已經發出了準予出口的信號，解纜工人已經等候在纜樁旁，“前進號”就要出航了。

李小梅登上駕駛台，像個親臨現場的指揮員，勇敢、沉著、機智；懷著必勝的信念，全神傾注在離港的操作中。她沒請拖輪協助，前後只轉換了三次車速，就把巨大的船身調轉過來，朝著港池的出口處駛去。從這簡潔、準確的操作中，人們知道，開船前她就進行過何等細緻的觀察和周密的計算。在陽光下，送行的人們隱約地還能看到李小梅屹立在駕駛臺上的英姿，耳中似乎還迴響著她那清脆的口令聲；他們目送著李小梅把船駛出港池，駛出群山環抱的港灣。

三

黃海北部的風力已經達到八級，風向和預報稍有出入，波濤從側面襲來，“前進號”已經大角度搖擺起來。黑沉沉的天空沒有一絲亮光，視線也漸漸縮短了。看來，風力還在增強。李小梅站在迎風的一側，雙手緊握著船橋的扶手以保持身體的平衡。波濤撞擊舷牆後飛濺上來的浪花，像雨點般落在她的身上。湧上甲板的浪潮，奔騰著發出一片喧囂。像這樣的風暴，李小梅不知經歷過多少次了，假如這是一次普通的航行，她完全可以放心，可以回房休息去了。可是這是一次特殊的航次，不但甲板貨裝載特殊，而且裝的是限時運抵目的地的援外物資，她一定要親自守護在它的身旁。值班人員幾次建議她回房休息，她都沒肯離去。她一再伸出手去試探著風力，知道這正是熱帶風暴的前鋒，她下定決心要堅持到天亮，那時風力估計將開始減弱，而且白天發現問題行動起來也比較方便。

漆黑的甲板上突然閃起了微弱的亮光，這種一手捂著手電筒的燈頭，控制著亮光的外露以防影響駕駛台的瞭望，一面在甲板上巡視的動作，無需辨認，李小梅就在心裡喊叫起來：這是阿強師傅來了！是的，阿強師傅從後甲板開始逐根檢查著鋼架綁紮情況，看看經過風浪的襲擊，船舶震動後是否產生鬆動的現象。風傳來了金屬的敲擊聲和撚緊羅扣的聲響。不久，阿強師傅來到了駕駛台，摸索到了李小梅站立的一側，說道：

"小梅，情況都正常，我會按時進行檢查的，你該休息去了。"

李小梅側過身來，黑暗中雖然看不清對方的臉容，但在李小梅的心裡早就感受到了那對關切的目光，並且從中汲取了力量。她說道：

"阿強師傅，出航後我一直在想，我們載運的雖然是十五根鋼架，可是，我們是在執行著國際主義的崇高義務！這有多麼幸福，付出的勞動愈大，得到的歡樂也愈多。阿強師傅，我怎麼能睡得著覺呢！"

阿強師傅久久地凝視著她，心裡讚歎道："這個過去的徒弟，現在的船長，站在船橋上想得多深、看得多遠啊！"是的，這才是革命接班人的理想！在這風吼浪嘯的夜裡，屹立在船橋上的是一個新型的女海員，他為祖國的大海孕育出這樣的一代新人而感到驕傲。

阿強師傅熟悉李小梅的身世，她爺爺十四歲就在外國船上當伙夫，受盡了外國老闆的壓迫、折磨之後，最後悲慘地死在印度洋裡；她爹也是海員，解放前在反動派的商船上當水手，爲了鼓動船員不替反動派運兵，被捉去殺害了。解放前，他們祖孫三代所受的欺壓，真是一代比一代深重。如今，他望著英姿勃勃的李小梅，禁不住在心裡喃喃起來：看，她們更是一代比一代堅強、勇敢啊……

“小梅，要不要加件衣服？海上比陸地涼多了。”阿強師傅關心地問。

李小梅親切地回答道：“你看，我把毛衣都穿上了。阿強師傅，你年紀大了，有我在這裡，你休息去吧。”說著她強迫阿強師傅走下了扶梯。

駕駛員已經輪換過兩班了，李小梅始終堅持著，迎著風浪站立在船橋上。室內傳來了微弱的報點的鐘聲，已經是清晨四點了。就在這黎明前的時刻，李小梅從海浪的衝擊聲中突然聽到了一絲異樣的音響，她立即打開探照燈向前甲板照去。啊！舷牆的一角被浪濤衝塌了，擱在舷牆上的那根鋼架的焊接已經脫落，並且開始甩動起來！李小梅全身猛地一震，只消幾次晃動，另一端的焊接再被震脫，綁索被崩斷，鋼架就會滑落海中，這是何等緊迫的時刻！李小梅一步奔進駕駛室，馬上發出了緩速的命令，同時親自奪過舵輪把船駛向上風。李小梅在這短促的幾秒鐘裡，果斷地採取了一系列措施，減輕了輪船和波濤的撞擊，減弱了船身的搖擺度；同時漸漸地把船身調轉，使波濤從船首襲來，從而暫時制止了鋼架滑落海裡的危險。李小梅這才緩了口氣，把舵輪交還給值班人員。差不多在這同一個時刻裡，阿強師傅奔上了駕駛台，原來他並沒有回房休息，而是堅守在主甲板上進行巡視，聽到響聲，他知道出事了，立即按動警鈴，召喚船員們投入加綁搶救的戰鬥。

水手們奔出房門,發現船首的燈光,知道前甲板出事了。這時海上已經閃起了朦朧的亮光,天逐漸明亮了。阿強師傅領先趕到現場。由於船首改為迎風行駛,船身也變為前後搖擺了,那根鋼架也隨著船的起落在前後搖晃,這時張永瑞也趕到了,他被這突如其來的事故嚇得臉色煞白,一時拿不出主意,只是不斷地喊著:

"當心,當心啊!"

阿強師傅沉著、鎮靜地觀察著四周,他知道十幾噸重的鋼架在波浪中晃動起來,人們是無法向它靠近的,首先得止住它,不讓它晃動,然後才能進行加綁。他轉過身,就像矯健的越欄運動員,敏捷地跨過一根根鋼架向船首奔去。他從物料間裡抱來了一個軟襯墊,選擇了一個恰當的位置,站到了高處,然後朝駕駛台望了一眼。在緊急情況下,無需開口,李小梅就能領會阿強師傅的意圖,她馬上重返舵輪前,又一次親自接過了舵輪,穩穩地把準在航向上。

阿強師傅候準時機,就在鋼架往下滑動的一刹那,把手中的軟墊對準凹處擲去。時間、角度掌握得何等精確啊!鋼架卡住了,不動了!水手們禁不住歡叫起來。但是阿強師傅由於思想的高度集中,身體一時失卻了平衡,仰身跌倒在甲板上,右腿被夾進了破裂的管罩裡。當水手們趕去時,他一瘸一拐地站了起來,帶領著大家投入了綁紮加固的戰鬥。他們一鼓作氣地幹了兩個多小時,才滿意地離去。這時李小梅看見一個大個子水手背著阿強師傅向船尾艙走去,她肯定阿強師傅的傷勢不輕,不然他是絕不肯讓人背著回去的,她急著想去看看,但是風浪尚未減弱,她必須堅守在駕駛臺上。

傍晚時分,風力顯著減小了。李小梅這才走進了船尾的水手艙。阿強師傅的房裡聚滿了人,正在大聲議論著什麼,發現李小梅時都站起身讓出道，叫她坐到靠近阿強師傅的凳上。阿強師傅躺在床上，仰起身指著那只受傷的腿說道：“大副剛走，又給敷了次藥，他說有些紅腫，我看問題不大，到港再說吧。”他立即把話引開：“大副還拿了一份海損報告叫我看看，他說另一份底稿已經交給你了。”

房裡又開始活躍起來，顯然，剛才大家正在議論著這件事。一個名叫志豪的水手握著那份底稿，對李小梅說：

“船長，我們不同意這種寫法！什麼事先考慮不周啦，又是條老船啦，原先就不應進行這種裝載啦等等。你看，這是些什麼話！”

“這個人過去不是擋路，就是搖頭，現在什麼事都怕沾邊，都想推得一乾二淨。”

李小梅完全理解大夥對張永瑞的這種正當的不滿和辛辣的批判。她和張永瑞之間同樣也缺少共同的語言，在工作中長期沒能成為好搭檔。有一個時期，她曾想要求上級把他調離“前進號”。但是阿強師傅不同意，搖著頭說：“小梅，多少困難你都跨過去了，對張永瑞這種人的團結、教育、改造，你就沒有信心了！你是個工人出身的船長，在這個問題上，不能繞道走啊！”

李小梅在阿強師傅的啟發幫助下，總算在思想上解除了疙瘩。現在聽了同志們的議論，她認為有必要和大家交換一下意見，她說道：

“我有過這樣的經驗，幹一件新的工作，假如聽不到一點不同的意見，心裡就覺得不踏實。有人反對，這就逼著你進行思考，到時幹起來信心就更足，勇氣就更大了。就拿這次事故來說吧，我們也應該從中汲取教訓，這樣，我們就會變得更有經驗了。”

李小梅的話引起了大家的深思，室內肅然無聲，在水手們的心目中，他們的女船長比過去站得更高、看得更遠了。

“當然，”李小梅接著剛才的話頭說，“對張永瑞的錯誤思想，是應當給他教育幫助的。那份海損報告的事，等他下班後，我去找他交換意見。"這時她發現那個上船不久的水手學徒蹲在門角邊，手裡拿著尚未縫補好的工作服，睜著好奇的眼睛在認真思索著大家的話。她親切地走上前去，接過針線說："給我吧。"她在燈光下輕巧地縫補起來，同時問道："小吳，你怎麼光聽不發言啊？"

年輕的學徒因被李小梅奪走針線而感到不安，現在還要他發言，他更感到突然了，他帶著幾分稚氣，回答道：

"船長，這比在學校裡上政治課有意思多了。"

是啊，海上的生活是這樣的豐富多彩！鬥爭、風暴、激烈的戰鬥，還有生活中的歡樂……

李小梅坐在水手們中間，感到這麼自在，這麼融洽，就像魚兒回到了水裡。她縫著縫著，臉上露出了甜暢的笑容，彷彿她要把這沸騰的生活縫進這衣衫裡。

四

李小梅走進大副室時，張永瑞正在整理檔。關於海損報告的事，他已經聽到了一些反映。他認為各人的地位不同，處境不同，說起話來也就大不相同了。他張永瑞是老大副，李小梅卻是個新船長，一旦出了什麼事，他這個大副能卸得了這份責任？人們會怎麼議論呢……在"前進號"上和這個女船長共事，他總感到有一股逼人的緊張，時時得擔上幾分風險。現在他一見李小梅，估計一定是為海損報告的事來的。

看過張永瑞的這份海報報告，使李小梅聯想起了在文化大革命前，也是為了一份報告而引起的一場風波。所以當李小梅坐定以後，一開口就問："大副，你還記得關於志豪的那份工傷報告嗎？"

"記得，這件事，我一輩子也忘不了。"張永瑞感歎了一聲，他的眼中彷彿又出現了幾年前的那幅場景。

那是一個夏天的午後，當時"前進號"載著滿船糧食，在一個群山連綿的小港裡卸貨。突然，山巒間聚集了濃重的雲層，一瞬間，港池內就掀起了十級以上的旋風，眼看一場暴雨就要接踵而來，爲了搶救糧食，全體船員一起出動，投入了蓋艙工作。暴雨像水柱般往下傾倒，這樣的雨量耽誤一秒鐘就得淋濕多少糧食啊！而數百斤重的蓋艙油布剛拉開就像紙片般被狂風卷飛起來，情況是這樣緊急。李小梅一聲召喚，幾十個人一起撲上去，用自己的身體把它壓住。爲了保護糧食，同志們撲在艙口上迎著烈風暴雨，終於堅持到勝利。在這場戰鬥中，水手志豪被一塊卷飛起來的艙蓋板擊傷了腰骨。在月底的評比會上，按當時的條條規定，凡發生工傷事故者，本人不必說了，全船也得受到影響。作爲甲板部的主管人大副張永瑞在事故分析欄內，漫不經心地寫下了這麼幾句話："由於領導督促不嚴，加以本人不小心，造成工傷。"

當時還是擔任駕駛員的李小梅帶頭反對，說："我不同意，這是顛倒事實。這種大無畏的共產主義戰鬥精神，我們應該表揚！這樣的評比，這樣的事故報告，豈不是在壓制大家的積極性嗎！"

"條條上規定得一清二楚，"張永瑞把雞毛當令箭，"隨你怎麼說，報告總得寫，本人還得落評。"

李小梅毫不退讓，說："我要找領導控告，這難道是給工人群眾訂的制度嗎？"

後來李小梅找局領導反映了此事，他們面露難色地回答說："這不是我們本單位制訂的制度，牽涉的面很廣，讓我們考慮考慮。"從此就沒有下文了。文化大革命一聲春雷，李小梅寫下了第一張大字報，揭開了海運戰線上的路線鬥爭的序幕。現在再次回顧這段往事，雙方都深有感觸，李小梅說道："這件事我也永遠忘不了，它對我的教育很大；對於海運中發生的一些問題，我們究竟應該怎樣分析、怎樣對待、怎樣作出正確的結論呢？"李小梅把那份報告交還給對方，繼續說道："大副，請你再認真地看一遍，相信你一定會看出問題來的。只要我們始終和群眾站在一起，想到一處，我們就會糾正錯誤看清問題的。"

李小梅爽朗、坦率的談話，像一記記鐵錘，猛擊他的心弦，他不置可否地接過了那份報告。

五

"前進號"原計劃在天黑前駛進上海港，但途中因搶救鋼架而推遲了。現在來到吳淞口時已是深夜了。剛才局裡發來電報，囑"前進號"在港外稍候片刻，上級決定加派一個船長，現在已乘巡邏艇出發，上船後協助李小梅駕領輪船進港。張永瑞一聽到這個消息，腦子裡又胡想開了：看來協助是個藉口，實際上是對這個女船長的操縱技術不夠放心。這一著真夠辣手，簡直是當面給她難堪。張永瑞心裡在思忖：看吧，這個好勝的女船長，定會幹出點事來的……

張永瑞在舷梯口迎上船來的正是原"前進號"上的老船長。他是海上的前輩，已經退休多年了。他們走進船長室時，李小梅驚喜地喊叫起來"陳船長，想不到是你老人家上船來了！"

"是啊，你想不到吧，小梅，喔，現在得稱呼你船長啦！"

'不，陳船長，"李小梅親切地說道："你是看著我長大的，你過去是我的師傅，現在、將來，你永遠是我的師傅，你就還是叫我小梅吧。"

陳船長一面跟阿強師傅熱情握手，一面說道："他才是你真正的師傅啊！"他無限欣喜地說道："阿強師傅，我把班交給了這樣的女船長，這是我一生中最愉快的事。可是我跟大海打了幾十年交道，一旦離開它真有點捨不得啊！局領導瞭解我的心情，今天特地打電話告訴我，叫我上船協助小梅把船引進港裡，同時也讓我看看海上一代新人的成長。”

李小梅深受感動地說道：“為了保證這批援外材料的安全運載，多少人為我們創造條件，為我們操心啊！陳船長，你看進港前我們還需要加強些什麼措施？”

“我們停靠的泊位正巧在彎頭上，航道本來就夠窄的了，最近又正在挖泥，今天是大潮汛，流急、道窄，裝著這批鋼架，船身等於增寬一倍，小梅，得考慮派個好舵工才行。”

李小梅考慮片刻後，朝阿強師傅望了一眼，毅然說道：“我來吧，陳船長，讓我來掌舵吧。”

陳船長懷疑自己的耳朵聽錯了話，一時沒有作答。張永瑞更是大為驚訝。剛才李小梅那種誠摯、謙遜的態度已經令他吃驚，心想：她想的跟自己完全不一樣啊！看看，現在她還要親自來掌舵！在他的心目中，船長居然親自掌舵進港，這是航海史上從未有過的事啊！他兩眼直瞪瞪地注視著李小梅，好像他們是第一次見面，第一次接觸，第一次真正認識……

李小梅望著陳船長久久沒有反應，加重語氣說道：“陳船長，你是知道的，我本來就是黃浦江上的搖船娃啊，放心吧，我能夠完成任務的！”

陳船長莊重地搖著手說：“不，小梅，現在你已經是船長啦！”

“行！”阿強師傅說話了：“能文能武，能上能下嘛。陳船長，你是清楚的，全船數小梅的舵掌得最穩。就這麼決定吧。”

“前進號”進口了。湍急的流水衝擊著船身，形成了兩股歡快的波濤向黃浦江兩岸湧去，在寂靜的夜裡，可以清晰地聽到波濤拍岸的迴響。“前進號”行駛得多麼穩健、輕巧、準確呵！在這麼長的時間裡，陳船長沒有發出過一個舵令，他禁不住時時回過頭來望李小梅一眼，心裡讚歎著。是呵！這個在舊社會裡受盡苦難的搖船娃，解放後像長上了翅膀。通過文化大革命，把她鍛煉得更堅強了。她敢挑重擔，敢走前人沒有走過的路，敢於向海上的舊傳統宣戰，她渾身都充滿著"敢"字，她真是我們新一代的接班人啊！

"前進號"靠妥碼頭時，朝霞映紅了浦江兩岸。汽車已經等候在碼頭旁，準備送阿強師傅赴醫院檢查，順便把陳船長接走。李小梅和夥伴們送他倆上車時，緊緊地握著對方的手說道："陳船長，我代表大家向你致謝，希望你老人家今後多來走動啊。"

陳船長一面和大家打著招呼，一面說道："我會來的，小梅，我得感謝大家，是你們讓我分享了一份幸福。"他突然轉過身來，握著張永瑞的手說道："張大副，你比我年輕多了，我很羨慕你啊，能生活在這樣的集體裡。"

張永瑞尷尬地縮回了手，喃喃地："我……我……"不知說什麼好。終於，他壯起膽，走到李小梅身邊，說："小梅，這個航程，使我受到了一次深刻的教育，文化大革命以來，我從消極方面接受教訓，老是怕負責任，怕擔風險，怕出問題，其實我是處處在為自己考慮，我……"李小梅點點頭，說："你能認識到這一點，很好，希望你在行動上積極起來。"說完她又一次走到阿強師傅跟前，親昵地說道："阿強師傅，等貨卸走後，我就趕來看你。"

汽車起動了。阿強師傅知道腿上的傷不輕，這次起碼得和大家分手一個時期，要他離開"前進號"上的夥伴，心裡多麼依依不捨呵。他把頭伸出窗外，再次向李小梅他們揮手告別，他的眼睛漸漸模糊了，在他眼中的李小梅彷彿像只在大風浪中搏鬥的海燕，機靈，勇敢，頑強，禁不住心裡輕輕地喊著：黃浦江上長大的好閨女，海洋戰線的新一代，黨的好女兒！……

（原載《朝霞》1974年第1期）

典　型　發　言[1]

── 續《一篇揭矛盾的報告》

段　瑞　夏

　　讀者還記得任樹英吧，上次揭矛盾以後，長江燈泡廠的面貌現在怎樣了呢？最近，我們又去了這個廠，親眼看到任樹英同志在批林批孔運動中經受著新的考驗。生活像長江一樣奔騰不息，像雲霞一樣絢爛多姿，下面截取的，只是一個小小的片斷。

　　一個平常的早晨，公司生產組長胡政民左手支著下巴，右手抱著左臂，在辦公室裡心緒不寧地踱著方步。你說急人不急人？下午，市工交系統在東風廣場召開的批林批孔經驗交流會上，安排了長江燈泡廠做抓革命、促生產的典型發言，重點介紹長江廠在批林批孔運動推動下，不斷降低產品成本的事蹟。發言稿都列印好了，忽然傳來了一條消息：長江燈泡廠最近顯像管成本猛地上升了！

　　胡政民急得雙手搓巴掌。雖說長江廠的支部書記任樹英上次狠狠揭了他的矛盾，但是後來公司黨委書記老韓跟他談了幾次，老胡每逢幹部參加勞動日也都到長江廠去，他眼看著廠裡批林批孔運動搞得蓬蓬勃勃，革命生產形勢熱火朝天，產量往上竄，成

---

1 《典型發言》是 “陰謀文藝” 代表作《一篇揭矛盾的報告》的續篇，它以影射手法表現像胡政民這樣的 “走資派” 還在繼續 “走” ，作爲 “革命造反派” 的代表人物任樹英，還要繼續和他作鬥爭。

本往下降,上半年一舉完成了全年任務,心裡不服也得服:長江
燈炮廠確實是全公司抓革命促生產的先進典型。從此,對任樹英、
對長江廠,總有一種歉疚的感情,常常像隻小兔子一樣在胡政民
心頭拱動,使他覺得自己應當為長江廠做一點什麼。這次長江廠
到市裡發言就是胡政民提名,公司黨委討論通過的。偏偏在這個
節骨眼兒上,長江廠的產品成本卻上升了。這個事情可怎麼辦呢?
胡政民怕消息不準確,又親自給長江廠掛了個電話,任樹英跟公
司黨委書記老韓一起帶著電視機到郊區農村徵求貧下中農意見去
了,電話是廠生產組長阿寬師傅接的。

　　"聽說你們成本上升了?"胡政民問。

　　"一點不假。"阿寬師傅說。

　　胡政民心頭一沉:這下敲定了。

　　"可真是!你們下午準備怎麼發言?"胡政民脫口問道。

　　"那得等樹英回來研究研究,她今天上午要回來的。"老阿
寬慢條斯理的回答。

　　研究?是要研究啊。

　　胡政民坐到辦公桌前,點起枝煙,深深吸了一口,看著自己
吐出的濃濃的煙霧沉思起來。首先跳進他腦子的,是一星期前的
一件事:

　　那天正好公司開幹部會議,光明玻璃廠的幾個青工在公司大
樓東面的牆壁上貼了張大字報,揭發胡政民去年壓制光明廠青年
突擊隊搞的 "青鋒一號" 新式爐的事。大字報一上牆,不用通知,
公司系統各廠的頭頭都圍來看。光明廠的生產組長老趙有點沉不
住氣了,去年當 "青鋒一號" 三次試驗失敗時,胡政民正是通過
他藉口生產忙,把爐子停掉的。老趙擠到胡政民旁邊,悄悄說:
"老胡,我在廠裡也吃了不少大字報呢,說我壓制新生事物。"

　　胡政民有點煩躁了,心想:如今樣樣都是新生事物了。你們
搞不成功,還說我壓制!但他還是顯得平靜地對老趙說: "你是

曉得的，不是一連失敗了三次才停爐的嗎？」說完，他又朝旁邊看大字報的人看了一眼，兩手一伸，做出一副無可奈何的樣子。

「失敗了三次有啥關係？我女兒學走路，不知跌了多少跤呢？」旁邊插上一個清脆的聲音，這是在看大字報的任樹英。

胡政民瞥了她一眼，繼續對老趙說：「你仔細想想，去年是有教訓的。『青鋒一號』產量雖高，燒出來的玻璃性能卻不穩定，製成產品恐怕也沒人要。」

「給我們好了。」答話的又是任樹英。她微微笑著，擠到胡政民面前，懇切地說：『老胡，電視工業要打翻身仗，巴不得有更多的新技術、新工藝啊！」

「你……不瞭解啊。」胡政民欲言又止。在這種場合，和這樣好勝逞強的人，他感到很難說話，終於搖了搖頭。

「哎，廠裡群眾呼聲很高，老胡的話嘛，也有道理。難哪！」老趙猶豫不決。

任樹英輕輕拍了拍衣裳，抬起右手，向前一抓，捏成拳頭有力地一揮道：「支持新生事物，可絕不能手軟，老趙，我們配合你們幹。」

你說不行，她偏要幹，專愛冒險。這就是任樹英。老胡對此是深有體會的，他沒有再說什麼，就走開了。

想到這裡。胡政民不由激動地一拍桌子：「對了！」他斷定，現在長江廠顯像管成本上升，八成跟「青鋒一號」有關。一定是「青鋒一號」燒出的玻殼報廢率高，拖了任樹英的後腿。任樹英啊，任樹英，你這愛出頭的椽子，總有挨斧頭的時候！到底還年輕啊，生活為你安排的道路太順利了：初中畢業進廠當工人，文化大革命中舉著紅旗造反，入了黨，三十歲當了支部書記，抓起一個廠的工作。今年又半年完成全年計畫。一帆風順啊！一帆風順，對一個青年人，也許並不好！胡政民從桌上的檔夾裡抽出那份列印好的發言稿，眯起眼睛思考著：如何處理這份發言稿？

修改,還是取消?

任何草率的決定都是不妥當的,尤其是對長江廠這樣的先進典型,必須慎重。胡政民站起身來,決定親自到長江廠去摸摸情況,也許,今天該輪到胡政民幫助任樹英了。

就在同一時刻,在通往市區的公路上,一輛藍色的長途汽車飛快地奔馳著。車門邊的座位上,坐著一個青年婦女,她穿一身細藍格子襯衫,黑布褲子,赤腳,穿雙黑色塑膠涼鞋,膝蓋上放著只黃帆布挎包,挎包背帶上繫著一條橘紅色的毛巾。這就是長江燈泡廠的第一把手任樹英。坐在她旁邊的胖胖的中年人是光明玻璃廠的老趙。他倆後面坐著公司黨委書記老韓和生產電視機的東風廠的同志。車窗外,一排排濃密的綠楊屏障飛快地向後移動,一陣陣清新的風鑽進窗子,吹起任樹英兩鬢烏黑的短髮,她端正地坐著,雙眉微蹙,清秀的眼睛正視前方。她在沉思──

昨天晚上,貧下中農家裡的一幕幕場景是多麼感人啊!一台小小的電視機,從來不曾擁有過這麼多熱情的觀眾,貧農老大爺坐在前排的小凳子上叭嗒叭嗒地抽煙,姑娘們笑嘻嘻地擠成一團,無法計數的小鬼頭們,有的爬在窗臺上,有的一個勁地從大人的胳肢窩裡擠出光光的腦袋⋯⋯小孩子叫,青年人鬧,飽受舊社會苦難的老貧農啊,激動得眼淚直掉。是人們從來沒有見過電視機嗎?不,公社文化館早就有電視機了。可是,當工人兄弟姐妹們親自把親手做的電視機,送到貧下中農家的櫃子上時,有一種異常深沉的感情撥動了貧下中農的心弦。

一位拄著拐杖的老奶奶拉著任樹英的手臂說:"小小電視機,伲越看越歡喜!工農聯盟情誼深啊!你們要加油幹,做得又多又快又好又省!"當時,任樹英感動地說:"阿婆,我記住你的話了。我們一定狠批林彪、孔老二復辟、倒退的謬論,抓革命、促生產,讓貧下中農坐在家裡都能看到偉大領袖毛主席的光輝形象,看到革命樣板戲。"

更使任樹英深思的，則是看完電視回招待所的路上，黨委書記老韓隨便扯起的一段有趣的話。夜晚，星光似水，蛙聲如鼓，空氣格外清新。到招待所要走十分鐘田間小路。老趙從包裡拿出一隻手電筒，一推開關，田埂上亮出一個昏黃的光圈。"沒電囉。"

老趙說。"唔，"老韓接過電筒，輕輕擰開，取出三節電池，用手一捏，有一節已經軟了。他從自己包裡取出一節新電池換上去，再一推開關，一道雪白的光柱橫在田野上。老韓笑笑說："一節電池乾掉了，放不出電囉。"說完，他沉思了會兒，又意味深長地說："要把電視機做得又多又快又好又省，你們三個廠，就像這三節電池一樣。誰 —— 是那乾掉的一節呢？"任樹英、老趙、東風廠的同志當下相視而笑了。

不錯，沒有光明廠的玻殼，就沒有長江廠的顯像管；沒有長江廠的顯像管，就沒有東風廠的電視機。這好像是一列車子上的輪子，一隻電筒裡的電池。

誰是那乾掉的一節呢？此刻，任樹英在想。誰也不是。我們要相互支援，把能量集中到一條線上。只要緊緊依靠黨，依靠群眾，我們就有不盡的能源，使我們的時代，我們的事業，放出最美的光輝！

想得太遠啦。任樹英伸手掠掠頭髮，和旁邊的老趙談起了"青鋒一號"的事：

　　"老趙，回去把貧下中農學大寨的幹勁和對我們的心意向大家說一說，同志們就更有勁啦。"一星期前，看了光明廠青年突擊隊的大字報後，任樹英和老趙一言為定，堅決支持"青鋒一號"上馬。"青鋒一號"專為長江廠做玻殼。正像胡政民所預料的，由於新爐子燒出的玻璃性能不穩定，玻殼裝上顯像管爆裂現象較多，引起長江廠顯像管成本上升了。如今，"青鋒一號"的命運已經不僅拴在光明廠工人的心上，同時也緊緊拴在長江廠工人的心上。任

樹英為此還特地組織了攻關小組呢。可是，一提到"青鋒
一號"，老趙就有點惴惴不安，為了自己廠裡一隻爐子，
把長江廠也牽制住了，怎麼說呢？他有點抱歉地說：
"哎……也不知什麼時候能成功。這只爐子真像節乾掉了
的電池，拖住你們後腿了。"

"哪兒談得上拖後腿！"任樹英像吵架似的反駁他，"老
趙，'青鋒一號'不是一節乾掉的電池，而是一個即將完工的發
電站，一旦完工，就要放出很大的能量啊！那時候，就不是你們
一個廠，而是整個電視工業戰線都被捉住，都得像插了翅膀一樣，
飛起來啦！"任樹英說得興奮了，不由輕輕伸展出兩隻手掌比劃
起來，似乎她真要飛出車窗，飛向藍天白雲之間。

"你呀，真會想像！"老趙忍不住笑了。

"說得有意思，是要想像啊！"黨委書記老韓被任樹英的熱
情感染了，笑著湊上來說，"革命就是不斷地把美好的想像變成
現實。我們工人階級是歷史上最富於理想的階級。樹英，有空，
請你仔細談談你們的理想和遠景規劃，好嗎？"

任樹英有點不好意思了："說說容易做做難哪。"可她心裡
卻說："是要和工人群眾一起好好想想我們的未來啊。"

汽車穿過遼闊的田野，進入了市區。大家分頭乘公共汽車回
廠了。

離廠雖才一天，任樹英真有如隔三秋的感覺。在革命高潮中
的工廠，一天，常常會有驚人的變化。

老遠，就看到簡陋的廠房上，建築工人為了翻造廠房搭起的
高高的井架。一條闊幅標語："批林批孔促大幹"，像條紅色瀑
布從高空直瀉下來。小紅旗在飄，哨子在叫，建築工人啊，輕捷
如飛鳥。任樹英感到紅旗在鼓舞她前進，哨子在召喚她衝鋒，她
順手擼去額上細微的汗珠，步子一緊，不覺已到了廠門口。

廠門口停著一輛草綠色的大卡車，正在裝貨。駕駛室視窗露

出一張又紅又圓的臉龐，這是廠裡新培養的女司機武雲。她一個勁兒揮動戴著粗紗手套的手，尖聲喊著：「樹英姐，樹英姐！」

任樹英臉上漾開了笑容。這個小姑娘當司機，當初有人就不敢想像呢。送武雲到公司參加司機培訓班時，胡政民曾經特地打電話責怪任樹英：「你們長江廠就挑不出第二個人了？這個小個子姑娘，還是讓她回去騎在竹椅子上唱：『小汽車呀真漂亮，嘟嘟嘟嘟喇叭響』吧。」當時任樹英很嚴肅地回答：「武雲同志是經過我廠群眾推薦、支部討論批準的，你看不中，就自己來挑吧。」胡政民當然不會自己來挑。現在，武雲早已開著大卡車走南闖北了。任樹英笑著走過去，伸出右手食指朝武雲額角上使勁點了一下，說：「小鬼，如今是把方向盤的人哪。」武雲雙手朝方向盤上一按，神氣地一歪腦袋：「我們廠的方向盤把在你手裡哩。公司裡老胡來找你啦！在樓上辦公室等著。」

「阿寬師傅呢？」任樹英問。

「帶著攻關組一早就到光明廠『會診』『青鋒一號』去了。」武雲說。

自從上次揭矛盾以後，長江廠成了全公司的先進典型，胡政民也常常表揚長江廠。可是任樹英覺得這種表揚比批評還難受，原因之一，是自己工作並沒抓好；原因之二，因為胡政民似乎並沒有真正從思想上有所轉變，不然，他為什麼對光明廠的「青鋒一號」那麼反感呢？

任樹英快步上樓，走進辦公室。胡政民一個人坐在裡面「滴滴噠噠」打算盤，忙得帽子也脫掉了摔在一邊。他剛才到財務組借來了成本核算表，正在親自複算顯像管的成本，越算，心裡越有底：果然不出自己所料，「青鋒一號」拖了長江廠後腿啦。真是「不聽老人言，吃虧在眼前。」

任樹英放下挎包，輕輕叫了聲：「老胡，你找我？」

胡政民一抬頭，看見任樹英風塵僕僕地站在面前，連忙說：

"呵，你可來了！今天下午的典型發言你準備怎麼辦呢？"老胡辦事，喜歡開門見山。

"有什麼說什麼唄。"任樹英把挎包掛在牆上，摘下毛巾到門口的水龍頭上搓了搓，擦了擦臉。

胡政民對任樹英的態度不大滿意，他把算盤朝任樹英面前一推："有什麼呢？有的是成本上升。"

任樹英平靜地笑了笑，沒有答話。

"樹英啊，事情清清爽爽，"胡政民耐心地說，"成本提高是由於玻殼報廢率高，玻殼報廢率高是由於光明廠的'青鋒一號'……"說一句，胡政民就用右手"篤"地一下撥一個算盤珠。

任樹英淡淡笑著搶過算盤，朝牆上一掛說："同志，算盤珠子是算不出人的革命精神，也算不出前進還是倒退的。'青鋒一號'是我自己心甘情願，找上門去的。"

"可是任樹英同志，你要知道，你們是全公司的一面紅旗，今天下午一發言，全市都要知道。這榮譽不僅是你們廠的，也是公司的。你應該懂得珍惜。"胡政民有點急了，站起身，兩隻手掌撐著桌子說。

"你的意思……"這一來任樹英甚至有點驚慌了。她，可從來沒想過這些啊。

胡政民擺出左手支著下巴，右手抱著左臂的習慣姿勢，在這小小的辦公室裡跴了一圈，慢慢抬起頭說："是啊，事情是你自己找上門去的，事到如今，怪你也沒用了。這樣吧，為了顧全大局，光明廠方面我負責去說。'青鋒一號'讓讓路，叫他們集中力量在老式爐子上大幹一場，突擊一批玻殼供應你們。下午的發言嘛，就照常進行。最多，適當加點說明。你看怎麼樣？"胡政民偏著頭，注視著任樹英，等她回答。

任樹英的臉色一下嚴肅起來，她咬了咬嘴唇，握著毛巾的手不覺捏緊了，水，無聲地從她的指縫裡往外流。說心裡話，任樹英這些天根本沒把典型發言的事兒掛在心上。如果真要發言，她倒很想走進熱氣騰騰的會場，在全市工人階級面前，呼籲大家伸出手來，幫一幫"青鋒一號"啊！可是，胡政民同志，你想到哪裡去了！

胡政民見任樹英不說話，又接著說："不然，聽任產品成本繼續上升，那就不是做典型發言的問題了，而是要檢討。我如果坐視不顧，也是要檢討的。你懂嗎？"

"看來你只好叫我檢討了。"任樹英說著走到牆根下掛好毛巾，又堅決地補充道："爐子無論如何是不能停的。"

胡政民大感意外，他茫然不解地看著任樹英，充滿感情地說："樹英，這回我可是有 —— 意 —— 栽 —— 花 ——"

"你是想把我們栽到花盆裡呢。"任樹英激動地站在窗前。外面起風了，風吹亂了她的頭髮，她伸手理了理，把髮夾重新夾好。任樹英，她是長江廠的當家人，可是，難道她當初狠揭矛盾，對胡政民的錯誤路線堅決鬥爭，僅僅是要為一個長江廠爭氣嗎？不，她想的是為整個階級，為毛主席的革命路線爭氣啊！站在全公司、全市的行列裡，長江廠只是一個平平常常的"小妹妹"，而不應當是什麼得天獨厚的"獨養女兒"式的典型。離開了兄弟廠，離開了整個階級，長江廠還有什麼前途，有什麼希望？任樹英還有什麼出息，有什麼力量？

此時，任樹英似乎更看清楚了胡政民：在企業經營、利潤核算等方面，他精明、幹練，也許不失為一個頗有辦法的事務工作者；但是經營社會主義企業，首先必須是個政治工作者，他必須懂得黨的基本路線，懂得無產階級政治，理解社會主義新型的生產關係，從根本上相信群眾。胡政民缺少的正是這些。所以他過去壓制長江廠，錯了，因為他壓制了社會主義新生事物；今天抬舉長江廠，又錯了，因為他又壓制了光明廠的新生事物。他錯在路線上呵！

難道真的又錯了？胡政民還沒有認識到。任樹英不領他的一片好意，他有點遺憾。兩人沉默了會兒，胡政民終於拿起桌上的帽子說："樹英，你再想想。我向黨委匯報了再說吧。"

"等一等。"任樹英回過頭來，雙手輕輕拍了拍衣裳，誠懇地說："老胡，你到光明廠去看看吧，如果說真的要保紅旗，'青鋒一號'才是一面真正的紅旗啊！"

紅旗？拖生產後腿的紅旗？胡政民不理解，他戴上帽子，下了樓。

廠門口，正好武雲要開車出去，車上裝了幾箱破裂的玻殼。胡政民見了，隨口問道："小武，這車碎玻璃送廢品回收站？"

武雲"撲嗤"笑了："到底是公司裡的大幹部，好大的口氣！這要送到光明玻璃廠回爐去。興許好分析分析爆裂原因呢。"

去光明廠？胡政民心頭一動：這麼多玻殼都報廢了，不正是好材料嗎？他馬上說："好，小武，帶我去吧。"

武雲朝他做了個鬼臉："上來吧，這可不是竹椅子啊。"

"這個小鬼頭！"胡政民上了車。

胡政民一走，任樹英緊跟著下了車間。

車間走廊裡，批林批孔專欄已出到三十期了。車間門口的小黑板上，寫著通知：下班後，車間理論小組宣講《封建論》。任樹英心裡很高興，運動開始並不久，工人群眾中煥發出了多麼大的能量啊！普普通通的工人，都自覺地刻苦學習馬列、毛主席的著作，研究儒法鬥爭的歷史經驗，自覺地以主人自居，主宰工廠的大事，國家的大事。胡政民常常說任樹英愛冒險，其實，有毛主席的革命路線，有這樣好的群眾，還怕什麼風險呢？

任樹英來到電子槍小組。一排穿著潔白的工作衣的姑娘，正在明亮的燈光下裝配銀光閃閃的電子槍。任樹英隨便拉張凳子在幾個工人旁邊坐下，跟大家說起農村訪問的情況。同志們一聽，勁頭可高了！

這個說：“我們要把電視機送到每戶貧下中農家裡。”

那個說：“要在全國的農村、山區都建立起電視廣播網。”

“要讓電視在國防工業、宇宙工業等方面發揮更大作用！”

“呵！那樣一來，我們廠像現在這樣能行嗎？”任樹英笑笑問。

“那怎麼行？要大大地發展！”人們熱烈地議論著。

“對，要大大地發展！而且，不僅長江廠，光明廠和東風廠都要大大地發展，整個一條電視工業戰線都要大發展！”任樹英心頭熱呼呼的。人們討論著。漸漸地，一個大膽的想法闖入了她的腦子：怎樣把這些想法擬成一個規劃，讓規劃變成全廠工人的決心，變成全廠工人的行動，變成明天的現實！在新形勢下，作為一個黨的基層工作者，一個工廠的當家人，應當善於用新的戰鬥目標鼓舞群眾，奪取更大的勝利！

任樹英決定要到光明廠去。如果“青鋒一號”成功，對長江廠將是一個多麼大的促進和支援哪。

正在這個時候，司機武雲滿臉通紅，像只小皮球一樣蹦了進來，一把拉住任樹英，上氣不接下氣地說：“樹英姐，快！……阿寬師傅叫你快想辦法！”

“什麼事？慢慢說。”任樹英掏出手帕幫她擦了擦汗，冷靜地問。

原來，攻關小組和光明廠的青年突擊隊一起已基本摸清了“青鋒一號”爐的規律，但是在新的試驗條件下，爐子夾層發生開裂，急需鋼材加固。正巧這時，胡政民趕去了，他不但不供應材料，而且命令老趙停爐，集中力量在老式爐子上突擊玻殼。武雲趕回來時，老趙在猶豫，雙方正頂著。

外面，風大了，雷聲轟響。大塊的烏雲在天上飛跑，一道道光影在任樹英臉上掠過。她的雙眉在抖動，嘴唇咬成一條線，她的心又像打鼓似的劇跳，她像一個指揮員，面臨著關鍵的決戰。

停爐？萬萬不能！相信光明廠的工人，相信阿寬師傅，會頂住！而鋼材，一時三刻上哪兒去找呢？當初自己廠搞隧道烘箱，為了一點工字鋼，費了多少周折呀。可現在……

"嘩啦啦 —— "大雨終於倒下來了。

"得想法去支援哪！"同志們焦急地說。

"到兄弟廠去求援吧，或者直接找公司黨委解決。"有人提議。

"時間！同志們，只怕來不及，爐子被迫停下來，就糟啦！樹英姐，我真不該把老胡帶到光明廠去！"武雲急得直跺腳。

怎麼辦？任樹英周身的熱血都沸騰了，"青鋒一號"，這才是按照我們工人的心意栽的花，絕不容風雨把她摧殘，即使拿了我的脊樑骨也要把爐子撐住！批林批孔運動中新上馬的新生事物絕不能垮，也絕不會垮！任樹英眼睛一亮，右手向前一伸，抓成一個拳頭，用力地一揮，冷靜而果斷地說："爐子絕不能停！鋼材必須送去！"

"哪裡有鋼材？"武雲捏著拳頭問。真的，這會兒即使八千裡外有鋼材，武雲也恨不得立刻開了卡車去把它運來。

然而，這鋼材，遠，在天邊；近，在眼前。任樹英斬釘截鐵地說："拆烘箱軌道。"話一出口，音調卻有些變了。工字鋼是非送不可的，可是她為胡政民深深地感到難過。我們的同志，特別是領導同志，只要稍稍偏離了毛主席的革命路線，偏離工人階級的根本利益，常常就要使工人群眾付出重大的代價。

同志們驚訝了！這隧道烘箱，砌進了長江廠幹部群眾多少心血，多少意志，多少力量！任樹英同志，為了砌這烘箱，你濕透了多少衣裳；為了鋪這軌道，你又磨破了多少血泡？難道你捨得？

"不能！我 —— 心疼！"武雲雙手抓住衣襟，強橫地扭了扭身子，眼淚擠出了眼眶，順著紅紅的臉頰往下流。

任樹英左手撫著武雲的肩膀，右手伸出食指，輕輕擦去她臉上滾燙的淚珠，無限深沉地說：「同志，老話說：『各人自掃門前雪，莫管他人瓦上霜。』孔老二之流說：『不在其位，不謀其政。』最近，我們不都組織批判了這些剝削階級思想嗎？我們工人階級胸中要有大目標，心眼兒可不能這麼小啊。軌道拆了，過幾天可以再鋪。『青鋒一號』，這不是一隻爐子，這是批林批孔的成果，是我們工人階級的志氣。關鍵時候，我們不能手軟啊！」

「拆吧！」

「長江廠，光明廠，都是爲了一個大方向。拆吧！」工人群眾紛紛揮著拳頭表示。

「拆！」武雲想通了。她抬起手背擦了擦眼淚，轉身就去拿工具。

我們的群眾是多麼通情達理，顧全大局啊！任樹英被深深感動了。她拿起工具和大家一起投入了戰鬥。

風在吹號，雨在擂鼓，工地上，「批林批孔促大幹」的標語被風吹得「嘩啦啦」怒吼，被雨洗得格外鮮明奪目。很快，一根根帶著人們手上的餘溫的工字鋼裝上了卡車。

武雲一頭鑽進駕駛室，任樹英一個箭步跳上卡車，她身體斜出車子，一手抓住棚頂的帆布，一手迅速向前一揮：「快！」

「嘟嘟——」卡車喇叭激昂地喊叫著，衝向雨幕之中。

這時候的光明玻璃廠，又是另一番景象。「青鋒一號」像一節車廂一樣雄踞著，鼓風機「呼隆隆」地高唱，爐膛裡橘黃色的玻璃發出耀眼的光、灼人的熱。

阿寬師傅也像光明廠的工人一樣，頭上紮了塊濕毛巾。他五十多歲了，花白的頭髮，花白的鬍子，清瘦的臉上閃著紅光，顯得慈祥，又顯得威嚴。他手持一根鋼釬守在爐前，正和幾個光明廠的工人研究搶救爐子的方案。而另一些工人，忙著去尋找零星的鋼材，準備焊接起來用。面臨嚴重困難，只有懦夫才等待。

光明廠的生產組長老趙蹲在車間的一角，急得滿頭大汗。他猶豫、爲難。身後，是堅絕不停爐的青年突擊隊和長江廠的攻關小組；眼前，是堅持下令停爐的頂頭上司胡政民。

胡政民臉色冷峻，他厲聲斥責著："老趙同志，你要識大體！不能只顧自己產量高，不管消耗衝雲霄，卡車上的碎玻璃你沒看到嗎？爐子都快開裂了，還是叫幹、幹、幹，長江廠的典型發言都要被你們幹掉了，他們答應，公司可不答應！"

老趙不吭聲。實在說，"青鋒一號"拖了長江廠的後腿，他也覺得對不起長江廠，對不起任樹英。可是，如果停爐，難道就對得起長江廠、對得起任樹英嗎？不，不能！就算我們老趙對任樹英一千個不理解，一萬個不理解，可這一點他是切切實實地理解的！就算我們老趙看問題一千個猶豫，一萬個猶豫，可是這一點他能毫不猶豫地斷定：任樹英對"青鋒一號"的感情比他要深厚得多啊，深厚得多！叫老趙怎麼辦啊？

"爐子的規律我們已經摸準了，你懂嗎？摸準！"阿寬師傅老遠朝胡政民吼著。

"摸準？"胡政民懷疑地朝他看了看，"爐子都快完了，你還摸準什麼？長江廠成本上升，光明廠爐子開裂，都亂了套啦！"他雙手抱著頭，一屁股坐在張凳子上。腦子裡像糨糊一樣渾。自己一心搞好生產，工人群眾也一心搞好生產，爲什麼兩個"一心"碰在一起就成了兩條心？爲什麼現在的生產也像政治運動一樣轟轟烈烈，錯綜複雜？難道自己這樣負責任錯了？他猛地站起來，向公司黨委書記打了個電話，讓黨委書記來處理這個局面吧，這實在不單是生產業務工作。黨委書記老韓問了情況，沒有多說什麼，滿口答應"馬上來。"胡政民這才似乎稍稍鬆了口氣。

"來啦！工字鋼！工字鋼來啦！"轟隆的機器聲和風雨聲中突然躍起一聲清脆的叫喊，武雲和任樹英抬著一根工字鋼急急忙忙地進來。兩人的頭髮都淋濕了，臉，是紅的，眼睛卻像被雨洗過了似的黑亮。

“工字鋼！”人們一下子圍上去，暫態間，伸出幾十雙手撫摸這筆直筆直的鋼材。

老趙慢慢地走上去，激動地拉著任樹英的手：“任樹英同志，你……”

任樹英急切地打斷他的話：“老趙，爐子一定能修好，我們要記住貧下中農的話，多快好省地上啊！”

這時阿寬師傅悄悄拉拉任樹英問：“樹英，這工字鋼？”

武雲嘴快：“隧道烘箱軌道……”任樹英一瞪眼止住了她的話：“快，快搶修！”

阿寬師傅心頭一震，他會意地拍拍老趙：“快，快搶修！”

老趙，這個常常被猶豫折磨的人，突然顯出了少有的堅決，激動得額上青筋都暴出來了，他大聲喊道：“同志們，這不是工字鋼，這是……這是……”他急得選擇不出適當的辭彙，最後，還是說了句很平常，而意思畢竟是很不平常的話：“這是工人階級的戰鬥風格！”

幹部和群眾，長江廠的和光明廠的，交織在一起，風風火火地投入了戰鬥。人們忙碌地在雨簾中穿梭，只有胡政民像個閒人似的局促地站在一旁（他不知什麼時候站起來了），任樹英帶著工字鋼突然出現，實在太意外了。這個年輕的支部書記，真像“青鋒一號”爐裡煉出的玻璃一樣純潔透明，一樣耐得起十萬伏高壓的衝擊，一樣時刻輻射出強烈的光和熱！這是怎樣的新幹部啊！

忽然，任樹英很隨便地拉了老胡一把：“快，老胡，一起幹哪！”“啊？”胡政民感到一種無法抗拒的力量推動他隨人群衝進風雨。

很快，一根根挺拔的工字鋼豎起來了。長江廠壓不彎的鋼軌成了光明廠摧不垮的頂梁鐵柱。

像鋼人一樣矗立著的壓機開動起來，任樹英接過阿寬師傅手裡的鋼釺，猛地伸起爐膛，挑出一團金光閃閃的玻璃球放上壓機，壓機的上模穩穩地壓了下來，一隻顯像管玻殼形成了。"這回啊，品質包好！"開壓機的青年工人豪邁地說。

試驗結果證明，這位普通青年工人說出了科學的論斷。

"好啊！"人們歡呼著。誰還能保持沉默呢？連鼓風機的風都是熱的，激蕩人心的。即使是冰塊，在這裡也會吐出熱氣來呀。此時，胡政民的心頭是說不出的滋味。這就是群眾，用人與人、廠與廠的牆壁是隔不開他們的，這是一個完整的階級，是無產階級文化大革命鍛煉了的工人階級，是在批林批孔的鬥爭中闊步前進的英雄的人民！在這樣的群眾面前，他，胡政民，一直在扮演多麼愚蠢的角色呀！想到這裡，胡政民心裡突然難受極了，他走到任樹英面前，很嚴肅地說："樹英，讓我來幹。"這短短幾個字，任樹英聽了，心頭禁不住一陣感動，她挺直身體，有力地伸出雙手，像給新戰士授槍一樣把鋼釺交給胡政民，嚴肅而響亮地說："好，歡迎你！"立刻，武雲起勁地拍起手來："歡迎老幹部參加勞動！"

"咦，他不是要停爐的嘛！"光明廠的一個小夥子故意問。

哎！"老胡慚愧地歎了口氣，這一口氣，吐掉了積累了多少年的暮氣啊！他脫下帽子掛在爐前，激動地舉起鋼釺說；"是我的思想停了爐啊。"

"兩個爐子都不能停。"黨委書記老韓不知什麼時候已擠到了人群中。也許，剛才搶修爐子時他已在場了，可不，你看他滿頭汗水，雙手都黑蒼蒼的。老韓笑而不答人們問他什麼時候到的問題，只是豪爽地揮了揮汗水，掏出一張鋼材調撥單。

"來不及跟你商量，我就撥來了點鋼材。你同意吧？"老韓幽默地對胡政民說。

"同意、同意。不過，如果你先跟我商量，我也許倒不同意呢。"胡政民回答道。

人們哄笑了。老韓把調撥單遞給任樹英："我來晚了，讓你搶了先，這鋼材就‘獎’給你們吧。”

　　任樹英雙手把單子貼在胸前，心頭感到一陣溫暖。她感激地望著老韓，覺得這張輕飄飄的調撥單真如一根根鋼材一樣沉甸甸。

　　這時老趙激動地擠上來對任樹英說：“樹英，我們組織人力支援你們鋪軌道。”

　　“你還是多生產點玻殼支援我們吧，軌道我們自己會鋪的。”回答的是阿寬師傅。任樹英朝阿寬師傅會意地笑了笑，把調撥單給了武雲 —— 這小姑娘不用再爲烘箱著急啦。

　　老韓含蓄地問老胡：“你看下午的典型發言怎麼處理？”

　　“‘青鋒一號’一成功，長江廠的成本馬上要往下降啦。不過……”胡政民感到如果照原來的發言稿，好像總有點欠缺，應該增加新的內容，新的思想。

　　老韓完全懂得胡政民“不過”後面的意思，他對任樹英說：“你呀，看來還得準備用發言稿囉。”

　　“我……有什麼好說的呢？反正爲了大家都不做乾掉的電池唄。”任樹英說著轉身對老趙說：“‘青鋒一號’的成功，對我們是個有力的支援啊。”

　　“嗨，明明是你們對我們的支援。”老趙有點著急地說。

　　“這裡面很有意思哩。典型，正是在它和一般的關係中體現出來。我們抓典型，不是爲了豎一面旗子圖好看，而是爲了鼓舞大家，推動我們的事業向前發展！不過，還是先吃飯吧，吃了飯再研究。”老韓爽朗地說道。確實，早已過了吃飯時間了。

　　“對，都在我們廠吃飯，吃完飯一起開會去。”老趙高興地招呼著。

　　武雲一聽，神氣地伸了伸戴著粗紗手套的手叫著：“好，坐我的車去。”

　　這時候，任樹英已和阿寬師傅坐在車間的一個角落裡，熱烈地細緻地討論起來。但他們討論的不是下午的典型發言，而是廠裡群眾關於遠景規劃的意見。

武雲第一個吃好飯，在廠門口把喇叭按得震天響，喚大家快去。人們紛紛上車了，老韓和老胡邊吃飯邊談心，最後走出食堂。一邊走，一邊還在說話。

老胡說："我……確實需要在運動中洗臉洗澡啊。"

"是啊，我們這些工作經驗多幾年的人，更要向新幹部學習，在游泳中學習游泳。"老韓說。

"嘟嘟 ── "喇叭在響，車上，任樹英一手抓著篷布，一手做成個喇叭套在嘴上喊著："同志們，快上來！"

"快，跟上去！到車上再討論討論任樹英的典型發言。"老韓拉了老胡一把，兩人邁開了大步。

草綠色的卡車滿載著人群，馳向東風廣場。

下午，東風廣場上，任樹英的典型發言激動了幾萬聽眾。出乎人們意料，她講的遠不是我們上面介紹過的內容。她站在明燈高照的講壇上，抒放豪情，講了整個電視工業的未來，講了通往未來的雖然粗略、畢竟宏偉的規劃。她代表哪個廠呢？沒有說，只是從發言中看出，未來的長江廠、光明廠、東風廠的工人都溶化入整個工人階級的形象，他們高舉繼續革命的大旗，在三大革命實踐中勇敢戰鬥，以獨立自主、自力更生的革命精神繪下了祖國電視工業的宏圖；以頂開立地的氣概自立於世界民族之林。

典型發言充滿了火一樣的熱情，閃耀著理想的光輝，顯示出工人階級大海般的胸懷。至於發言的具體內容，那已超出了這篇小說的範圍。讀者同志，讓我們和任樹英同志一起，用火熱的戰鬥去創造我們的未來吧！

（原載〈朝霞〉1974 年第 9 期）

一篇揭矛盾的報告

崔　洪　瑞

選編者按：

本小說從“四人幫”鼓吹的政治概念出發，塑造了一個被稱為“無產階級文化大革命中湧現出來的新幹部”任樹英，用“陰謀文藝”的影射手法，攻擊以周恩來為代表的老一輩無產階級革命家，是“陰謀文藝”的代表作之一。小說發表後又有續篇《典型發言》。

全工業局的現場會議，在長江燈泡廠的食堂裡召開。來自上級機關和各兄弟廠的代表人數，已大大超過了會場的容量。不少人只好坐在食堂外面的天井裡，連天井兩邊上樓的扶梯上，也一級一級坐滿了人。大會開得很熱烈。

此刻，站在講臺前的是長江廠的第一把手，全公司聞名的“女闖將”—— 任樹英。她三十出頭，穿一件半新的藏青布衫，橘紅色的襯衫領子翻在外面，顯得清清爽爽。會場上臨時吊起的幾隻雪亮的碘鎢燈照著她開朗、端正的面龐。她一手握話筒，一手擱在講臺上，兩眼安詳地掃視會場。到會的人都熱切地等著聽她介紹生產顯像管的鬥爭事蹟。可她，面前連發言稿都沒放一張。這一點，長江廠的工人最有數：任樹英說生產顯像管的事還要發言稿嗎？那才好笑呢。你聽，她開始發言了。

同志們：

去年，我們生產的顯像管比原定計劃翻了一番，成本下降到原來的三分之一。大家說：不容易。是啊，搞社會主義哪能沒有困難！就這樣，我們還差點兒被逼得下馬。提起這件事，我們心裡就有氣。今天，我別的不說，就專門揭一揭這個矛盾！

別看我們廠小，總共才百十個人，自從接下了顯像管任務，我們感到真好像中國電視工業的擔子就放在自己肩膀上，大家憋著一口氣，下狠心要幹出一番事業來。去年九月，我們的新、老產品都提前一季度完成了全年計畫。顯像管還大大超產。這一超產，就出了問題。有人說好！公司系統生產電視機的東風廠送來了感謝信。由於我們顯像管超產，他們電視機也超產了。也有人說糟！公司生產組的簡報上登了一條："長江燈泡廠無計畫生產，造成財務上開'紅燈'。"所謂"紅燈"，就是指虧空。因為當時我們的顯像管成本較高，做一只要虧損不少錢。原先是靠老產品的利潤補這個虧損的，可這一回，新產品超產，"以老養新"不夠了。我們自己心裡那滋味，就像吃了楊梅，甜絲絲，酸溜溜。怎麼辦？大家並沒有灰心喪氣，全廠職工一分析：要把顯像管生產搞上去，就得先降低成本，要降低成本，就要大幹。大家紛紛提建議，想措施，熱氣騰騰地寫了一份決心書。

可是，問題沒這麼簡單。過了國慶日，公司召集生產組長開會，全公司九十九家廠，去了一百人，我是第一百個。公司生產組長胡政民親自打來電話，指定我要和廠生產組長阿寬師傅一起去。我知道，開了"紅燈"，少不了挨批。批就批吧，幹革命還怕批評嗎？重要的是今後怎麼幹。

胡政民快五十歲了，是我的老上級。我們倆原在同一家大廠工作，我進廠時，他是廠長，後來他調到了公司，我調到了長江廠。去年九月，他正好剛出國回來不久。

公司生產組辦公室裡，胡政民穿著整潔的中山裝，戴了頂黑呢帽，坐在一把轉椅上抽煙。辦公桌上，有只奇形怪狀的玻璃煙缸。見了我們，他遞給阿寬師傅一枝煙，頭朝旁邊一偏，皺起眉毛說：“唔，真糟糕……”隨手彈了彈煙灰 —— 奇怪的是，煙灰沒有彈到煙缸裡，而是彈到一隻破的搪瓷盆子裡。“……樹英，我不在家，你們怎麼開‘紅燈’了？真是初生牛犢不怕虎。抓生產不能光憑熱情呀，四季度可要好好補一補。”

我說：“我們準備進一步擴大顯像管生產，狠抓成本下降。”

“怎麼，你們還要搞？”老胡皺起的眉毛猛地散開，“吱”地一聲，那把轉椅朝我們轉過來。他吃驚地看看我，又看看阿寬師傅。

阿寬師傅自在地吐出一口煙說：“骨頭哪能這麼軟？”

我們的阿寬師傅是很有意思的，別看他五十多歲，頭髮花白，想半天才說一句話，可他肚裡比誰都清楚，說出話來真是穩、準，有時還挺狠的呢。

胡政民聽了這話，慢慢把椅子轉了回去，沒吭聲。看得出，他心裡老大不高興。

阿寬師傅笑眯眯地，“篤，篤”，朝那只怪煙缸裡彈了兩記煙灰 —— 這一下，卻好像把灰彈到老胡眼睛裡去了似的，他突然不愉快地眯起雙眼，搖了搖頭，對我們揮揮手說：“走，還是到會議室去吧。”

走出辦公室時，我一回頭，看見胡政民很愛惜地捧著那只煙缸，又是嘴吹，又用手帕揩。我心裡想，那是個啥寶貝呢，我懊惱剛才沒細細瞧瞧。

開會時，胡政民故意叫幾個廠著重從利潤的角度匯報了三季度的生產。然後，他顯得特別鄭重地說：“我們工廠的幹部都要成為實幹家。在國外，工廠沒有利潤就得關門。我們建設社會主義，也需要積累更多的利潤。”說到這裡，他頭一偏，眼光落到我和阿寬師傅身上，“長江燈泡廠，談談你們的形勢吧。”

好像是下了一道命令，大家的眼光一齊向我們投來。

“開‘紅燈’了。”

"'小妹妹'開'紅燈'了。"

人們悄悄地議論。

由於我們廠小，我年紀輕，大家平時常開玩笑地稱我們是"小妹妹"廠。

我站起來，拍拍衣裳，不慌不忙地說："在各位老大哥廠面前，我們廠幹得不理想，在第三季度，雖然我們按質按量完成了全年計畫……"

"任樹英同志，"胡政民用力一揮手，打斷了我的話，"要講本質的東西。"

胡政民居然稱我"任樹英同志"了，這說明他要跟我"公事公辦"。我知道他說的"本質"是啥，不管！我有我的看法。我說："要講本質嘛，我們學習了黨的十大檔，全廠擰成一股繩，決心在四季度繼續大搞顯像管，在大幹中把成本降下來，用新的成績打擊帝修反。"

"為什麼回避利潤呢？不要文過飾非了。你們財務上開了'紅燈'，工人一個月的勞動白花。這是嚴重的生產事故！公司要求你們好好檢查，訂出措施，四季度利潤一定要上去！"胡政民儼然是在下命令。

"對，我們是開了'紅燈'。公司簡報上不都寫了嗎？我們生產顯像管，上馬不久，經驗不足，成品率不夠理想，增加了成本，這是我們前進道路上出現的困難。但是，你說工人的勞動白花了，這太冤枉。我們生產的大批顯像管都會裝進國產的電視機，出現在百貨公司的櫥窗裡，出現在工人文化宮、農村文化站。怎麼說是勞動白花了呢？至於措施，我們已經訂好了。"這時，阿寬師傅早已把群眾的決心書遞給了我，我面向大家，"嘩"地抖開了。

各兄弟廠的同志都踴躍地圍上來觀看，東風廠的生產組長高興地向我伸出手來：

“好啊！你們長江廠做出多少只顯像管，我們就保證出多少台電視機：”

“行，一言爲定。只怕你們吃不消呢。”我激動地握著他的手說。

“不過，”我又轉向光明玻璃廠的生產組長老趙，“老趙同志，你可得當好我們的堅強後盾。”“沒問題，要多少，給多少。”老趙篤篤定定回答，“而且我們的成本也要降低。”“那真太好了！”我說，“光明玻璃廠的玻殼，是我們生產管子的主要原料啊。”

這時，坐在一旁的胡政民卻冒火了。他用一本工作手冊敲著桌子，“任樹英同志，公司不能再讓你這樣幹！”

“爲什麼？”我反問。

“我請你考慮生產計畫的嚴肅性。四季度顯像管一隻也不許做！”這幾句話就像劈頭向我澆來一盆冷水，我呆住了。

我萬萬沒有想到，我們工人群眾的一張火熱的決心書竟招來他這麼幾句冰冷的話。爲了發展祖國的電視工業，我們長江廠的工人不怕爆炸，不怕挫折，失敗了再來；沒設備自己造，沒資料自己試。在戰鬥的緊要關頭，多少人十二小時、二十四小時地連著幹。累了，倒在椅子上睡睡，一醒，馬上又投入戰鬥。我們爲了什麼呢？我曾到電視臺當過兩年工宣隊員，看到電視臺還用著一些進口設備，我心裡就難過。有一些人也許看慣了，可我們是工人，是毛主席領導翻了身的工人啊！在電視臺時，我常常絞著兩手想心思：靠毛主席的革命路線，靠了我們工人階級的一雙手，上天入地的東西都搞出來了，什麼事還辦不到呢？從工宣隊回來，正好廠裡大打電視工業翻身仗。我們都拼上命幹。我們要爲毛主席爭氣啊！現在竟有人不讓我們搞顯像管了，說這話的居然還是我們的領導，這怎麼行！這個道理到哪兒也說不通！我說：“胡政民同志，你撤我的職，開我的批判會，都可以。要我們不生產顯像管，我不敢答應。從你調動工作後，你好久不到我們廠來了，我希望你放下架子，到我們廠走走，看看工人群眾的積極性吧！"

"積極性？現在哪個廠的工人沒有積極性？文化大革命，也不能搞得一點規矩都沒有！你年紀輕，又是女同志，生產上出些問題也不多怪你。但你不能亂來，得聽話。當領導的要善於引導，儘快地讓生產恢復正常秩序。"

什麼"規矩"，什麼"正常秩序"，工人參加企業管理就沒"規矩"？超過了生產計畫就是亂了"正常秩序"？我這個人，脾氣不算壞，你有理，罵我一頓、打我一頓都不要緊。可誰要是瞧不起工人，說文化大革命不好，我就受不了！我當時來不及細想，就衝上去一句："文化大革命多年了，難道你還要搞'天下第一科'？"

這句話在會場裡真像爆炸了一隻顯像管，人們哄哄地議論開了。幾十道眼光在房間裡交錯，從我的臉上，又轉到胡政民臉上。平時被稱為"大象屁股 —— 推不動"的胡政民，臉色陡然變了。變紅，變白。

啥道理？這裡有個"典故"。文化大革命前，胡政民當廠長時在廠裡搞了個一百人的工藝科，專門管、卡工人。我那時還是個二十歲出頭的小姑娘，看了心裡又好氣又好笑，就用張白紙寫了"天下第一科"五個大字朝工藝科門上一貼。工人們看了都笑煞了。為這事，胡政民把我叫到廠長室，一張紙頭一枝筆放在我面前，要我檢查。我咬住嘴唇不肯，他沒辦法，就扣掉我一個季度的獎金。文化大革命中，我們工人革命造反派把這"天下第一科"給封掉了，工人參加管工藝。現在這句話揭了胡政民的"瘡疤"，他沉默了會兒，終於陰沉沉地說："你是新幹部，我管不了啦。阿寬師傅，你們看著辦吧。"

阿寬師傅說："我們知道該怎麼辦的。"

　　這個會開得不歡而散。胡政民那張陰沉沉的臉像塊石頭壓在我心上。我想，也許不該戳人家"瘡疤"吧？可是，不說怎麼行呢？鬥爭擺在面前，回避不了啊！

　　回到家裡，我那剛學走路的女兒小纓撲過來抱著我的腿，仰著嘻笑的臉嚷著："媽媽，我要看電視，要看毛主席！"這孩子，我帶她到工人文化宮看過一次彩色電視，她就老記著。"媽媽做電視機，我大了也要做電視機。"孩子一個勁纏著我。她哪兒知道媽做電視機有多少犯難呀？我們長江廠生產顯像管不也像這剛學走路的孩子一樣，不怕摔跤，在摔跤中成長嗎？我們需要的是熱情的鞭策，有力的支援。可是，公司裡別人卻想扼殺我們。是的，我說得一點不過分，就是扼殺。我把孩子緊緊抱起來，心裡像火燒一樣。

　　這天晚上，我心裡煩極了。炒菜，忘了放鹽；踏縫紉機，老是斷線。我乾脆啥也不做了，坐下來，又一次學習了黨的十大通過的新黨章。我下定決心要堅持鬥爭。

　　第二天一上班，工人群眾圍著我問：

　　"四季度怎麼幹？"

　　"公司對我們一定支援吧？"

　　我說："先別管它。我們再仔細想想，我們這樣搞，是不是符合毛主席的革命路線？"

　　"毛主席號召我們獨立自主，自力更生，我們憑工人階級一雙手，大打電視工業翻身仗，有什麼不對？"老師傅們說。

　　"樹英姐，你真是多問的！快說吧，公司支持不支持？"姑娘們挽著我的膀子直嚷。我聽了心裡熱呼呼，渾身是力量。我拉著兩個姑娘的手說："既然路線是對的，是符合毛主席的革命路線的，我們就幹，幹到底，不回頭！"

　　"幹到底，不回頭！"大家一道喊。

　　阿寬師傅摸著鬍子笑了，他說："樹英，誰要說回頭，我阿寬老頭就糊他的大字報。"

我說："我要是成了絆腳石，你們就搬掉我。"大家都笑了。是的，我們走在社會主義大路上，向著共產主義的偉大目標前進。回頭？回頭就是搞資本主義！

正高興，忽然光明玻璃廠的生產組長老趙來了只電話，說他們四季度不能爲我們生產玻殼了。真怪，昨天跟他說得好好的，怎麼過了一夜就變卦了！我在電話裡說："老趙，你真辣手，關鍵時刻你來這一手，這是存心卡我們呀！"老趙說："哪裡！公司老胡跟我們明確說了：'顯像管不擴大外協作。'我說任樹英同志，你就別跟老胡扭了。不做'大餅'做'油條'，反正都是建設社會主義嘛。"

"你還是關心關心我們廠，關心關心我國的電視工業吧。難道你不知道國家多麼需要顯像管？"我有點焦急了。

老趙停了一停，說："講實話吧，供應你們一點玻殼，完全沒問題。只要公司老胡說一句：'在你廠生產許可範圍內，適當幫長江廠一點忙。'只要這一句話，我們馬上給你們送玻殼。"

同志們，你們看，一句話就想卡死一個廠，不知這權力是誰給的？我掛上電話，馬上騎著自行車往公司趕，我要去找胡政民辯論，他憑什麼這樣卡我們？那天刮的是西北風，涼颼颼的。我雖只穿了件絨線衫，還是感到臉上發熱，風吹上來，一點也不覺得冷，那怕是三九、四九的寒風，也壓不住心頭的火氣。

這一天，公司生產組其他幹部都下廠勞動去了，只有胡政民一人坐在辦公室裡寫東西。

我站在他面前說："胡政民同志，我想不通。"他似聽非聽，頭也不抬，繼續埋頭寫。

我隨手拿起桌上的一枝鉛筆，"篤篤篤"地敲著桌子責問他："你說，我們生產顯像管，到底犯了哪條法？"

胡政民還是不抬頭，但總算開口了："我們公司又不是電視工業公司。市場上沒有電視機，是不會找我們公司的，也不會找你們長江廠的。」

　　「能為發展祖國電視工業出力，我們感到光榮。」我有點激動地說。「你呀，才當了幾天幹部，管了百十個人，就神氣得……告訴你，國家不靠你們這種廠。目前只是過渡過渡。」胡政民抬起頭來了，他眼裡流露出一股很輕視人的神氣。

　　我知道，對長江廠，他根本就瞧不起。瞧不起不要緊，我們幹個樣子給你瞧。可是你不能扼殺我們。我說：「我有啥好神氣的，還不是一頭靠領導，一頭靠群眾。你說不出我們生產顯像管犯了哪條法，你就得支持。」

　　胡政民皺皺眉頭，說：「當初你們開始試製，我也沒有反對嘛！可事實證明，你們搞不好。你知道國外顯像管是怎樣生產的嗎？別說顯像管，就拿這只煙缸來說吧，多別緻！」他的眼睛向桌上的那只怪煙缸瞄了瞄，「這是一個外國廠長送給我的，我們在那個廠參觀了一整天，那才叫現代化呢！」他得意洋洋地說了一通，看看我的神色不大對，才一下子煞住了。頓了頓，又說：「如果上級一定要我們搞，也得另找出路！你不聽我的話，一意孤行，那你就搞去吧。有啥支持不支持的！」

　　「你想通過攔斷我們的外協作來扼殺我們，現在你又想用什麼外國的煙缸來嚇唬我們，你想想，你的立場究竟站在哪裡了？」「蔔」的一聲，我把手上的鉛筆頭給撅斷了。他呆了半天，說：「你……我一心為了你好，想不到你對我意見這麼大！」他惱羞成怒了，「作為一個支部書記，你竟帶頭不按計劃生產，只圖做新產品，利潤也不要了。你就是這樣當幹部的！回去好好想想，再這樣幹，我要提交公司黨委討論。」說完，他把轉椅一推，丟下我就走了。

　　我一個人留在辦公室，心就像打鼓似的跳。我想，平時開會，胡政民他也說要政治掛帥，要抓批林整風，抓革命，促生產。可現在，群眾的積極性越來越高，他卻大潑冷水，這是為啥？我知道，胡政民的意思是叫我回去對群眾講："顯像管少做點。"甚至說："不要做了。"我怎麼講得出這種話！我沒有這個權利。工人生產不是為我，也不是為他胡政民。國家要打電視工業翻身仗，胡政民他卻只要利潤；毛主席號召我們獨立自主，自力更生，胡政民卻說不靠你們這種廠，要另找出路。向哪兒另找出路呢？我突然發現，他桌上那只玻璃煙缸原來是只"蝸牛"。褐色的蝸牛殼下伸出灰色的腦袋，難看死了！胡政民竟然從外國老闆手裡接受這種"禮物"，還視如珍寶，而且還甘心像蝸牛一樣跟著洋人爬行，真是奇恥大辱！我算是想通了。我拿起筆寫了張條子，把那只"蝸牛"肚皮朝上翻過來，壓在條子上。我寫的是：

> 老胡老胡抬起頭，
> 不要甘心做"蝸牛"。
> 中國工人志氣大，
> 自力更生爭上游。
> 雙手造出"爭氣管"，
> 氣死美帝與蘇修！
>
> 　　　　　　任樹英

寫完，我又加了一句："同志：這是兩條路線的鬥爭！"

同志們：胡政民自從文化大革命以來，聽到"路線鬥爭"就不舒服。我這樣寫倒不是嚇唬他，事實是這樣。毛主席說："反潮流是馬列主義的一個原則"。"在路線問題上沒有調和的餘地"。我決心跟胡政民鬥爭到底。我不怕！我靠了啥？靠了對毛主席革命路線的堅定信念，靠了一個共產黨員的黨性，靠了我們廠百十個被胡政民瞧不起的工人群眾的火熱的心。我大不了"烏紗帽"不要了，戴了"烏紗帽"不站在毛主席革命路線上，還要它幹啥！即使丟了"烏紗帽"，我仍然要和大家在一起搞顯像管。只要我任樹英還在長江廠，還有一口氣，我就要聽毛主席的話，就要走在獨立自主，自力更生的大路上，爲大打電視工業翻身仗奮鬥到底！

　　同志們：我真從心裡感謝我們廠的工人群眾，他們真是把心都掏給社會主義了。大家一聽公司有人不支持，就試探地問我："你是我們的當家人，你說怎麼辦？"我說：

　　"很簡單，兩橫一豎——幹！"

　　大家"嘩"地歡呼起來：

　　"樹英，你領頭幹，我們跟你在一起！"

　　"樹英，就是要反這個潮流。檢討我們跟你一起檢討。"

　　多動人的場面！我感動得眼眶都濕了。

　　可是，沒有玻殼怎麼辦？說出來同志們也許要笑，我們組織了一個幹部、群眾代表團，寫了一份大紅的求援信，開著卡車，敲鑼打鼓到光明玻璃廠"訪問"去了。我們宣傳黨的十大路線，宣傳中國工人階級獨立自主、自力更生的傳統，宣傳廣大工農兵對國產電視機的迫切需要……光明玻璃廠的老趙今天也參加會了。他當時笑著說："你們真厲害，將了我一軍！"我們沒辦法呀。光明玻璃廠的黨支部和群眾熱情接待了我們，大家一起開座談會，談路線，談文化大革命在工廠引起的深刻變化，談社會主義企業的方向。毛主席的革命路線把工人的心串在一起，大家越談越熱烈。老趙說："那就幹起來，對於老胡，暫時不要理睬他。"我說："給他報個訊也好嘛，反正我們兩廂情願搞協作，保證全面完成國家計畫。"這一來，倒是將了胡政民一軍，他背後說我是四處"煽風點火"。煽社會主義風，點革命的火，有何不可！他還說，他和我沒什麼路線鬥爭，對我不大熱情是有的。對我不熱情有啥要緊，我說，他是對社會主義不熱情！

　　有意思的是，沒幾天，公司來了個通知，調我到馬列讀書班學習。參加這期讀書班的全是各廠的生產組負責人，就是長江廠出格，去了我這個支部書記。

讀書班主要學習《哥達綱領批評》，大家聯繫實際，批判拉薩爾的機會主義路線和經濟觀點。學習，給了我新的戰鬥力量。這期間，每天晚上我都四處跑，或者回廠，或者到同志們家裡去，和阿寬師傅等同志交流學習體會，討論工作。叫胡政民知道，他又要說我"煽風點火"了。那時候，我胸中實在是鼓蕩著一股風，燃著一團火啊！

這次去學習的名單，是胡政民安排的。在公司黨委會上，他提出將我調離長江廠，沒有通得過，他就趁公司辦生產幹部讀書班時，把我也調去了。我去了沒幾天，他就趕到我們廠找阿寬師傅。他說："你我都是搞生產的，同行不說外行話，工廠怎麼能沒利潤呢？長江廠解放以來，從沒開過'紅燈'，可你們這回碰了鼻子還不轉彎。你是飽經世故的人了，不能看著任樹英那麼任性。"

阿寬師傅說："我說我不只是搞生產的，我們是搞社會主義的，搞社會主義你好像真有點外行。你為什麼不想想，文化大革命前，我們這百十個人的廠能這樣大批生產顯像管嗎？做夢也不要想！開'紅燈'，我們會解決的。轉彎？向修正主義轉彎嗎？"阿寬師傅說得多好！

"哎，真是有理說不清！"胡政民還自認有理呢。他接著說："生產顯像管是蝕本生意，多做多蝕，少做少蝕，不做不蝕。不做當然不行，國家安排了計畫。但是，完成計畫以後，再無節制地做下去，就不對了。"

阿寬師傅聽了這話心裡直冒火，但他還是微笑著說："老胡，說句不中聽的話，你猜：你這話使我想起啥啦？我想起過去學生意時的刁老闆。那時我才兩隻火油箱高，刁老闆用自來水管子打我們，逼著我們童工一天除了睡五六個鐘頭外，都得手腳不停地為他做小燈泡。他說：'你們不做，老子靠啥賺錢？多做多賺，少做少賺，不做不賺，誰偷懶，我打斷他的骨頭！'老胡，你聽，這和你說的雖是兩碼事，但著眼點是一樣的：這就是一切圍繞在‘賺錢’‘蝕本’這幾個字上轉，如果我們都從這幾個字上考慮問題，那同資本主義有啥不同！老胡，我老頭兒也許比得不當吧？”這話，把胡政民氣得一轉屁股跑了。

讀書班結束以後，我回到廠，廠裡面貌大變了。很多土設備、技術革新專案都搞起來了，顯像管成本在大幅度下降，產、品質直往上躍。我們想，如果公司再撥給我們一點設備，把這舊廠房翻造一下，那生產就不是翻一番的問題，而是要跳幾跳。我們長江廠的工人是有雄心大志的，我們要為國家做出更大的貢獻。可是，我們申請設備，胡政民不批；申請翻造廠房，他也不準。他那顆心，就像石頭一樣梆梆硬，冰冰冷。他說：沒有錢。可是，真的沒有錢嗎？同志們，說起來真叫人心疼啊！

有一次，我在工業展覽會碰到一個電視辦公室的同志，他告訴我，國家準備向我們公司投資。他說：“這下你們可如猛虎添翼，要大顯身手啦。”可隔了半個月，公司一分錢也沒給我們。

事情終於清楚了。一天下午，我正在車間裡和同志們一起搞擴大生產用的隧道烘箱，忽然，廣播裡喊：“任樹英同志，到辦公室，有人找你。”

我從烘箱裡鑽出來，顧不上洗臉，就穿好棉襖，上了樓。一看，胡政民很篤定地在屋裡踱方步，桌上放了一隻大的黑皮包。

我很高興，他總算有興趣到我們廠來看看了。我告訴他，技術革新出潛力，生產顯像管我們已經不虧損了。

他不以為然地點點頭，拉開皮包，拿出厚厚一疊花花綠綠的外國產品說明書、廣告。他像個推銷商品的商人似的對我說：“開開眼界吧，這是我出國帶回來的。”

我翻了翻，那些古怪的色彩，誇大的宣傳，實在使人不舒服。我說：“放著吧，也許有點參考價值。”

“參考？”胡政民足足地吸了一口煙，慢悠悠地把煙頭撳

滅，一本正經地告訴我：最近上級機關向公司下達了更重的顯像
管任務，並考慮作些投資。所以他準備打報告要求向國外引進一
條流水線。他說："你們準備幹老本行吧，小燈泡生產利潤還是
不錯的。"

"要我們下馬？"我脫口問。剛從熱烘烘的車間上來的我，
這會兒只感到背脊骨發涼

"如果你們捨不得放下顯像管，我可以考慮把進口的流水線
放在你們廠。只怕你們這'小廟'裡養不下'洋菩薩'，你嫩竹
子扁擔挑不起重擔子。"說著他揚起臉打量打量我們的廠房，"當
然事情還沒決定，我先來打個招呼。不過估計問題不大，外國的
那個廠長親口答應過我，他們樂意提供。"

"就是送你'蝸牛'煙缸的老闆？"我問。

他有點不安地看看我："你不要意氣用事。這是友誼。"說
著他收拾東西就往外走。我看著他挾著皮包走到辦公室門口，氣
得胸口發疼。讓這種"友誼"見鬼去吧！我感到站在我面前的已
不是胡政民，而是一隻面目可憎的"蝸牛"！

"等一等！"我猛地喊住他。

他回過頭，抬起手腕看看錶說："快下班了。你有什麼要求，
可以提出來。"

"你坐在這兒！"我兩眼死死盯住他，指著辦公室裡的一張
椅子，幾乎是命令式地說。

"有話好說嘛。"他不自覺地坐了半個屁股。

我轉身向廠門口走去。門房間有只擴音機，可對全廠廣播，
平時找人，叫電話也靠它。我抓住話筒，向全廠喊話："同志們，
今天下班以後，在食堂開緊急會議……"我一連喊了三遍。喊一
遍，就感到身上增添一分力量。我又到車間和阿寬師傅等幾個支
委交換了意見，才回到樓上辦公室。

胡政民在辦公室裡焦躁不安地走動，見了我，他故作鎮靜地

問：“你們要開會？”

我平靜地說：“你先坐下，我向你匯報工作。”這是實話，我們全廠怎樣堅持獨立自主，自力更生，大搞技術革新，降低產品成本，提高工效……胡政民知道得太少了。他自言自語地說了句：“真糟糕。”無可奈何地坐了下來。

沒說幾句，下班鈴響了。工人們不洗手，不洗臉，有的工作服都沒脫，從各個工廠間擁到食堂裡。我請老胡一起下去，他很光火地問我：“你要幹什麼？”我說：“請把你的計畫跟群眾談一談。聽聽大家意見。”

“簡直無法無天！”他捏著拳頭喊道。“你又想像文化大革命初期那樣搞嗎？”

我平靜地拍拍衣裳，說：“黨的十大文獻裡不是說了，文化大革命今後還要進行多次嘛。你我都是共產黨員，都是黨的幹部。共產黨的幹部難道還怕群眾嗎？”

這時，阿寬師傅也帶了幾個人一起來請他。沒辦法，他只得跟我們到會場去了。同志們，就在今天我站的這個地方，胡政民第一次和我廠的群眾見面。大家一聽公司生產組領導來了，都很安靜。

胡政民一連咳嗽了好幾聲，才說：“同志們……同志們……”他話說不出，汗已急得一頭了。“你們這廠房不大通風啊。”說著他又掏出手帕擦汗。“同志們……”他喊第五次了，下面幾個小青年已在議論：這位老胡是不是“口吃”。可是胡政民鎮靜了一下，終於很流利地說了：“同志們，大家在這樣的條件下搞顯像管很艱苦呀。最近公司打算從國外引進一條先進的顯像管流水線，如果大家感興趣，可以考慮撥給你們長江廣……”

“這是什麼意思？”沒等他說完，有人站起來問。“那我們自己搞的這一套呢？”

“就不要啦。同志，要儘量採用先進技術，可不能抱著老黃牛不放。"胡政民顯得很輕鬆地說。

"那我們今天剛搞好的隧道烘箱也不要啦？這可是先進的，能提高工效好幾倍呢！"一個姑娘站起來說。

會場裡不安靜了。忽然一個粗壯的聲音問道："那我們廠門口那兩句話還要不要？"這是阿寬師傅。我們廠門口不是寫著"獨立自主，自力更生"八個鮮紅的大字嗎？每逢過年過節，我們都記著把這八個字用紅漆細細刷一遍。這八個字，不僅寫在廠門口，它刻在我們工人的心上啊！

"對啊，還要不要？！"許多工人一起喊。

"這個……"胡政民答不上了。

"有錢為啥不肯花在發展我們自己的生產能力上呢？"

"這是劉xx、林彪的修正主義路線，拿洋拐棍壓我們小廠啊！"

"……"

會場沸騰了。我坐在臺上，真想的工人群眾一起討論。世界上還有什麼比覺悟了的工人更可信賴？還有什麼靠山比毛主席領導的革命群眾更堅固？我知道群眾想些什麼，會說些什麼，啥也不用我來說，群眾說得比我好得多啦！

胡政民有點尷尬了。他回頭來看我，意思像是求援。

我站起來，招呼大家安靜下來，也招呼胡政民坐下來。我說："公司胡政民同志平時很忙，難得到我們廠來，今天我們就利用這個機會，匯報一下工作吧。每個小組上來一個代表。"

長江廠的群眾說生產顯像管是不用準備發言稿的，就像拉家常一樣。大家爭先恐後地湧了上來，有些同志的發言不免尖銳了一些，這個會實際上開成了個對劉xx、林彪修正主義路線的批判大會。大家的情緒沸騰到極點，只有胡政民一個人如坐針氈。

臨走，他對我說："我可算認識你了。" "認識"就"認識"吧，"認識"了又怎麼樣！會後，我們支委會討論了一下，給公司黨委寫了信。我們不排除學習國外先進技術，但堅決反對以引進國外流水線來壓制我們。中國工人階級有志氣，有能力，在不遠的將來，一定能趕上和超過世界先進水準！爲這件事，公司黨委書記到我們廠來了好幾次，他作了自我批評，他說："黨委裡鬥爭也很激烈。"鼓勵我們進一步深入開展批林整風，抓大事，促大幹。

同志們，要不是活生生的鬥爭事實，有些人簡直不敢相信還會有胡政民這樣的人。現在，通過批林批孔，我們廠的職工更進一步看清了鬥爭的實質。通過我們的鬥爭，也更說明了批林批孔鬥爭的必要性。胡政民，實際上就是要我們長江廠倒退，可是我們要向他大喝一聲：倒退是沒有出路的！我們要反覆辟，向前進，而每前進一寸都要經過艱苦的鬥爭。我們深深體會到：舒舒服服，輕輕鬆鬆，是幹不好社會主義的。革命，不可能風平浪靜。在大風大浪中，能不能堅持毛主席的革命路線，是一個考驗，嚴峻的考驗！考驗你走社會主義道路是不是真能做到風吹不轉向，浪打不回頭！

最後，我們廠的群眾委託我對胡政民同志說幾句話：老胡，爲什麼你對文化大革命總有點不舒服？對社會主義的新生事物看不慣？爲什麼你看不見獨立自主，自力更生的陽關道，只看見跟著洋人爬行的獨木橋？因爲你背上壓了個修正主義的"蝸牛殼"，聽說，最近你把辦公桌上的那只"蝸牛殼"拿走了，但光是拿走一件擺設是不行的，重要的是思想。我們爲你擔心，要幫你甩掉這個"蝸牛殼"。不然，是很危險的。你是想用資本主義經營方式建設社會主義，這是"南轅北轍"，行不通！我們勸你認真讀一點馬列的書，毛主席的書，下決心把思想上的修正主義貨色剷除。我們還勸你到批林批孔運動的浪潮中來痛痛快快洗個臉，洗個澡。來吧，長江廠的群眾歡迎你來！

胡政民，低頭坐在天井裡的一級樓梯上。人們從側面只看見他那高高的顴骨,和眼角過多的皺紋。他左手托著臉,右手撐著膝蓋,右手指縫裡夾著的一枝煙自燃了好久了。轟鳴的掌聲驚得他猛一抬頭,香煙上掉下來長長一截煙灰。

人們熱烈地鼓掌。任樹英臉上泛著紅光,她習慣地甩了甩頭髮,從講臺前快步走下來,嘻笑著擠到一個姑娘旁邊坐下。

掌聲越來越響,形成了鏗鏘而熱烈的節奏。這是歡呼,這是祝賀,這是批林批孔的雄壯鼓聲!任樹英同志,你豈止是代表了長江廠,長江廠的方向,是毛主席指引的方向啊!

（原載《朝霞》1974 年第 4 期。）

鐵 流 奔 騰

朱 蘇 進

　　一盤皎月悄悄地爬上會議室的視窗，好奇地往裡面窺望著：會議桌旁坐滿了人。話語激昂，氣氛熱烈。

　　不久前，榴炮營接到參加三軍演習的任務，要在三個連隊中，選一個擔負主要射擊任務的火力連。現在，營長宣佈了由二連擔任火力連的決定。話音一落，二連副連長龐平山呼地站了起來，黑紅的臉上，神采飛揚，堆滿了笑：

　　　　"嘿嘿嘿，自打接受演練任務後，我們已經進行了兩周的應急訓練，三回摸底考核，四次思想動員。嘿嘿，臨陣磨槍，不快也光嘛。準備工作 —— 嗯，一般說，還可以。這下把火力連的任務交給我們，是敲咱二連的催征鼓，扳上了加力檔。我打保票，這回 —— "龐平山咬住半句話，望望連長張躍武。張躍武靜靜地坐著，那神情叫人有些難以捉摸。

　　　　"說呀，怎麼吐半截咽半截的，說出來他又不割你舌頭。"

　　　　教導員看穿了龐平山的心思，乾脆挑明瞭。

　　龐平山臉有些紅了，大概是想起張躍武不喜歡空口唱高調，使勁咽下一口唾沫，很不自然地轉了個彎子：

　　　　"這回嘛，噢，對。從前咋樣，這回還得咋樣。"說完，渾身輕鬆地坐了下來。

　　看得出來，他對自己的發言很滿意，尤其是後面的幾句話，乍一聽沒啥,骨子裡可憋滿了勁。本來嘛,哪回完成任務,二連不是打頭炮,當尖刀;哪回完成任務後不是跟著一連串的表揚啊,做報告啊。二連無論過去、現在,都不曾屈過這"功臣連"三字。不但不屈,還添了光彩呢。難道這回能例外?

"這麼說,基準炮的問題你考慮好啦?"教導員突然問道。

"基準炮?"龐平山一怔,隨即又笑了,心裡並不在意。誰當基準炮,還不是明擺著。他再一次望望張躍武。

張躍武好像猜到了龐平山的心思似的,揚起頭,深邃的眼睛閃了幾閃,稜角分明的嘴唇,顯露出一絲笑意。他幹起工作來,總愛先動腦子,旮旮旯旯全琢磨透了才放聲。一開口,字字拋石頭那樣有力,直衝著要害戳來。營長把火力連的任務交給他們連,他只說了個"是",壓根兒再沒吐一個字。

對他這習慣,有人說是謙虛,有人說是沉著。真正感觸深的還是龐平山,因爲每當這時,張躍武的意見總使他感到出乎意料。這時,張躍武平靜地說:"我想,應當讓二班擔任基準炮。"說完又坐下去。

龐平山一聽睜大了雙眼,直愣愣地望著張躍武。好像在問:"什麼,二班?"

張躍武微笑著向他點了點頭。

周圍響起了一片唧唧喳喳的聲音。

龐平山剛才那股樂勁頓時沒了。二班?二班怎麼行呢?基準炮是全連的關鍵,打得上打不上,就看基準炮彈頭子準不準。全團上下,誰不曉得二連有個"百發中"的一班,是連裡的老基準。有一回打單炮精度射,一班連續發射一百零二發炮彈,整整在目標圈內留下了一百個彈坑,"百發中"就這麼叫開了。

二班呢,底子薄,基礎差,甭說當基準炮,就連參加這樣大規模的演練,也還是新兵上靶台頭一遭呢。班長又是個出了名的老憨,工作倒踏實,就是不冒尖兒。班裡還有個劉長勝,當兵時間不長，捅的漏子倒不少。才穿軍裝那會，見瞄準鏡上圍著圈黑糊糊，便大驚小怪的，撩起衣襟愣擦。不是副班長攔得快，險些把鏡面給擦毛了。批評他兩句還嚷："俺哪曉得那是結合劑，俺以為是啥髒東西，不擦掉影響視度咋整？"

放著金剛鑽不使，硬抱那鐵疙瘩幹啥？龐平山心裡說："真是出乎意料。"

只聽得張躍武不緊不慢地繼續說道："這次演練射擊各炮間隔大，如果用二炮當基準炮，集火修正量相對小一些，有利於提高射擊精度。再有，要打勝仗，沒本事不行，本事不真也不行。只有一個基準炮班適應不了未來反侵略戰爭的複雜情況。戰場上這個班的戰鬥減員多了怎麼辦？炮打壞了怎麼辦？我們應該讓每一門炮都能勝任基準炮……"

"革命戰士，挑擔就要揀沉的挑，練兵就要衝自己短處練。是吧？"教導員接了上去。

張躍武笑著點點頭。頓時，會議上又響起了一片議論聲。

龐平山到底忍不住，等議論稍定，他就把自己的想法兜底端了出來。末了還加重語氣說："我看二班不行。就是行，也要看看現在是啥時候嘛。"

教導員看了看氣鼓鼓的龐平山，站起身來，微微笑了笑。張躍武的意見和營黨委打算完全一致。不過，此刻他又有一個新的想法：

"張連長這種自覺嚴格要求嚴格訓練的精神很好。至於二班當基準炮行不行，我想暫時不要下結論，讓實踐來挑選好了。這樣，對我們大家也許會有更深刻的教育……"龐平山舒眉笑了。張躍武點頭。

散會了，教導員走來問："張連長，用二班當基準炮有困難嗎？"

"有是有，"張躍武坦率地承認，"但刀不磨不亮啊。"

"好啊。另外,正副指導員都不在家,文唱武打,你得多擔著點哪。"

"我們一定按黨委的要求來辦,首先端正全連同志的思想路線,以綱帶目,完成任務。副連長,你說是吧?"

張躍武笑了笑,可扭頭一望,哪還有龐平山的影子,他心裡一沉。

龐平山大步蹬蹬回到營房。沒歇氣,沒停腳,直奔一排宿舍。他並不失望,心想!"讓實踐來挑選",這意思分明是比一比嘛。那基準炮篤定是一班拿了。他來到一班長周大虎床前,隔著蚊帳捅他一下。大虎呼地從床上跳起來,大睜著兩眼問:"什麼任務?"

"噓 ── 瞧你,睡覺都帶虎氣。"龐平山看看熟睡的戰士,把大虎拉到門外,低聲問:

"你們班火炮器材全準備停當啦?"

"停當了!"

"個人技術全過關啦?"

"過關了!"

"當基準炮信心可足?"

"足!"大虎打雷似的吼道。

龐平山脖子一揚,對一班長的回答滿意地嗯了一聲。不過,關天基準炮的選擇問題,他本想說點什麼,這會兒可又感到不便直言。站了一會,竟說了句與心相違的話:"沒啥事,休息吧。"說著往哨位走去。

"嘀嘀嘀……"一陣哨音劃破了曠野的靜寂。龐平山以他特有的敏銳迅速意識到:緊急戰備!頓時心一緊,飛步奔回連部。推門一看,戰備物資已經收拾好了,張躍武恰好放下電話,轉過身來。龐平山覺得他那目光直射在自己臉上,就不自然地偏過頭去,心一慌,說了句連自己也不明白的話:"查哨去了。"說完,他感到臉上熱了起來。

張躍武沒理會龐平山的窘態，依然平穩有力地說：“營長命令我們即刻按第二號方案行動，十一點半出發，凌晨五時做好射擊準備。”龐平山興奮地說：“好傢伙，提前來啦！”最後幾個字一落地，人已經跑遠了。

幾分鐘後，張躍武乘坐的指揮車呼嘯著鑽進茫茫黑夜。後面，一輛輛齊裝滿員的炮車，緊跟著衝上煙塵翻滾的山路。

演練開始了。

龐平山虎勢勢地站在半截埋在土裡的大石坎邊上，揮舞著手中大鍬，鏟起滿滿一鍬土，呼一聲甩到丈多遠，一口氣搞了幾十下，方才直起腰來，眼望著熱氣騰騰、鎬鍬揮舞的陣地，長長地舒了口氣：第一關總算平平當當地闖過來了。一百五十公里的山路，四個小時就到了。陣地構築更是手拿把掐，迅速、隱敝，還沒有雜聲兒。尤其一班，猛勁巧勁全使上了，這大虎，理解能力就是強，動作就是麻利！龐平山心頭一樂，情不自禁地把大拇指一翹喊了聲：“好樣兒的！”這是他每當完成任務取得勝利的當兒，總也忘不了的一動。

“叮鈴鈴……”直通觀察所的電話響了。龐平山抓起耳機一聽，正是連長。於是不等他問，就講開了：“嘿嘿，連長，行軍準備，提前完成。佔領陣地，提前完成。射擊準備，我看還得提前完成。部隊士氣高哇，尤其……”

“老龐，上級剛才還表揚了我們。我們一定要繼續努力，尤其是要做好應付特殊情況的準備。”

龐平山心吊起來了，憑經驗他知道，怕又有什麼出乎意料的事了。果然，張躍武說：“老龐哇，現在一、三連構築陣地碰上了‘鐵板地’，你看我們是不是抽一部分鎬鍬去支援一下？”

龐平山往陣地上瞥了一眼，心裡打個旋：“現在正是鎬鍬較勁兒的時候，自己剛顧過來，還支援別人？”正想著，耳機又響了：

"老龐啊,咱可得有團結協同的思想作風啊。" 這話果然管用,龐平山急忙說:"連長,再有個把小時,咱們陣地就全構築好了,那時全部支援人家也行。眼下……"

張連長截住他的話說:

"哈哈,副連長,你再考慮一下,然後看情況辦吧。"

龐平山手拿話筒怔怔地站了一會兒,猛然一捶腦袋:"嗨!你這傢伙,咋只顧自己,不想別人?"他大喊一聲:"通信員!通知各班抽一部分鎬鍬送營部。"然後對著話筒叫,"連長,連長。"不見回答,才意識到張躍武已經離開電話了。他一陣猛搖,過一會兒,只聽張躍武笑哈哈地說:"老龐嗎?怎麼樣,鎬鍬送去了吧?"

"別提了,連長。我這毛病,嗨!你往我痛處戳吧。"

"往痛處戳,你的痛處在哪裡?怎麼個戳法?"張躍武打趣地問了兩句。"老龐啊,別急嘛,我看你先找到痛處,再給自己下刀子吧。"龐平山沒有回答,放下耳機,長長地唉了一聲。

旁邊有人打雷似的吼道:"全班注意,開架,放!"

"哦,一班已經進炮了。"龐平山高興地跑過去,"大虎,動作好利索呀。"

半截塔似的周大虎直起腰來:"放心吧,副連長,再挖一個也不含糊。"

龐平山走上兩步,踩幾腳。嗯,炮床平整結實;往胸牆上擂幾拳,星點沙土不掉。這大虎真是一員猛將,幹起活來就是泰山擋路也要推它個跟頭!只聽大虎又勁鼓鼓地說:"副連長,他二班是鐵打的,咱一班也不是泥捏的。是好是孬炮響才見高低呢。"

龐平山心裡挺樂,臉卻一板:"先甭說嘴。你給我再好好檢查一遍,不許出紋絲兒差錯,老鼠拖木鍬,大頭在後面吶。再說,基準炮選得好不好可是關係到……" "對對!關係到咱連榮譽的大問題。所以說有啥子任務只管交給我們!"周大虎把話打住,臉往左邊一擺。龐平山望過去，只見二班陣地上人影閃動，鎬鍬碰擊。不禁自語：「怎麼，他們還在出土？真糟，慢到這個地步。」

龐平山大步匆匆趕過去，一眼望見炮床上堆著老厚一層浮土，心一急，大聲問：「這是誰幹的活？」

「我。副連長。」劉長勝從黑暗裡鑽出來，呼哧呼哧地喘道。他滿脖子滿臉是土，汗水在臉上淌出了小溝，只有兩隻大眼骨碌碌轉。

龐平山一見是他，心裡更火：「這，這不是種莊稼耪地，炮床要堅實、平整才行。」

「誰耪地來著，・工具不夠咋個鏟！」

「喲，你還有理。」龐平山正想批評幾句，二班長趕緊上來說：「副連長，是我沒組織好，影響了進度。」

龐平山看看表：「你們拉下時間了，是不是到一班抽幾個人來幫你們突擊一下？」

「不用，我們保證按時完成任務！」

龐平山又交代了兩句便離開了。

其實，二班要出問題，這他早就料到了，果然又被劉長勝捅了漏子。憑著這個架勢怎麼能當基準炮呢？龐平山越想越覺得自己意見對，越想也越不放心，檢查完二排陣地，一看錶：四點半了。連忙又回頭趕來。

二班陣地上，動靜全無。龐平山急了，心想，陣地沒挖完，就去睡覺了？走上前一看，真沒想到，陣地全構築好了，而且處處合乎要求。心裡一喜，望望四周，卻連個人影也沒有。龐平山正疑惑著，忽然聽見小土坡後面有人說話。他繞過去，一抬頭，不禁「啊」了一聲。

人，全在這裡呢，二班長，劉長勝，還有一班長周大虎……龐平山眼睛一亮：發現連長也坐在裡面，手裡拿著個本子，正聚精會神地聽著。

"……我尋思還會表揚我們呢,不想倒刮了我們的鼻子。咱班要不把好鍬都支援人,別說多挖二十公分,再多點也早幹完了。"

"小劉,別總強調客觀,多從咱思想上找原因。"這是二班長的聲音。"思想,思想有啥問題?咱們把新鍬讓人家使,自己盡使些'豁牙鍬',這風格倒低了是不?再不,咱們從實戰出發多挖二十公分,反做錯了是不?我看是鍬不好,嗯,鍬的問題。"

"我不同意。"二班長站起來說,"一、三連土質硬,困難大,咱們把好鍬支援人家是應該的。咱班土質鬆軟,挖深些更符合實戰要求,小劉這點子也出得對。可這些只能是給咱完成任務添把火,鼓把勁,起一個鼓舞促進的作用,可不能做為動作慢的理由。副連長批評是應該的。再說,戰時情況千變萬化,鎬鍬不夠是常有的事,問題還是咱們思想準備不足,我沒組織好……"

"二班長!"周大虎驀地跳起來打斷了他的話,這平時肩扛三大箱炮彈不皺眉的硬小夥,此時額上滾著汗珠,眼裡閃著淚花。他大聲說,"講得好,想得遠……一句話,你們的慢比咱們的快還符合實戰要求。沒說的,咱服!"

"你這是幹啥?"二班長被大虎這副神態搞得局促不安了。"大虎,別以為這是我的本事。若不是連長來教咱組織人員,搞了個搭對子突擊作業方法,只怕我們現在還在出土呢。"

龐平山大步衝進去,叫了聲:"連長,同志們!"竟一句完整的話也說不出來了。

張躍武站起身,平靜地笑了笑,說:"大家再討論一下,咱們連怎樣在這次任務中做出新貢獻!"說著和龐平山一道走出來。

你這'大炮',今天咋卡殼了?"

龐平山無可奈何地笑笑:"連長,看來這選基準炮的問題還不那麼簡單呢。"

張躍武高興地說:"是不簡單。我覺得這件事向我們提出了一個問題：咱們這個有過榮譽稱號的老連隊，怎樣才能在新形勢下發揚光榮傳統，繼續革命不停步！」

龐平山一驚，心裡暗忖：難道我的痛處在這裡？一不留神，腳在大石坎上絆了一傢伙，差點摔倒。張躍武趕忙扶住他。

「老張，一步沒邁好，步步跟不上啊。」龐平山觸景生情，有些感慨地說。

張躍武忽然笑了，他湊近龐平山的臉，輕聲說：「老龐，我看咱們倆有不少地方挺相像呢！」

龐平山一聽，哭笑不得。他以爲張躍武在逗他，不高興地哼了一聲：「別湊趣了，像你，像你我就好嘍。」

「真的，老龐。」張躍武一本正經地說著，「我在這大石坎前也絆過跤呢。」

龐平山大睜兩眼望著張躍武，不相信地搖搖頭。他哪曉得張躍武講的句句都是實情話呢。

幾年前，張躍武是個出名的「三把火」性格，那時他認爲：操槍弄炮的，得有個勢派，幹起活來就得眼一瞪，聲一炸，手一揮，腳踩得地皮發顫，鬧它個風風火火、龍飛虎跳的。他當排長不上半年，全排立了集體三等功。後來，軍訓五項考核，又得了個四百九十九分，扛著面鮮紅的旗子回來了。

過了不久，他們就在這大石坎邊上，參加了上級組織的實彈演習。

「轟……」炮火打得真齊呀！張躍武滿心高興地伸長脖子望著，炮彈卻飛到山那邊炸了。原來有些戰士想露一手，奪個第一，結果精力不集中，表尺錯裝了一百密位。思想路線偏了，炮彈也偏了。當時，張躍武氣得差點把大石坎砸了。

這個教訓，張躍武看得比成功經驗還金貴。從此後，他變了，出乎意料地變了。他那「三把火」燒得更旺了，只是燒法跟以前不同。他學會了思考，懂得了看問題不能只看表面，只看鼻子底下。那炮筒子脾氣收斂了，他的神態變得又深沉又熱誠，胸中像有一腔沸騰的岩漿在滾動，一舉一動都似有無窮的力量進發出來。看書學習更像順節吃甘蔗，越學越有味道。

而龐平山現在似乎正在走自己走過的彎路。由於工作上一帆風順，便滋長了一種自以為是的情緒。當副連長後，話也稠了，笑也響了，開會喜歡坐頭排，發言要開頭一炮。可是，坐頭排卻不認真聽別人的意見，打頭炮自己又沒有作充分準備……張躍武知道，他這喜氣除自滿外，還暴露出眼光看得不遠的毛病。每當他看見龐平山在成績面前得意洋洋的樂勁時，心立刻收緊了，腦海裡湧出大石坎邊上這一幕。這使他深感自己肩上的重任，他暗自立願：一定要讓他搬掉這個"絆腳石"……

"你看，咱倆是不是有些一樣？"張躍武幽默地講完自己的經歷，沉默了一會，似乎有些激動，"老龐，在征途上有不少'絆腳石'，前進時，免不了要摔幾跤。因為，咱們都還不成熟嘛。但是，摔了跤就要汲取教訓，總結經驗。在工作順利時咱們不能讓征途中表面上的'平坦'迷住了眼睛，放鬆了警惕；更不要在受挫折時停下自己前進的腳步。只有不驕不躁，繼續革命，才能成為一個真正的革命戰士。眼下，看著越來越好的形勢，看著咱們連隊不斷成長，誰不高興呀。可我們不能光讓大好形勢推著走，要做大好形勢的促進派，做革命潮流裡一顆奔騰躍進的水滴。"

張躍武轉過頭來，深情地望了龐平山一眼。忽然間，一股同志感情的熱流湧上心來：他發現僅一天一夜，龐平山消瘦了。是啊，沒白沒夜地操心費力，就是鐵人也要磨去一層皮，也許是我急於求成了吧，點點就會通的……

驀地，面前大石坎跳進眼裡，張躍武心一抖，突然推翻了剛才的想法：不！響鼓也要使重槌敲，幹革命是任重而道遠啊……

龐平山過去也曾聽張躍武講過自己的經歷，但從來沒像今天這樣強烈地引起震動。他心裡像燒著一把火，那麼竄騰跳躍，又那麼暖人心胸。他出了一身汗，漸漸平靜下來了，覺得腳下的路變寬了，自己的眼睛亮了，看到了從前許多看不到的東西。一聲嘹亮的軍號聲把他從沉思中喚醒，抬頭一看：呵，太陽出來了，暖洋洋地照在臉上，張躍武已不在身邊，部隊就要出發去參加演練射擊了。

龐平山彎下腰，鼓足一口氣，呼地把大石頭掀起來，拚力往崖下一推，看它骨碌碌滾下山去，這才如釋重負般吐了一口氣。

他轉過身來，看見教導員和連長踏著金色的陽光向他走來。龐平山大步迎上去，敬了個禮，從心底進出一句話："教導員，連長，把幫助二班當好基準炮的任務交給我吧。"說完，頓覺渾身輕鬆，這才意識到，剛才那種難以表達的情感全在這句話中吐露出來了。

教導員點頭微笑著，那神情好像說：我曉得你會明白的。他凝望著張躍武和龐平山，顯露出一種抑制不住的激動："根據張躍武同志的建議，營裡決定，這次演練射擊，由龐平山同志指揮，怎麼樣？有信心吧？"

龐平山感到十分意外，他望望教導員，又感動地望著張躍武。

張躍武親切地說："老龐，你放手幹好了，一定能指揮好！"他深邃有神的眼睛，熱情地看著龐平山，期望、信任、鼓勵，全在這一瞥裡注進了戰友的心懷。"嘀嗒嗒……"行軍號高亢地叫起來了。新的戰鬥在召喚。

龐平山撲上去和張躍武緊緊地握了下手，然後地轉身往最前面一輛車奔去。

車輪飛轉，馬達聲吼。

一尊尊威武的榴彈炮從張躍武身邊飛馳而過，他高高地站在石崖上，深情地遠望著，前面：道路曲折，山嶺起伏……浩浩蕩蕩的隊伍，卻像鋼鐵巨流滾滾向前，勢不可擋。

（原載〈解放軍文藝〉1974 年第 2 期）

石 橋 畔

鄒 志 安

一

縣農業學大寨經驗交流會，夜裡十二點鐘才宣佈結束。

大宿舍裡，一片香甜的酣聲。 —— 忙碌了幾天的代表們，明天要踏上新的戰鬥里程……

石橋畔大隊黨支部書記雷長濤，儘管眼皮枯澀，卻怎麼也睡不著。他不斷翻著身，弄得木板床咯吱吱響。月光從玻璃窗斜射進來，縣城工廠的機器聲隱隱可聞，雷長濤心裡很不平靜 —— 大會的情景，不斷在他腦子裡打旋旋。

這次會議，總結了今秋以來全縣農業學大寨運動。會上，表揚了石橋畔大隊。他們在三伏大旱期間，艱苦奮戰，取得了特大豐收，比去年給國家多貢獻了二十萬斤糧食。縣委號召：全縣學習石橋畔。後進隊趕快把吃返銷糧的"帽子"甩進太平洋；先進隊要更上一層樓，抓大事，促大幹，為革命做出更大貢獻！ —— 正是這"更大貢獻"幾個字，使得二十七八歲的石橋畔黨支部書記，思潮翻騰，難以成眠啊！

雷長濤思索著："我們已經做了的，距離黨的要求還相差很遠，擺在我們面前的工作，還很多很多啊！……"

他尋找著差距，考慮回去後怎麼辦，如何為革命作出更大貢獻。幾年來的經驗使他想到，凡是要把革命和生產往前推進一步，必然會有鬥爭，想避是避不了的。社會主義的石橋畔，正是在鬥爭中前進的。他考慮著下一步棋該怎麼走？向涇河灘進軍，治灘造地，是他反覆考慮的已經成熟的設想。只有這樣才能大變，才能多貢獻！於是，他又考慮：將會出現什麼問題和困難？幹部和群眾中可能出現那些思想情況？階級敵人又可能幹些什麼？……

雷長濤的心裡，洋溢著鬥爭的激情。他覺得，夜，好像特別長，長得叫人心慌。他輕輕地穿好衣服，下了床，走到門外。呵！深秋夜晚的天空，星斗閃爍，那麼廣漠無邊。一彎晶亮的下弦月，正掛在東南天邊，地上的樹影映得那麼清晰。——“二十一二三，月出雞叫喚，天明月正南”嘛！——離天亮不遠了！趁著月色好趕路，走！雷長濤心裡熱乎乎的，耳畔似乎響起了那熟悉的部隊上的起床號聲。他以軍人的敏捷，迅速收拾好行裝，上路了……

二

雷長濤開會期間，石橋畔大隊由革委會副主任張海主持工作。

這天午飯時，心情舒暢的張海，多吃了一碗飯，而且比往常吃得快。飯後，他抹抹嘴巴和青鬍茬下巴，噙著短旱煙袋，在村裡和各隊場上轉遊。

四十來歲的革委會副主任，長得像一裝糧食那麼結實。今天，他不像往常那樣急沖沖走路，而是滿臉帶笑，輕腳慢步。

給國家多貢獻的那二十萬斤糧食，昨天已全部入倉。給集體留的儲備糧，比去年多了幾成，也已曬乾揚淨，放到保管室的糧囤裡了。但是你看吧！石橋畔仍然是一片玉米的海洋。社員的院子裡，懸著高高的玉米塔，樹權子上吊著玉米串串，在明麗的陽光下，金光燦燦。各隊場裡，還半場半場地堆著一人來高的玉米塔塔哩。合起來至少還有五六萬斤淨糧！

張海叼著煙袋，面對場上的玉米塔塔，思索著。這五六萬斤玉米,咋辦?放到這兒風吹日曬雨淋,要受損失……

張海想起,雷長濤曾經談過的今冬明春改河造田的設想。嗨!這是個美工程嘛,一上馬勞動強度肯定大一些,應該給社員補助點糧,鼓鼓大家的勁!對!剩下的玉米只有分了!……主意一定,他心裡有點高興。多想點群眾的切身事,這是當幹部的責任嘛!

張海正要從七隊場裡轉回去 — 社員雷生亮端著飯碗趕來了。

"主任!我一看你臉上的高興勁兒,就知道你心裡想啥呢!"能說會道的雷生亮,快活的擠著小眼睛,兩頁薄嘴唇,很靈活地動著。

"你知道我想啥?"

"保險替咱社員著想哩!"

怪!這傢伙怎麼看到我心裡去了?……張海不動聲色地想。

"社員都在嚷嚷呢!聽說今冬明春要大幹呀!是吧!對嘛,幹就得大幹,主任,要想叫大家幹起來有勁,你得想點辦法,鼓鼓勁哩!"雷生亮一邊說,一邊瞅張海。

"想啥辦法?動員,號召……還有啥好辦法?"張海問。

"這幾天我聽到些閒話,有人說要分這些玉米,大家的眼都盯著這些玉米哩!"

"黨支部沒有研究……大隊會考慮群眾利益的。"張海仍不露底。

解放前在"裕盛"花行提了幾年秤的雷生亮,會聽話的,一聽就能品出張主任這話的味兒。他驚訝地說:"哎呀!我的張主任!真是群眾想啥你想啥!沒說的,到時候誰要不加勁,我就跟他放不下!"

"生亮,你這說風便是雨……"張海警告說。

"嘿嘿……"雷生亮滿意的笑著。要知道這五六萬斤糧食,每人能分四五十斤呀！雷生亮家就可以再多餵它兩三頭肥豬哩！到時候家庭副業，又是一大筆收入。

“張主任給咱分糧呀！”雷生亮把這個消息，一時傳遍了石橋畔。

三隊婦女隊長雷小芳，聽到消息後，一撂飯碗，忙去找她隔壁的民兵排長雷小虎。

“海哥要把剩下的玉米分了呢！”雷小芳急得兩隻朝天短辮兒亂搖。

“我也聽說了。”雷小虎堅決地說：“分不成！得貢獻給國家！——咱石橋畔社員的口糧標準，已經達到歷史最高水準，難道誰還缺吃的嗎？”

“走！咱倆問問去！”

“不問！”雷小虎說：“我昨天跑去問他，‘長濤哥走時還提說改河造田的事，這幾天咋不見你行動？’他眼一瞪說，‘我有我的安排！你放心！’原來他去安排分糧哩！乾脆寫張大字報，轟他一炮！”

“寫就寫！”雷小芳直挽袖子。

三錘兩梆子，一張大字報飛上了辦公室門口的白牆。

風傳得好快！辦公室門前頃刻擠滿了人，連正端碗吃飯的人都急急忙忙趕來看。一時間熙熙攘攘，轟轟鬧鬧，比開大會還熱鬧。前邊的人看完正評論，後邊的人就硬往前擠。老漢老婆們，不願擁擠的媳婦姑娘們，提名要前邊的大嗓門人念給大家聽，這才使人群肅靜下來。只聽大字報寫道：

> 涇河岸，石橋畔，
>
> 省、地多年老模範，
>
> 今秋有了新貢獻，
>
> 張海老哥腳步亂。
>
> 涇河擺下一灘子，

　　為何不提怎麼幹？

　　找上門去提意見，

　　他開口就頂臉難看，

　　臉難看，且莫言，

　　突然又把消息傳：

　　國家利益他不顧，

　　餘下糧食要分完。

　　私拿主意太武斷，

　　究竟聽了誰意見？

　　大字報，貼當面，

　　眾位同志分分線。

　　革命路上不可停，

　　今後應該如何辦？

雷小虎、雷小芳等

　　念完後，先聽得一片笑聲和叫好聲，接著眾口紛紛，各抒己見，爭論得十分熱烈。石橋畔前任黨支書雷萬有，也立在人群裡，聽著大家的爭論，白眉棱下的眼睛笑眯眯的。老漢今年六十多歲，大前年才把班交給了雷長濤，自己擔任支部委員。看眼前這麼紅火的場面，他心裡樂開了花！—— 呵呵！一茬新苗苗又破土了嘛！這張大字報貼得及時，對石橋畔的革命和生產促進大著哩！……他在人窩窩裡瞅，沒有見張海。—— 海娃子要看見了，會是個啥態度呢？

　　地主分子雷升富，捐著一把釘耙兒，似乎急著提前出工的樣子，從那邊走過來了。看到這麼多人，他遲疑了一下，但還是挨近人群，伸長脖子眨巴著眼，從人縫縫裡往前瞅。雷小虎正在人群中擠著聽意見，笑眯眯的雷萬有老漢用煙袋戳了戳他，指著讓他往後邊看看。

　　哼！這還了得！雷小虎一個箭步衝過去，拳頭在雷升富的鼻子尖直晃：「你躲在這兒看啥？唉？」

「我，我上工呀，路過，嘿嘿！……」雷升富慌忙往後退了退。

「走開！這兒沒你鑽的空子！」雷小虎大聲呵斥。

前的人也擁上來給雷小虎助威，立時就把雷升富轟走了。

人們繼續爭論著，馬上有人回去寫大字報了。趕下午上工，辦公室門口大字報就貼滿了，大部分是支持雷小虎他們的，也有少數反對的。

張海得知消息，忙從場裡趕回來，一看那滿牆大字報，氣得青鬍茬下巴亂動，瞪著眼要尋小虎。

「胡整的啥！誰說我要分糧呢？唉？」

他走了幾步，轉念又想，咱心裡想的，讓大家給唱出來了！其實也好，蒸籠揭開，大家看著辦。你說我想分就想分，光明正大，他朝大字報掃了一眼，轉身走了。

三

深秋的清晨，早起的大雁呼喚著夥伴，在淡淡的霧氣中穿行。東方一抹紅霞，太陽即將升上地平線，此時長濤回到了石橋畔。

白髮蒼蒼的雷大媽，在門口接住了兒子的鋪蓋卷，說：「快到辦公室門口學習學習去！」

雷長濤，黑裡透紅的四方臉盤上，汗珠滾滾；粗布對襟夾襖敞開著，寬闊的胸前熱氣騰騰；褪了色的單軍褲，高高地挽到小腿肚上；千層底下釘皮掌的大鞋，粘泥帶露。現在他來到了辦公室門口的大字報前，一邊用夾襖的擺襟扇涼，一邊看著大字報。他那濃眉下的深沉的大眼裡，洋溢著急行軍後的興奮的光彩。

雷小虎他們的大字報，字寫得有拳頭大，貼在醒目的位置上。他讀了一遍，又讀了一遍，年輕的黨支書，一字一句都刻到腦子裡了。他多麼高興啊！群眾跟他心碰心了嘛！他又詳細地閱讀了別的大字報。啊！贊成的，反對的，爭論得很熱烈嘛！這是好事情，有爭論才有發展。這生動活潑的局面，頃刻使他心裡熱烘烘的。同時，他也爲張海暗暗擔心起來。

"咦？這角角裡怎麼還有一張小字報？"雷長濤走過去，讀了兩遍，皺起了眉頭。"嗯！這……似乎還有點來頭哩！"

這張小字報，字體很有點功夫。它熱烈地爲張海唱讚歌。說張海"積極肯幹，是石橋畔數一數二的虎將"，"敢衝敢闖，戰功累累"；說張海"最關心群眾利益，最能體察群眾的心情"，"分糧是一萬個正確的"，"只有這樣才能調動群眾的積極性"；並且打氣說，"認準了就幹，再大的困難也不要怕！"……

是誰用這種調子講話？爲什麼不加分析，只管吹捧？這和旁邊的大字報，那怕是支持張海意見的大字報相比，口氣多麼不同！雷長濤犀利的目光，在小字報的署名"革命群眾"幾個字上掃來掃去，似乎要看進那筆筆劃劃的骨頭縫縫裡去。

這時，主任張海，剛給外隊調換完籽種，從街西走過來。

海哥！"長濤迎上前去，用寬大有力的帶硬繭的手，緊緊抓住了張海厚厚的長老繭的大手。

年輕的長濤，棱線分明的嘴唇動了動，眼裡滿是深沉的笑意。四十多歲的革委會副主任，厚而寬的嘴巴嘻開來笑著。他們的手，一握一搖，把幾天來的關切，都迅速傳給了對方。

"這兒熱鬧得很呀！"雷長濤指著大字報。

"咳！一言難盡！"張海揮揮手。

"鬥爭挺複雜呢！"

"啥鬥爭？胡整！"

雷長濤看看張海，笑了。他不打算深談，但他急於瞭解情況，忙問："海哥！那幾個壞傢伙最近有啥活動？"

“哎！── 沒見有啥活動麼。”張海手摸著青胡荏下巴，眨著眼睛。

“這張小字報你看過沒有？”雷長濤把張海叫過去，“我總覺得味兒不對！”

“看過了，早上萬有伯告訴我的。”張海不以爲然地說，“有的喊賣醋，有的喊不酸，誰愛咋說就咋說去！”雷長濤睫毛長長的眼睛，一眨不眨地瞅著張海，胸膛起伏，結實的肩膀，微微動了動。

“我聽說看慣了戲的人，樂器再雜再亂，他也能聽出誰的音調不對。”長濤誠懇地告誡：“咱們，不光要看到鬥爭後的勝利，更要看到勝利後的鬥爭，它更複雜、更尖銳啊！”

“他誰敢搗亂，看我叫民兵不把他拾掇個順順溜溜才怪哩！”

長濤笑了，又問了問各種思想表現和生產情況，簡略說了說會議內容，便告訴張海，先找幾個主要幹部通通氣，再到群眾中走走。……

這天夜裡，在辦公室門前的籃球場上，召開了石橋畔全體社員大會。會場上電燈光明晃晃的，你看！男男女女，老老少少，坐了一大片。民兵戰士們全副武裝，盤腿坐在最前邊。坐小凳子的婦女們，不斷伸長脖子朝前瞅。席地而坐的老頭子們，煙鍋裡的火兒忽明忽滅。小娃們，這兒一堆，那兒一夥，有的還爬上了籃球桿。會場上煙霧繚繞，熱氣騰騰。這時，雷長濤正提高嗓門，打著手勢，慷慨激昂地傳達縣上會議的精神。在他把會議精神傳達完以後，又特別強調了“要爲革命做出更大貢獻”。黨的號召，通過年輕人的豪情，鼓蕩著社員群眾的心潮。他的話剛畢，人們就議論開了。

坐在前排的雷小虎，忽地持槍站了起來，說：“爲革命多做貢獻，說到我們民兵戰士心裡了！我認爲現在還有潛力可挖 ──

那五六萬斤玉米，還可以給國家貢獻出來！"

雷小虎剛坐下，雷小芳又站了起來，嗓音清脆響亮："改河造田，這是為革命多貢獻的得力步驟，我建議很快計畫，馬上就幹！"

人群裡一片掌聲，接著又是更熱烈的議論。

長濤聽著年輕人的話語，把火熱的目光投了過去。

"我有幾句話，不知當說不當說？"雷生亮一邊說著，一邊摸著屁股下的板凳。

"大叔，有話就說嘛！"長濤笑著鼓勵他。

"反正只剩下五六萬斤了，剝呀，曬呀，揚呀，賣呀，麻裡麻達！乾脆連骨頭帶肉給大家分了。 ── 國家也看不上咱那五六萬斤！再說，要大幹，總得給社員有點補助糧嘛！就這話！"

張海聽著雷生亮講話，把煙鍋在桌腿上磕得叭叭響。

"生亮！分了這五六萬斤，再要有個五六萬斤咋辦呢？"雷萬有離開桌子，白眉棱下的眼裡，含著譏諷的笑意。

"只要分，我就要呢！誰還怕糧食咬手？"雷生亮話剛落點，引起一陣轟笑。

"你反正是個分不夠咯！"雷萬有笑著說。

"比去年已經多貢獻了二十萬斤，還沒貢獻夠？"雷聲亮不服地說："我認為幹部要考慮群眾利益呢！"

"咱石橋畔這幾年誰家沒餘糧？今年餘糧更多！"雷萬有說："漫說動一個工程，動三個這麼大的工程，你雷生亮的餘糧能吃得完？不多給你點，你就沒勁了？"

"萬有伯！你叫群眾先講嘛！"張海有點不高興地說。

雷長濤看了看張海，思索著。

雷大娘挺著硬朗的身板，從人群中站起來，說："我想問問：舊社會，咱石橋畔誰家有餘糧？又有多少人餓得肚皮跟脊樑骨貼到一塊？ ── 咱不能忘了那個日子呀！咱不能光瞅著咱碗裡飯稠了，把世上連米湯還喝不到口裡的窮兄弟姐妹忘了呀！我老婆子說在當前：就是分那玉米，我也不要！我就要個社會主義！"

幾個貧下中農站起來，大聲說："對著哩，咱們得按毛主席的革命路線走社會主義道路！"

從群衆的話裡，雷長濤更加看準了當前這場鬥爭的性質。群衆會後，他直著粗壯的脖頸，挺著結實的腰桿，走進辦公室；穿著釘皮掌鞋的大腳，踏得那麼沉穩，深沉的目光，放射出堅定不移的光芒。

會後，在辦公室裡他又召開了黨支部和革委會成員會議。爭論，自然必不可少，但最後還是一致通過了他的提議：以黨的基本路線爲綱，發動群衆，繼續討論如何爲革命多做貢獻；注意階級鬥爭的新動向，在抓好秋播掃尾的同時，準備朝涇河灘進軍；那五六萬斤糧食，根據大部分人的意見還是應該貢獻給國家，但幹部的思想還不統一，等一下好。先把它剩下來，曬乾揚淨再說。

四

次日清晨，戰鬥了一天一夜的石橋畔村剛剛醒來，雷長濤扛著鐵鍬，已經站在涇河故道的一塊巨石上了。

東方，先是一片深紫，慢慢變紅變淡。紅日，在一抹紅霞飛動處，磅礴湧出。頃刻，那深秋的天空，那遠方淡青的山巒，那白楊挺拔的廣闊原野，被映照得一派秀麗。清沏的涇水緩緩流著，水面反射出粼粼金波。

今秋一場大水，涇河改道了，河水全都湧進了二道河。南崖下幾里路長的老河道亮底了，亂石狼藉，草根縱橫。據老年人講，涇河這樣南挪北移，不知幾多回，害得人們好苦！

雷長濤，一手扶著鐵鍬把，一手扠腰立在巨石上，心裡波湧浪卷。舊社會，這河裡淌的是窮苦人的血和淚！解放後，雖說舊劇絕不會重演,但由於反革命修正主義路線的干擾,涇河未能徹底治理,它還時不時如野馬脫韁,給你難看。 ── 老一輩的共產黨人,用鮮血和生命把千山萬水奪回到人民手裡;年輕的一代,把山山水水接過來,就應當用革命先輩當年在槍林彈雨中衝鋒陷陣的精神,改天換地,使千山添翠,萬水增色,爲革命作出新貢獻!豈能容忍一條小小的河流橫衝直撞?

晨風,吹拂著雷長濤的頭髮。他深沉的目光掃遍了老河道、二道河、河灘地和南土崖。他跳下石頭,提著鐵鍬,在老河道裡急促地奔走,千層底鞋下的硬皮掌和鐵釘,重重地踩踏著亂石和草根。搭在肩上的粗布夾衣,不時從這邊掄到那邊。

秋洪至今,長濤和他的同志們,在這裡看過多回。直到上縣開會期間,一個較爲完整的改河造田方案,才在他腦子裡成熟了。他打算分兩步走:先削南崖,在老河道裡修築一條十畝大的壩,等明年秋天漲水,讓涇河再走一次老河道。 ── 洪水期含沙量達百分之七八十,水退後,老河道將變成三四百畝平展展的細沙土地;然後,朝二道河進軍,挖深河床,石砌河岸,卡死老龍的脖子,永不許它爲所欲爲……

太陽升起一桿高,涇河兩岸一片喧騰。那緊張的在霜降節氣前搶種冬小麥的叮咚耬聲,振奮人心地在地裡響著。幾隻蒼鷹,在天空展翅搏擊。

"爲革命做出更大貢獻"的戰鬥召喚,不斷在長濤的耳畔轟鳴。他站在二道河邊,鑽天白楊上的幾滴露珠,悄悄掉進他粗直有力的脖頸。

"是長濤哇!我就說麼,大清早誰在這裡跑啥哩!"老支委雷萬有,從河灘地邊的棚棚裡鑽出來,笑呵呵地喊。

"大伯!"雷長濤喊著迎上去。

一九六七年,雷長濤高中畢業返鄉,前任黨支書雷萬有給他扛的鋪蓋卷;同年底雷長濤參軍,雷萬有手拉手兒送出村;雷長濤在部隊上入了黨，一九七〇年復員，年底，便接過了雷萬有交給的黨支書這副重擔。雷萬有，班雖交，心不離。他時時用含笑的眼睛，關注著接班人的一舉一動。

現在，一老一少在二道河畔的連心石上坐下來了。

雷萬有告訴長濤，他挨家挨戶走訪了，真正要分糧的是少數。很多人都給他講：咱改河造田是想給革命多貢獻呢，不是瞅場上的那些糧食。早起拾糞的五保戶陳老二，看見雷升富貼小字報了……

雷長濤懷著激動的心情，用尊重的眼光看著萬有，信心更足了。他告訴萬有，他還瞭解到雷升富朝雷生亮家跑得很勤……

"你先說對雷升富咋辦呢？"雷萬有問。

"叫他表演！只要咱不喪失警惕，他表演越充分越有好處，到時候再捉住尾巴，把他提個倒栽蔥！"雷長濤胸有成竹。

"嗯！——"雷萬有點了點頭，又問："對張海呢？"

"我準備找上門去，再跟他亮亮思想碰碰心。"長濤思考著，"話非說透不可！"

"對！"萬有打火抽煙，滿意地瞅他身邊的接班人。

這時，在灘地裡拔棉桿的社員，開始休息了，他們紛紛圍攏過來。

"長濤，生亮這兩天跑得勤哩！他把我們的副隊長也說轉了，一個勁找海娃子要分糧哩！我跟副隊長打過招呼：你要聽生亮的話就聽去，甭說代表我們社員！"

"雷生亮的意見能聽得嘛！他一心想的是箱子角角的票子有多少！這海娃子也真是……"

"長濤哥，乾脆敲鑼打鼓給國家送，沒啥說頭！"

"對！該掐的掐斷，該接的接牢！"

"張海剛才捎話把會計叫回去了，說搞分配方案哩！"

雷長濤一直在靜靜地傾聽著大家的意見，現在，他站了起來，用目光徵求雷萬有的意見，穿好粗布夾襖，把鐵鍬掄上肩，扯著大步，向村裡走去。

五

"你先算算嘛！"革委會副主任張海，赤腳蹲在自家的炕上，叫大隊會計把各隊餘下的玉米的數字大概合計一下，看分到每人名下有多少？"反正非走這一步路不可。"他說，"等工程一開始，人馬一動一陣風，那時再算，就忙得顧不過來了。你早走一步，叫我心裡有個底兒！"

"大家還正討論，不是沒定嗎？"坐在炕邊的會計說，"再說，我也不同意分……"

"哎！你是個老會計，辦啥事心裡得有個數呀！"張海笑道，"那麼大的工程，勞動強度大哩，不加點糧，行嗎？只要社員的幹勁更大，幹的更美，明年給國家不就會貢獻更大了麼！— 你先算，有個數兒，我再給長濤做點工作。他會同意的！"

"不！我根本就不同意！"雷長濤把鐵鍬靠在門外，一腳剛踏進門，就和張海接了火。

張海心平氣和地說："長濤，先不要把話說絕，商量商量，我看群眾的呼聲是正當的。"

長濤見張海臉上一派自信的神色，說："我想問問你：咱們今年執行三兼顧政策，究竟怎麼樣？集體留糧和社員分配口糧，是不是已經達到了縣委規定的比例標準？— 對！是達到了！而且是全縣最高的標準！可是咱們的貢獻，是不是也達到了最高的標準了？那下餘五六萬，能貢獻的不願意去貢獻，這叫什麼三兼顧？"

"坐坐！長濤！你先甭急嘛！"張海笑著，眼裡依然流露著自信的神色。"我問你，要動那麼大的工程，給社員加點口糧，把工程趕快些，你能把這說到啥錯處去？"

雷長濤那棱線突起的嘴角角，含著比張海自信十倍的笑意，深沉的目光，在張海落腮鬍茬的臉上搜索片刻，然後穩穩坐下來，說："你正好在這個地方錯了！不是一般的錯，而是路線性的錯誤！"

"啊哈！"張海看著嘴唇上只有一抹淺淡茸毛的長濤，笑道："你這個'綱'只怕上的有點硬哩！你甭嚇我嘛！"

"嚇你？"雷長濤的目光直逼過去，"遠的不說，就拿咱們前幾年打機井，修抽水站，搞條田化來說，那時咱們的口糧是多少？比現在多？群眾的幹勁爲什麼那麼大？可現在口糧比那時高得多了，你卻要用糧食去鼓大家的幹勁。這不是劉少奇搞的那'物質刺激'嘛！這不是路線錯誤又是啥？"

張海也火了，從炕中間挪到炕邊來，他半蹲半跪，理直氣壯地說："難道我把五六萬斤玉米，背到我屋裡了？分糧是爲我個人……"

"張海同志！"雷長濤莊重地叫了一聲，說："毛主席教導我們：**'歷史的經驗值得注意'**。你把文化大革命前的教訓，怎麼就忘得一乾二淨了呀？"

早前，石橋畔大隊長張海，在第二生產隊蹲點，他在劉少奇"三自一包"、"四大自由"等反革命修正主義黑貨影響下，曾提出過"二隊要得發，馬下騾子種西瓜"的口號，同時組織包工隊出外掙錢。年終一算賬，勞動日價值倒不低，但糧棉產量大幅度下降，第二年春上還要吃返銷糧。文化大革命中，群眾狠批了劉少奇的反革命修正主義路線，幫助教育了張海。六七年雷長濤回隊後，也參加了那場鬥爭，並且受老支書的委託，和張海談過幾次話，所以記憶猶新。

"張海同志！那時你搞'金錢掛帥'，事隔幾年，又搞'物質刺激'，看來，對這條錯誤路線，還必須批了再批，鬥了再鬥！

要不，照你這樣弄下去，不是又走老路了！這難道是嚇人嗎？

張海只覺得腦子麻木木的疼，一聲不吭。

雷長濤，在靠牆的紫色條桌跟前立著，眼裡出現了深沉的思索的光芒。回憶，把二十七八歲的黨支書帶進了那場暴風驟雨般的大革命運動中⋯⋯每個人，都應該認真地思考那場大革命向人們提出的許多重大問題，汲取那些新鮮的經驗和教訓，以便在新的戰鬥中更加堅定地執行毛主席的革命路線，勇往直前！

年輕的雷長濤，在人民解放軍的大熔爐裡冶煉過的接班人，滿懷激動，在張海的炕邊坐下來。四目相對，千言萬語⋯⋯

六

支委會結束後，雷長濤、雷萬有、小虎、小芳和幾個社員，連同雷大媽，在雷長濤的房子裡又坐了很久。大家談得很多，從糧食問題扯到改河造田工程，說到村裡的各種情況，說到雷生亮，說到雷升富；幾個年齡大的人，還談到雷長濤祖孫三代，談到從河南逃荒要飯來到石橋畔的張海母子。

人散後，已經後半夜了。

月芽兒初升，村裡靜悄悄。雷長濤躺在炕上，睡意全無。他拉開電燈，打開《矛盾論》，靠在炕背上認真地看著，做著筆記。又把和小虎、萬有伯他們繪製的工程規劃圖取出來，翻著，看著⋯⋯

雄雞的啼叫聲，在秋末的鄉村黎明，在涇河兩岸廣闊的原野裡，顯得多麼嘹亮啊！上工的鐘聲，門窗的響聲，騰騰的腳步聲，說話聲，隆隆的機器聲，高騾子大馬的嘶叫聲，高音喇叭的樂曲聲，迎來了石橋畔又一個戰鬥的日子。

雷長濤，一手提著鋼釺，一手扶著扛在肩上的鐵錘把，精神抖擻地出了門，準備跟小青年們去探探河底連山石的深淺。他剛到大門口，竟和怒氣沖沖的張海碰了個滿懷。

「你慢走！我有話要說！」張海說。

雷長濤看看張海黑煞煞的臉色，放下家什，一同進了房子。

「長濤！你！你……」一進房門，張海喘著粗氣，像點燃了導火索的雷管，頃刻就要爆炸。「你！你小夥子把我看準！看我夠不夠個‘典型’？該不該‘挨整’？唉！」雷長濤，面對眼睛瞪得滾圓的張海，愣了愣神，突然一仰脖子放聲笑了，笑得淚花花在眼裡打轉。 —— 啊哈！四十多歲的人了，簡直跟十七八的小夥一樣，想跟人打架嘛！「你冷靜點，坐下慢慢說嘛！」

「你還笑，我哭都來不及呢！」張海不坐。

雷長濤靜靜地看著張海。有火氣就先放吧！

「長濤同志！」張海用很重的口氣講著，「我要問你！張海在石橋畔算不算一位幹將？幾年來你駕轅，我拉梢，偷過懶沒有？光今年秋天，連我媽都說我瘦了，你難道看不見？就算我這回又出了點問題，連以前的錯誤都加上，你比比看，功大還是過大？我看我還算不上頑固不化吧！你憑啥要把我當執行錯誤路線的典型去整？唉！……你裝啞巴幹啥？老實說，看我不行，乾脆撤了算了！我當個社員一樣幹革命！反正，張海這一輩子跟毛主席走定了！不管啥挫折都不怕，硬氣得很！」……

雷長濤默默地看著，聽著，心裡早已像秋天的涇水那般清澈透亮了！ —— 階級敵人最會見縫生蛆，什麼樣卑劣的手段都能使出來！炮筒裡本來裝著藥，一點還能不炸？社會上一股風，吹進他的耳朵裡頭就起一層浪啊！……雷長濤的目光像在燃燒 —— 張海呀張海！你都胡說了些啥呀！必須先把你這股被陰風吹起的邪火噴下去！要不，千句萬句貼心話，你聽得進去？

「張海！」雷長濤搶前一步，猛喝一聲。「說這些話，你不覺得臉上臊嗎？共產黨員幹革命，就是身上脫幾層皮，又有啥了不起？入黨時，站在毛主席像前，站在黨旗下，你是咋說的？為人民就是獻了生命也完全應該，有啥功勞可誇？你這算那一路子的硬氣？唉？"

張海萬沒料到，雷長濤會給他這麼一陣猛炮。他喘著氣，後退一步，餘怒未息地盯著，說："我也說過我有錯誤。可你爲啥不分析分析，錯誤難道歸罪我一人？群眾端上飯碗都朝我家裡跑，七七八八纏著要分糧，我不爲群眾利益著想能行嗎？"

雷長濤寸步不讓地朝前跨了一步，釘皮掌的千層底鞋牢牢地踏在地上，眼對眼，一直把張海的目光逼得縮回去，一字一句地問："張海同志，你說說看，怎樣才真正叫做代表群眾利益？"

"你說呢？"張海眨巴了一下眼睛。

"我想，"雷長濤一字一板地說，"作爲一個掌權人，必須認真貫徹執行毛主席的革命路線，堅定不移地帶領群眾走社會主義道路，不斷爲中國革命和世界革命做出新貢獻。這才算代表了廣大群眾的最大利益！"

"我懂！"

"可是實際上，你又是怎樣幹的呢？"雷長濤毫不容情地反駁說："你靠搞'物質刺激'來給大家鼓勁，這叫認真貫徹執行毛主席的革命路線？對雷生亮等人的資本主義自發傾向，你不制止，不批評，反而去滿足，去助長，這叫堅定不移地帶領群眾走社會主義道路？在我們集體儲備逐年增多、社員生活水準不斷提高的情況下，你竟然連五六萬斤糧食都遲遲不願拿出來，這叫不斷爲中國革命和世界革命做出新貢獻？不！你所說的群眾利益，根本就不是真正的群眾利益，而是像雷生亮那樣的個別人的利益！"

"你說我代表雷生亮說了話？"張海緊張起來了。

"你把雷生亮他們說的，跟絕大多數貧下中農說的比一比，就知道你替誰說話了。不僅僅是個雷生亮！"雷長濤提醒說："他背後還有個雷升富！—— 實際上，你也是替這個階級敵人說了話！”

“什麼？”張海的眼睛瞪得滾圓。

“一點不假！”雷長濤帶著對地主份子極大的憤慨說：“就在你提議分糧的時候，這個狡猾的傢伙利用群眾爭論的機會，黑夜裡貼出了那張小字報，為你拍手叫好！要不是你說出了他想說而不敢說的話，這個對你一直恨之入骨的人，會為你大唱讚歌？你忘了你搞‘馬下騾子種西瓜’那陣，雷升富不是也活躍一時，到處說你是個‘好大隊長、好當家’嗎？你可曾想到，敵人給你戴二尺五的高帽子時，那恐怕你也就是有些頭昏眼花了呵！同志！你認真想想！”

張海避開了雷長濤火辣辣的目光，坐下來，下巴抖動，心裡亂成了一團麻。

“我……沒有想到！”他喘著粗氣。

“你應該想到！”雷長濤仍然趁熱打鐵，單刀直入。“咱們在社會主義大道上前進，而資本主義自發勢力卻時刻向我們進攻，黨經常教育我們，要重視階級鬥爭和路線鬥爭，要年年講，月月講，一時一刻也不能放鬆警惕！然而你呢？你的警惕性到哪裡去了？”

“我？”張海先是咬緊嘴唇，接著把牙齒咬得嘣嘣響，額顱上汗水滾豆豆，脖項上青筋艮艮跳。他雙手抱住頭，窩了有一袋煙功夫，忽地跳起來，大聲喊：“我把他雷升富提來問問！我砸爛他的狗頭！……”

“一個雷升富，並沒有什麼了不起！我們要批他鬥他，那是很容易的事情！—— 他！逃不了！”雷長濤眼裡燃燒著火，臉上的肌肉微微顫動。他走了幾步，猛又轉身來，用深沉的目光看著張海，緊握拳頭在面前狠狠一擊，說：“把我們思想深處受敵人歡迎的那個根挖出來，這也和打擊敵人一樣重要。這也是一場鬥爭！”

張海沉默著，沉默著……

"治病不尋根，一朝還要發！"

"你說，這根在啥地方？"張海呼地站起來，睜大了眼，連聲問："你說嘛！在啥地方？張海不是遮醜的人，掰破腦瓜也要把它摳出來！"

"不！這是一輩子繼續革命不停步的大問題！"長濤想起昨夜同志們語重心長的談論，心裡翻江倒海。他走過去，按著張海坐下，深沉的眼裡飽含著熱望，把張海看了半天。房子裡一陣沉默。

"為什麼對毛主席的革命路線會執行不力？為什麼會受錯誤路線的毒害？為什麼對資本主義自發勢力喪失警惕，而在社會主義道路上'左'搖右擺？為什麼階級鬥爭觀念有些模糊？為什麼對支援世界革命，會認為是想得太遠？……"雷長濤像是問張海，又像是問自己。"解放初，你張海心明眼亮，忠心耿耿，黨指向哪裡你打向哪裡，腳步沒半點含糊。那時，你對革命的感情那麼重，可今天 ——"

"可今天 ——"張海雙手托著腮幫，明亮的眼睛看著對面牆上的毛主席畫像。

"我想，那時，你剛剛扔下了打狗棍……"雷長濤不能克制自己的激動，字字句句，發自肺腑，"而今天，你在好日子裡泡了二十多年了……"

張海站起來，摸著青鬍茬下巴，陷入沉沉的思索。

正在這時，雷萬有和雷生亮走了進來。

雷萬有看看屋裡的架勢，笑眯眯地點燃了一鍋煙，坐到炕邊上去。

"長濤！我 —— "雷生亮遲遲疑疑地向前走了幾步，拉住長濤的手，"大叔對不住你！使……使得你們不和……"

"你說吧，當著大夥的面把事情都說出來。"雷長濤讓他坐下來。

雷生亮哪裡坐得住，自從昨天晚上會議結束時，雷萬有找他談話以後，他一直沒睡好覺，心裡翻騰著，鬥爭著。他決心和雷升富劃清界限。現在，他跑過去拉住張海的胳膊，臉紅紅的，薄嘴唇極不靈活地說：「怪……怪我！實話！怪咱學習差，世界觀沒改造好！——私心還重……重得把人要壓得翻跟頭！……雷升富狗東西，幾次煽撥我尋張海鬧分糧。啊啊！昨天黑又跑來給我說：『鬧了一來回，分不成了！支書下決心了，正串聯人呢，不光要賣糧，只怕把主張分糧的頭頭當執行錯誤路線的典型抓呀！一頓整少不了！你看看那架勢嘛！你把人家副主任都害了！……』我頭沒在我身上長，一聽就往張海屋裡跑，哎！不能提了……」

「嗨！」張海一捶打在炕邊上。

「走！到發動攻擊的時候了！」雷長濤像英勇而沉著的戰士，深沉的目光和萬有、張海憤怒的目光碰到一起，他劍眉直豎，緊繃著嘴唇，四方臉盤上怒火騰騰，很快跨出房門，對門外簇擁著的一大堆人喊：

「小芳，通知大小隊幹部和社員群眾，到辦公室前的廣場上開會！小虎，集合民兵，把雷升富押到會場！」

小芳、小虎，鬥志昂揚，跑去執行任務。

「咣！咣！咣！……」動人心魄的大鐘敲響了，震得楊樹上殘留的黃葉片片飄落。

石橋畔大隊批鬥地主分子的群眾大會，群情激昂地進行著。憤怒的口號聲，震盪天空，在二道河谷發出迴響……

七

一夜東風，下了一場綿綿細雨。

518 "文革文學" 大系 —— 小說卷

早飯後，雲散天開。分外豔麗的太陽，照耀著初冬廣闊的原野，照耀著片片嫩綠的麥苗和排排聳立的鑽白天楊，照耀著風激雲卷的石橋畔村。涇水，在二道河的鵝卵石上歡快的跳躍著，匆匆向東奔去。

突然間，村中央響起了串串鞭聲，十幾掛膠輪大車，載著裝得滿滿的糧食口袋，馬蹄得得地出了村，沿著廣闊的大道，直奔公社糧站。張海，包著白頭巾，刮光了落腮鬍子，搖著長長的紅纓鞭，趕著第一掛大車。

"轟！轟轟！……"故河道的南土崖上，響起了陣陣沉雷似的土炮聲。一時間，山搖地動，土崩石走，硝煙彌漫了天空。—— 改河造田的戰鬥同時打響了！黨支書雷長濤，戴著珍藏多年的黃軍帽，衣袖捋起，褲腿高挽，臉盤上英氣勃勃，濃眉下雙目放光，扛著大鐵鍬，領著戰鬥大軍，衝向硝煙未散的大壩工地。

燦爛的陽光照耀著。遠方，群峰突兀，披光閃金。眼前，龍騰虎躍，振奮人心。

石橋畔，和無數社會主義的新農村一道，沿著毛主席的革命路線，在高歌猛進！

（原載《陝西文藝》1974 年第 2 期）

風雪河灣

鄭　萬　隆

一

　　臘月的陰天，山口子下來的北風猛灌，地凍得裂著口子，工地上乾冷乾冷的。

　　設在席棚裡的工地指揮部，擠破屋子的人，會開得可熱火哩。

　　總指揮老楊，在會議最後一個問題落實下來以後，抬臉凝視著"工業學大慶"橫幅下，兩條紅字標語："鼓幹勁，爭上游—— 大幹快上；爭時間，搶速度 —— 早日投產"，輕輕地吐了一口氣，用手抹著額角細細的汗珠，摩挲著早已謝頂、稀疏的頭髮，滿意的笑著。黨委書記去縣裡開會了，工地裡裡外外，全靠他一個人張羅，一天價走馬燈似的轉；從他那雙熬紅了的眼睛裡，誰體諒不出他的辛苦呢， —— 快六十的人了。

　　"鈴！鈴……"電話鈴響了。

　　"老指揮，哨林砂石場找你。"

　　"噢。"老指揮接過電話聽筒，笑容頓時從臉上消失了。他額角的青筋鼓漲起來，粗重的嗓門，對著話筒說："什麼！……要一個月，我的老天爺！……好吧，好吧。"

　　老指揮放下電話聽筒，沉著臉，招呼大夥再留一會兒："哨林砂石場地下冒水，把場地灌了。要停供我們一個月砂石。大夥謀劃謀劃咋辦吧。"

霎時，像打開了鼓風機，會場上轟轟隆隆地亂了。

"老指揮，我們工地的砂石，只夠一個星期用的了。如果砂石停供，施工就要停了，要影響整個進度的！"

"真是湊熱鬧。他們早不冒水，晚不冒水，偏偏趕這個節骨眼上，這不是鍋開了，把柴撤了，要好看嘛！"

"怨有什麼用，人家還甭提多心焦呢。"

"排水要用一個月嗎？能不能縮短一點，眼下，處處都在大幹，他們也要緊一點呀！"……

這真是平地冒出來的 "包" ！老指揮擰著眉疙瘩，嘩嘩地翻著材料計畫本。他心裡火燒火燎的，一邊搓著下巴的短胡荏，思考著，一邊解開懷，撩起衣襟，卟卟地扇著風。

人們又紛紛地向老指揮提開了建議：

"我看，派人去哨林砂石場談判談判，就沒丁點辦法啦？！"

"乾脆，打電話給縣委，反正巧媳婦做不出沒米的飯來！"

不行，老夥計，哪能把矛盾上交呢！不如咱們組織人馬去柳河灣拉……"

"去柳河灣，乘乘，來回三百多裡，要多少人、多少車呀？"

"三百多里怕什麼，能搶一點，是一點。要不，坐等一個月呀！"

老指揮嘴閉得鐵緊，睞眼聽著大夥的議論，心裡火燎燎的：萬沒想到工程進展到這熱火頭上，橫殺出個 "程咬金" 來，斷了 "糧道" ！他聽著，贊同地點著頭，是啊，不上柳河灣砂石場怎麼辦？地處深山峽谷的工地，只能採取這不是辦法的辦法了！老指揮一錘定音了："好，咱們就這麼辦，組織人馬，分頭行動，一路去哨林，一路去柳河灣，不能眼睜睜地讓這一個月白過去！"

"成啊！" —— 人們哄地站了起來。

"等一等，我提個意見！"從牆角飛出一句尖亮的叫聲。

人們凝神愣住了。

一個梳羊角辮的姑娘，揚著紅彤彤的臉兒，撲閃著灼灼的大眼，大模大樣地說：“我看，出去跑不牢靠。咱們自己就不能想出辦法來了，幹嘛眼睛不是向上、就是向外？！”

“自己？”老指揮有點不相信自己的耳朵，望著“冒炮”的材料主任李軍，問：“自己朝哪想辦法呀？”

“群眾唄！”李軍繃著臉兒，挺著胸脯。

老指揮笑著說：“一個月用的砂石，好幾百立方，可不是個小數兒！”

“幾百立方怎麼樣？事在人爲嘛！咱們能不能就向工地北面的河漕要呢！平平坦坦還學大慶幹嘛，學大慶，就要有股子勁頭！”李軍目光堅毅，鯁著脖子，一派胸有成竹的樣子。

“你呀！……”老指揮嘿嘿地笑著，輕輕地晃了晃腦袋。

二

材料主任李軍，進廠快七年了，才二十三歲，一天蹦蹦跳跳、嘰嘰喳喳的，論年齡，在老指揮的眼裡還是個孩子呢。李軍是無產階級文化大革命開始後的第一批青工，是老楊經手接進公司的，他已隨建築公司轉戰過全縣的山區的平原，雖然，全公司的人馬分而又合，合而又分，可她一直和老楊在一起。文化大革命中，李軍和老工人們一起批判劉少奇、林彪一類騙子的反革命修正主義路線，幫助老楊認識執行修正主義辦企業路線的錯誤。從此，這個小將和老楊結下了深厚的戰鬥友誼。又搭上李軍年紀小，又是女同志，老楊處處從思想上、工作上、生活上，注意關心她。可以說，李軍這幾年，是老楊看著成長起來的。可是老楊真正瞭解李軍，還是他們來到縣化肥廠工地這兩年多。

過程的開始是 —— 李軍進化肥廠工地才半個月，就給老楊糊了一張大字報。

李軍剛剛從建工大隊調到安裝二隊來，這個隊，又剛剛開始合成車間的設備安裝和操作臺的架設，供應科長就找到老指揮"告狀"來了。

供應科長推推架在鼻樑上的老花鏡，不急不火地說："你看看吧，老指揮，我口說不做數，這表上寫著呢，他們二隊這幾天電焊條的消耗量太大了⋯⋯情況屬實吧，唉？⋯⋯再這行幹下去，肯定要超計畫的，我電話警告了幾次啦，聽不進！"

老指揮正忙著接電話，溜了一眼表報，一手捂著話筒，抽空兒答覆道："不聽，就是你的責任了，你按計劃供應嘛。"

"我的責任？"供應科長眨巴一陣眼，笑著走了出去。

計畫供應實行了。結果，安裝二隊三天的焊條數，二天就吃進去了。安裝隊長夜間搖電話，給老指揮說："工作正在火口上，焊條供應不足可怎麼行呢？您能不能讓供應科修改一下計畫，多供我們一些呀！"

老指揮抓住話筒，呵呵地笑道："同志，你的數量冒得太凶了，不行呀。在增產節約運動中，你們再這樣無計畫地搞下去，我要抓你們這個'典型'了。⋯⋯"

為這，老指揮萬萬沒想到，第二天清早，大字報出現在自己的辦公桌上了。上寫著：

　　文化革命掀高潮，

　　生產日日傳捷報。

　　工人們千方百計來施工，

　　焊條不是閉著眼睛燒！

　　增產節約怎麼搞？

　　請到二隊瞧一瞧。

　　生產搞得好不好，

　　領導作風很重要，

不要關門瞎指揮，

坐在上面亂放炮！

安裝二隊 —— 李軍

　　"我瞎指揮，亂放炮，哼！"老指揮心裡一沉，拿起供應科
"材料使用情況的報告"，卷成個筒，攥在手裡，氣呼呼出了門，
心裡說："好，瞧瞧就瞧瞧去！"

　　合成車間裡，操作臺上下，十幾把焊槍在燒焊，嗞嗞爆鳴著，
藍色的弧光閃閃耀耀，豔紅的火花在弧光裡飛舞著，像色彩繽爛、
紛紛揚揚的雨花，團團簇簇撒落下來，組成一幅火花的圖畫。

　　憋了一肚子氣的老指揮，進車間一看，愣住了，不會兒，氣
兒自動地消了。原來，一百多平方米的操作臺，沒用一塊新料，
工人們正利用邊角料，一點一點，像縫百納衣一樣在拼焊呢。焊
口猛增好幾倍，焊條怎麼不費呢？！

　　老指揮一把抓住二隊隊長的衣襟，說："你呀，幹嘛有話漚
在肚子裡，不對我早說一聲呢！"

　　受批評、受表揚都愛臉紅的隊長，低著頭不言聲。

　　李軍捏著一把比小拇指還短的焊條尾巴，跑過來，撲閃著灼
灼的大眼睛，說："您來看看就知道了，幹嗎還用報告！您那套
'管卡壓'的辦法，又出錯了吧！您看，我們的焊條這麼小才捨
得扔，我們隊長可'摳門'呢！"她哏兒哏兒地笑著，抓住老指
揮的胳膊說："來，您檢查檢查我焊得怎麼樣？我學燒焊都一個
多月了，可我師傅還不肯交焊把呢！"

　　老指揮望著李軍那熱情、認真的樣兒，苦笑著，從李軍手裡
接過了敲焊藥渣子的小手錘，掂了掂，上了操作臺。心想："這
對我是個教育，看來，李軍還真有一把手嘞。"

　　也為這，去年黨委決定讓李軍去當材料主任，老楊雖然很看
重李軍，但總覺得她太毛愣了，和黨委書記有過一番爭執。最後，
老楊"妥協"了："試試看吧。"

在李軍上任以後，尤其是那次爲木料的事李軍愣愣地"頂"了老楊以後，老楊對李軍的看法有了很大的改變。

那是六月天，天熱得像下火。露天倉庫的地基挖好之後，水泥立柱、梁架的現場澆鑄的準備工作開始了。木工隊隊長手拿著老指揮批的條子去倉庫領料，倉庫卻頂住不發。

"你們能不能找些舊木料用？"

"哪兒有啊？"

"找唄！"

多讓人心焦！這不是有點出難題嗎？！老指揮立即給倉庫打電話，是倉庫一個保管員接的，那人說："不行呀，老指揮，我們主任留下話了，不能發放的。新木材是有哇，

可我們主任在木垜上寫了字：木材很急需，發放要嚴細。她說……"

對方話沒完，老指揮心裡就滾開鍋了：李軍這是怎麼啦，你用材料時一個勁讓供應科開"綠燈"；讓你管材料了，你怎麼一個勁兒開"紅燈"呢，我說這孩子太毛愣了不是？她當不了材料主任！

老指揮臉上掛著火氣，急煎煎地說："有木材爲什麼不發？咹，耽誤了工作，誰負責？……"

老指揮話音未落地，指揮部的門嘭地開了，李軍一步闖了進來。

李軍漲紅漲紅的臉上，掛著晶瑩的汗珠，泥一道子、土一道子的。她穩步站在老指揮面前，撲閃著灼灼的大眼睛，說："老指揮，我剛從路橋工地上回來，哪裡支合子板的木材，昨天全部拆下來了，請您派車吧，我帶人去拉，保證一會兒也耽誤不了！"

這簡直是打開了老指揮心裡的視窗。他驚喜地問："你怎麼想到哪裡有呢？"

"心裡想著材料、裝著整個工地，到時候就想到了，份裡的

事又不是份外的。您呀 ——" 李軍那雙烏亮烏亮的眼睛，放射著動人的光芒，一直照進老楊的心裡，"您呀，嘴上說負責，其實在這件事上您就不是真正爲黨爲人民負責，就知道，領什麼，到倉庫去，亂批條子。文化大革命中，群衆批評您這點，咋也不接受教訓呢！"

老楊這時真無言答對了。他這個人認了錯，上級下級誰批評都情願。

老楊端詳著眉眼裡充滿朝氣的李軍，心裡說："經過文化大革命闖煉出來的青年，不簡單啊！他們心裡是一幅多麼廣闊的開地。"

可是，找砂石和管材料完全不是一碼子事，她在會上放了炮："自己想辦法！"那麼輕鬆、那麼簡單呀！ —— 老楊手心裡捏了一把汗！

三

傍晚，天，墨黑墨黑的，厚厚的雲塊壓著層巒疊嶂、綿延起伏的燕山。風息了，可陰雲帶來的冷氣，像刀子一樣，從門窗的縫隙刺進來，生疼生疼地割人。在攏著旺火的工棚裡，吐口氣都成了一股白色霧氣。

老楊擔心著："可別下雪啊？"

兩天前，李軍進山了。那次會議以後，李軍向附近的老鄉作了調查，又帶領幾個材料員挖開冰凍的河灘，證明河灘裡確實有砂子。不過，挖了幾處，砂石都只有一兩鍬厚薄。因此，指揮部決定去請哨林砂石場的老師傅和縣水文站的同志來指導指導。李軍向建工隊提出了節約使用現有砂石和清理兩個砂堆底子的建議以後，揣上兩個饅頭就上路了。如果大雪封了山，李軍就沒法回來了。

這一夜，老楊睡覺覺得很冷。早晨起來，朝窗外一看，一片白色。"呀，下雪了！"老楊想打個電話給哨林砂石場問一問李軍的情況。早晨，正是農村廣播的時間，電話不通。他心想："不知雪有多深了？路上已經斷了行人了吧？"於是，他披上大衣，走出工棚，向雪野裡走去。他要轉過一個山坡，去看看大路上有沒有車輛和行人。

風卷著雪，在山岩間打轉轉呼哨著。山野間白茫茫的一片，哪裡還分辨得出哪是路來。老楊的心情越發沉重起來：大雪給李軍提出的解決砂石的方案帶來了新的阻難。同時，他還擔心著李軍的安全：這倔強的姑娘很可能冒著大雪回來。山高路險，天冷風寒，大雪封山，她一個年輕的姑娘，路又不熟，滾進山溝怎麼辦？

老楊踏著"吱吱"響的積雪，深一腳、淺一腳地走著。李軍的往事在他心裡重演起來。李軍來報到時的情景出現在他的眼前：一個小姑娘胳膊下挾著精薄的一個小鋪蓋跳下了汽車，老楊問："你就帶這麼點行李？"那姑娘閃著大眼說："喏，還有一點呢。"老楊回頭一看，一點？好傢伙，車上是個比她鋪蓋大五倍的一個大木箱子，裝得是書、報、雜誌。老楊忙說："小同志，這不是來上學！"那小姑娘說："誰說不是？工地大學！建設社會主義，更要好好學習馬列主義著作，學習毛主席的著作。"第一次見面，這小姑娘就給老楊留下了很好的印象。

幾個月前，李軍親手遞給老楊一份入黨申請書，申請書充滿了對黨無限深厚的真摯感情。至今，還深印在老楊的腦子裡："敬愛的黨啊，我是個走窯人的女兒，在那吃人的舊社會，爺爺在一次井下冒水的事故中，被窯主封了坑口，把他當做'得罪了窯神爺的惡鬼'，活活堵死在井下。父親被塌方打斷了三根肋骨，不能為資本家賣命了，被轟出了礦山……那年月，我們一大家子人，餓 —— 沒有填肚子的乾糧，冷 —— 沒有遮體的衣裳。……是黨，是毛主席解放了我們走窯人，給了我們一家新生。在黨的教育下我這個礦工的女兒，懂得了該怎樣生活，走什麼道路……"

老楊想著李軍的往事。漫不經心地往前走著。忽然看見遠處風雪彌漫的路上開來了一輛越野吉普車。

那車越來越近，車後卷起風雪，像拖著一條飛舞的長龍。

車到老楊跟前，"吱"地一聲停住了，水文站的司機小王從車窗裡探出圓圓的腦袋，問："是老指揮呀，一個人趕路去哪兒？"

老楊說："我出來轉轉，不去哪裡。你是去山裡送風雪警報吧？"

小王說："送雪風警報，要憑著這飛快的車輪和老天賽跑，要趕在暴風雪前頭，現在去送，不成了'馬後炮'啦。"小王說著調皮地眨了眨眼睛，"你們工地不是請我們的技術員來幫忙嗎？我把他送來了。"小王轉回頭向車裡叫了一聲，從車裡跳出一個披棉大衣、戴眼鏡的人。那人熱情、謙遜地拉著老指揮的手說："我來遲了，您著急了吧。"

據技術員說：李軍先去的縣水文站，接洽好之後，又去的哨林砂石場。昨天一早，李軍同砂石場一位老師傅一起從哨林砂石場動身往回趕。半路上給水文站打的電話，說他們昨晚可以回到工地，希望水文站的技術員今天趕到工地來。

"他們說昨晚趕回來，怎麼卻沒有回來呢？不過，有位老師傅跟李軍在一起，比她一個人好得多。"老楊心裡想。

老楊上了車，帶客人一起回工地去。他在不知不覺中已經走出工地很遠。他是從小道來的，汽車需要轉過一個陡崖，沿著河邊的一條路才能到工地。車，飛快地奔馳，路旁的陡崖閃閃而過。

汽車拐過一個山坡，老楊忽然遠遠看見乾涸的河灘上，白茫茫、亮瑩瑩的雪地裡一片熱氣騰騰，許多人正舞鎬、揚鍬向河漕開戰。老楊老遠就認出來了，那包紅頭巾的是李軍，她手裡掄著一把鎬，戰鬥在人群中間。她那紅豔豔的頭巾，在晶瑩的雪的輝映下，像一簇放蕊的紅梅，鬥雪吐豔；像一團明亮的火苗兒，在閃閃地歡跳。還有那披著厚雪的山巒，從來沒有像現在這樣的壯美，這樣可愛。

老楊跳下車，大聲喊："李軍，什麼時候回來的？"

李軍聽到喊聲，停了手裡舞動的鎬，見是老指揮，回答道："昨天十二點到家的，天晚了，沒去驚動你。"

老楊問："怎麼樣，有砂石了嗎？"

"報告老指揮同志，有哩！"李軍雀躍出人群，捧著黃澄澄的砂石，滿懷喜悅地站在了老指揮面前。

老楊攝一撮砂石放在手心上，掂著、瞅著、誇著："好砂啊，好砂！"

站在一旁的哨林砂石場的老師傅，搭話道："品種真不差呢，這裡會是個大砂場，你們使不清的！"

老楊脫掉大衣，輕輕地披在李軍身上，說："來，小軍，給我鎬！"

李軍知道老指揮興奮的心情，也不相爭："給！"

老楊心裡火熱熱、甜滋滋的，卟卟地往手心唾兩口吐沫，握緊鎬把，猛勁地掄起來。……

（原載《北京文藝》1974 年第 2 期）

高家兄弟

陳忠實

關於高家的傳說

　　灞河崖邊，有個高村大隊，百十戶社員，沿河邊的黃土高崖，就坡倚勢，擺了一里多遠。村後梯田層層，果林蔥蔥；村前渠水淙淙，田禾競長。經過無產階級文化大革命的戰鬥洗禮，確實變成了一個農林牧副漁全面發展的社會主義新農村。

　　傳說在百餘年前，這裡還是荒坡野灘；有個不堪忍受欺壓，一把火燒了地主馬棚的姓高的河南逃難者，討飯流落到此。他在高崖頭上的那座"河神廟"的廊簷下，放下了一頭挑著孩子，一頭挑著全部家當的擔筐，棲息下來，白天攬工，夜晚在高崖下掘土挖洞，到把他的妻子兒女安頓進那窄小的窯洞以後，他白天仍然攬工，夜晚卻在河灘的硝鹼灘上掏沙填土，造起田來。兩個多月工夫，他居然整出了二三畝稻地，趕春來插上了稻秧，秋天竟然收穫了兩石黃燦燦的稻穀。

　　高家在河灘收穫稻穀的訊息，像寒冬深夜的燈火吸引著迷途的跋涉者，相繼就有遠自河南、安徽、山東，近有商洛、藍田一帶那些被天災人禍整得一無所有的赤貧戶，都聚集到這個地方來謀生。一年之內，竟然遷來二十多戶，成了一個小小的村莊。鄰近村莊的人們把他們聚居的地方叫"難民灘"，"長工村"，而張村那個不勞而獲的寄生蟲 —— 假聖人，則惡毒地把這個村莊稱作"雜窩子"！

第二年，家家整下了畝二、八分的稻田，插下了秧苗，河水和汗水澆灌起來一畦畦令人喜愛的稻禾，抽穗了，揚花了，灌漿了，芒幹了，再有十數八天就能開鐮收割了。可誰知，夜裡一場暴雨，一河洪水，把幾十戶等米下鍋的難民的希望，衝了個淨光！淤泥積了半腿深，連個稻茬也沒留下；有些住在低處的人家，窯洞裡灌滿了稠泥水，塌掉了！

被三座大山壓迫得背井離鄉的逃難者，沒有別的選擇，他們在姓高的窯洞裡立下誓約，先合起來在河灘修一道護水堰，再各自整田。第二年，稻田保住了。

家家土窯前，都有一塊用碌碡碾得平整的土場，割回來的稻穀就堆在自家門前，一向被哀愁酸辛的陰雲籠罩著的長工村，人人臉上洋溢著一種壓抑不住的喜悅神色，說話的聲音高了，嘻笑打諢的氣氛也濃了。從早到晚，嚓嚓唰唰，儘是男人女人，大人小孩捧打稻穀的令人陶醉的音樂。

這天後晌，夕陽沉沒了，只有樹梢還抹著一縷金色的霞光。一輛三套馬車，在踢踏的馬蹄和叮噹的串鈴聲中，闖進了長工村。張村的大財東"假聖人"坐在車上，領著狗腿子"瞎城隍"一夥來了。

灞河道的當權者，長臉上有一雙很厲害的大黃眼珠的"假聖人"，滿口"之乎也者"地給大家講話了。莊稼人聽不懂那些斯文的字眼，卻都聽清楚了一個意思：要收租。原因很簡單，這些土地，據"假聖人"說在他爺手裡時，是他們家的田地，洪水倒岸衝掉以後，那沙灘還是姓張。接著，"瞎城隍"逐戶宣佈了租子的數目。

難民們被驚呆了。有個老漢走上前，說："俺年時剛來，可沒聽說這規程麼！""假聖人"說："前年姓高的來，張村有人就要收，我抬舉你們，見你們沒紮下根！現在三年了，不交租子，成嗎？"一個小夥子接上話："你是放長線吊大魚，等俺們紮下根，再刮俺們，裝的倒善！……"

"假聖人"從車夫手裡奪過鞭子，跳上大車："挨家挨戶往過走，灌！"

此刻，一個高大的中年漢子走上前，一躍步，蹭地跳上大車，一把奪過鞭子，架頭就給"假聖人"一個響鞭，抽得那頂黑色禮帽飛出丈把遠；接著，他忽地跳下大車，幾聲響鞭，抽得騾馬騰空而起，連人帶車，翻跌在村西的大土壕裡……

當天夜裡，高老大被保安團拉走了。他再沒有回到灞河邊上來……

長工村的人，把他們這個從來沒有正式名稱的村莊叫成高村，以示對他們心目中那位抗暴英雄的尊敬和懷念。

……

一九五五年，高村辦起了灞河道裡第一個農業生產合作社。

土改中的人民代表──抗暴英雄高老大的孫子──高志成，被大家推選為農業社的副主任，他給社主任趙聚海說："趙大哥，你領全盤，我進飼養室。"趙聚海心裡明白老高的心意，點頭同意了。飼養室，這在合作社初期，曾經是人們關注的中心。你看吧，甚至辦社的積極分子心裡也吃勁：這十幾頭牛拴在一個槽裡，水草能均勻嗎？夜草能不誤時嗎？啊呀，飼養室簡直成為大夥兒的活動中心，夜晚，下雨天，人不斷！有人是來交談農業社的事情的，有的人是來看自己的牲口肥了，瘦了？甚至有人給飼養員叮嚀自己牲口的脾性："咱那黃牛，是慣下的，不撒麩子不吃喀！""咱那黑鼻頭，愛喝稠泔水……"還有幾回，飼養員高志成看見，有人借聊天的機會，偷偷從袖口掏出一個黑蒸饃，捏碎摺到自己那頭牛的槽道裡……

被土地改革的暴風雨嚇昏了頭的"假聖人"的孫子，──地主分子張三冒，看著貧雇農們忙於新建的農業社的事情，也看出了某些人的私心，在心裡說："等著吧！只要死上兩頭牛，看你趙聚海、高志成的好戲吧！"他甚至幾次把斷針捏在手心，就是無法找到高志成失職的機會，這個死心的高志成！

農業社的第一個夏收到了。豐茂的麥子簡直使有名氣的莊稼通也讚歎不已！麥子還沒下場，高村除了兩三戶富裕中農還要再看一年外，都入社了！那些曾經擔心牲口肥瘦的人，常常在一塊互相取笑他們曾經表現過的那種不必要的擔心。高志成槽下的牲口，瘦的肥了，肥的又增了膘，還添了三個犍牛犢！真叫人心花怒放啊！可是，細心的貧下中農看見，高志成瘦了。他的眼圈上罩著一個明顯的暗圈兒，那是疲勞過度的徵兆！

秋天，玉米硬顆時節，連陰雨下得遍地泥漿，河水暴漲。一天傍晚，高志成正在槽頭添草，窯頂上掉下一撮土來，緊接著，刺溜一下，又溜下一把土來。"不好！"他趕快解牛韁繩。牛貪吃草，不肯出圈，他一把牽著三頭牛，拉到門外，到他再返回身來的時候，那個先回家喝湯的飼養員五叔來到門口，志成一個"快"字沒說完，就又闖進去了，五叔也一下撲進了飼養窯。到他們拉著六頭牛出來，再返身進窯時，窯裡已經湧下一大堆濕土，窯塃上的土刷刷下落，志成把五叔推到門外，一頭撲進去，抱起鍘刀，連著砍斷兩頭牛的韁繩，牛衝出去了，當他舉刀砍最後一頭牛韁繩時，窯頂壓了下來……

高志成的老婆，早已被舊社會的苦難生活折磨死了，這時，家裡留下兩個男娃子，老大高兆豐，十四五歲，正讀小學；老二才五六歲，叫高兆文。在社員大會上，社主任趙聚海一手摟著兆豐的肩頭，一手引著兆文，對全村的貧下中農和社員說："鄉親們，甭難過！有志成這樣的好黨員給咱做榜樣，咱高村的農業社垮不了！放心，這倆娃跟咱農業社一起發展，壯大哩！"他把戰友的兩個孩子領進自己的屋裡去了。兆豐和趙聚海的小女兒蘭蘭一同上學，念書。

一九五六年多天整社當中，奸商出身的老會計貪污了高村貧下中農用汗水換來的果實，被革職了。長工村一時竟然找不出一個合適的會計來。

高村那幾個還游離在農業社門外看水漲河塌的富裕中農們，聚到一堆兒，看貧下中農的熱鬧：看你趙聚海咋開銷吧！會計可不比掄鑊頭，有勁就行！甚至被打翻在地的張三冒也在土改時留給他的小院裡，喜慶得簡直坐不住："嫽嫽嫽！真個嫽呀！甭看鬥爭我的時候，你趙聚海那麼狠！現在看你的能耐吧！"

這一天，趙聚海從地裡回來，坐在門口的石墩上抽旱煙。會計問題，確實正是他思考的問題。高村的人不用數，誰家的幫子長，底子短，全在他心裡裝著，識字的人能到長工村來嗎？要是車打在坑裡，牛拉不上去，他趙聚海身子一蹲，用肩膀頂住車後幫，一聲"嗨！"就幫牛拉上去了！可這沒有二兩重的水筆，他拿不起來嘛！現在派人去學，也來不及嘛！三天不記工，不記賬，不就亂套了嗎！

正在趙聚海犯難的時候，突然，兆豐和蘭蘭站在面前了。兆豐說："大叔，我不念書了！"蘭蘭也接著說："我也不念了！"趙聚海生氣了："胡說！"他被沒文化的痛苦正在折磨著的時候，一聽到兩個娃都要棄學，不由地生起氣來。隨之，又把兆豐放下來的書包重新掛到他肩上，說："俺娃，天大的困難壓不住大叔，快不敢鬆心，好好念，把文化墨水往飽喝！現在，對咱農業社來說，文化比金子還貴呢！"

兆豐說："大叔，我知道你的難場，我給咱當會計！"

蘭蘭說："我當出納！"

"啥？"這回趙聚海更吃驚了。他瞅著兩個臉上還帶著稚氣的孩子，眼睛濕潤了。他把倆娃拉到跟前，問："你們拿得動嗎？"

"能！"兆豐說，"俺倆跟學校老師商量過了，天天黑夜到學校，跟老師學算盤，學記賬！"

問題解決了，趙聚海心裡一塊石頭落了地！可是，他又猶豫了,戰友高志成爲集體事業獻出了自己的生命,農業社剛辦起來,那怕再困難,他趙聚海也要把戰友的兩個娃子撫養成人……他不由地搖了搖頭,又抽起煙來。

"大叔,"兆豐睜著稚氣的眼睛說,"我當會計,還要餵牛,咱農業社剛成立,困難多,我不能叫農業社把俺兄弟倆背上!"

蘭蘭說:"學校老師在全校表揚了兆豐,還答應晚上到飼養室來給俺教珠算!"

趙聚海再也忍不住了,用粗糙的手掌,抹掉了眼裡湧出來的熱淚,說:"俺娃,好!就這麼辦!"他心裡升起一股豪壯的感情,感覺到自己的農業社是絕對不可戰勝的!讓張家那些龜子孫們看看吧,看高村的農業社怎麼前進,怎麼在飛躍吧!

……

歷史已經給高村的農業社作了結論。這是誰都看見,誰也無法否定的活生生的事實。

現在,高村的老支書趙聚海已經六十掛零了。當年的完小肄業生高兆豐的兩腮上,也有發藍的落腮鬍鬚了;和他同學的蘭蘭是他的革命伴侶,已經生養過一男一女了;兒子已經長到爸爸當年棄學的年齡,升入公社中學了;兆豐的弟弟兆文,高中畢業後,在文化大革命的鬥批改當中返鄉回來務農了。

高兆豐,現任黨支部委員。他的具體勞動,主要是他爸曾經爲之殉職的飼養員工作。現在,他在一幢寬敞的磚砌的大瓦房裡餵牲口。玉蘭(當年的蘭蘭)當著小隊婦女隊長。兩口子自小患難與共,並肩戰鬥,既是夫妻,又是戰友和同志。玉蘭對兆文,比自己的親弟弟還要親!

村裡人誰不誇:這是一個革命家庭!

隊裡人誰不讚:這是兩個多麼好的兄弟!

可是,出乎一般人意料的是,去年麥忙罷,這個和睦的家庭裡,竟然鬧了一場非同小可的矛盾……

一

伏天。清晨。一輪火紅的太陽冒出東山頂，把光華灑滿灞河川道，河面上翻滾著耀眼的浪花；挺拔的白楊，婆婆的河柳，齊腰高的玉米，穀子，稻子……全塗上一層金色的霞光。霞光裡，男女社員拉車送肥，揮鋤除草，引水澆灌，一派生龍活虎的 "夏管" 景象。

村子裡，格外靜穆。村東頭，小坡下，一片白楊林邊，有新蓋的兩幢青磚紅瓦大房，這是飼養室；旁邊隔開一間，另開小門，作為大隊辦公室用。白灰刷過的牆壁上，用紅土寫著 "以批林整風為綱，堅持基本路線，抓緊夏管，實現千、百、萬！" [1] 這是大隊的奮鬥口號。

飼養室裡，水泥砌的大槽上，只留下懷駒的母馬和不能上套的小牛。飼養員高兆豐，照例在這時候是墊圈、擔水、打掃衛生。三十出頭的高兆豐，中等個頭，壯壯實實，穿著洗綴得乾乾淨淨的粗布衫褲；鬢角的頭髮，往後退了些，鐵鍬肚兒一樣突出、光亮的額頭下，深嵌著一雙明亮的大眼。他挑著水桶到白楊林子的小泉邊，洗洗臉，用一條既做紮腰，又做汗巾的長布帶子擦了手、臉、脖頸以後，從池裡輕輕挑出一擔水來……直到水缸裝滿。他架了水擔，從牆上的木橛上取下昨晚已磨得明光燦亮的大草鐮和一條帶木鉤的皮繩，準備上坡去割苜蓿。這時候，弟弟忽的一下閃進門，兩手撐住門框，叫了一聲 "哥。"

兆豐看見，弟弟的頭上冒著汗，印著 "三中" 校記的白背心下的胸脯，一起一伏，長得挺漂亮的雙皮大眼裡，有一種驚慌失措的急切神色。可以看出，他在儘量控制著衝動的感情，喘著

---

1 指畝產糧食過千斤，棉花過百斤，蔬菜過萬斤。

氣，說："哥，我問你一句話！"

看著弟弟這種神態，兆豐吃了一驚，不知發生了什麼意外事故，他習慣地皺一下眼角，忙問："出了啥事？"

"聽說，支部、昨黑夜、把、把人定了？"

"噢！是這事！"兆豐鬆了一口氣。昨天晚上支部會上，研究決定了高村大隊推薦上大學的人選。他很自然地肯定說："對。定了。"

"我什麼條件不夠？"

"這……"兆豐想不到弟弟會這樣問，隨之說，"你看，咱隊夠條件的不是一個兩個嘛！你咋能這樣說話！"

"不！我聽人說，不推薦我，是你的主意！"

"對，是我的主意，也是支部的決定！這號事，不要爭……"

"……"弟弟一時只顧咬著嘴唇喘氣，悶了一會兒，帶著幾乎要哭的聲音說："你，哎……"

兆豐笑著說："是這樣，你把架子車拉上，咱倆割苜蓿去，到地裡，一邊幹活，再慢慢說。"

"不，我不。說也不頂事……"他的眼圈裡流出了過於傷心的眼淚，借著扶眼鏡的機會，順手揩掉了；然後背過身，走了。

"兆文，回來！……兆文……"兆豐叫著。

兆文頭也不回。背上印著紅號碼的白背心消失在村巷的拐彎處。

"嗨！這娃！"兆豐走出門，扣好門，從草房裡拉上架子車，上坡割苜蓿去了。

一九七三年的伏天，無產階級文化大革命以後第二次招收大學生的工作開始了。消息一傳進高村，人人奔相走告，街談巷議；尤其是符合選拔條件的男女知識青年，招生更成爲他們一時談論的中心話題。高村黨支部作出決定，把推選大學生的工作當作貫徹毛主席教育路線的大事，認真落實。黨支部書記趙聚海在社員大會上作了動員，讓社員們充分醞釀討論，按黨的要求進行推選，先由各小隊推薦一名到大隊，再由黨支部和各隊貧下中農代表一起討論，從三個隊推薦的三個人中決定一名。三個小隊很快推選出來三個青年，兆文是其中一個。昨晚的黨支部擴大會上，發生了小小的分歧。有的人同意兆文，說他是高中畢業，有文化，又是烈士的後代，應該去。有的人提出應該是現任的赤腳醫生劉秀珍去，上級給分社分配了醫學院一個名額，秀珍去學習以後，回來會發揮更大的作用。有的人不吭氣。兆豐很快擺明自己的觀點：
“秀珍在咱醫療站作出的成績，我不用說，大家心裡都有底！這回有機會到醫學院學習，回來以後，給咱村就解決大問題了。兆文不行，他想上大學，想的不對頭，有個人打算！”

趙聚海笑著點了頭，大家把贊許的眼光投向兆豐。事情就這樣決定了。

兆豐揮動草鐮，有節奏地擺動著的臂膀，輕巧，均勻，不像是在勞動，倒像是在做一種優美的動作。割苜蓿，割草，這是他從小學會的第一件勞動本領，當爸爸高志成給農業社餵牲口的時候，他天天下午放學回來，都要給飼養室交一大籠最高品質的青草。在他接替爸爸的工作以後，這把草鐮換過七八片刃子，那鐮床也磨得又光又輕巧了。在他手裡忙著某種活兒的時候，他思慮問題的思路特別清晰，這是勤勞的莊稼人一種特有的習慣。

昨晚會議之後，他回到飼養室，準備今天吃早飯回家時，和弟弟談一談。他早聽玉蘭說，前半月，兆文從他過去的班主任祝老師哪裡聽到了大學招生的消息，就開始復習功課了，天天黑夜，鑽在悶熱的房子裡用功；最近招生工作正式開始以來，他竟然幾天不出工，白天黑夜都在溫習功課。他有點生氣，這麼忙的時節，像話嗎？

“應該是秀珍去！”他在心裡對自己說，“目下這麼忙，你不顧生產，迷住了上學。上學到底是為啥？”

他揮著草鐮,割倒的紫花苜蓿,一堆一堆整整齊齊擺在地裡。

村裡,傳來清脆的鐘聲,這是婦女提前回家做飯的鐘聲,也是他該回去鍘草拌草的時候了。

二

收早工以後,犁地的社員回來了,飼養室門口熱鬧起來,兆豐在門外場地上迎接陸續回來的牲口。是騾馬,他拉到平場上,讓牲口舒舒服服地打滾,然後用掃帚齊齊刷梳一番,牽回槽頭;是牛,也照例刷過,在池邊飲過水,拉回飼養室。大槽裡,已經拌好了新鮮的苜蓿。他一個個觀察一番,看著牲口吃草正常,然後再添上一槽草,就準備回家吃早飯,這也是多年來的習慣了。

當兆豐端起飯碗的時候,娃們已經挎上書包去上學。他蹲在院裡的葡萄架下,剛吃了一口,卻由衷地問正在屋裡給豬拌食的玉蘭:"兆文呢?"

"清早不是到飼養室尋你去了?"玉蘭回了一句。

兆豐沒言語,默默地吃著飯。半晌,他又問了一句:"哎,到底哪去了?"

玉蘭知道丈夫的脾氣。他,不愛多說話,可啥事都很認真。她怕丈夫著急,就說:

"半清早騎著車子朝西去了,也沒給我說去做啥。"

"噢,坐不住咧!"兆豐說。

"社員們在地裡議論紛紛,有的說該秀珍去,有的說該咱兆文去。"玉蘭說。

"雙方的理由是啥哩?"兆豐問。

"說秀珍這幾年辦合作醫療辦得好,給貧下中農服務很熱心,思想好,覺悟高,該去!可也有人說上大學不比鋤地,要有文化基礎才行,兆文文化高,回來這幾年也沒啥壞毛病,再說,咱爸給隊裡有貢獻，該當照顧的還要照顧！”

“噢，都有理由哩！你說，該誰去？”兆豐轉過臉，對玉蘭說。

“我？”玉蘭說，“倆娃都該去！”

“嗨！你這不是跟沒說一樣嘛！”兆豐說，“你是黨員，不能迴避問題！我們要旗幟鮮明，不要‘八級泥水匠’！”

這倆口，都是大躍進、人民公社高潮中入黨的，議論問題，爭辯是非，是他們的家常便飯。

“我說嘛，”玉蘭說，“應該秀珍去！”

“爲啥？”

“咱們是黨員，幹部，遇見這號事，堅 — 決 — 退 — 後！”玉蘭說罷，端起豬食盆，到院子牆角的豬圈裡去了。

“哈哈哈……”兆豐幾乎笑噴了飯。玉蘭說的話，是兆豐平時處理個人與集體，公與私的問題時的一句口頭禪。他笑畢說：“其實，你只說對了一半。老實說，咱們的兆文根本和秀珍就不能比！秀珍雖然文化低，可她把學下的東西都貢獻給咱生產隊了。你想想，一個十八九歲的姑娘娃，一手辦起了醫療站，四年間，從認識‘止痛片’，到把咱村好多人的老病都紮好了，黑黑明明，風風雨雨，把多少人家的困難解決了！四年間，人家娃不怕有人破壞，不怕有人說涼話，頂住了多少風言浪語！現在，要是誰再想拆醫療站的台，甭說秀珍，怕是社員都不饒他哩！可咱的兆文哩？別的啥啥不說，光是最近這一向，不顧生產大忙，鑽在屋裡溫習功課，就能說明他上學的動機不純，不是爲貧下中農上大學，是個‘大學迷’！能因了咱是烈士家庭就照顧嗎？堅絕不能！”

玉蘭回到兆豐跟前，坐在石墩上，很誠懇地說：“我就怕這一下，給娃的打擊太重……”

“打擊打擊他那些資產階級爛髒思想，也不是啥壞事咯！”

兆豐說，"咱們要配合好，把這一仗打好！"

玉蘭很莊穆地點點頭。

陽光透過寬大的木格窗戶，把一束束光柱投進飼養室的腳地，明亮而整潔。騾馬啃料和牛兒嚼草的聲音，鐵韁繩撞擊槽幫的響聲，似乎雜亂，好像又很有節奏，在兆豐聽來，卻那麼悅耳、美妙！他天天聽，聽不煩，似乎耳邊沒有了這種聲樂，倒反覺得寂寞；他從啃料嚼草的聲音裡，能判斷出牲口的健康狀況來。在這種使他愉快的聲音中，他的一雙手，根本就閒不住，篩草，修接套繩，編補牛籠嘴，馬叉子。勞動，對於一個把個人的一切都獻給集體事業、懷有共產主義遠大目標的人來說，不是謀生的手段，是生活的需要。兆豐就是這號人。他在飼養室裡十幾年來，不是在其他人的督促下勞動，更不是為了自己的某種私欲。如果是那樣的話，他不會十八年來如一日，在這個沒有節假，不能在夜晚看戲看電影的工作中，做得那樣出色。在這個共產黨員周身的血管裡，湧流的是為革命的血液，胸脯裡，跳躍著的是一顆忠於黨的事業的赤膽忠心！

兆豐此刻正蹲在碎麥秸堆前，一篩一篩過著麥草。柴棒、雞毛、頭髮，那都必須揀得乾乾淨淨，更應該提防壞人在草中扔下斷針、碎鐵什麼的！

"兆豐哥！"

叫聲打斷了兆豐的沉思，他抬起頭，大隊赤腳醫生劉秀珍站在他的旁邊。多齊整的小醫生！肩上挎著衛生箱，短髮，四方臉，忠厚誠實的大眼睛。兆豐打心眼裡喜歡這個敢作敢為，敢闖敢鬥的姑娘，忙問："秀，出診去呀？"

"不，我剛從河灣村回來。"秀珍說，隨之放下藥箱，蹲在兆豐跟前，也在篩子裡揀起來，"兆豐哥，聽說支部推薦我上大學？"

"有這事兒！"兆豐說，"聚海叔今早去公社開會，叫我中午給你先談一談。你的消息也靈呢！”

“不，兆豐哥，我不去！”秀珍不知爲什麼很激動，臉都有些紅了。

“咋哩？”

“醫療站剛鞏固，我捨不得！再說，我準備這幾天再進山采一次藥，咱的幾樣‘熱鬧藥’，怕用不到明年採下新的來。還有……”

“還有一大串理由！”兆豐接上話茬，“就是有一條，不相信群眾！咱還有那倆新人手嘛！你能闖出來，他倆也能喀！”

“我不是那意思！”秀珍說，“還有一點，我聽人家說，今年招大學生，主要靠分數錄取，我是個農中學生，咋能考上？還不是白白占了咱們一個名額。叫俺兆文哥去，保準考上，也給咱村貧下中農爭光。”

“噢！”兆豐很認真地聽著，忽地停下手，盯著秀珍說：“秀珍，靠分數上大學的事，文化大革命中早批倒批臭了，誰要是再給咱抬出這把鐵鎖來，咱就堅決把它砸爛！”

“真的，兆豐哥，我早晨到河灣村出診，聽張小翠給我說，公社文教幹事祝久魯說，今年要把好考試關哩！”

“不管誰說的，咱只信毛主席說的！心裡拿定主意！”兆豐說，“秀珍，把頭揚起來，進考場！萬一真的出什麼難的怪的題目，咱就不答它！幹乾脆脆寫上：我是貧下中農的赤腳醫生，會看病，不會答你們的題，我是爲了更好地爲社員服務，才來上大學；你們辦社會主義的大學，我要上；你們再辦修正主義的舊大學，拿八抬大轎抬我也不來！就是這話。”

秀珍不言語了，睜大兩隻黑烏烏的圓眼睛，瞅著這個穿著粗布衣褲的共產黨員，心裡像開了鍋。兆豐短短幾句話，把她整整矛盾了一早晨的思想整順路了，也把她心裡的火點燃起來了。

“秀娃，你要明白，讓你去上大學，不光是我的主意，是黨，是貧下中農！也不是叫你去享福，是叫你給咱貧下中農爭氣！"

"我，記著你的話，兆豐哥！" 秀珍一字一板兒，輕輕地說，兩眼深情地瞅著兆豐棱角分明的臉膛，一團亮晶晶的淚花，在她那又黑又亮的大眼睛裡，旋轉著……

解開了秀珍的思想疙瘩，倒使解疙瘩的高兆豐心裡掀起一陣一陣的波浪。他不能安靜，多少往事，一下子都湧上了他的心頭。他，一個小學肄業生，投身到轟轟烈烈的農業合作化的浪潮中以來，黨和革命鬥爭，把一個天真爛漫的苦孩子，錘煉成一個紮紮實實的共產黨員。像那戰爭年代的小八路一樣，他是社會主義革命當中的兒童團！階級的烙印，使他把個人的命運和農業社的命運緊緊地扭在一起！一個十四五歲的孩子，把他爸爸保護下來的十多頭牲口接到手，發展到現在的騾馬成群牛滿圈，大隊還新購了一台 "鐵牛"；他爬在槽頭的火坑上，從一個一個算盤珠往上擺，到雙手能打 "獅子滾繡球" [2] 土改中從地主張三冒的帳房裡奪回來的這把楠木算盤上，他扣下了深深的指痕；他在這把過去淌著貧下中農血淚的算盤上，一年一個樣，算出了社會主義高村的壯麗圖景。現在，這把算盤已經交給新會計了。他仍然不離飼養室。

他一心一意，一絲不苟地忠於黨的事業！多少年來，他爬在小油燈前，念毛主席的書和黨的文件。當他遇見攔路虎而不得不翻字典的時候，往往阻礙了他急切讀書的勁頭，這時候，他自然地湧起一種感情：一定要叫兆文把書念好，鬧社會主義！

他憑著自己在革命鬥爭中增長起來的文化水準，經常認真地檢查詢問小學生兆文的學業，兆文很規矩地給哥哥匯報和回答。隨著弟弟上學門樓越來越高了，他檢查詢問不成了。咋哩？弟弟口中說的，本子上寫的，他聽不懂，認不得。但他從家訪教師尤

---

2 指農村流行的一種比較複雜的珠算法。

其是祝老師的熱烈的讚揚聲中得知，兆文在學校是優等生！既然弟弟比他的文化水準高了那麼多，他還怎麼去檢查人家的學業呢！特別是在弟弟升入高中以後，鼻樑上架起了黑框近視眼鏡，性格也變得怪癖了，星期天回來，不多出門，和他也不過是說幾句閒話，再就不說什麼了。至於他餵牛、生產隊的莊稼，你高高興興說半天，他只笑一笑；而他從來不向哥哥過問這些事！

他那時已經感覺到，弟弟變了，不像個貧下中農的子弟了。

尤其有一件事，更加深了他的這種感覺。他在市上開完建設社會主義積極分子代表大會回來，帶回一個大鏡框獎狀，玉蘭和孩子都很高興。那是個星期六的晚上，兆文從學校回來了。他的大孩子抱著鏡框，跑到兆文面前：「二爸，你看，俺爸得獎咧！」

「好，好！」兆文接過手，掃了一眼，順手放在一邊的桌子上。

「你能得嗎？」小傢伙毫不識相，天真地問。

「唔，我不能！」

「那你能得啥？」

「啊……你這……」

和兆文正在談論得熱火的一個同學，在旁邊搭上話：「碎貨，你二爸得這號獎狀幹啥？他是未來的工程師，專家！」

兆文自負地笑笑，扶一扶眼鏡。

兆豐坐在臺階上抽煙，無意中看見了這一齣小戲，不禁使他眉頭一蹙，心裡一驚，感到受了侮辱！他不是要弟弟來讚頌自己得到的榮譽（那根本不屬於他性格中的東西），而是分明感到，他從十幾歲就滿懷熱情地為之奮鬥的神聖事業，竟然受到弟弟的輕視！無產階級文化大革命一聲炮響，劉少奇連同他的修正主義路線垮臺了，在這場深刻的革命中，高兆豐找著了弟弟變化的總根源，「原來是這樣！反革命修正主義教育路線，把咱們的莊稼娃，修整得不認爹娘了！」緊接著，當弟弟和村莊那一批高中、初中畢業生背著行李返鄉參加生產以後,他高興得在心裡喊: "好好好!就該走這條道路哇!"

現在,他看見,弟弟這幾年的進步不小,可是,不是這一批回鄉的青年中前進的步子跨得最大的。尤其是招生開始前後,他警惕地看見,弟弟思想裡的個人打算,又鼓動起來了!而秀珍說祝久魯的關於今年用分數取人的話,難道不就是說,在七二年由貧下中農推薦的辦法行不通,今年又要走老路了?難道只讓那些所謂的 "優等生" ,而不愛集體事業,輕視勞動的人進大學?把像秀珍這樣的好苗子,關在大學門外?

"不能!"兆豐自問自答,不由脫口說出聲來, "絕對辦不到!"

"嗨,你和誰說話?生這麼大的氣?"

不料,現任會計勤娃踏進一隻腳,逗趣地說, "我還沒說要你幹啥啥事,你咋就先表態?"

兆豐憨厚地笑笑,說: "啥事?"

"公社老祝來了,找書記,我說到公社開會去了。他叫我蓋一個章子,我說要問問你!"

"蓋啥章子?"

"你去就知道了!"

三

在辦公室的木凳子上,坐著公社文教幹部祝久魯。由於嚴重的禿頂,加之戴著一副紋印明顯的深度近視鏡,使人從他的瘦長臉上得出的結論,肯定要比他的四十多歲的實際年齡大過十多歲。他右手握著左手,搭在架起的右腿膝頭上,微微揚著頭,態度謙恭而拘謹。就是這位同志,曾經是高兆文心目中崇拜的模像,是學校的 "數學通" , "幾何王" !而高兆文又是這位模像心中的得意門生，是他專心培養的高材生。無產階級文化大革命當中，這個神聖的模像一天之間，被洶湧的大字報的波濤衝得七零八落。兆文也寫過幾張大字報，但是，觸及到祝老師的，語言也絕沒有其他小將們來得激烈。在兆文和同學們離校的前夕，祝老師提著水壺去打水，在校園的樹叢邊對兆文說了一句意味深長的話：「你先回去，好好勞動；要相信，國家是需要人材的！」說罷，提著水壺走了。

望著祝老師慢慢遠去的瘦削的背影，兆文心中的模像又閃現了……

無產階級文化大革命以後，據說祝老師害了一種叫做「咽喉炎」的慢性病，不宜做教師工作，要求改行，上級把他調到公社當了文教幹部。這一點，在兆文想不到，他問過祝老師，一旦離開他的熟悉的職業，感情上能通得過嗎？祝老師喪氣地給兆文數落了現在的學生難管、難教，動不動就造反，「我堅決要求離開的！教這樣的學生，沒意思！」

祝久魯的眼睛的確近視得很厲害。他伸著禿頂的腦袋，瞪著有些突出的眼仁，直到兆豐叫聲「老祝！」他才失然一笑，慌忙站起來，很熱情地和兆豐握手：「你們忙啊，忙啊！」

兆豐把他按在凳子上坐下，小會計又添了開水，兆豐自己也坐在另一條長板凳上，一邊挖煙，一邊問：「老祝，啥事？」

「呵呵，是這！」他說，「我為兆文的事來……」

「大熱天，你倒親自下來，辛苦……」

「應該，完全應該的嘛！」祝久魯點著頭說，「兆文今早晨找我，把情況談了。我覺得你處在領導的位置上，把別的青年先推薦上去，這是很對的，姿態很高，這一點，值得其他大隊的幹部學習。可是，我和其他同志交換了意見，想給高村大隊增加一個名額，把兆文同時報公社。」

「那把我們的秀珍咋辦呢？」兆豐問。

"剛才我說了，一起報公社嘛！"

"唔，那給縣上推薦的時候，這倆人都能推薦上去嗎？"兆豐聲音不高地問。

"嗨嗨，老高，你想想，縣上給我們公社一共才五個名額，全社十五個大隊，高村能占兩個嗎？"祝久魯說，"我開頭說了，只要高村把秀珍報到公社，至於公社推薦誰到縣上，你就不管了，秀珍本人也管不上了，這是我們的事；你是隊上主要幹部，不好說，我能理解，這樣一來，做到了高姿態，也避免了閒話。誰要怨，怨我去！這個辦法是比較……"

"這個辦法是一齣巧妙地換人把戲！"兆豐強忍著說，"這一來，兆文上了大學，我落下了好名譽，秀珍在門外乾瞪眼去！"

祝久魯揉揉眼睛，看著擰著眉頭的兆豐，進一步說："嗨，老高，咱們認識不是一天了。務莊稼，餵牲畜，我沒你精；文化教育的事，我比你接觸得多些！科學這東西，是硬的，要真才實學，衛星不是憑口號能喊上天的！"

兆豐從口裡拔出煙管，磕了灰，要開口，祝久魯從木凳上站起來，按住他的臂膀，很神秘地說："兆文是你的親弟弟，說句不見外的話，你不一定有我瞭解他。我愛這塊材料，怕他被淹沒了！這樣吧，兆文在公社已經把表填了，他說自己不好回來蓋章，我想來儘快把這事了結了……"說罷，他從拉鎖黑皮包裡取出一張硬紙表格，遞到兆豐手裡，很謙遜地說："你仔細審查一下！"

兆豐那粗硬的手指頭，捏著硬紙表格，看著一行行填寫得恭整秀氣的蘭墨水字跡，他的心急劇地跳動起來了。當他看到社會及家庭關係一欄上，寫著"父親，高志成，中共黨員，烈士，為維護集體財產犧牲；哥哥，高兆豐，中共黨員，黨支部委員，多次出席過社、縣、地區積極分子代表會議……"一向穩誠老練的兆豐，只覺渾身的血液都往腦頂上湧，鬢角的血管"蹦蹦蹦"地直跳彈，捏著表格的手指頭也抖起來。他抑制著衝動的感情，把表格輕輕放到桌子上，抬頭緊緊瞅著那雙戴著深度近視鏡的眼睛，鼻腔裡哼出一聲不屑的冷笑：“祝老師！你這可真費了苦心咧！”

“應該的嘛……”

“算了吧！”兆豐語氣高昂，對著祝久魯說，“秀珍，是俺高村的模範赤腳醫生，貧下中農一心推薦的好青年，你冷眼把她關在門外，再通過‘後門’，把兆文塞到大學去你把毛主席的教育路線換掉了，把那條修正主義的黑線又起死回生了！你說的關於科學的大道理，我早都聽過了，五七年反右派鬥爭，我在報上見過；文化革命當中，紅衛兵早把它批得臭的跟狗屎一樣了，你現在還把它當經念，嚇唬咱這莊稼漢，不成咯！”

“老高，你把話說到哪裡去了？”祝久魯發覺自己說溜了嘴，有些急，也顧不得拿出謙恭的姿態了，在講臺上滔滔不絕而練就的流利口才，這會兒也不中用了，他擺出一副很誠懇的神態，拍著莊稼人兆豐的肌肉硬梆的肩頭，恨不能把心掏出來：“老高，你想想，這大的熱天，我爲啥來咧？本來各隊的表，都是他們爭著往公社送，我爲啥單到高村來親自辦這個表？我是爲國家負責！說心裡話，把那些餵豬能手，只會扎扎針的！‘六八型’人物送到大學，而把像兆文這樣有真才實學的青年放在農村，我與心不忍，我是爲國家科學事業著想的……”

這真叫越說越遠。兆豐說：“老祝，你越說，我倒越看清了，修正主義教育路線是多麼頑固，非要盡一切手法表現不可的！這就是你不辭辛苦到高村來的真正實質！”

“老高，你太過分了吧……”

“太過分了？哼……”兆豐站起來，手裡捏著旱煙鍋，說：“老祝，我給你說句結實話，文化革命前，修正主義教育路線，把一個樸樸實實的莊稼娃，教得滿腦子的個人主義，連做夢都想著當專家、工程師，要不是文化大革命把他解放出來，怕早給葬送咧！現在，有人還不死心，要把他繼續往黑路上推……說真話，兆文這樣的人，抱著目前的思想，想上大學，不行。我們不放心。我的脾氣你也知道，咱就把話說死，他暫時還從我手裡翻不過去！別說他搬你，走這個'後門'不行；他搬再大的人物來，還是不成！"

祝久魯臉上一陣紅，一陣白，慌慌忙忙把提包一夾，走到兆豐跟前，氣急敗壞地說："好好好，算我不該來。我再說一句，我不過是看著這個人材可惜，你們的父親爲集體立過功，爲了這樣的人，盡一點義務，想不到，哎……"

"算了吧！"兆豐說，"父親這塊光榮的牌子，你們去爲兆文謀個人名利時，才需要掛上！到他達到個人目的時，怕是要砸了這塊牌子！"

祝久魯對著這樣一個強硬的共產黨員，毫無辦法，懊喪地搖著禿頂的腦袋，說："好、好，算咧……"說著，就去取那張招生登記表格。兆豐攔住了他的瘦手，說："祝老師，把它留下，我們還有大用！"

四

正晌午，地上蒸騰著酷熱難忍的氣流，熱烘烘，火辣辣。

兆豐回家吃午飯，一腳跨進大門，就感到屋裡的氣氛有些異樣。玉蘭坐在廚房灶火前，心事重重。從弟弟敞開的門窗裡，長噓短歎的聲音一低一高，相繼傳出來。他一扭頭，從門裡瞅見弟弟躺在涼席上，面向牆壁，正在惱火著哩！新飛鴿車子停放在臺階上，落了一身塵土，平時甚爲細心愛護的主人，現在也顧不上擦拭它了，只顧自己躺在炕上生悶氣。

兆豐坐在葡萄架下，用一把芭蕉葉扇子扇著敞開的胸脯，小小的葡萄架的蔭涼下，也是蒸熱蒸熱的，扇子扇到胸脯上，也是熱呼呼的風。兆豐一瞧見這架勢，心裡就完全明白了。弟弟從公社回來，氣能順嗎？笑話！他在心裡想，要和弟弟好好談一談。可什麼時候談？現在談呢？還是等弟弟的思想冷靜下來以後談呢？他先談好呢，還是請聚海叔先談一談呢？他分析著各種辦法的利弊，一時決定不下來。這時，玉蘭在屋裡喊：

"你不吃飯，還等啥時候？"

兆豐走進灶房，玉蘭正盛飯，那舀飯的胳膊帶著過大的勁兒，把飯點子都濺到碗外頭。兆豐不動聲色，端起碗就走。玉蘭又命令似地說："甭出去，在屋裡吃！"他略一停，笑笑，就坐在桌子上，大口大口吃起來。心裡想，你就開口吧，要颳風閃電了，有雨就下吧！我知道你的氣生在哪裡，病害在啥地方！"

玉蘭心直口快，到底擱不住事，說："你倒吃得美啊！"

"嘿嘿，你不是老嫌我吃得少嗎？今日咋倒……"

"你不看看，一家人都吃不下，你倒好！"

"和飯也沒啥仇氣嘛！飯可不能不吃！"

"氣都吃飽了！哼！"

"你把氣就往出掏掏，叫我看看是些啥氣！"

"我問你，"玉蘭說，"今早吃飯時，你問我秀珍和兆文誰該去的話，我咋說來？"

"你執行了我的辦法：堅 — 決 — 往 — 後 — 退。我還表揚你來嘛！"

"少要笑！"玉蘭今天很認真，"可是，你，把，祝老師，轟，轟走，你，哎，你……"

兆豐放下碗筷，臉上的神情嚴肅起來，他的四方臉盤，高聳的顴骨，方形的下巴，顯得更加突出，尤其是那雙稍顯深陷的大眼，盯著玉蘭。玉蘭坐在腳地的小凳上，低著頭。

"玉蘭，你說錯了，不是我先轟他，是祝老師先轟我們！"兆豐聲音不高，卻字字清晰沉重，"他在咱們大隊辦公室，把無產階級文化大革命說得一無是處，說咱們貧下中農推薦的大學生放不了衛星！想通過'後門'，把一些滿腦瓜子資產階級個人主義的人塞到社會主義的大學裡頭去，用新的招生制度之名，行舊的招生制度之實；是他，轟咱們剛剛搞過一年的新招生制度，轟黨的革命教育路線和方針，你想想，我不轟他能行嗎？堅決轟走！"

"有的人，爲了自家娃上學、出去工作，尋情鑽眼給娃跑門路，你說這股風不正，我覺得對，咱就不張羅這號事！"玉蘭說，"可是，這回是人家公社要推薦咱的兆文，不是咱走'後門'，他去上學，到有什麼不好？"

"不是公社黨委的決定，是祝久魯的私情，還是'後門'！這個'後門'裡的黑風更大！"

"不管是誰，反正不是咱找的；你也想想，人家祝老師倒爲啥？還不是爲咱兆文好！"

"玉蘭，咱們究竟應該拿啥樣的思想教育自己的兄弟、兒女；啥是愛，啥是害？這號話，我和你沒少講過。今日這問題又提出來，也好，咱們還要繼續認識。依我看，像祝久魯這辦法，不是愛，是害，是蜂蜜和著的毒藥……"

話說到這兒，兆文出現在門口。小夥子往門板上一靠，盯著哥哥。他的近視鏡片裡頭的眼白，因爲急，因爲嘔，也可能因爲流淚的緣故，反正已經變成粉紅色；他的鼻翼扇動著，出著粗氣，盡力壓抑著心中的火氣，說："哥，你跟俺嫂子把我養了這麼大，好處我都記著。現在，我只求你一件事：把章子蓋了。我去找祝老師，還來得及！"

"兆文，你聽我說……"

不等兆豐說完，兆文就打斷他的話，帶著急切的感情說："哥，你想想，現在是啥時刻？是決定我一生命運的關鍵時刻……"

兆豐輕輕一笑說：“嘿嘿，說得那麼嚴重！”

“確實是啊，是一個關鍵時刻！”兆文繼續說道：“這一關通過了，實現我的理想就邁開了第一步；反過來說，留在農村，就完了，徹底畢咧！什麼理想，前途都談不上咧！”

“兆文，”兆豐帶著深沉的感情，重重地叫了一聲：“你想想，你剛剛說了些啥話？哪像個經過文化革命鍛煉的青年說的話嘛！祝久魯給你的壞影響太深了！太深了！我們要是把不好這一關，放你過去，才真正害了你哩！唔，正是在這個‘關鍵時刻’，我們才不能依你，也不能依祝久魯；依了，就是依了修正主義路線，就是向劉少奇修正主義路線投降！”

兆文失望了！存在於他思想上的最後一絲希望破碎了。他扶在門框上的手落下來，把對著哥哥說話的臉側過去，轉了半個身子，臉上是一種失望、冷漠的表情，說：“祝老師為我好，還是為我壞？是愛，還是害？我心裡明白。你的路線覺悟太高了，你的原則真硬喀！不過，你的大道理，一時還說服不了我！”

空氣有點緊張。兆豐也乾脆地說：“說服不了不要緊，咱家裡可以開個家庭會，繼續討論嘛！我也沒敢想一句話就能把誰說服了喀！”

“可惜，我現在不想再參加這個討論了！”兆文的嘴角拉下來，現出一種十分傲慢的神色，（這神色，兆豐似乎隱隱看見過，玉蘭卻感到很陌生，很吃驚）說，“我現在最後求你一件事，你和黨支部研究一下，能答應我到外隊去生活；高村，我不想待了！”

兆豐有點生氣：“那完全可以！可有一點要說清，先把咱的家庭會開過，把那個‘愛’的問題弄清楚；這個問題不弄清，你就甭想！”

“事情逼得我，不，不得不，這樣做！”兆文聲高了，嚷著說，“有你這樣一個堅持原則的哥哥，我不好活人！你是發展農業社的英雄，是勞動模範，了不起嘛！英雄倒容不下自己的弟弟！"

兆豐聽著弟弟辛辣的挖苦，輕蔑的話語，一股怒火從心頭衝起，脖頸上青筋暴突，臉上熱烘烘地，他忽地站起，拳頭擂在桌子上，說："你……"

玉蘭聽著兆文那刺人心疼的話，看著他那蠻橫的臉色，傲慢的眼神，渾身一顫，簡直不敢相信自己的眼睛和耳朵，她急忙站起來，把兆豐往後一拉，按坐在凳子上，又把兆文往外推。兆文已經說得顧不住口："你，你太自以為是了！說實話，你不過給高村餵了幾頭牛馬，當了幾年會計，沒啥了不起，哪誰只要用用心，都能學會，也能辦到，你把自個看得太了不起了！"玉蘭只覺心上又被重重地戳了一錐子，她強烈地感到：這不只是對兆豐的侮辱，也是對她的莫大侮辱！她傷心地哭了。

"這下你看清了！這就是他那個祝老師，給他的'愛'喀！"兆豐沒有再和兆文嚷，也不勸玉蘭，他生氣地從桌邊站起來，說了這一句話，就出了門。

吵聲和哭聲，驚動了左鄰右舍。他們連來這家拉架都感到難以相信，感到不是滋味！因為他們多年來進進出出這個大門，沒有一回是為這號事來的，叫人想不到喀！

一隊婦女隊長趙玉蘭同志傷心透了。

當勸架的人最後走完的時候，屋裡，靜悄悄的，她不知道兆豐啥時候走的，也不知道兆文到啥地方去了。現在，由於流淚和傷心，她的頭又重又昏。弟弟兆文一句句像錐子似的話，刺到她的心上了……

當趙聚海把兆豐和兆文領進玉蘭家裡的時候，兆文還是個穿開襠褲的流鼻涕的娃子，她把兆文當自己的親弟弟一樣看待，尤其是她和兆豐結婚以後，她在兆文身上比在自己的親生兒女身上花的工夫大多咧！她不光把兆文當親弟弟，每當她一想到爸爸為革命壯烈犧牲的情景，對兆文就有一股由衷的愛，他是革命烈士的後代！當兆文從學校返鄉回來以後，她更是處處照顧；村裡的小夥子都喜愛一輛新飛鴿；決分一畢，她做主給兆文買下了……照她的話說，“兆文是俺家的重點，一切要保證重點！”當兆豐批評她這樣做的時候，她沒有太認真聽取，心裡想，他有文化，只要一心撲在社會主義事業上，穿兩件好衣服就修了嗎？放在解放前，咱連看也看不上一眼，甭說穿呢，有心也使不上！可現在，哎，真應了兆豐先前說的話！她怎麼往壞處想，也想不到兆文會變成這樣了。舊學校怎麼會把一個老實莊稼娃教成這樣子了！儘管她有時候也和兆豐有矛盾，憋些氣。可是，兆豐，在她心裡是一個實實在在的形象，從思想到品質，就像門院外頭那棵把枝椏伸向藍天的挺拔的槐樹一樣不會含糊！你聽兆文咋說兆豐呢？不過是餵了幾頭牛，當了幾年會計的土包子！那麼，兆文也會說，你玉蘭不過是給我做過幾件衣服和供過飯食的一個農村婦女！

　　玉蘭傷心啊，生氣呀！這場吵架當中，她看清了兆文的思想；更看清了她的兆豐同志。兆文無理的挖苦話，不僅沒有損害她心中的兆豐，反倒使她更堅定地相信兆豐做得對，看得遠！她要和兆豐說說話兒，今晌午對他的態度是錯誤的！她心裡憋得太多啦，要和兆豐去掏一掏！噢，他只吃了半碗飯……

五

　　玉蘭給兆豐帶來了飯和水，談了談之後，心裡明亮了，踏實了，輕鬆了，又精神愉快地去趕下午出工去了。即使在男社員中也享有很高威望的婦女隊長趙玉蘭同志，一刻也離不開她的夥伴和勞動呀！

　　飼養室裡，牲口又出下午工，犁地去了。兆豐脫了褂子，推著小土車，從土場上裝滿幹土，推回圈裡，再一鍬鍬撒開，直到滿圈都鋪上一層乾黃土，他又去挑水，打掃槽道……

兆豐那長著黑烏烏短頭髮的腦袋這時候顯得特別明晰！真個怪，今天中午和弟弟吵的這一仗，像一場暴雨之後，風停了，雲散了，雨住了，只留下滿地一汪一汪的清水，樹木、莊稼卻衝洗得更加蔥郁青翠了。多日來積聚在他頭腦裡的事情，像風、雲一樣逝去，在吵架的那麼一個短暫的時間裡，像暴雨傾注一樣，他的結論得出來了：兩條路線激烈的鬥爭，不是經過一次文化大革命而完結了！在革命的暴風雨中失去了地盤的資產階級反動思想，還要拼命奪回他們失去的陣地！黨的教導多麼切合階級鬥爭的實際呀！

飛躍，思想認識的飛躍！在這一吵架事件當中，共產黨員高兆豐的思想產生了一個巨大的飛躍！

嚴格說起來，高兆豐還是個青年，他不過三十二三歲嘛！可是，革命鬥爭，促進他較早地成熟了。當他五六歲和媽媽討飯，看著財東娃吆狗咬得媽媽腿上流血的時候，他的幼嫩的心靈裡，埋下了對地主階級不共戴天的仇恨的種子；當穿灰制服的土改工作組叔叔坐在他家窯裡的炕頭上，摸著他的頭，跟爸爸講革命鬥爭的道理的時候，他認識了共產黨是自己翻身解放的靠山，毛主席是大救星；當鄉黨委書記坐在飼養窯裡和爸爸講合作化的偉大意義時，他和爸爸一樣鐵下心來，堅決地把個人的命運與農業社緊緊地扭在一起了！他像小衛兵一樣跟著自己心目中的英雄趙聚海創農業社的江山！當同年齡的娃娃穿著制服，背著書包，星期六從城裡中學回來的時候，村裡有人試圖探探這個農業社的小飼養員兼會計，眼紅不眼紅？他卻像個大人那樣，說著與他的年齡極不相稱的老氣話：「好好念，不是毛主席、共產黨，那有咱窮漢娃念中學的日子哩！國家大發展，需要文化高的人嘛！你給咱造鐵牛，我給咱生產麥子、棉花！」他照樣歡蹦蹦地推土、擔水、割草、餵牛，一絲不苟地記賬；開社員會時，趙聚海提著馬燈，領著這個小秘書，宣講黨的檔；他站在趙聚海高大的身旁，一邊念，一邊認真地給社員講解。他在趙聚海的身上，學到了堅定！他在那個兢兢業業辦農業社的事情的爸爸身上，學到了忠誠！嚴竣的鬥爭風浪，鑄造了一個革命事業的堅強後代！

　　他做完室內活兒，坐在槽邊的石墩上，點燃一鍋旱煙，解決問題的辦法形成了：等聚海叔開會回來，研究一下，有必要把俺兄弟倆的爭論放到共青團的支部會上去辯論，甚至可以放到全大隊社員中去討論。這號事，絕不是俺高家兄弟獨獨有的事喀！

　　兆豐背上大號竹條籠，提著草鐮，準備去找弟弟。玉蘭剛才來告訴他，兆文在河堤上的柳林裡使性子哩！

　　伏天的灞河川道，是個綠色的世界。電動水泵高揚的藍色鋼管口，噴出如金似銀的清泉；赤臂光膀的社員，正在引水灌澆秋苗。

　　兆豐順著長滿白楊的水渠走，渠岸上長滿茂盛的青草，他又是割草能手，趕踏上河灘的堤堰的時候，青草已經裝滿了條子大籠。在無產階級文化大革命中動工、完成、被大夥命名爲‘文革’堤的堤壩上，柳楊已長得密密層層，像一條綠色長城，向東西兩頭伸去。他把草掏出來，倒在堤上，然後又順著堤壩向下割去。

　　弟弟坐在一個攔水的壩根上，背靠著一株枝葉如蓋的大柳樹，頭低在兩膝之間，正在用一顆小石子在沙灘上畫道道。他走到壩上，兆文還沒發覺。他輕輕叫了聲“文！”

　　兆文猛地抬起頭來，睜著驚疑的眼睛望了他一眼，又很快低下了頭。

　　他放下籠，在一顆被河水暴漲時衝得又光又淨的石頭上坐下來，一邊慢慢地挖煙，一邊不住地瞅著兆文。兆文平時還是比較規則的偏分頭髮，蓬亂的撲在額頭上，眼角上結著眼眵，嘴唇燥起一層薄薄的白皮，精神十分沮喪。

　　兆豐從草籠裡取出一個布帕包著的疙瘩，解開，是兩個軟蒸饃，又拿出一個小口玻璃瓶子，裝滿清湛湛的開水。他把這些東西放在石頭上，說："把手臉洗一洗！"

兆文盯了兆豐一眼，他有些忸怩，爲難。

兆豐又把搭在肩頭的布巾拉下來，扔到兆文懷裡，說："快去！"

兆文望著兆豐，那眼神既堅定，又誠懇；在這種眼神下，使兆文感到不可抗拒，也不必難爲情，更無需做作或推辭。他走到水邊，摘下眼鏡，撲哧撲哧洗了臉。

看著弟弟吃喝起來，兆豐打著了打火機，緩緩噴出一口灰白色的煙霧。

兆文一氣之下，跑到河灘，上了堤壩，他的頭腦裡漲得發麻，不時摸起石塊，扔到柳樹上去，趕走那些拼命鼓噪的知了。一天來發生的事情，跑馬一樣在腦海裡閃過，急劇，雜亂，像旋風一樣捲過去，長期以來雕刻在心中的理想境地破碎了，家庭的關係也惡化了，他感到疲憊，空虛。漸漸地冷靜之後，他的眼前閃出了哥哥那冷青的臉色，耳邊響著嫂子那傷心的哭聲，他有些懊喪了！後悔自己不該用那樣難聽的話去刺激哥哥和嫂嫂，畢竟是兄嫂一手把他養活長大的呢！這樣想的時候，甚至嫂嫂多年來在生活上關照自己的一些細微事情也在腦子裡活動起來。"可是，在我的關鍵時刻，爲啥要死死卡住我？"他想不通，氣又上來了。

現在，他吃著饃，兆豐就坐在當面。看著兆豐那坦然的神情，他猜不透哥哥那留著短頭髮的腦子裡在想什麼。一陣無言的沉默，兆文開了腔："哥，我今天在氣頭上，說了一些挖苦話，對，對不住你，和、和俺嫂子，特別是你們養活我多年！"他停了一下之後，又接上口："不過，我還是想換個地方，無論那個大隊都行！"

兆豐磕了煙灰，平靜地說："這些話，咱緩後再說。我想先跟你說一件事，咱家裡的事，咱爸的事！"

"你說過多回了，我沒忘！今日這事，又不干咱爸的啥嘛？"

"不干？咋不干！"兆豐說，"你的登記表上，清清楚楚寫著咱爸！祝久魯來找我蓋章，也抬出了咱爸，都想拿咱爸來貼金！"

"那？那你叫我咋寫？"

"怎麼寫是後話，關鍵是怎麼看！"兆豐說，"咱爸是保衛集體財產的英雄！他爲黨、爲高村的貧下中農、爲社會主義農業集體化事業盡了他的心！咱弟兄倆都要學習咱爸的精神，在再大的困難面前不當熊包，不唉聲歎氣，挺著胸，往前闖！"

兆文靜默默地聽著。

"咱們兄弟倆，只能繼續發揚咱爸的革命精神，不能分享咱爸的光榮，更不能把咱爸的功勞當作招牌，到處亂掛，心裡謀著叫人照顧咱！爲啥？咱爸苦力奮鬥，爲的是高村的貧下中農能過好日子；咱爸捨命救牲口，爲的是保住集體財產建設社會主義；他絕不是爲了給自己的後代將來能出人頭地砌臺階，爲走‘後門’尋方便！"

兆文突然一震，雙手抱頭，心裡像灞河的水一樣激蕩起來；哥哥來此之前，他的心裡簡直還像死水一潭呢！兆豐的話卻像石頭一樣重重地投進來了！

兆豐繼續說："要是咱們弟兄倆都要享受照顧，那些爲革命流血犧牲的先烈更應該照顧，如果這些人的子女都靠照顧吃飯，你想想結果會咋樣？像你，剛念了幾年書，也不想想你咋樣念的書？誰給了你念書的機會？反倒越念離貧下中農越遠了，叫你當記工員，你推給黑牛！說高中生劃幾個數字沒意思！咱村和你一塊回來的那一夥學生，有的入了黨，有的入了團，有幾個當了隊裡的幹部。你呢？想一想，貧下中農一天想些啥，你想些啥？一個青年娃，看不起這麼多社員從事的勞動，他能做出屁‘偉大發明'來！你以爲自己聰明，是做大事的材料，說句結實話，要不是解放，咱弟兄倆早都給張三冒熬長工去咧！要是林彪的陰謀得逞，二茬罪還得受！好好想一想去！叫我看，一個是修正主義教育路線給你的壞影響，世界觀變了，變成資產階級個人主義了；二是背著烈士子弟的包袱，這大概就是你的病根兒！"

"哎……"兆文痛苦地低著頭。

"你沒經過舊社會，不知道辣子辣咯！"兆豐說，"我在舊社會長了八九歲，冬夏沒穿過一雙鞋，沒吃過一頓飽肚子！我七歲就跟咱爸住張家的牲口棚，給人家割草，受的那份罪，現在想起來……哎，那是個啥社會嘛！咱們祖先爲啥從河南逃到這兒？咱們的鄉親爲啥從外省逃到這兒？逃到這兒，誰家又好過了？沒有哇！河南的地主吃人，陝西的地主也吃人！咱們祖先幾代，咱村鄉親的祖祖輩輩，難道沒一個能人？沒一個人能比上你靈醒？靈能咋嘛，還不都是扛長工，受壓迫！你不想想這個理兒，你就不會理解咱爸爲啥要捨命救牲口，你也不會理解高村的貧下中農爲啥抱住集體化不放。社會主義，這是咱的祖先做夢也想不到的好社會，好制度！你剛才說我和你嫂子養活了你，不對！是社會主義養活了你，養活了我，養活了咱一家，養活了咱村的貧下中農！要不是解放，不是社會主義，我能養活你？我那有那麼大的本事？沒有社會主義，我們什麼都沒有！從這兒說，咱們要把全身的勁，用到保衛社會主義上，要把心撲到社會主義上，心裡不能摻一點個人的爛髒想頭！劉少奇、林彪、張三冒恨咱們，就是恨咱們有了社會主義;咱們恨他們,就恨他們想搞資本主義復辟！你想想，你頭腦裡都裝了些啥嘛！照你那些想法，修正主義就容易打中，你不但不會保衛社會主義，還會翻過手來拆社會主義的台，這臺子，正是咱爸拿生命保衛過的……"

"哥……"兆文猛地抬起頭，正要說話，卻猛然看見在兆豐的背後，站著黨支部書記趙聚海。他愣住了："趙大叔……"說著站起來。兆豐回頭一看，也站起來了。

聚海叔笑笑說："打攪你們兄弟倆談話了……繼續往下談，我聽聽。"

兄弟倆半晌接不上剛才的話茬。

趙聚海開了腔："文，聽說跟你哥吵架了？"

兆文囁囁嚅嚅地說："大叔，我錯了……"

趙聚海很嚴厲："你說兆豐不過是餵了幾頭牛，當了幾年會計！你也不想想，他是怎麼當會計，怎麼餵牛的！你剛從學校回來那陣，支部給你們講的咱村的階級鬥爭、路線鬥爭的歷史，忘光啦？"

兆文低著頭，沒開口。

"一個十四五歲的娃娃，翹起腳尖才能把牛拴到槽梁上；一個小學生，當了十幾年會計，沒差過一分一文！五七年夏天，幾個富裕中農想拉牛退社，他提著攪草棍把他們攆跑了！他為了集體，放棄了上學；我敢說，把兆豐這樣的人，放到國家的那個崗位上，他都是人民的好勤務員！一個人，丟了自私自利的心，一心為黨為人民，不管他文化程度高低，他就會是一個高尚的人，有益於人民的人。你說說你上大學為了啥？只為自家出人頭地，高人一等，我看有這種思想的人就像莊稼裡的稗子，野草，長得越高害處越大。"

兆文瞧著聚海叔，慚愧地低下頭。

聚海叔接著說："今天在公社黨委擴大會上，研究了大學招生問題，你們兄弟倆爭吵的事，黨委也知道了。最近，好幾個生產大隊反映公社文教幹部祝久魯散佈了許多錯誤觀點。黨委認為：這不僅是祝久魯一個人的問題，實質是修正主義教育路線的一種表現，黨委會上批評了祝久魯的錯誤，充實加強了招生機構。聽說這個人對你的影響是很深的，要好好想想！"

兆文雙手叉在頭髮裡，懊喪地搖著頭。

老支書又對兆豐說："兆豐，公社書記老許對你家的事很關心，本來他要和我一塊到咱村來，接到區上電話，要去開會，來不了。他的意見，叫咱們抓抓團支部，在青年中展開討論，還可以在社員中進行討論；黨委還想從這件事上，在全社青年中展開討論，進行活的路線教育，他說'歪風，邪氣，修正主義，最害怕群眾，群眾一起來，它就垮臺了'！"

兆豐深情地，又是堅定地點點頭；同時，又用嘴指指兆文。

聚海叔拍拍兆文的肩頭："小夥子，你的意見呢？"眼裡充滿殷切地鼓勵的光芒。

"我？"兆文說，"大叔，我一定參加到這場路線教育中去，虛心接受貧下中農再教育，重新起步！"

"好，思想上敞開，甭負擔！咱們高村的事要靠你們幹哩！"聚海叔說："從多年來的鬥爭，特別是文化革命這幾年的階級鬥爭和路線鬥爭來看，社會主義時期的鬥爭複雜著哩！咱們要革命，林彪要復辟，咱們要朝前進，林彪要向後退，退到資本主義去！打倒了一個林彪就完了？完不了！還可能出張彪，李彪！鬥爭長著哩，複雜著哩！俺們這一輩幹不完，需要你們這一代接著幹，接著鬥！我操心的不是你念不念大學，是你聽不聽毛主席的話，搞不搞馬克思主義！這個大事不解決，甭說你上大學，學工程，當專家，就是當個社員也當不好的！就看咱村裡吧，解放前和張家鬥了一百多年，解放後二十多年那天不鬥？你大概想不到，就在招生這事上，張三冒的陰風也吹出來了！招生一開始，張三冒就放出話：'這回誰家娃也甭想去，兆文的指頭比誰的大腿都粗！'這話多毒！"

"啥時候說的？"兆文問。

"哼，招生動員那天就說了！"兆豐說。

聚海叔繼續說："要想革命的大事·要想自己身上挑著多重的擔子哇！在咱高村這地方，絕不許資本主義那些烏七八糟的東西胡攪纏！你們這一批返鄉的青年娃，叔信得過！你雖比他們落後了幾步，沒關係，認識到了，往上趕嘛！跟咱村的青年一齊走，跟貧下中農社員扭在一起，闖咱高村的好前程！」

　　兆文站起來，扶一下眼鏡，眼裡湧出熱淚，有些結巴，很誠懇地說：「叔，讓黨，考驗我！」

　　……火紅的晚霞把灞河水照得通紅，尺把長的鯉魚在楊柳環抱的綠水大塘裡翻鰾；一隻隻水鳥忽上忽下，在霞光裡飛舞；水泵抽水的嘩嘩聲，管水員和澆地人互相吆喝的問答聲，社員勞動的嘻笑聲，在青蔥蔥的河灘上飛揚，多麼廣闊的天地……

1974 年 6 月桃寶峪

（原載〈陝西文藝〉1974 年第 5 期）

棉 鄉 戰 鼓

周 克 芹

歸心似箭

　　早晨，縣城汽車站的候車室來了一個敦篤的年輕人，橫背一個小挎包，手拎一個笨重的麻袋，這人大約三十歲，光頭，粗眉大眼，上身白布對襟小褂敞開著，露出油黑發亮的胸膛，下著草綠褲子，褲管挽得高高的，蠻大兩片光腳套著一雙麻耳草鞋。他見那售票房窗口上寫著："開往赤溪河的班車因故誤點。"只得揀了個座位等候，順手把那疙裡疙瘩的麻袋包輕輕放在腳邊。

　　剛坐下，門口跑進一個十八九歲的姑娘，紅格兒花布襯衣配著海蒼藍的長褲，腳穿青絨白邊兒新鞋；紅噴噴的臉上直冒熱氣。她對直朝著穿白褂子的年輕人跑來，把手上抱著的許多紙盒、布袋往他懷裡一放，快活地說："萬青哥，你腳桿硬是長，眨個眼就不見人影了喲！哈哈哈……"

　　年輕人看了看這許多東西，淡淡一笑說："小丁花，你真會花錢呀！"

　　丁花解釋說："哎呀，哪裡是我自己的！全是幫姑娘和大娘們買的東西，什麼毛線啦，哢嘰啦，涼鞋啦……雜七雜八一大堆，哈哈哈……"

　　"好，你想得周到。"萬青滿意地點頭說，同時幫丁花把東西塞進挎包裡。

　　"呃，萬青哥，你家二豬剛學會走路，給他買雙塑膠涼鞋吧，紅的綠的紫的樣樣都有，又相因，又好看，怎麼！你不喜歡？"姑娘不停嘴地嘮叨著。

　　萬青笑了笑，說："用不著。有布鞋穿就不錯了。我像二豬那年紀，大雪天還光著腳丫子呢。"

　　丁花的腳觸到了地上的麻袋，覺著硬硬的，好奇地問："隊長同志，你採購的是啥東西呀？"

　　萬青笑道："我這個可比你那些還值價哩！你看是啥？"他解開結兒，丁花一看，全是硫磺，不由一愣，可很快又感到臉上火辣辣的直發燒。原來，這回縣委召開的棉花生產座談會上，縣委傳達了上級關於批林整風的重要指示後，又著重研究了棉花的後期管理問題。會上有一個代表介紹過用"石硫合劑"防治棉花後期病蟲害的經驗。此時丁花暗暗責備自己："隊長一聽就買了這麼多硫磺，我咋個聽了就沒想到呢？……"

　　"怎麼啦？"萬青見她發愣，問道。

　　小丁花沒回答。這會兒，娘娘腦袋裡什麼毛線料子，全沒有了。她想著這幾天的會議，想著隊裡一百多畝棉花，還想著近兩三天來各區植保站送到縣裡的消息：各地棉田接二連三發生了紅蜘蛛危害的苗頭……她是隊裡的科研組長，這次開會是上級點名叫她隨隊長出席會議的。現在回隊去，自己應該怎樣著手幹呢？怎樣防止紅蜘蛛蔓延到我們棉地裡去呢？……

　　忽然，一輛自行車從城裡飛駛而來，騎車的小夥子滿頭大汗地奔進候車室，看見萬青和丁花，忙跑上前來喊道："萬隊長，高書記給你的信。"

　　萬青接過信來，抽出信箋。當他的眼光從字面上一溜兒掃過時，兩道濃眉突然緊皺起來，接著，他又從頭到尾一字不漏地看了一遍，定了定神，眉毛漸漸舒展開來了。看後，把信封裝進褲兜裡，又掏出一個小本本來，撕下一張白紙，用鉛筆寫道："高書記：領導很忙，我們不坐縣委的小車了。回去堅決照縣委指示幹，絕不走樣。萬青。"

當那人接過萬青的紙條，返身去後，丁花詫異地問是啥事，萬青已提著麻袋站了起來，說："鬧蟲災啦，快趕回去吧。坐在這裡等趕'現代化'，不如趕'自動化'，我們馬上動身，抄小路走。來，幫我往肩上扶，對。"

上路以後，萬青把高書記的信，給丁花看了。信上寫著："萬青同志：剛才又接到赤溪河植保站的緊急蟲情報告，紅蜘蛛在河東五個公社基本被控制住以後，現在，又在河西幾個公社出現了，以你們大隊附近一帶為蟲情高峰地區。請你急速回村，牢記黨的基本路線，堅決依靠群眾，戰勝災害，奪取豐收！為了奪取抗災鬥爭的勝利，縣委即將增派工作組，前往協助。我們知道班車誤點，你還沒走，請稍等一下，縣委的小車：馬上回來。高原。即日。"

丁花看完信，簡直驚得呆了。半晌才說："前兩天不是說我們公社沒這紅蜘蛛嗎？怎麼這會兒……"

"久旱多災嘛！這回該你這個科研組長好好'科研'一下囉！……咋的？嚇著了嗎？"萬青盯著丁花的臉問。

丁花說："誰嚇著啦？我是想：這該咋辦啦？"

萬青說："消滅它！不過，這會兒的辦法卻是快一點兒趕路。回去找群眾商量吧。"

兩人說著，又加快了步伐。他們穿山林，淌小河，一路不停，太陽剛當頂，就趕到了芭茅渡。

芭茅渡在赤溪河上，是大隊辦的小渡口。現在撐渡的艄公姓李名厚樸，挨邊七十歲，白髮銀須，身板硬朗，人們叫他老厚樸。

丁花一趟子跑到河邊，大聲呼喚："厚樸爺爺！"

小船嘩啦一聲，從河對岸輕輕飄了過來。

萬青手搭涼棚，定睛一看，撐船的不是老人，卻是一個少年，不覺心頭一怔，正要出口的話也咽回肚子去了。

上了船，丁花一把抓住少年，問道：“廣林，你爺爺呢？”

“從昨天起，我爺爺把渡口上的事交給我啦！”

“哦！他上哪兒去啦？”萬青拿著篙桿，吃驚地問。

“今天一早跑豆穀場去了！”

“去幹啥？”萬青緊接著問。

“就怪精靈鬼朱昌福和侯老二，他幾個天不亮偷偷摸摸過了河，一會兒我爺爺跑了來，問我：昌福他們上哪兒去了？我告訴他：聽朱昌福他們說是上豆穀場掙現錢去了。我爺爺馬上就要過河去把他們追回來。接著，朱隊長也來啦，他勸我爺爺不要去，說是‘眼下情況不同了，群眾利益要得緊’。我爺爺一聽就火了，當面就批評了朱隊長：‘情況有啥不同？我看你是舊病復發啦！回來和你算賬！’弄得朱隊長臉紅筋脹。我爺爺就這樣去了……哎，我也忘了叫他戴上草帽！”

萬青聽得愣住了，眉毛漸漸皺成個疙瘩。他不由得想起了七年前的一場事，手裡的篙桿也忘了撐……

七年前，老厚樸還是生產隊隊長。在這兒撐渡的是一個二十來歲的小夥子。那時，正是無產階級文化大革命風起雲湧的時候，在一個陽光燦爛的初冬早晨，小夥子趁無人過渡，坐在小窩棚前專心專意地學習紅衛兵組織發給他的宣傳品，當他翻看著一幅毛主席在天安門上檢閱紅衛兵隊伍的照片時，他咧開大嘴，臉上露出激動、喜悅的光輝……不一會兒，突然從村子通往河邊的小山上湧來幾個人，其中有地主分子侯通壽，來到河邊要催著過河。小夥子見來勢不對，忙對這夥人中的生產隊副隊長朱應五說：“你們挑的挑糧，背的背棉花，這是到哪去，幹啥？”朱應五笑嘻嘻地說：“這陣活路不忙，大家出門走一趟，又不影響生產。”說著，人們一窩蜂湧上小船。小夥子急了，一步跳上船去，手執篙桿立在船頭，大聲喝道：“社員同志們！糧食、棉花是國家的統購物資，我們要遵守國家的政策規定。把糧食、棉花拿在市場上去賣，就是走資本主義道路。"朱應五冷冷地說："少說這個道路那個路線的，換點錢來使犯不了法，你們紅衛兵少管閒事！"小夥子把篙桿向河中一插，雙手叉腰，大聲說："我們紅衛兵就是非管不可！要把劉少奇搞的'三自一包'、'四大自由'一套通通反掉！"侯通壽賊頭賊腦地拉應五一把，輕聲說："朱隊長，他……他攻擊我們的劉……劉……"小夥子喝道："閉住你的狗嘴！劉少奇是你們地富反壞右的總頭子，我們反定了！你去抱住他的腳桿哭吧！"又轉身對幾個社員說："同志們！侯通壽混水摸魚，是想變天，大家不要上他的當！"說著，縱步離開艀頭，一把揪住侯通壽，把他拖上岸去。這時，生產隊長老厚樸和一些社員趕來了，就在河邊，開了侯通壽的鬥爭會。大家憤怒地揭發了侯通壽破壞文化大革命，破壞抓革命，促生產，大搞投機倒把的罪行。少數上當受騙的社員也受到了教育，都自動回去了。老厚樸對小夥子的革命行動，鬥爭精神非常激動，緊緊握著他的手說："你幹得對！你這個紅衛兵，幹得對！"後來，這小夥子不在渡口上了。原來，老厚樸早就看上了這個小夥子，經常交工作給他做，整黨建黨中，支部吸收他入了黨。接著老厚樸和小夥子換了個班，主動領下撐渡船這個苦差，讓小夥子接任生產隊長。這小夥子就是萬青。

想起這場往事，萬青兩道濃眉倒豎起來，心想："看來，在新的形勢下，這場鬥爭又在重演哩！"他問廣林；"災情很重嗎？"

廣林說："是不輕啦！一百多畝棉花差不多全完啦……"

丁花"呵"了一聲，打了一個趔趄，廣林忙拉著她。

小船劇烈地搖盪起來。

萬青定了定神，"嗖"地將篙桿落到水底，大吼一聲："注意，穩著點！"接著，嘩嘩幾篙桿，小船平穩，迅速地向岸邊駛去。

心紅膽壯

　　丁花先跳上岸去，飛快地跑上山頂，一眼望見滿山遍嶺遭災的棉苗，立刻驚呆了。

　　幾天以前，棉花的長勢多喜人啊！一片片棉田，青枝綠葉，扶著千萬朵紫紅色、乳白色的花朵兒，在火紅的太陽光下，絢麗多采；微風吹拂，棉田不時泛起層層綠波，風過處，只見那娃娃拳頭大小的棉桃隱現在綠葉叢中。伏前桃，種棉人多麼珍貴的伏前桃啊！可是眼前是一派啥景象呢？一蓬蓬老葉萎縮了，頂上的新葉佈滿了暗紅暗紅的斑跡枝兒也無力地下垂了。

　　"紅蜘蛛！毀滅性蟲害！"丁花在心裡呼喊著，鼻子一酸，眼淚撲簌簌落了下來。

　　這當兒，萬青扛著麻袋，像鐵塔一般立在山路當口，呼呼呼直噴著粗氣，那小碗大的拳頭捏得緊緊的，兩眼俯視著棉田。生長在棉鄉的萬青，雖說他也見識不少，可乍見這景象，也感到吃驚："吆，凶咧！"

　　"萬青哥，這咋辦啦！真沒想到，會遭上這一場毀滅性蟲災！到秋收，拿啥貢獻國家呀？……"

　　"丁花，不要自己把自己嚇唬住了！"萬青打斷她的話，沉著地說："啥子毀滅性！沒那麼嚴重。自己要挺得住呵！"

　　其實，萬青心裡並不比丁花好受些。自老厚樸把他推上領導崗位這些年來，老天爺就沒讓他過過一天輕鬆日子，旱、澇、蟲、風，什麼樣的災害沒有經受過？這都闖過去了，沒有什麼了不起！可是剛才過河時，小廣林反映的一些情況，卻使他久久不能平靜：副隊長朱應五的兒子朱昌福夥著地主侯通壽的兒子，放下蟲災不抗，裹著幾個青年往外流，掙現錢去了。他意識到眼下將有一場遠比撲滅紅蜘蛛更為嚴重的鬥爭！

驕陽似火。萬青大踏步向前走去，丁花隨後跟著。轉過山嘴，眼看快進村了，萬青突然咚一聲放下麻袋包，提起衣襟往頭上臉上抹著汗水，對丁花說："別洩氣。眼淚水是救不了災的！現在我們分頭走，你馬上去找治蟲組查明這幾天蟲情發生、發展的情況；我先和老貴、水生他們擺談一下，晌午後在碾房裡開個隊委幹部會。去吧！哎，別忙，把眼淚水揩乾淨，讓姑娘們見了……"

"是！"丁花答應一聲，向旁邊水渠跑去，用手扂水把臉洗了，又飛步奔向村裡。

萬青望著她矯健的身影，微微笑了。這才迅速扣上自己的白褂子，正了正腰間的挎包，把沉重的麻袋往肩上一甩，快步如飛地向保管室走去。

保管室的門半開著。裡面，保管員老貴正忙著清理農藥瓶子，一邊數著數兒，一邊訓站在旁邊的兒子小牛："啥叫'工分飛了'？工分能往哪兒飛呀？胡鬧！你娃娃真沒出息，只看著那幾個人不走正道走邪道，你沒見大夥抗災的勁頭哪！公社、大隊的幹部們這麼關心我們，這會兒你水生哥正開青年會，擴大治蟲組，可你，還有臉叫喚'工分飛了'！真混賬！你娃娃忘了你是貧農的後代，學壞不學好。"

萬青在門外聽得真切，不由心中熱呼呼的。……

可是小牛不服氣，與他爹頂嘴："貧農，貧農咋個？憑勞力掙錢，不偷不搶，看哪個就把我啃了？"

"啪！"老貴狠狠打了小牛一記耳光。萬青忙叫了聲："老貴叔！"接著一手拉住從門裡衝出來的小夥子，一手擋住怒氣沖沖的老貴，說："老貴叔，好生說，巴掌解絕不了思想問題的。"兩爺子頓時愣住了。

老貴冷靜下來，忙翻過一個籮筐讓萬青坐，萬青卻拉小牛坐了，自己在一旁蹲下來，一邊抹汗，一邊問小牛："你是咋的？擔心棉花遭了災，收入會少，買不上自行車，是不是？'工分飛了'這話是你說的，還是聽別人說的？"

小牛埋頭紅著臉，說："我是聽別人說的。今早晨，我上井臺擔水，侯通壽問我好久買自行車，我說今年決算一定買；他說棉花遭了災，工分飛了，拿手板去買呀？⋯⋯我心裡就著急了。"

"他還說了什麼？"

"他說，人家朱隊長才是個好的當家人，爲大夥兒想了個救急的法兒，另找出路抓現錢，集體個人對半分。我一想：是呀！要不，我的自行車⋯⋯"

萬青站起來，摸著腦袋，想了半晌，問老貴："朱隊長真有那個'救急的法兒'嗎？同幹部商量過沒有？"

"沒有。看樣子，他是在往那條路想。今早大隊支書來，老朱不曉得對支書說了些啥，隨後支書把老厚樸叫到這裡來，對老厚樸說：'看來，朱應五又在走回頭路！萬青沒回來，你們要頂起幹！'⋯⋯"

"唔，"萬青自語道："可是侯通壽他咋能知道朱應五想出了那個'救急的法兒'？"

老貴說："是呀，朱應五對我們都沒露底，侯通壽咋就知道呢？"

萬青沉思著說："這事情不簡單，我們可要提高警惕！"

這時，民兵排長水生跑來了。這是一個大腳大手大臉膛，大嘴大喉嚨的小夥子，他還在門外就喊著："萬青哥！你可回來了，我們正盼著你呢！"

萬青迎上前去，緊緊抓住水生的大手："你們辛苦了！"

"辛苦啥，紅蜘蛛嚇不了我們！"水生笑道。

萬青說："不要只看著紅蜘蛛，還要注意紅蜘蛛後面有沒有更大的災害。"

"你是說朱應五？⋯⋯"

"不只是朱應五，—— 侯通壽這幾天表現咋樣？"

"侯通壽？"水生說："對，這幾天從他兒子侯老二嘴裡說了些不三不四的話，我們就注意到了這個老賊！"

萬青說："是要注意他！今天他還煽動小牛外流咧！"

水生又像吃驚又像生氣地問小牛："你咋不早跟我說？！"

小牛紅著臉低下頭去。

萬青接著說："還有，老朱想出的那個什麼'救急的法兒'，又沒向群眾宣佈，侯通壽為啥那麼清楚？"

"這個，"水生想了想說："朱昌福和侯老二兩個很好，昌福又常在侯通壽家進出。侯通壽可能是從朱昌福哪裡打聽到的。"

萬青沉吟片刻後又說："有這個可能。不過，是不是也還有另一個可能，比如，侯通壽把那個'救急的法兒'，通過他老二和昌福向朱應五送上門去？"

"對，有這個可能！"水生說。"要好好理抹理抹這傢伙！"

"要理抹清楚！"萬青說。"剛才老貴和小牛向我擺了一些情況，使我很受教育，眼睛更亮了，但是你接觸的群眾多，把你瞭解的情況說一說。"

水生說："我剛才開了青年民兵會，一提抗災，大家勁頭兒大得很，爭著報名參加治蟲組，有的老大爺、老大娘也報名了，我沒同意，還鬧呢。可是，也有少數幾個人，看見朱昌福、侯老二走了，也一心想溜。還有，治蟲組擴大後，噴霧器、農藥不夠，可是，朱應五他不同意買。他說：'今年棉花已經花了不少本錢，眼下成了這個樣兒，可不能把錢再往火裡丟了。'真急人！"

老貴也說："是呀，農藥只有籮筐這點啦！"

萬青把手放在水生肩上，說道："大夥抗災的勁頭很大，這是戰勝災害的巨大力量。這次蟲災確實不小，我們都沒有遇到過，咋辦？只有更好地發動和帶領群眾，打一場滅蟲抗災的人民戰爭，對所謂的毀滅性蟲災，給予毀滅性的打擊！但是，撲滅蟲災，

是單靠解決噴霧器、農藥嗎？不！要按照毛主席、黨中央的指示
辦：牢記黨的基本路線，時刻不忘階級鬥爭。就是說，要靠抓階
級鬥爭、抓批林整風來發動群眾。這是最根本的！水生，你去專
門調查和監視侯通壽的活動，治蟲組的事由丁花管吧。老貴叔，
我協助你一下，把硫磺加工成農藥。晌午後，到碾房去開個幹部
會。好，就這樣幹吧。"

棉田奮戰

　　丁花想到萬青給自己的批評、鼓勵，情緒也高昂了許多，精
神抖擻地直奔村裡。

　　"寶珍姐！寶珍姐！"丁花首先去找劉寶珍，還沒進屋就大
聲叫喚。

　　劉三婆婆迎著她，又驚又喜："哎呀，是丁花！坐，坐
呀……"

　　丁花掏出一雙鞋來："這是寶珍姐要的，你給收下吧。寶珍
姐上哪兒去啦？"

　　"她和治蟲組的姑娘們，噴藥去了"

　　丁花大吃一驚："啊？晌午天熱，是不許噴藥的嘛！真是不
要命了！婆婆，你也沒禁止她們？"

　　"八條牛也拉不回來呀！唉，丁花，你看那滿山遍嶺的棉
花，成了個什麼樣兒嘍！"

　　"婆婆，別難過！"丁花斬釘截鐵地說："只要人心齊，不
怕災害大！我馬上找寶珍姐她們去。"拔腳就往外跑。

　　灣塘地是村西頭一塊大土，這是科研組的棉花高產試驗田，
長勢特別好，從春天到現在，青年們不知在這兒灑下多少熱汗，
費了多少心血，眼看就要收穫豐碩的勞動果實了，可是，眼下照
樣遭到了那無情的蟲害的襲擊。一眼望去，真叫人心疼呀！

丁花強忍自己心裡的難過，使勁咬著嘴唇，立在地坎上探頭尋找姑娘們。這兒不像往常那樣聽見她們的笑聲，只能看見地中間那齊胸的棉苗上空翻飛著團團白霧，一陣濃烈的劇毒農藥氣味撲鼻而來。她連忙跳進地裡，順棉壟跑進去，一把抓住寶珍的手臂，高聲說："停下，快停下！為啥違反安全制度！"

胖胖的寶珍，先是一驚，後又一愣，可馬上又漲紅著臉摔開丁花，繼續噴射起來。

"姑娘們，停下來！這是為什麼呀！……"丁花著急了，沒法兒，只得喊道："不停就往我臉上噴吧！"同時，猛地闖進那一片茫茫藥霧裡。

"哼嚓"一聲，姑娘們一齊關上了開關，搶上前去把丁花拉了出來。可是，當她們這樣面對面站著時，竟沒一個人先說句見面的話兒。她們有的拉下了口罩，喘著粗氣，有的低頭看著鞋尖兒。這一群平日裡像鬧山雀一般的姑娘，這會兒喉嚨都像被什麼東西堵住了。

丁花詫異地問："同志們，這是為什麼呀？為啥不說話呀？"

一個急性子姑娘忍不住叫道："你不知道，我們治蟲組犯下大錯誤啦！棉花毀了，該我們坐監獄去呢！……"

"誰說的？"丁花吃驚地問。

"誰說的，你去問朱隊長嘛！"急性子姑娘氣呼呼地說。

"罵我們是'裝飯的桶子'，把棉花毀了呢！"另一個姑娘也氣憤地說。

"胡說！"丁花聽了這話也很生氣，可是她極力控制住自己，對大家說："我們不能聽了這些閒話就賭氣，冒危險來幹呀！"

"我們也不是為了賭氣才來幹的。"寶珍截斷丁花的話說。"你沒見棉花都成個啥樣兒了？不趕快治住，還不知道要鬧出些啥花樣來呢！"

　　姑娘們也說："好，要趕快救棉花，噴藥不能停！"

　　"操作制度不要啦？出了事咋辦？"丁花問大家。

　　寶珍抹了一把臉，氣呼呼地說道："要是你聽著有人吼著：棉花沒救啦，今年掙下的工分全飛啦，各自打主意吧！你急不急？"

　　"呵！"

　　"要是你看見有人因為棉花遭了災，就離開大夥兒，出去掙現錢，搞資本主義，你急不急？"

　　"呵！"

　　寶珍激動地大聲說："我們咬著牙，拼著命也要爭下這口氣，保住棉花高產，保住我們的社會主義！"

　　"對，我們要堅決保住社會主義！"丁花也激動了，揮著手臂喊道："我們一定能抗住災！我們一定能撲滅蟲峰！"

　　那個急性子姑娘也大聲說："我們就是中了毒氣，死在地頭也不丟掉噴桿！……"

　　這會兒的丁花，熱血沸騰，再也控制不住自己了。她跳上前去，一把搶過寶珍肩上的噴霧器，揮開噴桿，呼呼呼來個大幅噴射。姑娘們見她這樣，也都迅速地扭動開關，像戰士們端著衝鋒槍，圖圖圖，向敵人射去憤怒的子彈，一霎時，團團藥霧鋪天蓋地，像復仇的火焰，直朝害蟲壓去……

　　寶珍高興了，登登登往村裡跑。穿過村子，來到保管室，老遠看見一個人，頂著一口大鐵鍋從倉房出來，忙叫道：

　　"老貴叔，再給一架'腰鼓式'還要一瓶'一六。五'……"

　　話還沒說完，就看見鐵鍋底下露出一副粗眉大眼的臉孔，不由得吐吐舌頭驚叫道："萬青哥！"

　　萬青把鐵鍋放在地上，直起腰，望著姑娘們汗濕淋淋、挽袖絮褲的樣兒，吃驚地問道："怎麼？你們這會兒還在噴藥？"

"是呀，萬青哥，我們決心……"

"什麼決心？決心闖禍是不是？"萬青打斷她的話，皺著眉頭說。說完便快步走進保管室，對老貴說："熬'石硫合劑'你一個人搞吧，我到地裡看看去。"

識破陰謀

灣塘地裡，這會正幹得熱火朝天。

丁花看見一個瘦小個子的姑娘掉了隊，便退下來幫那姑娘噴射，同時關心地說道："小侯，支持不了，就到樹蔭下休息一會兒吧。"那瘦小姑娘靦腆地笑笑："不休息，我支持得了。"

這姑娘就是地主分子侯通壽的女兒，大家叫她小侯。她是隊裡"可以教育好的子女"當中表現較好的一個，願意爭取進步，萬青和丁花他們常用黨的政策對她進行前途教育，使她擺脫侯通壽的控制，與地主階級劃清界限。她在前不久揭發了侯通壽向朱昌福等人傳看壞書的罪行以後，群眾更加熱情地支持她革命了。

"你身體弱，還是去休息一下再幹吧。"丁花又關心地說。

"不，我要和大家一起幹到底！"小侯堅定地說，噴射得更有勁了。

恰在這時，從土埂上傳來一聲嚴厲的命令："同志們，馬上停下來！"

小丁花一聽是萬青的聲音，不得不關了噴桿手把上的開關。姑娘們都一下子愣住了。丁花招呼道："停吧，我們把理由給隊長說說，他會叫我們繼續幹的。"於是，大夥兒只好埋著頭順棉行往外走。

萬青心疼地望著姑娘們，早預備好的一頓嚴厲批評，這會兒怎麼也吐不出口了，卻關心地吩咐："同志們，辛苦了，快洗洗去吧。"

大家都不作聲，默默地到水池邊洗了手和臉。萬青把大家招呼到一個樹蔭底下，然後說道：“你們這種勇敢精神，值得我學習。可是，這能取得抗災的勝利嗎？高溫下禁止操作，你們是知道的嘛。再說，這樣高的溫度，農藥噴上去，棉苗也會受損害呵。丁花，你怎麼也跟著這樣蠻幹呵？……”

寶珍插嘴說：“隊長，你不能批評丁花，是我們治蟲組大家決定的。你看看眼前光景，不比平常呀！”

丁花激動地說：“萬青哥，我們是爲了保衛社會主義才這樣做的！你不知道朱隊長他搞了些啥呀！”她氣得滿臉通紅，喉頭哽著，說不下去了。

寶珍接過話說：“前幾天，我們按你臨走時的安排，搞預防噴射，可是，有人罵我們搞預防是往牆上抓癢，沒事找事，白掙了隊上的工分，白丢了隊上的藥錢，哼！”

“呵！”萬青眉梢猛地一跳，問道：“這話是哪個罵的？”

“哪個？就是侯老二、朱昌福他們！”姑娘們憤憤地說。

“我們挨了罵，很氣，去找朱隊長告狀，可是朱隊長卻說：‘沒蟲，治什麼呀？省下一筆藥錢也是群眾的利益嘛。你們扯紅苕草去吧。’我們只好放下噴霧器，扯紅苕草去了。不兩天，有些棉地裡，紅蜘蛛就發生了，這時，人家又罵我們都是些裝飯的桶子，是幹什麼吃的！……昨天，紅蜘蛛蔓延開了，情況嚴重了，我們加緊噴藥。可是，又有人跳出來吼：‘算啦！噴藥也沒用啦！棉花全壞在這批女花花手裡了，今年掙下的工分全飛啦！’……”

“這是誰罵的？也是侯老二他們？”萬青問道。

“是呀！還有朱隊長也說：‘棉花沒救啦，另想辦法吧！’一些社員就丢下活路，‘另找出路’去了！我們不同意朱隊長的說法，一定要救住棉花，保衛社會主義！”

姑娘們也齊聲叫道：“對！我們一定要救住棉花！保衛社會

主義！"

姑娘們對社會主義的赤膽忠心，使萬青非常感動，覺得自己身上又增加了無比的力量。他激動地對大家說："同志們，你們的想法很對，我們一定要保衛社會主義，堅決反對走資本主義道路！"

姑娘們一聽樂了，搶著說："那你同意我們噴藥啦？同志們，幹吧！"說著就要往棉田裡奔。萬青連忙攔住她們："可是，我還是不同意你們在高溫下噴藥！"

"那是為啥呢？"姑娘們不解地問。

"要保衛社會主義，首先要抓階級鬥爭！"萬青說。"你們想過沒有，像這樣蠻幹下去，我們就可能上階級敵人的當？"

"什麼？上當？"姑娘們都睜大了眼睛。

"是呀！眼前敵人正在利用自然災害，刮起資本主義妖風，加緊向我們進攻。你們這樣蠻幹，要是有誰中了毒，敵人不是更好煽動外流、破壞抗災嗎？那些說棉花沒救了的人，不是更要把這個作為'另找出路'的藉口嗎？"

姑娘們恍然大悟，不禁伸了伸舌頭："哎呀，我們咋沒想到這個呢！"

"同志們，階級鬥爭是複雜的，我們一定要提高警惕！"萬青目光炯炯地說。他回頭問小侯："這向，你爹不敢打你了吧？"

小侯感激地回答："不啦。"

"你聽他在家裡說些啥？"

"他罵我們治蟲組，剛才寶珍姐說的那些，都是他罵的，他在家裡罵，我哥就在地裡罵。可是今天他卻叫我們加勁噴藥，給我說：'棉花治不了，你們治蟲組都得坐監獄去！叫你們加勁兒治是為你們好呢'……唉，我真不想見他那副陰陽怪氣的樣子！"

萬青聽著，眉毛都豎起來了。他對小侯說："你揭發的這個情況很重要。你這種精神很好。今後，你凡是發現他有不守法的言行，就及時向我們反映。你要大膽同他作鬥爭，不要怕，黨和貧下中農支持你！"說著，他又面向大家說："聽清了吧？侯通壽巴不得你們都中毒死了呢！"

小丁花慚愧地輕聲說："萬青哥，我……我沒想到階級敵人身上去。唉，差點兒給革命帶來損失呢！"

寶珍也氣呼呼地說："哎，我只曉得一個勁叫大家蠻幹，警惕性太差了！今後遇事要多想想，不能只憑一股熱情幹活咧。"

"好好。"萬青見姑娘們認識提高了，非常高興。接著又說道："再說，這樣重的災情，只憑你們治蟲組十來個人，再拼命幹也是治不了的，只有發動群眾，打一場人民戰爭。我們馬上就要開幹部會，接著還要開社員大會，傳達這次縣委開會的精神，發動和組織群眾，開展抗災鬥爭。……"

"我們幹什麼？快吩咐！"大夥兒一齊說。

"你們馬上回去吃飯，飯後分頭去找社員們擺談，進一步查清敵情，動員群眾，煞住資本主義歪風，投入抗災鬥爭！"

大夥高興地說："好！"正要走時，萬青又從挎包裡掏出一疊材料，交給姑娘們："把這個帶上！這是縣委發的關於批林整風的學習材料，你們都有文化，可利用飯前飯後的時間，好好念給院壩的社員們聽。"

寸步不讓

朱應五坐在堂屋裡抽煙，煙鍋巴抽進煙斗裡去了，發出"嘶、嘶"的響聲，可他還一個勁地猛抽。

"要是依我的，哪會有這場事？"當他終於自言自語道出這一句話以後，便把煙斗往桌沿上重重地敲了一下，站起身來，抓一頂舊草帽戴上，出門去了。

走出不遠就看見治蟲姑娘們說說笑笑地從地裡回來，各自往家裡走。他滿肚狐疑地想："她們不是拼著命也要去打藥嗎？咋又不抗災了，還這麼興高采烈呢？"忽然又見萬青正朝自己走來，心想這多半是萬青叫停止的，不由暗暗高興，忙大步跨上前去，打了招呼後，試探地問："你叫姑娘們撤下來的？"

萬青答道："嗯"。朱應五見他神色冷靜、鎮定，猜不透他心裡的主意是什麼，又故意歎了口氣，說："你回來得好。這幾天把我心都操爛了。"

萬青見他這副模樣，知道是要拉自己跟他走一條路，心裡好氣又好笑，但還是不露聲色，問道："五叔，眼下這情況確實嚴重，你看該咋辦才好呢？"

朱應五道："是呵，這回火候是不好拿嘍，該好好研究一下。依我看，救急的法兒，是咋樣把棉花虧掉了的一堆票兒拿回來。還有⋯⋯"說到這裡，他突然把話收住了，又仔細地觀察萬青臉上有什麼反應。

"還有啥呢？五叔，你把話說完吧。"萬青催他道，語氣仍是和緩的。

"這個嘛，"朱應五頓了一下，用非常關懷的語氣說："五叔是想關照你幾句：你到底年輕，見識少些，心裡沒得個轉轉兒，這樣辦事不行。往後，遇事要放'精'一點才好！"

"'精'一點？怎麼個'精'法？"萬青故意問。

朱應五得意地指著自己的鼻子說："你要誠心學的話，我可以不客氣教你一些。就拿眼前的事來說吧，上邊來人催：抗災呵，抗災呵！你自己心中就得算一算：抗得了嗎？就算抗得了吧，要花多少錢，多少工？到頭來，豆腐也盤成肉價錢了！這劃得過嗎？當然劃不過！⋯⋯那就得動腦筋多想一想，有沒有更好的路子走？比方說，是不是可以趁早把社員放出去搞點兒現錢，公私兼顧？這樣，到年終決算，勞動日不是保住了，錢也不是到手了？……”

“可是國家下達給我們的棉花交售任務呢？”

“國家國家，要國也要家嘛。到時候報個‘特大蟲災，棉花無收’，不就了事啦！反正上級是講究實事求是的。”

“哼，老油頭！”萬青在心裡罵道。聽著朱應五對國家的這副油滑腔調，他感到十分噁心，一腔怒火陡然升起。他強忍住心中的氣憤，冷冷地說：“五叔，我學不來你的那個‘精’，倒要勸你趁早收起那套一害國家、二害集體、三害自己的算盤經！你的這個‘救急的法兒’，我敢說，只有侯通壽那樣的人才擁護，不但擁護，還要加勁兒給你幫忙哩！”

朱應五這兩天連續在老貴、水生、老厚樸面前碰了壁，心裡很不舒暢，聽說萬青回來了，心裡更是懸吊吊的，生怕自己這套計畫全部落空。剛才見萬青很注意聽取自己意見的樣子，以爲碰上眼前的大災害，萬青這個金剛漢子也感到辣手了，害怕了，還暗自高興了一陣，盤算著咋樣把他拉到自己這邊來。可是，結果萬青不但沒順著走，反而給自己敲了一個悶棒，這使他惱羞成怒，咆哮起來：“咦！你才硬是狗咬呂洞賓，不識好人心哪！你給我指出來，侯通壽這些年，跟我有啥關係？是我吃了他家的肉，還是喝了他家的酒？你就抓住好多年前那件事，緊緊不放，啥事都把侯通壽跟我聯在一起呀？辦不到！老實跟你說，如今不是文化大革命那幾年了，你當紅衛兵頭頭那套衝呵殺呵的派頭氣勢，給我收起來！”

萬青沒有被他這表面的氣勢洶洶所嚇倒。朱應五這番話，倒使他更冷靜下來，他越來越感到，要解決朱應五的方向、道路問題，不是那麼簡單的，這將是一場尖銳複雜的階級鬥爭。因此，必須首先抓好批林整風，把隊上的階級鬥爭蓋子揭開。想到這裡，他便斬釘截鐵地對朱應五說：“五叔，我也老實跟你說，文化大革命還沒有結束，無產階級和資產階級的鬥爭更沒有結束。哪裡有資本主義自發勢力抬頭，我們就要在哪裡衝殺！就是要向資本主義自發勢力衝殺，絕不讓它氾濫成災！"說罷，朝會場走去。

朱應五心裡猛地一震。他後悔自己不該暴跳如雷，既失體面，又給萬青抓住了小辮子。於是，他想緩和一下，便追了上去："萬青，算啦算啦，我們都不要發火，你聽我把話說完了嘛。"

萬青停住腳步，回過頭道："好，我聽你說完。"

朱應五說："我們是隊裡的兩個主要幹部，搞得水火不相容，只怕影響不好，隊裡要亂套。先前，我主張少種棉花，多種水稻，你不聽，我讓了你。如今，棉花眼看全完了，雖說大家心裡都痛，我也不怪你，不經一事，不長一智嘛。可是這緊要關頭，我們兩個要好好合作，商量辦事才對嘛。"

萬青毫不遲疑地答道："要是把棉花丟了，去找別的啥'救急的法兒'，就合作不了。"朱應五見萬青軟硬都不吃，心裡盤算著下步棋該咋走才好，便說："好，那我們拿到會上去說。你說，這會咋開法？是你先說，還是我先說？"

萬青答道："不，我們先都不忙扯這些。首先，要傳達縣委對深入開展批林整風運動的指示，然後，大家研究怎樣貫徹執行。我們快走吧，恐怕人都到齊了。"說罷，又邁開大步朝碾房走去。

"呵？"朱應五迷惑不解了，心想：為啥把眼前緊要的事放著不管，去研究批林整風呢？他感到對這個二十多歲的年輕隊長，真是摸不透底細。

路線分明

丁花吃了午飯，一連串了兩個院子，向社員們念了批林整風的材料，又向他們瞭解了一些敵人的活動情況。她見大多數社員對抗災救棉的信心都很大，希望隊裡領導早拿出一個辦法來，她心裡充滿了喜悅。

當她從一個竹林院子裡出來時，抬頭瞄了一眼日頭，想道：幹部會快結束了吧？是不是已經決定了擴大治蟲隊伍？她恨不得馬上看見一支浩浩蕩蕩的治蟲隊伍，奔赴戰場。正想間，迎面來了一個中年婦女，一把拉住她，慌張地說：“丁花，前會兒擴大治蟲組，我家老三也報了名。請你給萬青說說，把老三的名字勾了吧！”丁花一驚：“為啥呢？”“不為啥，反正我不讓他去幹那種活路……”丁花目送那位大娘走遠了，心想：“我得問問她為啥原因，對她做點工作呀！”於是便回身追去。那位大娘正和另一個中年婦女交頭接耳說悄悄話，她們一見丁花追來，便都散開了，丁花心上更產生了一個疑團。

這時，寶珍的奶奶劉三婆婆拄著一根細竹棍，站在家門口叫道：“丁花，快來，婆婆給你說話！”

丁花跑到劉家門口，三婆婆悄聲說道：“你看咋辦啦？這會兒幹部們正商量抗災的事，偏偏小侯又中毒啦！聽說是一回家就倒在地上，這會還躺著呢！……這話一傳出來，好些人都怕讓自家的兒女們去幹治蟲的活路。哎，偏偏叫那快嘴子張大嫂聽了這個信，一會兒就在全村傳開了……你腿快，馬上到碾房裡給你萬青哥說一說，讓他心裡有個數，想法兒穩住些大爺大娘的心吧……”

“嗯！”丁花答應著，撒腿往村外跑去。

碾房裡的幹部會開得正熱烈。門口擠滿了“聽會”的人們。丁花來到這兒，簡直沒法兒進去。

“別動，別動，你好生聽嘛！”一個老漢頭也沒回地對身後的丁花說。他正踮著腳，伸著頸項，聚精會神地聽屋裡的人發言。

“唉！讓一讓嘛，大爺！”丁花著急地說。

“擠不進去……”老漢一個勁兒注視著會場，不耐煩地說。

這時，會場上的空氣正緊張著。

原來，幹部會一開始，萬青就原原本本傳達了縣委關於繼續深入開展批林整風運動的指示。按照縣委要求，批林整風要聯繫當前農村階級鬥爭和兩條路線鬥爭；要以批林整風爲綱，帶動生產，奪取農業豐收。傳達完畢，萬青請大家研究：本隊批林整風如何深入進行？本隊當前有沒有階級鬥爭和兩條路線鬥爭，表現在哪些地方？卻沒提出抗災不抗災的問題。這不單朱應五感到不解，就連老貴、水生等也有些著急。可是大家根據萬青提出的議題進行討論後，不一會兒，會場就像煮開了鍋似的，熱鬧了起來。大家你一言，我一言，把近日來隊裡流傳的謠風，逗了一大堆，有些已經查出是從侯通壽那屋傳出來的，特別是水生和萬青調查到的一些情況一擺，大家心裡都陡然亮了：原來像侯通壽這類林彪的社會基礎，還在想方設法搞垮社會主義集體經濟，夢想復辟資本主義呵！大家越擺情緒越激烈，都說："批林整風硬是頭等大事，非認真抓好不可！"接著，大家又自然地聯繫到是抗災保棉，還是棄農找錢這樣的問題來，說這是兩條道路問題，一定要弄個清楚。

朱應五幾次想拿話岔開，都給頂了回去，乾脆不開腔了。可聽著聽著，一會兒頭上一股股冒煙，一會兒背心一陣陣發涼。他料想到會這樣開下去，自己設想的那套"救急的法兒"，是沒多大希望了，窩著一肚子氣沒處發洩。突然，他發現屋外不知什麼時候聚集了一堆人在"聽會"，立刻心裡一動：我乾脆說給社員們聽吧，只要有人幫腔，就不得事事都依萬青你們幾個了。於是，他霍地站起來，振振有詞地說，批林整風是上頭佈置的，當然要搞，不過，要批，有的是時間，等忙過了再批，況且，批林就批林，不要把隊裡的事聯在一起。眼前最迫切需要解決的，是全隊二百多人的吃穿花用問題，當幹部的不能不管，要管就要拿出好的辦法來，光談階級鬥爭、路線鬥爭解絕不了。接著他就宣傳起那套爛熟在胸的"救急的法兒"來，吹得天花亂墜，口沫四濺。可是，當他說得正絜勁的時候，場裡場外接連發出了"噓噓"的不滿聲音。丁花擠攏門口時，他正在慌亂中煞尾了：“總之，俗話說：‘攤攤上蝕了，簸簸頭拿’。我這意見當然不是十全十美，哪點對就採納哪點，不全面的還可以補充。”說罷，抹了一把頭上的汗，坐下來了。

朱應五話音剛落，老貴就氣忿地說：“老朱！‘另找出路’不是叫我們散夥嗎？我不同意！”

朱應五把煙斗在桌上敲著，說：“不同意就得說出個解決的方法來！未必你還有啥錦囊妙計？”他料定老貴這老實巴交的人說不出個“所以然”來。

老貴氣呼呼地站起來，說道：“我可沒你的‘妙計’多！我贊成萬青的，我們……抗！”

“抗？憑啥呀？”朱應五訕笑道，“就憑你和小牛兩爺子搞幾鍋石灰湯？”

“你……你是在滅我們貧下中農的志氣，長侯通壽的威風！幾鍋石灰湯有啥好笑的？大家一條心，雞毛都要上天！這可是個路線問題！”老貴一氣，說話像放連珠炮似的。

頓時，屋內屋外發出“嘩嘩嘩”一片熱烈的掌聲，接著爭相發言，分不清誰是幹部誰是社員了。站在丁花跟前那位老把子的聲音蓋過了全場：“朱應五！你啥時見過哪個莊稼漢走資本主義發了家的？就拿你自己打比吧？合作化年頭，你仗著你家底子厚、會計算，看不起我們這些窮人，在外單幹。可是，才一年工夫，你爲啥又天天跟著老厚樸屁股轉，要求人社了呢？咋？朱隊長！我平時沒揭你這個底，給你留個面子，你是幹部嘛！可今天，你的腳又要朝那條路跨了，還是提醒你一下的好！”

話音剛落，視窗上一個中年漢子又說話了：“再說個陳年老賬吧，那一年侯通壽煽動社員外流，做生意、搞投機，你老朱不是也上過當嗎？那時候，你在群眾面前是咋檢討的？你說：‘我老朱再不跟地主一道走資本主義啦！’你說得多好聽，還哭呢！

我要問你，你那眼淚水是真的還是假的？"

朱應五跳起來了吼道："這幾年我老朱是清清白白的！紅嘴白牙，興亂說嗎？說，我幾時跟地主勾扯過？"

"吹唷！這回朱隊長是匹馬單槍，獨闖天下哪，硬像是沒人給他引路了呢！"小會計譏笑地杵了他幾句，立時引起屋內屋外一片哄笑。

會場更熱烈了。

本來，在萬青主持下，幹部會已初步把隊上階級鬥爭、路線鬥爭的蓋子揭開了，給朱應五敲了警鐘。可朱應五沒有接受教育，公開提出挑戰了。群眾指出了他跟侯通壽的關係，他還兇狠狠地反擊過去。萬青想，光給他敲警鐘不行，還必須把他的問題連根揭出來，才能使他回過頭來。於是，萬青合上了記事本，用手勢止住了大家的笑聲，說道：

"我證明，這兩年來，朱隊長確實跟侯通壽那幫地富傢伙沒有來往過。可是，在政治上、思想上是不是就劃清了界限呢？我看未必是這樣。今年開春的'糧棉之爭'，是誰在背後煽陰風，大家都曉得，我就不多說了。就拿眼前的事來說吧，前幾天附近出現了蟲災，姑娘們馬上搞預防，侯通壽就罵這是往牆上抓癢，白丟藥錢。就有那麼巧，我們隊委會裡頭偏有人也說藥錢花銷大，不準搞預防。這一停可好，蟲災馬上傳過來了。好傢伙！侯通壽又心生毒計了，一方面散佈'工分飛了'的謠言，煽動少數青年出去掙現錢；一方面又罵姑娘們是'飯桶'，威脅說棉花毀了'要坐監獄'，逼著她們違反安全制度，在高溫下噴藥，企圖弄個人傷、苗死、人心亂，給我們擺一個爛攤子，硬逼大夥兒'另找出路'。就有那麼巧，我們隊委會裡頭偏有人也大喊大叫棉花全完了，沒救了，主張棄災不抗，放社員出去'掙現錢'，說這才是'救急的法兒'。"他停了停，望了一眼朱應五，痛心地說："階級敵人的破壞不可怕，他敢把黑爪爪伸出來，我們就給他斬掉！

只怕我們隊伍裡頭有人受騙上當了，還不肯回頭……"

"啪"一聲，朱應五的煙桿往桌上一擊，屁股上活像安上彈簧似的，霍地一下跳了起來。他兩眼發紅，直睜睜地盯著萬青。萬青迎著他的目光，也慢慢站起來。接著，水生、老貴，和所有坐著的人都站起來了。

會場陡然沉靜下來，朱應五直喘粗氣的聲音，屋裡屋外都聽得清清楚楚。片刻後，會場像水渠開了閘門，又熱鬧起來，大家高聲地喊道："萬青的話說得對，我贊成！"

"隊委會趕快作決定，我們要抗災保苗！…'把侯通壽揪出來鬥！'……朱應五的臉色更加煞白，他像蔫了的棉鈴一樣，耷拉著腦袋，"咚"的一聲坐回原位。

丁花見這情景，滿心高興，正想也大聲說幾句時，忽然又想起來的目的，她忙趁人們相互說話、攢動的當兒，連擠帶闖進了會場，走近萬青身邊悄聲說道："萬青哥，小侯打農藥中毒了。"又悄聲把劉三婆婆對她說的話，一一說給萬青聽。

"哦，"萬青暗暗吃了一驚，忙問，"別的人呢？"

"別的人都是好好兒的。她回去的時候也是上好的嘛。"丁花說。

"哦。你馬上找赤腳醫生小陳先去看一下。記住，要沉著。"萬青吩咐道，眼裡露出警惕的神色。

朱應五在一旁尖起耳朵聽到了，很是高興，有意提高嗓門，挑釁地說："有啥事，大聲點說嘛，我們也想聽聽！"

眾人驚疑地望著兩個隊長，不知出了啥事。萬青從容鎮靜地站起來，向大家宣佈道："剛才丁花來講，有人說侯通壽的女兒打農藥中毒了。我叫丁花找赤腳醫生看去了。"

"看嘛，抗災，抗災！抗出禍事來了！要是出了人命案誰個負責？"朱應五又氣勢洶洶地逼問道。

萬青眉毛微微往上一挑，毫不驚詫地回答："是不是個禍事，還很難說。可真是到了你說的那種地步，罪魁禍首也是侯通壽！請問，設下圈套，逼著姑娘們在高溫下打藥的是誰？"他停了停，掃眼一看，朱應五臉上得意的神色不見了，此時正困惑地望著他；其他幹部和社員臉上掛著憤慨、驚異、激怒的表情。他微微想了一下，又說："現在情況還不明。我想，這個會，是不是搬到侯通壽家開下去？"

大家齊聲應道："好！就去！" "跟侯通壽算蠆賬！"

萬青招呼朱應五道："五叔，我們去看看吧。"

朱應五勉強挪動步子，跟在人們屁股後頭慢慢走去。

斬斷魔爪

卻說在侯通壽家，他女人粘粘草披頭散髮地坐在大門外，抓胸頓足，天一聲地一聲的乾嚎："我只有這一個女兒呀，她要死了，我咋活得下去呵，呵呵呵 ——" "喊你不去打藥，你偏強著要去，這下咋下臺呵，呵呵呵 ——" 嚎了一陣，抬眼看看四周，沒有一個人影，便閉嘴不喊了。這時，從大門後面傳出蒼老、低沉的命令聲："喊你不要停嘴，架勢�吓喝嘛！" 粘粘草一邊理著頭髮，一邊回嘴說："大熱天敞開喉嚨喊不累人嗎？這陣一個鬼花花也沒看見！哎，你出來下，我有話問你。" 話音剛落，門後就閃出一個滿臉橫肉的傢伙來，他就是地主分子侯通壽。他先往門外探頭瞧了瞧，才跨出門去，低聲說："你有啥要問的嘛。" 粘粘草擔心地問："要是萬青他們跑來，看穿了你的把戲，咋辦？" 侯通壽冷笑了聲，說："哼，這陣，光是一個朱應五就夠他萬青招架的了，還有心思管別的？再說，你這一鬧，他心先就虛了，敢親自來看？" 粘粘草還是不放心，問："萬一來了呢？" 侯通壽想了下，把牙齒咬得格格響，兩眼射出凶光，說："老子顧不得那麼多了，不成功，便成仁！我侯通壽 ——" 忽然他見遠處林子邊有人向這邊走來,忙低聲吼道:"有人來了,快叫,放大聲點!"說完,又消失在大門後面了。粘粘草看也不看,連忙把雙手蒙住臉,放聲乾嚎起來:"我的么女呀!你好狠的心呵,呵呵呵 ——"正嚎間,猛聽一個姑娘的吼聲在面前響了:"粘粘草!快把你的臭嘴閉上!少裝瘋癲!"她吃了一驚,鬆開手一看,見是丁花,後面跟著手提藥箱的青年小陳,心裡陡然一陣慌亂,手足無措。丁花卻不管她,招呼小陳衝進了大門,逕自朝小侯房內奔去,侯通壽想擋也擋不及。他剛要拔腳追去,卻聽見粘粘草的嚎聲更大了,往外探頭一看,不禁大驚失色,連連跺足,低聲吼道:"我的個媽,莫嚎了,快進來!"可是,粘粘草還沒回過神來,萬青已大步跨進院來,跟在後面的一群人也湧了進來,把個院子擠得滿滿的。

"侯通壽!你女兒咋樣啦?"朱應五搶先問道。

"沒啥……沒啥……"侯通壽邊說邊往後退,立在房門口,擋著人群。

"是農藥中毒嗎?"萬青冷冷地問,眼裡犀利的光芒,射往侯通壽身上。

"是……是中毒!不……不嚴重……"侯通壽心頭不禁打了個冷顫,但肚子裡立刻轉了個圈,裝出副憂愁的模樣,說:"不過,我……我沒敢說,怕說出去不好。眼下幹部們正要動員大夥抗災呢!"

"咄!"萬青狠狠地瞪了他一眼,伸手把他往旁排開,逕自跨進小侯房間去,朱應五和一大夥人也都跟了進去,小屋裡被塞得滿滿的。侯通壽兩口子也趕忙竄到小侯床前。

小侯的臉紅得像個柿子,緊閉著眼睛躺在涼席上。這時,赤腳醫生小陳已經詳詳細細地檢查了一遍,他收起聽筒,對萬青等人說:"根據檢查,絕不是農藥中毒。"接著把他診斷的根據一一作了敘述。

　　萬青的臉色疏朗開來，忽然他像聞到了什麼異樣的氣味，使勁嗅了嗅，眉毛又皺緊了。他忙喝令侯通壽兩口子離開，幾步跨到床前，立刻嗅到了從小侯鼻孔裡散發出來的一股股酒氣。他心裡明白了八九分，忙吩咐丁花拿來涼水，往小侯額頭上澆了一會兒，又把打濕的手巾貼著她額頭。然後他轉過身來，用燃著怒火的兩眼盯著侯通壽問："她喝了多少酒？你莫非不明白，這大熱天，剛打了農藥回來，喝燒酒也會毒死人嗎？"

　　"報告隊長，我……我沒……哦，不，我不曉得她……她喝了酒……"侯通壽一陣驚慌，舌頭好像都轉不動了。

　　"胡說！"突然在他身後響起了民兵排長水生的喝聲。水生把一隻玻璃酒瓶倒過來，遞到侯通壽臉前，厲聲問道："你今天早晨才從供銷點打了大半瓶酒來，咋現在就一滴不剩了？當我們沒注意你的行動麼？老實交代！"

　　"呵？"侯通壽像當頭挨了一棒，臉刷地一下白了。可他馬上又變出另一副嘴臉，瞪眼頓腳對著粘粘草罵道："背時的！我那酒是打來過七月半的嘛，你咋不把它收揀好嘛。這女子也是混賬，累倒了要喝酒嘛就該說一聲，我也不是捨不得，何苦偷偷使勁灌，給我們當爹媽的擺一攤子禍事！唉唉，我還當是……"

　　"住口！"萬青又一聲喝令，嚇得他嘴巴閉都閉不贏。

　　這時，小侯突然動了動，胡亂踢腳舞手，嘶喊道："我不喝，不喝啦！……爹，你要幹啥？你……你要整死我嗎？……"

　　丁花、寶珍等姑娘忙俯下身去叫著："小侯！小侯！……"

　　萬青那剛毅的嘴角向上挑起來，冷笑一聲："哼！侯通壽！你的詭計太蠢啦！"

　　水生揮舞著拳頭，大聲喊道："侯通壽！還有些啥樣兒的毒計，快拿出來較量較量！"

　　室內群眾一齊把憤恨的目光投向已軟癱在地上的侯通壽和粘粘草，怒喝起來。

朱應五額頭上滲出了顆顆豆大的汗珠，他看看小侯，又看看侯通壽，腦袋裡嗡嗡作響，終於把腳一蹬，咬牙切齒地說道：“侯通壽！你的心真歹毒！老子今天捶你狗日的……”揚起拳頭要打。

萬青一把架住他的手臂，說：“他是跑不掉的。我們大家都要跟他鬥爭到底！”又對水生說：“派民兵把他兩口子押到辦公室去！”

當民兵們把周身發抖的侯通壽和粘粘草押著走出去後，萬青又吩咐丁花和小陳好生守護著小侯，等她醒來，給她吃些解酒的東西。說罷，招呼隊委會的幹部到對面黃桷樹下繼續開會。

黃桷樹下，隊委會開得熱烈而活躍。不少社員聚集在附近水溝邊蔭涼處，不時伸頭向黃桷樹那邊瞭望，盼著早一點從哪裡發出戰鬥的號令。

這時，一行人從赤溪河翻過山來，疾步如飛地走著。為首一個是身披藍布小褂，露著棗紅色胸脯的寬肩高個子，白髮銀鬚在陽光下閃閃發亮，映襯著一副黑蒼蒼的、略顯憔悴的老臉。他身後跟著幾個青年。

“老厚樸！……”萬青興奮地喊了一聲，迎了上去。

隊委會的幹部也迎了上去。

水溝邊樹叢下的社員也歡呼著迎了上去。

萬青拉著厚樸爺爺的手，興奮地說：“你老人家辛苦了！侯通壽的鬼把戲給大家戳穿了，我們正研究開社員大會，我們想，既是一個揭發批判侯通壽的鬥爭大會，又是一個號召繼續深入開展批林整風運動的動員大會，也是一個抗災保苗的誓師大會。你說呢？”

“好，好，我贊成！趁熱打鐵，開吧！”老厚樸笑盈盈地頻頻點頭說。

社員們立刻散開了。有的忙著搬石頭，在黃桷樹下找一個好的位子，有的向各家院子奔去，呼喚著親人快來開會。

　　老厚樸發現朱應五一個人站在一邊，就把嚴厲的目光落在他身上。朱應五羞愧地低下頭去，豆顆兒樣的汗珠又從額頭上滲了出來。……

　　站在老厚樸身後，手提鑽兜兒的幾個青年圍上前來。朱昌福懊悔地說道："爹，一路上厚樸爺爺教育我們，我想通了。開初，怪我不該把侯通壽向我放的話帶回家說給你聽……可後來，也該怪你自己，你是個幹部嘛，怎麼也同我一樣糊塗呢？"

　　朱應五抹了一把汗，眼睛盯著地，說道："呃，是我的思想不正，我也想出門撈現錢。……"

　　"朱應五哪！"老厚樸見他有了懊悔之意，口氣也就緩和了，說："你也是鬍子巴叉的人啦！為啥不能接受階級鬥爭的教訓？思想上有個資本主義根根，就讓侯通壽鑽到肚子裡去作怪啦！算算看，文化大革命開頭到如今，才幾年？"

　　"唉……"朱應五長歎一聲，抱著腦袋一屁股坐在地上。……

　　不一會，社員們從四面八方湧到黃桷樹下了。萬青跳上疊在樹腳的石條上，宣佈大會開始。他首先宣讀了縣委關於繼續深入開展批林整風運動的指示，又傳達了縣革委召開的棉花生產座談會的精神。他號召大家緊密聯繫當前本地的階級鬥爭實際，狠批林彪反革命修正主義路線的極右實質，提高階級鬥爭和兩條路線鬥爭覺悟，煥發革命熱情，搞好生產，戰勝自然災害，奪取棉糧雙豐收。然後，他扼要地講了地主分子侯通壽利用自然災害造謠破壞的現行反革命罪行，宣佈馬上進行批判鬥爭。

　　當民兵們把侯通壽和粘粘草押到會場時，群眾激昂的口號聲立刻響徹雲天："深入開展批林整風運動！""千萬不要忘記階級鬥爭！""徹底清算侯通壽的反革命罪行！""無產階級專政萬歲！"鬥爭會一開始，老貴、水生、寶珍、小牛和許多人都爭著發言，憤怒地揭發了侯通壽破壞抗災、煽動外流、陰謀陷害堅持走社會主義道路的幹部的罪行。

侯通壽抵賴不過，不得不承認自己有罪。但當群眾追問他搞這些陰謀詭計的目的時，他裝著悔罪的樣子，說：“我不該有私心呀！我想抗災不成，我屋老二出去掙現錢，好爲接媳婦，打發女積點錢，我不該耍這個陰謀呀！”萬青冷笑了兩聲，厲聲喝斥道：“侯通壽！你想要個金蟬脫殼計，辦不到！只有徹底坦白交代，才是你惟一的出路！”侯通壽愈發裝出哭喪的聲音嚎道：“我再不老實，我不得好死哪，我……”群眾見他耍賴，更加激憤了，一齊湧上前去，口號聲、斥責聲，又響成一片，嚇得粘粘草周身發抖，侯通壽大汗直冒。

正在這時，丁花、小陳陪著小侯來了。小侯一趟子跑過來，大聲說：“萬隊長，水生排長，我要揭發，我還要揭發！”見萬青親切地點了點頭，社員們也投以鼓勵和歡迎的目光，小侯激動地說：“我要徹底跟地主階級劃清界限，一刀兩斷！今天中午我從棉花地裡回家，聽見屋裡我那地主爹對我地主媽說：‘你不懂，我這叫一箭雙雕：等治蟲組的擺起幾個，棉花又全毀了，人心大亂以後，看他萬青哭著下臺，拔掉我們的眼中釘、肉中刺！那時候，就把朱應五抬出來承頭辦事，我們想法給他鼻子牽根索索，拉他朝西，他不敢走東；這赤溪河一帶，還是該我們唱戲了！’他的心好狠毒呵！我假裝沒聽見，想吃完飯向隊上報告，誰知他們拿酒把我灌醉了！他們不是我的爹媽，是人民的敵人，也是我的敵人！我要跟貧下中農站在一起，向他們開炮！”

小侯這一揭發，更加震怒了全場群眾：“狗地主硬想變天哩！”“想整垮好幹部，另找代理人，這一手真毒辣！…“堅決打下他的威風！”

朱應五心裡“咚咚”一陣亂跳，羞愧、懊悔、憤恨交加，他跺了一下腳，奔到侯通壽面前，大聲叫道：“侯通壽，你這狼心狗肺的壞蛋！你……你在老子身上打主意呀，你……你睜開狗眼看一下,老子朱應五不得當你們的代理人,跟你走一條路了!"
他剛把拳頭一揚,侯通壽自己就"咚"地一聲倒在地上了。

當水生代表隊委會宣佈,勒令侯通壽回去寫書面交代,聽候
處理,民兵們把他兩口子押出會場後,大會轉入動員抗災保棉。
群眾一致要求擴大治蟲隊伍,丁花、寶珍和其他男女青年紛紛發
言,表示一定要發揚敢於鬥爭、敢於勝利的精神,打一場蟲口奪
棉的硬仗。連寶珍的奶奶也拄著細竹棍走上石條,保證老婆婆們
要管好家務、當好"後勤",讓大家丟心落腸去治蟲。朱應五也
沉痛地檢查了自己的錯誤,表示要在抗災中用實際行動來改正錯
誤。萬青代表隊委會作了總結。大會就在熱烈的掌聲和雄壯的口
號聲中勝利結束了。

尾　聲

大會結束以後,太陽已經掛在西山頭上了。帶著水氣的涼
風,從赤溪河那邊吹來,樹葉兒開始簌簌作響。

抗災治蟲的隊伍上山了。現在,不是幾個姑娘,而是近百個
男男女女;不是治一塊地,而是一片一片地圍剿。只聽得到處都
是呼呼呼的響聲,只看見一團團濃濃的白霧,籠罩著坡坡嶺嶺。

萬青橫背著一架"腰鼓式",揮著噴桿,聚精會神地幹著,
他一會兒出現在由男女青年混合編成的治蟲隊伍裡,一會兒出現
在挑水兌藥的行列中間。

朱應五帶領著擔水的隊伍,川流不息地把清清的渠水送到治
蟲員們身邊。

人們默默地、奮力地幹著。不多一會兒,戰線從這個山頭迅
速轉移到那個山頭……

突然有人喊道:"萬青!快看,是誰來了?"

大家放眼望去,只見對面山坳間急沖沖翻過一支扛噴霧器的

隊伍來。

「支書帶人支援我們來了！」

頓時，幾個山頭都響起了熱烈的掌聲。

「同志們，辛苦啦！」支書舉起手招呼大家：「現在，幾個蟲情比較輕的兄弟隊抽出一部分力量來協助你們。」

萬青迎上前去和支書緊緊握手。支書對他說：「縣委高書記帶的工作隊已經到我們公社了！還帶來三車農藥和農藥器械呢！……呃，萬青同志，有啥困難嗎？」

有啥困難呢？萬青拉開口罩，堅定地答道：「有黨，有群眾，啥樣的困難也能戰勝！」這時候，丁花、寶珍等姑娘們和兄弟隊的抗災英雄們匯在一起了。在一片歡笑聲中，不知是誰開了個頭兒，霎時，青年們的歌聲從這山響到那山：

公社棉田望不斷，

糧山、棉山緊相連；

以糧為綱，全面發展，

稻穀飄香雪浪翻！

金的山，銀的山，

戰鬥歌聲響呀，響徹彩雲間，

歌唱偉大的中國共產黨！

歌唱毛主席的革命路線！

我們是貧下中農，

我們是公社社員，

志在棉鄉創新業，

風裡闖來浪裡鑽！

奪豐收，創高產！

大寨紅旗飄呀，飄揚在棉山！

要為祖國多貢獻，

要幫那天下的受苦人民把身翻！

　　歌聲中，人們又幹開了。一塊塊、一片片的棉田，在人們辛勤的勞動中，逐漸蘇醒過來了。"蟲口奪棉"的戰鬥在不斷向前推進，歌聲、笑聲匯成一片，棉鄉的戰鼓越擂越響了！

（原載《四川文藝》1974 年第 5-6 期）

西沙兒女

（正氣篇）

浩　然

一

　　大海茫茫，黑夜沉沉。

　　這個大海呀，是海南島南邊的南海。

　　海上滾著狂風。

　　狂風掀著巨浪。

　　巨浪襲卷著暴雨。

　　暴雨搖撼著“天涯海角”的小港灣。

　　港灣裡飄泊著幾條破破爛爛的小漁船。

　　小漁船的艙口，擠著一群焦急不安的漁家婦女。從她們的頭頂和肩膀的空隙中，射出一線淡黃色的燈光。

　　燈光穿過雨絲、浪花和幾條並排著的船舷，又投到岸邊的一條彎彎曲曲的小路上。

　　小路上，一個人急行猛走而來。他那兩隻赤著的大腳，跨上一條船舷，又跳到另一條船上。在他距離光亮越來越近的時候，立刻顯示出一副高大魁梧的身軀。他的眼神憂慮而又急切，遠遠地喊了聲：“符阿婆，生了嗎？”

　　一個瘦弱的老漁婦聞聲從艙裡擠出來，一邊用衣袖擦擦腦門上的汗水，用手撩撩花白的頭髮，一邊回答說："程亮啊，別焦急，這會兒還沒落生……唉，兩天兩夜啦！"

這個名叫程亮的大漢，停在艙外的船頭上。那木板在他的腳下"吱吱"地響個不停；頭頂戴著的竹笠被風揭掉，肩上披著的葵蓑往下滴著水珠。

符阿婆朝他身後看一眼，問道："你不是去請郎中嗎？"

程亮搖搖頭："他不肯來。"

符阿婆說："你到夏府借幾個錢給他，就乖乖地來了。"

程亮哼一聲，說："這些鬼靠不得。符阿婆，你多替我拿辦法吧。"

符阿婆望望對面大漢那張愁苦的臉，歎口氣，無可奈何地轉回船艙裡。

程亮朝前走了兩步，又猶豫地停下。他不忍心進到艙裡看看那個痛苦掙扎的女人。

狂風還在滾動。

巨浪還在掀跳。

暴雨還在緊一陣慢一陣地潑灑。

那飄搖的船頭，一會兒被抬高，一會兒又被壓低，好像要把程亮投進那黑暗無邊的大海裡。他卻任憑風吹浪打，兩腳穩站，兩眼緊緊地盯著艙口的燈光，兩耳用力地捕捉著那邊的聲音；任何一點動靜，都牽動著他的心。

符阿婆又從艙裡鑽出來，那神情顯得越發慌亂。

程亮忙迎上前叮問："怎麼樣呀？"

符阿婆攤開兩隻手："沒指望……"

程亮懇求："你要多費心哪！"

符阿婆壓低聲音說："如今只有一籌，你來斷定吧：要母，還是要仔？……"

程亮不假思索地連忙回答說："不，我兩頭都要，我兩頭都要！”

符阿婆說：“不行啊！”

程亮拉住她的衣袖，沉痛地說：“我們的根根底底你是最清楚的呀！她阿爸和我阿爸從小就在一起抓魚；下南沙，闖西沙，兩條性命拴綁著不分開。她阿媽病倒沒錢醫，冤死了，我阿媽就奶著她長大。她阿爸欠下船租交不上，被漁霸打得口吐鮮血，臨咽氣，拉著我阿爸的手，千囑咐、萬叮嚀，把她許給我。她十八歲嫁給我，整整十五年了，在這南海西沙的風波浪裡出生入死，沒跟我享一天福氣，我能這樣扔下她嗎？我們連著生了兩個女仔，大的沒食吃餓死了，二的掉在海裡淹死了，十年的光景又盼來這一胎，我能不要嗎？符阿婆，你是個好心腸的人，你替我想想啊！”

符阿婆的心被這漢子的話說酸了，又無計可施，兩隻手忍不住地直發抖。

程亮越說越激動，扯下葵蓑摔掉，不顧一切地衝到艙口，擠開站在那兒的漁婦們。他像對天、對海，大聲地呼喊起來：“娃呀，娃呀，你為什麼不肯出生呢？你嫌我們窮嗎？窮是窮的，頭上沒有一片天，腳下沒有一塊板，渾身碎布不遮體。可是，娃呀，阿爸我力壯，阿媽她勤勞，大海對我們最有情，西沙給我們藏著寶，我們拚了命也要把你養大，我們定要疼愛你的！你怕這個世道黑暗嗎？黑暗是黑暗的，海裡鯊魚翻惡浪，陸上豺狼逞兇狂，窮人都在水深火熱裡。可是，今時跟你阿公在世那時不一樣了，漲潮會落潮，黑夜過去就是天明，窮人就要抬頭、就要直腰，世道就要大變啦！娃呀，娃呀，你是咱窮漁家的後代根苗，闊人們越欺壓咱，咱越要挺著胸膛生、挺著胸膛活，一代一代接下去呀！……”

這聲音像雷鳴，似電閃，震動著漁船，響徹在汪洋大海。

狂風，膽怯了！

巨浪，低頭了！

暴雨，躲避了！

一船人擦掉淚水，昂起頭！

……

是聽了父輩的呼喚，還是受到親人們的感動？當太陽衝破雲霧，驅淨了陰雨，在風暴海浪短暫喘息的當兒，程家的嬰兒"哇啦"一聲喊叫，—— 落生了！

二

在那歷史顛倒的舊社會，漁家人的生與死，不如海裡一條鮮魚，不如岸上一株花草。

可是呀，這一回程家的孩子出世，卻牽動了瓊涯鎮夏府的漁霸。

這漁霸姓夏，名雲雅。他霸著海面，占著岸邊，出租船隻，包收魚產，外加放高利貸，真是風絲水點都不漏。他念過孔孟之書，逛過香港、廣州，剛交四十，卻老奸巨猾。如今他又跟日本侵略軍勾搭上了，狐假虎威，更加有恃無恐，真是殺人不眨眼，吃人不吐骨頭。沿海灣的岸邊，東西三十里，人人提起人人恨；按照"夏雲雅"這三個字的諧音，給他起個綽號叫"鯊魚牙"。

早晨起來，鯊魚牙陪著一個日本侵略軍的翻譯官，臥在大廳的紅藤躺椅上，面對著面，"嘶兒、嘶兒"地抽鴉片煙。

二管家獨眼蟹滿臉堆笑地從外邊進來了。他在迎門的地方站了片刻，慢慢地走近籐椅邊上，先向翻譯官彎腰九十度鞠了一躬，又湊到鯊魚牙耳根，小聲地說："報告老爺，程亮的女人生了。"

鯊魚牙眯著眼睛，拖著長腔問："生個活的，還是生個死的呢？"

"活的……"

“媽的，沒告訴你們不讓他活著嘛！”

“當時漁船上人多勢眾，收生婆又是他們自己的人，不好下手……”

“他活著，這不是給我爲難嘛！”

“不會的，老爺。他生了個女仔。”

“啊，女仔呀？溺死了嗎？”

“我想他窮到這步天地，養不活一個女仔。”

鯊魚牙笑笑，又抽兩口煙，說：“程亮這個窮抓魚的，與眾不同，要留神一些。”

獨眼蟹趕忙答應：“老爺放心。他程亮吃著老爺的，穿著老爺的，用著老爺的，他不敢不聽吩咐。”

那個白臉的翻譯官抬了抬頭說：“喂，管家，那個女人的人品如何，奶水好不好呢？要查看清楚。否則我不好交差，你家主人也不好結賬呀！”

獨眼蟹趕緊回答：“不用問也錯不了。常言說：種田看土，養仔看母。程家女人長得端莊，身強力壯正年輕，像一頭大水牛。這簡直是老天有靈，專給皇軍大人的貴公子預備下的。”

翻譯官說：“好吧，好吧，三天後讓她來府上侍候。”

鯊魚牙使勁兒抽幾口煙，又對獨眼蟹說：“你到邪兒別直來直往的，要繞個彎子。如今的世道，跟以往的樣子多少有那麼一點點不相同了。我們對窮人，除了打，還得騙，最好用上一些懷柔的手段。”

獨眼蟹會意，連連點頭。

三

程亮擔著裝滿鮮魚的籮筐登碼頭。

碼頭上空蕩蕩。

有一隻日本鬼的兵艦泡在水裡,像漲大潮的時候,從河口飄來的臭爛的水牛。

有一個日本鬼背著槍,遊魂似地在那兒遊蕩;皮靴"嚓嚓"響。

有一條瘦狗在東顛西跑,到處尋找腥氣味,張著嘴巴"汪汪"叫。

有一灘魚血和腸肚,招來一群綠頭的大蒼蠅,圍著"嗡嗡"飛。

程亮擔著魚奔魚貨棧。

魚貨棧亂哄哄。

一隊人是交魚的,一個個滿臉憂愁。

一隊人是往火輪船裝魚的,一個個渾身汗水淋。

一隊人搬著磚石木料,爬上跳板,攀上腳手架,被一個戴黑眼鏡的監工逼迫著去疊砌日本鬼的兵營。

一隊人挑著破爛行李,穿著破爛衣服,被一個兇惡的"團豬"押著走過去。

程亮交了魚,得到一張白紙條,得到一把銅板。

他走進一個小糧店,稱了二斤粗米,拿回去全家人好燒飯。

他走到一個小商鋪裡,挑揀好久,買了一條海藍色的土布頭巾;女人很早就想要這樣一條頭巾,帶回去讓她高興高興。

他又走到一個小販跟前,選了好久,買了兩顆糖果;阿寶過百天,應當讓她嘗嘗甜。

最後,他一咬牙,把剩下的銅板全投給賣食物的掌櫃,打了半瓶子燒酒 — 漁民是喜歡喝酒的,因為窮,他已經半年沒有沾過酒碗了。

往輪船上裝魚的何望來空著手走過。

程亮招呼他:"阿來老弟,晚上到我艙裡坐。"他說著,舉起酒瓶搖了幾下。

何望來笑著點點頭，掏出一根紙煙給程亮。

程亮點著煙，問道：“剛才過去那一隊擔行李的人從什麼地方來的呀？”

“從陵水、萬寧那邊抓來的農夫。”

“抓人當兵嗎？”

“不，要在三亞修飛機場。”

“修飛機場？這日本鬼想賴著不走啦？”

“天上、陸上、海上全要霸佔。”

“他不走也得走，霸佔不了！”

何望來歎口氣：“難辦到啊。”

程亮小聲說：“阿來你莫眼光短。北方的紅軍抗日可熱鬧啦！咱海南五指山也有了隊伍。”

“可惜，在這大海上沒有人打他們呀！”

“你莫急。長城線上有人打日本鬼，大平原上有人打日本鬼，五指山上有人打日本鬼，咱中國的南海上，也會有人打日本鬼的！”

何望來擺擺手，左右看看，說：“晚上喝酒吧。”

程亮把藍布頭巾、糖果和酒瓶，一齊裝到空下來的籮筐裡，掛在扁擔的一端，扛在肩上往回走。他的眼前總是晃動著那一隊擔著行李、衣衫破爛、被迫給鬼子造飛機場的人，忍不住把牙齒咬得“吱吱”響。

胭脂紅的夕陽往那藍澄澄的海面上墜落。

黑白色的水鳥在抹著流雲的空中盤旋。

點點歸帆在很亮的波浪中移動。

他來到了停泊小船的岸邊。

他遠遠地看到了自己家的小船。

船上滾著濃煙。

艙裡傳出孩子的哭嚎。

他扔下籮筐,跳上船舷。

柴草在灶邊燃燒。

碗盞在艙外滾跳。

一灘鮮血在船頭閃動……

他衝進艙裡,見阿寶拚命地哭叫,兩隻小手亂抓,頭上浮著一層汗珠。

他抱起阿寶,跳出船艙,四下掃視,高聲呼喊:"阿寶媽!阿寶媽!"

他朝岸上呼,岸邊不應聲。

他朝海上喊,海水不回答。

只有湧浪撞擊著船幫,"嘩、嘩、嘩!"

晚歸的船隻,有人發現了程亮的慌張,互相招呼著,一條跟一條地朝這邊聚攏過來了。

"阿亮,出了什麼事?"

"阿亮,你快說話呀!"

程亮極力鎮靜,告訴眾人:"阿寶媽忽然不見了。"

"上岸去買東西吧?"

程亮搖頭:"她不會丟下阿寶獨自走。"

"下海去衝涼吧?"

程亮又搖搖頭:"船上沒有留下她的衣裳。"

符阿婆好心田,恐懼萬狀地幫著前艙後艙尋找。她忽然發現了那一灘血:"天哪,海狼把她吃掉了?"

程亮看看眾人,再一次搖搖頭:"怕只怕,她是讓兩條腿的海狼吃掉了!"

眾人面面相看,誰也難斷定到底是一場怎樣的禍事。

何望來應約奔來喝喜酒,聽了壞消息,不由得大吃一驚:"唉,唉,阿亮哥,你為什麼這樣多災多難呀!"

程亮沉默片刻,一字一句地說:"如今這個世道,就是製造災難的世道呀！" 他說著，緊緊地抱著他的阿寶，低聲哄著，"阿寶莫哭，我們去找阿媽回來……"

四

一個靜靜的夜晚。

沒颶風，沒起浪。

聽不著聲音，見不到燈光。

黑幽幽的大海像凝固了一樣。

何望來又登上程家的小破船。

他的臉色蒼白，腳步慌張。

他已經查訪到阿寶媽的下落，還有阿寶媽遭難時候前前後後的詳細情形。是他的酒友、鯊魚牙的車夫在喝醉了酒之後告訴他的。

阿寶媽已經不在人世了。在她被搶劫的第二天，鯊魚牙就把她送到日本小隊長手裡，當夜就被裝上東繞北行的兵艦。阿寶媽寧肯一死，也不去伺候日本侵略者。兵艦開到鐵爐港口外邊的時候，她就跳海了。她本想游到岸邊，奔到瓊涯，回到漁船上，跟男人和她的阿寶團聚。在她拚命游水的時候，中了敵人的罪惡槍彈。

這個堅貞的南海漁家婦女，不肯上日本鬼的洋樓，甘心沉入了祖國的海底，與礁石共存！

程亮迎出船艙。

何望來收住腳步。

他們面對面地呆站了許久。

颶風了。

起浪了。

緘默無聲的大海，又不安地鼓動起來了。

程亮開口問："有事找我嗎？"

何望來激動得眼裡汪著淚，使勁地捉住程亮的手，哀求說："阿亮哥，你要強硬些，你要強硬些……"

程亮連忙說："你快講真情，我什麼都經得住。"

何望來終於把噩耗轉告給面前這個不幸的人。

程亮聽了以後，沒有哭泣，沒有暴怒，只是呆呆地站在船頭，任憑海風在身上吹拂，浪花在腳下飛濺，絲毫不動一下。是悲，是憤？是意料之外，還是意料之中？這樣的階級仇、民族恨的烈火，又將怎樣錘打鑄造這個剛強鐵漢的心靈呢？

何望來更加慌張了。他揉揉眼睛，苦苦地解勸："阿亮哥，你想開吧，人死是不轉活的。阿嫂死得冤枉，也死得有骨氣。她的大仇立刻就有人給報了。"他壓低聲音繼續說，"那條日本兵艦，開到大洲島那邊，水不足了，下來三條小舢舨，坐上十幾個日本鬼，要到島上去補水。沒料到，半途遇上紅軍的小船，瞠、瞠、瞠，一陣槍，全給收拾了，一個也沒活著回兵艦。……你那次在魚貨棧上說的話不錯，海上也有打日本鬼的英雄好漢了……"

程亮看他一下，依舊像沒有聽見似地呆站著。

何望來搜腸刮肚，尋找開心的話往外掏。可是，直到過了半夜，不得不告辭的時候，他都沒有從程亮口裡聽到一個字。這使他多麼難受呀！

程亮送走了何望來，回艙點上燈盞，坐在阿寶的身旁。

這時候，大海滾動著混混沌沌的波浪，緘默無聲，殘月撒下冷冷的白光。

阿寶像懂事似的，醒來也不哭，圓睜著兩隻烏黑閃亮的大眼睛，盯著阿爸那張像久經浪潮的、如同礁石那樣嚴峻的臉孔，嘴唇一動一動的，好像要跟阿爸說幾句知心的話。

這時候程亮望著孩子的神情，真是百感交集，堅強的心頭不由自主地一酸，一顆豆大的淚珠，滴在阿寶的小胖手上。

怎麼辦呢？

告狀去嗎？

笑話，誰能主持這個公道！

忍下來嗎？

大海的後代像大海一樣，從來不會忍氣吞聲！

他的耳邊迴響起《國際歌》的歌聲，還有那個青年漁民的呼喚：「不能等，不能忍，必須起來拚！」

他的耳邊又迴響起剛才何望來說的那句話：「海上也有打日本鬼的英雄好漢了」。

他的心頭一熱，眼前一亮，渾身升起一股從來沒有過的巨大力量。

當阿寶在他的撫摸下甜甜地睡著的時候，他脫下布衫，給孩子蓋在身上；從艙壁上抽下一把長了鏽的柴刀；輕手輕腳地出了船艙，舀了一碗清水，把一個缸瓷的盆子扣過來，就用力而又有節奏地磨起柴刀。

風大了。

潮漲了。

船下的大海──嘩、嘩、嘩！

船上的大漢──嚓、嚓、嚓！

五

太陽沒出海，程亮就出海了。像平時一樣，他不惜力地搖櫓、捕撈。

黃昏前，程亮返回小港灣。他把鮮魚挑上岸，他把鮮魚送到魚貨棧上。

好多天都這樣，鐘錶一般準。

　　他莊嚴地閉攏著嘴巴，和善地向熟悉的人點頭。他的神情是那樣安詳與平靜，彷彿他已經從不幸的羅網裡掙脫出來，或者漸漸地被生計的操勞衝淡了對親人的懷念。

　　他每天抓魚，每天送魚，每天要在離著夏府遠遠的地方走一趟。

　　開頭幾天，那兩扇大木板門緊緊地關閉著。

　　過了幾天，那兩扇木板門打開一道縫。

　　再過幾天，那兩扇木板門大敞大開了。

　　他在回船的路上，把迎面走來的何望來攔下，說道："我抓了蟹子，正好下酒，晚上一起來。"

　　何望來借著太陽的餘光看看他的氣色。

　　程亮把衣袋裡的酒瓶掏出來，放進籮筐裡，一齊交給何望來："你把這些都帶回去，把我的船搖到鐵花石，靜靜地等我。"

　　"你，你有何事？"

　　"莫要多問。"

　　"阿亮哥……"

　　"好吧，不見不散！"

　　何望來還要追問，程亮卻已走遠，只好收住步，深深地歎了口氣。

　　程亮也沒回頭看他一眼。阿望老弟可靠，會照著囑咐的那樣辦，程亮信得住他。

　　何望來非常擔心地往小港灣走，不住地回轉頭，朝那消失在蒼茫椰林中的小路看一眼。

　　他想，程亮是個有膽有識、敢作敢為的人，從不會逆來順受，今日的行動是攔不住的；那麼，是成功呢，還是失敗呢？以後又怎麼辦？這實在太可怕了。

　　一片漁火在海水上顫抖。

　　他在最邊緣的地方找到程家的小船。

一個人站在船頭，四下張望，發現他之後，喊了聲：“阿亮嗎？”

何望來走到跟前才認出來：“你呀，大張。”

大張說：“我來找程亮。他到哪去了？”

何望來聽到艙裡有哄仔的聲音。

“啊，乖乖，莫要哭，莫要哭……”

大張發覺何望來有些驚疑，就趕忙解釋說：“我有一個朋友剛從西沙來，想跟程亮合夥抓魚；這個朋友，就是去年救了我性命的阿明老大。

何望來眼睛發亮地說：“是那位好人呀！常聽說，沒見過。可惜，他晚來一步！”

阿明老大抱著阿寶從艙裡出來，急忙追問：“怎麼晚來一步？程亮去做什麼？”

何望來搖搖頭：“他到鎮上去了，不知做什麼。”

阿明又問：“他女人被害的事情他知底了嗎？”

何望來說：“知底了。”

阿明立即把阿寶舉給何望來：“快來抱仔。”他又對大張說，“咱們趕快去瓊涯鎮！”

大張問：“他真像你估計的那樣，行動了？”

阿明點點頭：“對，他一定要那樣行動。”

“真勇敢！”

“是一對英雄的夫妻，革命的好材料！”

“怎麼辦？”

“去接應他！”

兩個人急忙地跳下船頭，消失在夜幕裡。

氣候悶熱，好多人到海裡衝涼，路上和叢林之間，不斷有身影隱現。

夏府的大門有人出入。裡邊還傳出留聲機的怪叫聲。

程亮手持磨光了的柴刀，躲在一棵大榕樹的背後，留神行人，計算著時間，思考著要開始行動的每一步。等到天色完全黑下來之後，他的精神一抖，幾步跨到牆下，進了大門，繞到後屋。

這個宅院雖深雖大，程亮也是熟識的。從小，他就常常來這裡送鮮魚。在這兒受過侮辱和鞭笞，他是不會忘記的。

紗窗透出的燈光，照著爆竹花繁密的枝蔓，照著幾片香蕉樹葉子，照著一隻小藤桌，上邊擺著一盤椰子肉。桌旁有一把籐椅。留聲機的響聲，就從那掌燈的屋裡傳出來。

程亮正想奪門而入，忽見裡邊黑影一閃，就停在花架的後面。

鯊魚牙搖著葵扇走出屋。

程亮一步躥上去，咬緊牙，運足了勁，劈頭就是一刀 —— 可惜，花架上垂掛下來的枝蔓擋了他的刀，"嘩啦"一聲，才落下來。

鯊魚牙"媽呀"怪叫，抱著頭往回跑。

程亮舉刀要追，背後"瞠、瞠"響起兩槍。

獨眼蟹大喊："快來人，抓活的呀！"

程亮心血沸騰，恨不能掄起柴刀，把這夥仇敵一個一個都砍死。

他掂了掂柴刀，他想起船上的阿寶：柴刀再快，也敵不過火槍，一個人再勇，也鬥不過眾多的豺狼；小阿寶還小，得把小阿寶養大成人……

他是個既會熱也會冷的漢子。

一夥人吶喊著，誰也不敢奔到跟前來。

程亮早留下後路。他鑽過幾株蕉樹，穿過一座配房，就繞到了大門口。趁這夥人亂哄哄的當兒，他躍出門口，直奔歸途。

獨眼蟹帶領一夥人叫嚷著追上來。

程亮撒開腿跑。

突然，前邊迎上兩個快速的人影。

程亮想拐彎奔山坡。

迎上來的人，頭邊那個是阿明老大。他收住步，閃到路邊，朝程亮喊一聲：「快，照直走！」

程亮愣一下，照直地飛奔。

大張見程亮跑過去了，就問：「阿明，咱倆怎麼辦？也得跑嗎？」

阿明說：「不，要迎上去！」

他們迎上獨眼蟹一夥。

「喂，看到跑過一個人嗎？」

「見到了。」

「往哪邊跑去？」

「山坡！」

「快，快上山坡，追！」

程亮一氣跑到鐵花石。

鐵花石不是停船的碼頭，也不是拋錨的淺灘，怪石林立，行船艱難。唯有老船家，才能到這裡走一趟。

何望來正在焦灼不安地等候程亮。

還有一個陪伴他的，是符阿婆。

符阿婆過船看望阿寶，遇見何望來，聽到程亮今晚的異樣變化，很不放心，就跟到這裡，想問個根底。

兩個人正在低聲猜測和議論，見程亮那臉上的汗、刀上的血，就全明白了。

何望來問：「阿亮哥，你報了仇？」

程亮搖搖頭：「我們的仇與恨，光靠我一個人是報不了的，只是給他一點顏色看，還該他活幾天。」

符阿婆說：「當心一些，他們不會放過你！」

程亮點點頭說：「我也不會放過他。我們和他是你死我活拚到底啦！」

何望來說："此地不能久站,趕快逃走!"

程亮看看熟睡的阿寶。

符阿婆說："搭洋輪,到外國去吧!"

程亮抱起了阿寶。

何望來說："不願出國,就上山!"

程亮盯著阿寶的臉。

符阿婆焦急地追問:"阿亮,你到底打的什麼主意呢?"

何望來要發火了:"是深是淺,你應當給我們說個清!"

程亮看看符阿婆,看看何望來,又親著阿寶的小臉,一字一句地說:"祖國的山河大得很,自有我家阿寶站腳的地方;大海是我們的,我們是大海的,我們只能把仇敵們趕出大海,我們不能離開大海!"他說著,又忙著拿出蒸蟹,找出酒碗,"來,來,親人們,祝賀呀,大口喝吧!"

何望來手端酒碗咽不下去,又說:"剛才大張帶著他的救命恩人阿明老大來,要跟你合夥抓魚。"

程亮想起阿明老大唱的歌、說的話,精神抖擻地說:"你轉告他們,我不抓魚啦,找紅軍,打日本鬼子,拼命、鬥爭去啦!"

六

中國的南海,像一個烈性的大漢。當他暴怒起來的時候,任何力量都不能把他降服。

無風三尺浪,有風浪三丈。在這少見的狂風暴雨的攪動下,海底像要翻過來,海水像要飛上天空。

漁船上的帆篷被扯爛了!

漁船上的桅桿被折斷了!

小漁船一會兒被托到浪峰的頂尖。

小漁船一會兒又被投到浪穀的深底。

程亮憑著他的好水性，憑著他幾十年弄潮的經驗，憑著他追浪趕湧的勇敢，不慌不恐，把背著阿寶的背帶勒緊，一會兒，用瓦盆把潑進艙裡的海水一盆一盆地掏出去，不讓浪濤吞掉；一會兒，又操著櫓使小船隨著風勢，照他認準的正確方向飄流。

小漁船飄呀，飄呀，飄到第二天的黎明時刻，雨住了，風弱了，湧浪也小起來了。

程亮感到頭暈眼花渾身疼痛。他摸摸阿寶的小腿，還是熱的，就放下心。他咬著牙，硬挺著，搖動那被打壞了的櫓柄，四下張望，想冷靜下來，在濃雲密霧中再一次集中心力地辨認一下方向，以便最後決定路線。

他望呀望呀，忽然瞧見遠遠的地方，有一道若隱若現的黑線條。

他用力往那個方位搖船。

搖呀，搖呀，他看到那條線上有一道白邊沿。

搖呀，搖呀，他看到那道白邊沿上抹著一層綠色的雲。

搖呀，搖呀，他看清了，黑線是礁石，白邊沿是珊瑚沙，綠雲是樹的頂蓋⋯⋯

啊，這裡是一個小島！

啊，這裡是他最熟悉、最親切、最難忘的地方！

這個地方給了他信心，給了他希望，又給他鼓起更大的力氣往前搖船。

南海之水，從茫茫的那一邊壓過來，觸到了島下的礁盤，被推回來；又壓過去，再推回來，一去一來，就成了大湧。

小船順著湧上去了，又順著湧被推下來，連續三次，程亮臂軟腿顫，疲憊極了。

湧浪，嘩嘩地往船上潑水。

湧浪，哐哐地要把小船打翻。

程亮望著那只幾丈遠的島灘，望著那朝他呼喊的礁石，向他招手的綠樹，急得心頭冒烈火。

就在這時候，白沙邊的羊角樹叢輕輕地顫動了一下，又顫動了一下。

程亮抬頭往那邊細看。

那翠綠叢中露出一團灰白的頭髮，又露出一張黑紅的臉膛，還有兩隻閃閃發亮的眼睛。

程亮一陣驚喜，連聲大喊："老爹，老爹，過來搭個手吧！"

那老漢聞聲走出樹叢。只見他肩頭很寬，骨架很粗，光著的臂膀像塗了漆一般。他穿一件破舊的短褲，腿腕和赤腳上沾著沙粒和草葉。

程亮又喊："老爹，老爹，求求你！"

那老漢不慌不忙地抬動著腳步，兩隻發亮的眼睛十分謹慎地審察著面前這個突然來到的生人，停在礁石上。

程亮再喊一聲："老爹，老爹，快搭個手，求求你啦！"，老漢這才開口："你是抓魚的嗎？"

程亮使勁地回答："生在漁家，長在漁家，活了三十五年歲月，就闖了三十五年大海……"

老漢聽到這兒，走下礁石來到水邊："你為什麼到這兒來了？"

程亮又回答："遇上了大風，死裡逃生，隨著潮湧，飄到這裡來的。"

老漢"通"的一聲跳下水，直往船邊游。

程亮一看那姿態，心裡連讚老漢的好水性。

老漢游到船前，像拉弓似地兩手伸開，扳住船舷，向程亮喊道："用力，來 ── 喲！"

那船隨著他的手臂之力，像一隻風箏似的穿過浪湧，飛到淺灘。

程亮抓住纜繩跳下船頭，往礁石上盤繞。

老漢這時候才發現程亮背上的阿寶。他的眼睛一亮，雙手抓住阿寶的小胳膊，搖搖，又把阿寶從程亮身上接過來，掂著："仔？仔？哎喲喲，漁家的仔呀！"他這樣說著，老眼裡掉下了激動的淚水。

程亮腳一登岸，懸著的心也平穩下來，四下觀看著，越看越高興。

老漢自豪地說："這是我們國家的西沙群島中的一個最好、最美、最富的地方……"

程亮顧不上多說話，蹭蹭地往島上邁了幾步，轉著身朝四處海面陳望，看不到船隻，更看不到載著軍隊 —— 紅軍的船隻，許是因為這突然來到的風暴，臨時躲進附近的避風港裡去了。他想，來到這裡站住腳，再設法找紅軍，一定能找到。

他想到這裡，無限感慨地說："西沙，西沙，在人生的風風浪浪裡，我奔波了兩年，什麼味道都嘗過了，今日又轉回到你這裡來了！"

"你以前就來過這裡嗎？"

"對的，對的，我就生在西沙！"

"生在哪個島？"

"就是這裡：島中間有一棵椰子樹，樹前邊不遠的地方有一眼又清、又甜的水井，起名就叫金銀島！"

"對，對！"

程亮狂跳著，搶過阿寶，連說："阿寶，阿寶，快笑，快笑個吧。你回到家了！我們回到家了！"

七

程亮帶著阿寶回到他生身養身的故鄉，回到了美麗富饒的西沙。

　　遼闊的祖國南海中，千里萬里都是波濤滾滾又挨著波濤滾滾，唯有角沙、東沙、中沙和西沙這些部位，如同四盤棋子似的，擺下了四個島嶼、礁灘、沙洲的連接群。它們每一群中間的這一個同那一個，保持著一定的距離，一個個都獨具英姿。

　　金銀島是西沙群島中一個很小的島子。從海底深處矗立起一塊巨大的礁盤，它把自己隱藏在明淨清澈的淺水中，卻在中央的地方托起一個蠶繭似的"丘陵"。這丘陵是千萬年前潮水的傑作。潮水，每天一次往返，把海裡的珊瑚的碎粒和貝殼的殘骸推到礁盤的中央，堆積、風化，漸漸加高。隨後，海鳥飛來了，棲息在沙丘上，丟下糞便，把沙變成土，上邊就長起了各種植物。植物的敗葉殘枝，就地腐爛，越發肥沃了土壤，樹長得更茂盛了，招來的鳥群更多了，面積也跟著加高和擴大。這樣經歷千萬年，島子就形成了。

　　金銀島是西沙群島裡最美的島子。沿水一周是礁石，有臥的，有立的，鑲嵌在一起，浪打風吹中巋然不動，很像護島的鐵壁銅牆。

　　礁石上面，是珊瑚粉粒形成的海灘，潔白潔白的，像北國的瑞雪。

　　海灘上端是沙丘，金黃金黃的，像江、浙一帶無際的豐收稻野。

　　翻過黃沙丘，是島上面積最大的盆地。盆地裡長滿了茂盛的熱帶植物。叢生的羊角樹，粗獷的麻楓桐，挺拔的馬尾松，強硬的西沙藤，尤其多的是年高壽長的野海棠樹……

　　羊角樹一年四季嫩綠清新，如翡翠雕刻，似彩絲巧繡，雷電烈火也點不燃、燒不死。

　　麻楓桐有松柏一樣的韌性，又具楊柳一樣的靈活。它能抗拒最大的颱風；如果被刮倒了，再就地生根、鑽枝、長葉，又成了大樹一株。

馬尾松別有風格。它習慣酷熱，又喜歡海水，只要有鹹味，放在哪兒就在哪兒生長壯大。生命力特別強旺。

西沙藤像葡萄又似葛條。它的筋骨四處蔓延，像鋼絲的網一樣，細細密密地罩在沙地上，保護著沃土金沙。

野海棠一棵挨一棵，兩個人都摟不過來。樹上枝葉繁密，這棵拉著那棵，那棵牽著這棵，緊緊相連，不透陽光。樹下根鬚外露，膨脹地伸曲，你搭著我，我連著你，盤根錯節，覆蓋地面。

彷彿是故意點綴，在原始森林的間隙中，留下一塊塊空地，形成了草坪。寶石般的草坪上，分佈著碧綠的萬年青、鋒利的野劍麻、頑強的仙人掌。更有開不敗的野花朵朵，紅的、白的、黃的、藍的、紫的，各種顏色，異樣形狀，大多數都叫不上名來，卻給人留下極美好的印象，看一眼都會終生不忘。

程亮見景生情，想起了許多難以忘懷的往事。

他又看到了那棵椰子樹。

椰子樹像一根大旗桿，傲然挺立在小島的中央。它披掛著巨大翎羽似的葉子，懷抱著金漆石琢一樣的果實。

阿媽懷著程亮的時候，捕魚到西沙。

阿爸把一顆從海南島帶來的椰子，埋在地下。

在熱情的期待中，程亮在小島上出生，椰子在小島上冒芽。

從此以後，南來北往的漁民，靠岸的時候，能在島上嘗到新鮮的果實，美名到處傳。

程亮又看到了那眼甜水井。

甜水井像一面明亮的寶鏡，牢固地鑲嵌在小島的地上。它托的藍天白雲，映著綠枝紅花，也留下中華兒女一代人接著一代人的親切面影。

阿祖捕魚到西沙，一年兩趟，一趟掘兩口井，直到臨死前最後一次出海，才找到最好的水脈，掘出這一眼甘泉。

阿公捕一輩子魚，用甘泉洗衣、燒飯。

阿爸捕一輩子魚，用甘泉燒飯、洗衣。

程亮來到人世間，吃到祖國的第一口水，就是從這口甘泉井裡汲取的。

這樣久的歲月裡，南歸北上的漁民，斷水的時候，就靠到島上來補充，深情永不忘。

程亮在西沙奔波了三十多年，常吃樹上果，常飲地下泉。這使他渾身有勁地下海撈海參、捉海龜、捕海魚；上岸補網、修帆、堵船漏；幫他度過一個又一個生死的關口，使他活到了今天。他能不感激西沙嗎？

他能不感激甘泉嗎？如今，在與風險搏鬥中，西沙又成了他避風躲險的安全港，甘泉又成了他消乏長勁的好飲料。他想，看這兆頭，自己尋找紅軍的願望一定會實現！

在椰子樹下，剛剛奇遇的灰白頭髮紅臉膛的老漢，細心地盤問程亮的根根底底。

程亮把他的家世、遭遇，一一地向老漢作了敘述。

老漢聽了，不住地點頭，不斷地歎息。他說："我們國家大，窮苦人數不清，世世吃苦，輩輩遭難，大仇大恨，比這南海的水還要深，你不要光看著自己家那一點一滴。"

程亮聯想到自己的經歷和相識，點頭說："你講得非常對，也是我這幾年常常盤算的。每個窮苦人都有一本冤仇血淚賬，算也算不清啊！"

老漢大手一擺："後生，能算清的，能算清的。這得有英明的領頭人，得靠全國受苦人合成一條心，擰成一股勁；人多力量大，才能翻江倒海改天地！"

程亮覺著老人的話有眼光，很有分量。他說："你的話講到我心裡了。就是為了跟受苦人團結起來，一塊合成勁拼命打日本鬼、打漁霸，我才決心投奔紅軍哪！"

在甘泉井邊，沉著、幹練的島上老漢，又小心地查訪程亮的去從安排。

程亮把他怎樣聽到紅軍的資訊，怎樣冒險尋找紅軍，從頭到尾告訴了老漢。

老漢聽罷，又把他打量一遍，笑著說：“紅軍不是你想的那個樣，照你這般橫衝直撞到處找，就是見了紅軍的面，也不能認識；你那樣打問，就是知道的人也不會告訴你呀！”

程亮問老漢：“你幾時來這裡的？”

老漢說：“很久了。”

“你沒見到紅軍嗎？”

“見到過。”

“他們到底在什麼地方？”

“開走了。”

“紅軍總不會上天入地，你給指個路，就是上刀山下火海，我也去找！”

老漢說：“莫急，莫急，咱們一塊兒找。”

程亮一樂：“你也要投奔紅軍嗎？”

老漢說：“對的，將來全國人民都要投奔紅軍。”

“好，好，咱們就一同走吧！”

“莫急，莫急。等兩個月，我們合夥的船，也許從海南島來，到南沙去，也許從南沙來，到海南島去，跟他們商量一番，咱們再計議。”

“就在這裡坐等嗎？”

“咱兩個合夥抓魚、撈參，加工曬乾，托人帶回海南島，換來我們的吃穿。”

程亮覺著老漢的主意有道理，還有些猶豫，因為他急不可待地要找到紅軍，要轟轟烈烈地大幹一場。

老漢又說：“莫急，莫急。你應當在這個島上養息養息身體，壯一點，胖一點，再投紅軍去。還有，你的仔，她還小，讓她在

這島上長起來，能放下手自己走了，再一塊去找紅軍，好不好
呢？"

程亮低頭不語。

老漢豪邁地說："後生，你不要心焦，只要你聽我的勸，保
你能找到紅軍！"

程亮抽身站起，連說："對，對，對，只要能找到紅軍，讓
我怎麼做，我就怎麼做！"

老漢高興地說："好，好，好，你們父女兩個就在這兒住下
吧，這兒是你們的家啦！"

椰子樹，向他們熱烈地拍手。

甜水井，朝他們深情地微笑。

金銀島啊，歡迎吧，你的子孫後代，一同回到了你的懷抱！

八

島上的老漢，是個非常怪的老漢。

他對程亮的到來既歡迎，又熱情。可是，他有一個現成的草
棚，那草棚很寬大，能睡下十個人，卻不肯留程家父女同住。

他說："我睡覺打鼾的。"

程亮說：' "你打雷我也不怕。"

他說："我怕女仔哭鬧。"

程亮這還有什麼說的呢？只好另搭草棚。

他又說："來，來，我幫你到島的另一端搭一個吧。"

程亮奇怪地問："挨近些不好嗎？"

他連說："不好，不好。"

程亮只好由著他。

他是個性格爽朗、愛說愛笑，又有滿腹知識的人。可是，他
從來不談他自己，一沾邊就轉彎，任憑怎麼追問，他也不肯講下

去。

他說：“我的年紀大，走的路子長，見的世面雜，三言兩語說不清，話語短了，你也難明白。”

程亮說：“我最愛聽，好長見識；如今很有時間，你可以不用著急地從頭講。”

他沉臉：“我不願輕易地對別人講這些！”

程亮還有什麼說的呢？只好不問，憋在心裡。

有一回，他在草棚裡，提著一根鉛筆頭往一張粉紅色的、包什麼貨物的紙上寫字，讓程亮看見了。

他連忙把紙筆收起。

程亮只好裝作沒看見。

他們夥使一條船，一起下海捕撈。

他們夥用一口鍋，一同燒飯煮湯。

他們的日子安定下來，也漸漸地習慣了。程亮的心情卻越來越焦躁。

他常常望著藍閃閃的大海發呆。

他常常盯著女仔那紅亮亮的臉蛋歎息。

他的國恨沒消，家仇未報，自己和後代的前途大業還不曾有個著落，這樣的安定和習慣是他難以忍受的。

有一天，他們沒有出海。

老漢在沙灘翻曬魚貨。

程亮用心地收拾好折了的桅桿、斷了的帆篷。

老漢彷彿明白了他的心意，並不問一句。

程亮幾次想把自己的打算告訴他，又不好開口。

晚飯後，他們坐在珊瑚灘邊的礁石上，吸著煙，又像往日那樣熱烈地談論起來。

天晴朗，星明亮，海風颼颼，浪濤陣陣。

他們談著、談著，老漢忽然用煙鍋指了指大海的東北方：“阿亮，你知道那是什麼地方嗎？"

程亮想了想："是廣州吧？"

老漢說："我指的是廣州北邊的三元里。"

"就是狠打英國鬼子那個英雄的地方？"

"對，對，對。那是一百年前，英國鬼見咱們中國地大物博寶貝多，饞得流口水，明知硬來搶奪不能如願，就冒充做生意，把幾萬箱幾萬箱的鴉片往廣州運。妄想讓中國人中毒，都變成病人，不能打仗，不能抵抗，他好來侵略。我們中國人民一眼就看穿了他們的陰謀詭計，全都氣紅了眼，有一回，就把英國鬼運來的不少鴉片給燒了。英國鬼又急又氣不死心，發兵要打我們。他一動手，我們就把他打敗了，他敢再來，我們照樣把他打個落花流水。可恨的清朝皇帝，怕得罪英國鬼，就跟英國鬼談判，還答應割地、賠款。這一下可就家裡燒香，引來外鬼。英國鬼打到廣州，放大炮殺中國老百姓，燒房子，搶東西，最後竟掘墳，從死人身上搜腰包……中國人民對這種強盜的行為絕不能忍。有一回，一群英國鬼子竄到三元里去搶東西。一個名叫韋紹光的菜農挺身而起，帶頭造反。他把隊伍組織好，等敵人來到，一聲吶喊，種田的、種菜的全都舉著刀、持著鐮衝上來了，把這群外國兵連砍帶殺，死的死，逃的逃。這下可給人們出了氣、鼓了勁。不幾天，左右一百。三個鄉，上至五十，下至十五的男子全出動，聯合成一個浩浩蕩蕩的打擊外國強盜的大軍。五月三十日，英國鬼的一個司令率領兩千多帶著火槍火炮的兵，進攻三元里。人們一看敵人多了，又有槍炮，知道直來直去不行，就使計謀，且戰且退，牽著敵人的鼻子往牛欄崗走。敵人光顧追，發覺陷進了稻田裡，已經來不及跑了。這時候，一聲鑼響，早就埋伏在四周的農民端著長矛、大刀、鐵鍬，衝殺過來。打得敵人丟盔棄甲、屍橫遍地，兩個大軍官也在這兒喪了命，活著的爹媽亂叫……你看，你看，這就是中國人對待外國侵略者的氣魄，這就是外國侵略者一定要得到的下場！……"

　　程亮聽著，耳邊響起衝鋒的鑼聲，眼前閃動著刀光矛影，心裡燃燒起戰鬥的烈火。

　　老漢轉了一下身，用手指指西北的天空，問道："阿亮，你知道那是一顆什麼星嗎？"

　　程亮看了看說："北斗星！"

　　老漢點點頭，又問："你知道北斗星下面是什麼地方嗎？"

　　程亮想了想說："是萬里長城嗎？"

　　老漢說："我指的是萬里長城西端，就是祖國的大西北，有一座名城，叫延安……"

　　"延安！"

　　"對啦。哪裡住著全國人民的領頭人、全國窮人的大救星── 毛主席！"

　　"毛主席！"

　　"對，對，對！很早以前，窮苦人正看不到光明、找不到道路的時候，他來到咱們廣東。他在廣州辦了個農民運動講習所，專門給咱們種田的、抓魚的窮苦人講道理，讓咱們弄懂怎麼樣才能把占著咱們地盤、掠奪咱們財富的侵略者徹底趕出中國去；讓咱們弄懂怎麼樣才能把壓在咱們頭上、喝咱們血、吃咱們肉的地主和漁霸徹底打倒；讓咱們弄懂怎樣才能把中國變得富強，怎樣才能把日子過得美滿。他喚醒我們快起來，他帶著我們往前衝。他為了這個呀，不辭辛苦，南征北戰，日夜操勞。他在江西的井岡山上，建立了第一個窮人站腳的根據地，組織了給窮人掌槍桿的軍隊 ── 紅軍。日本鬼侵佔咱東三省，又進攻華北大平原。蔣介石不放一槍一炮，存心引狼入室，把大好山河雙手供給侵略者。毛主席號召全國人民起來鬥爭，還率領人民的軍隊，日夜兼程，走了兩萬五千里，到了陝北，到了延安，領著北方人民抗戰打鬼子，開闢抗日根據地，建立抗日新政權。覺醒的窮人越來越多，給窮人拿槍的隊伍越來越壯大，日本鬼遭到沉重的打擊，狠狠地敗下來。總的一句話，哪裡的抗日戰爭的巨大成就，鼓舞著全國人民，給全中國的窮人做榜樣，影響越來越深遠。如今哪，抗日的烈火遍地紅，咱廣東省，咱海南島，還有咱這南海西沙，到處都有了打擊侵略者的革命力量。侵略者的日子長不了啦，我們就要勝利了！"

程亮聽著，耳邊響起進軍的號角，眼前閃動著勝利的紅旗，心裡激起了沸騰的湧浪。

老漢好似故意讓程亮思考思考，就停了一下，抽了一鍋煙，才接著說："咱們第一天見面，我就對你講清了 —— 不要光結記自家的仇和恨，得看到普天下的窮苦人都有沒結的仇和恨。還要追追根，為啥窮人勤勞、愛國，反而受壓，富人光吃不做、賣國求榮，倒為所欲為？根子就是如今這個社會制度太腐爛了；不徹底推翻這個舊社會，我們窮人共同的大仇大恨就報不了，我們的子孫後代照樣還得受壓！你想想，這個理對不對？"

程亮連聲回答："對，對！"

老漢又接著說："我再給你提個問題，你把道理往深處想一想。我們中國人民是最勇敢的，是最有反抗精神的，也是最有智慧的。光說近一百年，一起連一起，一樁接一樁，不斷有人聯合成武裝隊伍，起來反抗剝削壓迫，反抗外族侵略，要推翻舊世界，改變舊世界 —— 結果怎麼樣呢？有的一露頭角就失敗了，有的都打出半壁江山，也失敗了……鮮血呀，烈士們鮮紅的血呀，像河一樣流下來了。為什麼他們總是半途失敗，而不能最後成功呢？他們的最根本的經驗教訓又是什麼呢？"

程亮聽到這裡，那股心情，宛如一個馳騁在大平原上的人，突然，被帶到高山峻嶺。他見老漢把話停頓下來，就迫切地叮問："你說根本的經驗教訓是什麼？"

老漢一字一句地說："根本的經驗教訓，是他們沒有一個無產階級的政黨，沒有馬列主義！我們有了無產階級的先鋒隊——共產黨，我們有了馬列主義，有偉大領袖毛主席來領導，所以我們能夠把革命進行到底——不僅趕走日本鬼，打倒地主漁霸，我們還要建設一個嶄新的社會，最後解放全人類！」

程亮立刻又如同攀臨高山之顛，眼前豁然開朗。

老漢又加重口氣說：「你要投奔紅軍隊伍，一起打鬼子、鏟漁霸，這是非常好的舉動，但是很不夠，還得具備更遠大的共產主義理想，要爭取做一個無產階級先鋒隊的戰士！」

程亮用力搓著大手連聲說：「你的話好極啦，好極啦，我一定照你的話做下去，至死不回頭！」

老漢又講了許多許多在程亮聽來十分新鮮的題目，十分動心的故事，十分發人深思的道理。講到深夜，他站起身，像平時一樣，輕輕鬆鬆地回草棚裡歇息去了。

九

程亮也回到草棚，安排好阿寶，平身躺下，卻怎麼也睡不著。

他聽著大海的濤聲。

他望著天空的繁星。

他的心裡呀，活躍著為實現共產主義、解放全人類的光輝目標而勇敢戰鬥的英雄們的高大身影。

他不由得回想起自己的前半生：南海的波浪，漁棧的鬥秤，日本鬼的槍口，鯊魚牙的鞭繩……這一切伴著血和淚、仇和恨。

他懷念起慘死的妻子，撫摸一下身邊的嬰兒。

他回憶起千千萬萬受苦受難的階級弟兄，恨不能立即投身到那個浩浩蕩蕩的，為推翻舊世界、創造新世界而戰鬥的行列裡！

他睡不著覺，閉不上眼，躺也躺不住了，一躍身站起，走出低矮的草棚。

清風，捲來大海的鹹味，又隨掠隨散著野花和青果的芳香。

他邁步走向海邊。

大湧，撞擊著堅固的礁石，揚起銀色的波，竄起衝天的浪。

程亮啊，生在西沙，心頭上一顆偉大的革命理想的種子又在西沙發了芽！

程亮啊，長在南海，無產階級革命者的關鍵的第一步要從祖國的南海邁開！

他充滿了信心，一定找到無產階級的黨，找到偉大領袖毛主席指揮的抗日隊伍！

他渾身鼓足了力量，一定能像老漢指引的那樣爲共產主義拼殺戰鬥，爭取當一名共產黨員！

忽然，他發現遠遠的避風港口，有三條並排的船隻在悠悠地浮動。

他朝前走了幾步。

前邊，又出現一隊人影，每個人擔著籮筐、背著袋子，朝這邊走過來。

他趕忙蹲伏在一塊礁石下邊。

一個提著風燈的人從後邊緊緊地跟上，正是島上的老漢。

在燈光下，程亮看到那些往船上搬運東西的人，一個個年輕力壯、非常有精神。他們都穿著漁家的衣衫，都戴著漁家的竹笠，都像漁家那樣打著赤腳 ── 卻有一樣不相同，他們每個人都在肩上背著一枝長槍：就是程亮曾經見過的槍，掌在鯊魚牙手裡的那種槍，端在日本侵略者手裡的那種槍，殺害了無數窮人的那種槍。

程亮用力睜大眼睛觀看著他們，胸口突突跳，心裡犯疑猜。

他們是幹什麼的人呢？又在做什麼事情呢？

船裝上了，他們在灘頭上告別。

一個青年人說："辛苦了，韋老爹！"

老漢忙回答："哪裡，哪裡，同志們辛苦。"

啊，鬧半天他姓韋，叫他韋老爹？

另一個青年說：“韋老爹，還有什麼話要捎嗎？”

韋老爹回答：“你們回去把我們這裡的情況，還有咱們討論過的事情報告給‘火種’，請他指示；有機會的話，請他早點到我這裡來一趟，我很想念他。”

“火種”是誰呢？還有叫這個名字的人？

又一個青年說：“韋老爹，不捎點好酒嗎？”

韋老爹說：“酒有人捎了，你們轉回的時候，再捎點糖果來。”

“阿海不是在南沙太平島上住著嗎？”

“有順便的船，我要讓他們把阿海帶回這裡來。”

阿海又是誰呢，要人帶來，是個仔嗎？

人們再熱烈地招呼起來：

“再見嘍！”

“再見，要多長眼，小心日本鬼的巡海艦！”

“放心吧，較量了多少次啦，侵略者鬥不過咱們革命的漁民！”

“爲了抗日戰爭的勝利，祝你們一路順風！”

年輕人忽忽啦啦地上船了。

他們是那樣內行、那樣熟練、那樣有氣力：把漁船撥弄得隨手轉，穩穩當當地飄遊出礁盤。

韋老爹見船平安出港，又漸漸消失，長長地透了口氣，大聲咳嗽幾下，震得礁石“嗡嗡”響。他又伸伸兩肢，骨節“咯嘣嘣”。

他轉身往回邁步。

一個人影擋住他的去路。

他先是一驚，隨後又沉默起來。

海濤“哐哐”地響著。

浪花"呼呼"地飛著。

羊角樹枝在搖擺。

野花朵在點頭。

程亮啊,這個已經覺醒、正在政治思想階梯上不斷攀登的窮苦漁民,從剛才人們最後兩句對話中明白了他們的來歷和身份。意外的喜悅強有力地震動了他,使他的胸口突突地跳,兩隻手攥得"咯吱、咯吱"的響。他面對著革命的老漢,竟不由自主地喊了聲:"你是什麼人,你到底是什麼人?"

韋老爹看他一眼,替他拉了拉披著的衣襟:"回棚去吧,你要受涼的……"

程亮一搖身子:"你要對我講實情,你要對我講實情!"

韋老爹又看他一眼,推著他說:"阿寶要醒來,阿寶要找你的……"

程亮不肯動,委屈地說:"你的事為何瞞著我?"

韋老爹解釋:"這是我們的規矩 —— 紀律,革命人的紀律!"

程亮不吭聲了,仍不動。

韋老爹再一次推他的時候,感到兩顆熱呼呼的水珠滴在手背上。他的心頭也跟著一熱,就說:"阿亮,莫難過,我剛剛接到上級領導的介紹信,因為遇上風暴,信來遲了。信上說,你是個很出色的漁民,一定會成為一個出色的革命戰士,領導和同志們都對你抱著極大的希望;我們又開了會,集體討論了你的事。走吧,回棚去,我現在就把根根底底全都告訴你。"

他們回到那低矮的草棚裡,守在他們的後代阿寶身邊,往外掏心裡的話。

他們沒有燈。

心裡點起長明燈,比什麼燈都明亮。

他們不會講文詞。

階級弟兄的心聲,比什麼詞句都動聽。

韋老爹說：“傍晚我給你講過三元里人民的鬥爭，我就是三元里的後代。阿公在那次鬥爭裡英勇地犧牲了，阿爸恨死侵略者，也恨死軟弱媚外的清朝皇帝，決心要報仇雪恨。十年後，他跟上洪秀全鬧起太平天國。生我那年，阿爸戰死了，革命失敗了，阿媽帶著我，跟一夥太平軍的後代逃到海上避難，逃到南沙群島謀生活、尋出路、等時機，從此我就成了漁民……”

程亮聽著，耳邊又一次響起衝鋒的鑼聲，眼前又閃動起刀光劍影。

韋老爹接著說：“傍晚我給你講過無產階級先鋒隊共產黨的故事，我就是這個隊伍裡的一個戰士。一九二六年，我的大兒子到廣州參加鬧革命。他親眼見過毛主席，受到教育，使他一塊生鐵變成鋼。二七年‘四·一二’政變，我的兒子和千百萬戰士，一起被蔣介石屠殺了。從此，我又接過他的事業，在陸地、在海上，跟敵人作鬥爭。如今，我們的遊擊隊遍佈在海南島的深山老林、鄉村市鎮，英勇地打擊敵人，配合抗日根據地的鬥爭。我們是一支海上運輸小隊，活動在海南沿海線上和西沙、南沙之間，拿捕魚做掩護，專給我們山裡的大隊人馬轉運彈藥和給養；今天來的這些人是戰士，‘火種’是隊長的代號，你問阿海嗎？是我們大家的仔。……”

程亮聽著，耳邊又響起進軍號，眼前又閃動起紅戰旗。

他仔細地聽，用心地記。

他第一次實實在在地認識到自己活有奔頭、生有意義。

他們談哪，談哪，知心的話兒談不完。

一直談到天大亮，一直談到太陽升，一直談到阿寶從甜蜜的夢中醒過來，衝著兩個戰士拍小手、咯咯地笑。

十

程亮每天早晨起在韋老爹的前邊，忙著補網。

程亮每天晚上睡在韋老爹的後面，忙著磨鉤。

程亮每次吃飯都是先放下碗筷，忙著收拾魚貨。

這個高大的漢子，渾身有用不盡的精力、使不完的勁頭。他那赤裸的臂膀，被太陽曬得黑紅黑紅的，真像一根大鐵柱子。

他跟韋老爹撒網捕魚。

他跟韋老爹下海撈參。

他望著滿艙的鮮魚心裡想：這是給前線殺敵的戰友們準備的口糧。

他望著簍裡的海參心裡想：這能換回抗日戰爭需要的子彈和藥品。

他在南海西沙捕撈了三十多年，只有這時候才看到捕撈的意義，這意義是神聖的。他怎能夠不拚著性命幹呢？

打魚的小船飄到這裡來。

他們以為是"火種"來到。他們過去一看，是斷了淡水的漁民。

他們趕快把甘泉清水送上小船。

又有打魚的小船飄來了。

他們以為是阿海來到。他們過去一問，是缺了柴的漁民。

他們立刻把島上的乾柴送上小船。

漁民感激地拉住韋老爹的手："多謝你們好心的人哪！"

程亮忙回答："我們都是窮人，應當的。"

一天傍晚，又有三條漁船靠了岸，十幾個彪悍的青年跳上灘頭。

"韋老爹好哇？"

“好，好！從海南來嗎？”

“對，對！這位是誰？”

“他是程亮……”

十幾隻粗大的手一齊朝程亮伸過來：

“程同志……”

“程同志……”

程亮激動得嘴裡“啊、啊”著，說不上話來。他的心裡卻默默地發誓：“請你們放心，我絕不給咱們的隊伍丟臉，我一定要配得上同志這個光榮稱號！”

他們一起從草棚裡往船上搬運棉布、藥品，還有加了工的魚貨。

人多力量大，圓月剛升起，船就裝完了。

他們圍坐在草坪上吃飯。

這個大家庭真熱鬧呀！戰士們放下飯碗說：好久沒有吃過這麼香的飯。

他們擠在草棚裡睡覺。

這個革命隊伍的同志真親密呀！戰士們醒來以後說：好久沒有睡過這麼美的覺。

黎明的時刻，三條漁船啓航了。

他們互相熱烈地、依依難捨地握手告別。

程亮站在湧動著浪花的海灘上，久久地望著遠去的帆影。

韋老爹說：“等著吧，‘火種’很快就會來，阿海很快就要到。”

緊張、愉快的日月，很快地過去了。

“火種”沒有來。

阿海也沒有來。

在戰鬥中等待，在等待中戰鬥。

在等待和戰鬥中，小阿寶悄悄地長大了。

　　有一天早晨，程亮盛了半碗米粥，用筷子夾了點，用嘴吹吹涼，伸到阿寶眼前，故意逗她玩，不肯給她吃。

　　小阿寶兩隻烏黑發亮的大眼睛撲扇著，兩片紅紅的薄嘴唇一抿、一撅、又一張，忽然發出一個清脆的聲音："阿爸！"

　　程亮使勁摟住阿寶，親她的臉蛋，高興得差些掉下眼淚。

　　有一天中午，程亮出海回來，從路上採了一把野花，搖晃著，舉到阿寶眼前，故意逗她玩，不遞給她。

　　小阿寶兩隻胖胖的小手輕輕地拍打著，坐著的身子一掀、一挺、又一用勁，忽然站立起來，抬腿往前邁步子。

　　程亮趕緊扶住阿寶，親她的臉蛋，激動得差些掉下眼淚。

　　阿寶會說話了。

　　阿寶會走路了。

　　她的第一句話，是在她的家，祖國的西沙土地上喊出來的。

　　她的第一個步子，是在她的家，祖國的西沙土地上邁出來的。

　　從這以後，小島上一天到晚響著她那悅耳動聽的清脆的童音。

　　從這以後哇，小島上到處都踩下她那蹣跚不整的小小的腳印。

　　又抓魚、又搞運輸的戰士們是常到小島上來的。

　　他們從這兒運走從南沙轉來的物資和海貨，從外邊運來米鹽和火柴，特別使島上感到貴重的是南至南沙群島，北至黑龍江畔的各種大大小小的新聞。

　　他們都喜歡阿寶。他們都搶著抱她，搶著親她，搶著逗她玩。

　　這個教阿寶幾句海南話。

　　那個教阿寶幾句廣東腔。

　　又一個教阿寶幾句潮州土語。

　　小阿寶東一句，西一句，逗得大家哈哈笑。

　　這個教阿寶折跟斗。

那個教阿寶拿大頂。

又一個教阿寶跳個黎家舞。

小阿寶左一下，右一下，樂得大家拍巴掌。

大家都愛阿寶，盼著她快快長大。

十一

過了好久，一群戰士又開著漁船，飛一般地來到西沙，登上了金銀島。

小阿寶一見他們來到可高興啦，緊邁兩隻小腿在後邊追趕。

可是戰士阿叔，誰也沒有逗阿寶，好像連看她一眼都顧不上。

阿寶嘴裡喊叫著，還是不放鬆地追他們，一直追到韋老爹的草棚裡。

程亮正跟韋老爹說話。

一個阿叔把一個很好看的紙袋交給程亮。

程亮說：“我不認字。”

阿寶伸手要搶：“給我，給我！”

程亮不肯把紙袋給阿寶，交給了韋老爹，阿寶就不敢搶了。

韋老爹接過紙袋，撕開，又從裡邊抽出一張紙，上下地看了一陣，一拍膝蓋說：“嗨，嗨，喜事，大喜事！”

程亮忙問：“什麼大喜事呀？”

韋老爹說：“明日，或是後日，有一隻運軍火的船，要從海南島來，在西沙經過。”

程亮說：“這算啥喜事？”

韋老爹說：“那上邊裝著日本鬼的軍火。”

程亮說：“這是運到東南亞殺人的！”

韋老爹說：“對，是運往東南亞殺那邊的窮苦人的。可是西沙這道關不好過，要在羚羊礁觸礁擱淺……”

程亮笑了："你會掐算嗎？"

韋老爹說："這是'火種'安排的。"

一提"火種"，程亮不再說玩笑話了。

韋老爹說："大家留神聽，'火種'還佈置咱們，把四條漁船都準備好，隱藏在避風灣；人都吃飽飽的，睡足足的，在金銀島休息待命。還指示白天不要生火，夜晚不要燈；看到羚羊礁第一次升起火光的時候，開船往那邊行駛，看到第二次升起火光的時候，就往輪船上邊靠。那時候，會有人跟我們聯絡，指揮下一步的具體行動。……"

阿寶聽著這些聽不懂的話，看看阿叔們，一個個都樂得閉不攏嘴；看看阿爸，他的臉漲得通紅，兩隻大手使勁地攢拳頭。

"阿爸，阿爸，你怎麼啦？"

"我嗎……對你說也不明白。"

阿寶這回可有點不高興了，兩隻小手套住阿爸的脖子，吊起來，晃著頭；"你對我說明白，你對我說明白！"

一個剛上火線的新戰士，渴望戰鬥，而戰鬥已經來臨時候的那種心情，他自己也說不十分清楚，又怎麼把這種微妙又激動的情感用簡單的語言傳達給這個幼小的嫩芽芽呢？

還是韋老爹來解圍："阿寶乖乖，不許胡鬧！"

阿寶看韋阿公一眼，噘著小嘴，鬆開了手。

韋老爹又對程亮說："趕快動手，燒飯，把明日、後日，兩日的飯，全都燒出來！"

阿寶這回可明白了，沒等阿爸回答，就跳著腳喊："我抱柴，我抱柴！"

草棚裡的戰士們被孩子的神態逗得"哈哈"地大笑。

只有程亮沒笑。他的面色像潮水中的礁石那樣嚴肅。

他帶著阿寶到林子裡砍柴。

他帶著阿寶到甘泉井汲水。

他又支起鍋灶點燃了火。

他一邊添柴一邊想心思。在火光升騰中，他彷彿看到了瓊涯鎮的日本鬼兵營，看到小港灣的日本鬼兵艦，看到鮮血在槍聲中噴流……

他暗暗地想：滿滿一船彈藥，得有多少顆，運到東南亞的國家去，得有多少窮苦的人民遭受屠殺？

他想：我們這小小的海上運輸隊，只能周旋往返送物品，那個大貨船上，定會有許多押送的日本鬼，跟他們硬拚，打得過嗎？

他咬著牙齒下狠心：打不過也得打，不能看著外國的窮人遭害不管；韋老爹說，無產階級革命者，不光要有愛國主義思想，還得有國際主義思想，普天下受壓迫的人都是一家，都得聯合起來一塊求解放 ── 我要爭取上前線，要拚個死活，就是戰死也光榮！

他想到這裡，心裡亮了，火也燒得更旺了。

他轉身看看，戰友們都到水邊去衝涼，就把阿寶攬在懷裡，對孩子進行第一次嚴肅的、關係著革命大事業的囑咐和教育。

"阿寶，你要當好仔嗎？"

"要當的。"

"當好仔就得聽話。"

"聽話。"

"明天吃冷飯，行嗎？"

"行。"

"黑夜不點燈行嗎？"

"行。"

程亮親親孩子的臉蛋："好，好。為了推翻這個萬惡的舊社會，阿寶得咬牙吃苦呀！"

阿寶閃著兩隻烏黑的小眼睛盯著阿爸問："誰是舊社會呢？"

程亮被孩子這天真的發問激動起來,攥著拳頭說:"吃了你阿婆、阿公、阿媽,有好多好多窮人的那個,在你一落生就要吞吃了你的那個,就是舊社會!"

阿寶也氣起來,平伸出兩隻小手掌,做著用力的姿勢:"推、推,使勁地推倒他!"

程亮這回可忍不住地笑了。

十二

戰士們嚴格地遵守規矩,也就是"紀律":白天沒有生火燒飯,夜間沒有點燈照明。

他們都沒有進草棚,一直守候在羊角樹叢中,監視羚羊礁那邊的動靜。

小阿寶這一回出人意外的聽話,阿公、阿叔們吃冷飯,她也跟著吃冷飯;阿公、阿叔們伏在樹叢裡,她也伏在樹叢裡;阿公、阿叔們不動,她也不動。

小阿寶夜裡沒燈也不鬧,聽阿爸講故事。

第一個是"狼外婆"的故事。

第二個是"東郭先生"的故事。

第三個故事沒聽完,她就睡著了。

一天又一天,照樣不燒飯,照樣不點燈,照樣伏在羊角樹叢裡聽故事。

可是,又一次天明的時候,眾人都焦急了。

他們只燒了兩天的飯,如今三天了,飯已經吃完,魚已經吃光。

怎麼辦哪?

這個勒勒腰帶。

那個喝一口冷水。

一個戰士說："咱們成人好忍，這個小鬼呢？"

另一個也說："給小鬼燒一點點東西吃吧。"

韋老爹想說什麼，又把話吞住，看看程亮。

程亮一咬牙說："不，不，一點點飯也不能燒。上給的規矩 —— 紀律，一定得遵守。"

戰士說："把小鬼餓壞了怎麼辦？"

另一個說："就是呀，難說熬到哪一天呀！"

程亮捏著大手說："餓壞也不能燒飯；熬到哪一天也不能燒飯！"

韋老爹點點頭，問阿寶："阿寶，為了打狼，打日本鬼，得忍點苦、挨點餓啦，你能行嗎？"

小阿寶轉著兩隻烏黑的小眼珠，看看這個，又看看那個，清清脆脆地說："我一點點都不餓了也不燒飯！"

眾人聽了這句天真的、動人的回答，沒有一個發笑，都很嚴肅地朝小阿寶點頭。

過了午，連大人的肚子都餓得咕咕亂叫了。

小阿寶偎在阿爸的懷裡，眨著眼，一聲不吭。

戰士們都不肯看孩子一眼。

韋老爹也顯出有些不安。

程亮把阿寶推到韋老爹的懷裡，一躍身跳起，鑽著樹叢，進了小盆地……

過一會兒，他回來了，帶回一竹笠仙人掌的果子。

那果子，像大手指似的，長長、圓圓的，渾身長滿了細小的毛刺，不細看，準上當，刺到手裡針都撥不出來。阿爸用柴刀切下仙人果的頂，再削去皮，一兜紫紅色的果肉就被剝出來了；咬一口，酸甜酸甜的，裡邊還有小籽兒哪！

阿寶吃飽了仙人果臥在沙灘上、樹蔭下睡著了。

戰士們熬過了最難熬的關口，也要休息一下了。

忽然，一個視力最好的戰士發現羚羊礁那邊有個特殊的黑點點。

眾人都朝那邊細端詳。

"是輪船！"

"早就到了吧？"

"拋錨了，還是真觸礁了？"

"怎麼還不著火呢？"

人們議論著，等待著。

太陽下海了。

大海漲潮了。

在幽幽的夜色中，他們看到一片閃閃的火光。

這就是命令，這就是指揮。

戰士們一個個躥出羊角樹叢，奔向避風港。

程亮也要往外竄。

韋老爹一把扯住他："你留在這裡守著吧！"

程亮說："不，好不容易盼到這一天，你一定得讓我去試一試身手、做一點貢獻，也請黨對我考驗！"

韋老爹說："你有阿寶呀！"

程亮說："你留下管。"

"你放心嗎？"

"你說哪去啦？阿寶是大家的，大家都在為阿寶！"

"那好，你放心去吧。"

程亮激動地躍下沙丘，飛奔避風港，跳上早已經準備好了的漁船。

啟航，前進！

火光在前面，火光在召喚！

十三

漁船列成雁行的隊伍，追著槍聲，迎著火光，乘風破浪地前進。

大海在咆哮。

大海在跳躍。

革命的戰士們，在咆哮、跳躍的汪洋中衝鋒。

當他們能看到那礁石旁大型輪船的輪廓的時候，火光熄滅了。

當他們能看到輪船的甲板、活動在上面的人影的時候，那邊又燃起火光。

於是，他們箭一般地向輪船投去。

程亮平生第一次參加這樣神聖的行動。他激動、緊張，又有幾分好奇。他的眼睛不夠用，耳朵也不夠用，只顧東張西望，差些忘了管船。

這時候，他看見一個水手，正站在輪船的船頭，向小船上的人們大聲喊話。

“同志們哪，這只輪船上，裝的都是子彈，日本侵略者要運到東南亞，殺害哪裡的人民群眾！……”

程亮聽著，暗暗點頭：“對，對，我和韋老爹都是這樣看的。”

“……同志們，我們巧妙地打進這條船的內部來，又機智勇敢地消滅了押船的一隊鬼子兵，奪下這些武器，留在我們中國，好用它消滅日本侵略者！……”

程亮忍不住拍手：“太好了，太好了！這就是我們中國的無產階級解放全人類的行動呀！”

船上的電燈打開了，照得一切都清清楚楚。

程亮很有興致地打量那個講話的水手。

這個水手有三十多歲的樣子，穿著水手褲，戴著水手帽，卻赤著臂膀。他的腰間斜插著一把短槍，槍把上吊著一縷鮮紅鮮紅的絲穗子。燈，照耀著他那淌汗的、寬厚的背，閃光的紅彤彤的臉，還有兩道又粗又黑的眉毛，又大又亮的眼睛，多威武呀！

程亮越看越覺著這個水手很面熟，在什麼地方見過呢？他是誰呢？

一聲哨子響，水手們用繩索往下吊放子彈箱。

一箱一箱地放，在小船的艙裡擺起來，垛起來，直到再不能放了，他們才轉舵往回返。

小船一隻一隻，競賽似地行駛。

程亮緊搖櫓、猛勁追。

船頭飛起朵朵刨花，船尾拋撒條條銀練。

船頭是勝利的歡呼，船尾是熱烈的迴響。

他們在金銀島卸了船，又返回羚羊礁。

一趟，又一趟，第三趟卸完，剛回到羚羊礁，東方已經發亮了。

那個赤臂、插槍的水手又站在船頭喊話了："同志們，你們勝利地完成運輸任務了！現在，要把船上的水手們接下去，趕快後退，我要燒船了！"

程亮一聽急了，忍不住地喊："喂，水手，艙裡還有沒有子彈箱？再來一趟吧！忙什麼呢？"

另外幾條船上的人都"嘩"地一聲笑了。

輪船上的那個水手大聲問："說話的是什麼人哪？"

程亮說："我呀？是西沙的，金銀的，新加入革命隊伍裡的……"

眾人又都笑了。

水手親切地說："你是程亮同志吧？"

"對，對，我名叫程亮，你認識我？"

「早就認識，老朋友，老同志。」

程亮仔細打量這個水手的模樣，品味著水手的聲音，心裡一動，連忙說：「噢，噢，你果真是阿明老大呀！」

水手朝他笑笑。

多少往事湧上程亮的心頭！一切甜的和苦的，都化成了力量。他激動地說：「阿明同志，你給我指路，來到西沙，來到革命的隊伍裡，我從心裡感激你！」

水手說：「是偉大領袖毛主席把我們南海，西沙的窮苦漁民引到革命的、解放的鬥爭道路上，我們大家一起感激毛主席！」

「對，對，我要跟著毛主席革命一輩子！」

「好哇。我們信得住你！」

「那就讓我再裝一船吧。」

「行，裝一船，趕快走，當心敵人要派飛機來偵探。我們一點影子也不讓他們看到，他們就乾瞪眼，沒辦法了。靠過來吧！」

輪船上的水手們又往程亮的船上吊放子彈箱，裝了一箱又一箱。

「喂，程亮，滿載了！」

「不慌，再來一箱。」

「要壓翻的！」

「我保險。」

直到這小船壓得承受不住了，程亮才肯甘休。

其他小船在那個赤臂水手指揮下，向輪船靠近。

輪船上的水手們，一個一個跳上了小船。

輪船上只剩下那個赤臂水手一個人了，他四下看看，舉起一隻手，高聲喊：「向後退，都快到礁盤外邊去！」

一小船一個個開出礁盤，在離輪船遠遠的地方飄泊。

程亮跟在後邊，扭頭朝輪船上看一眼，一幅動人心弦的情景出現了。

那個赤臂水手阿明在輪船的艙上艙下忙了一陣，又在機艙附近潑灑什麼。他隨後直起身，看看離開的船隻，看看船下的海水，然後彎下腰，光星一閃，"騰"的一下，船上就燃起了觸天的大火。

程亮看著那把大海照亮的大火，火裡的形象，耳邊又響起國際歌，忍不住地小聲哼唱起來。

那水手躲著火，看它燃開，不會熄掉了，便退到船邊，一縱身，一彎腰，雖然聽不到海水的響聲，卻見一個浪翻花，人就沒影了。

程亮豪邁地鼓起手掌。

大火越燒越旺，把大海的波濤，灘上的礁石、小船上人的面子 L 都給照紅了。

忽然，身邊的船上，響起那個赤臂水手阿明的聲音："快開船吧，在這兒呆久了危險哪！"

程亮把自己的船緊緊地貼靠到阿明乘的船上，說："我跟你們在一塊，還有什麼危險？"

水手說："我們要到南沙看看，再轉道回海南島；你得回金銀，跟韋老爹留在金銀。"

"什麼時候再見到你呢？"

"我們為了保衛南海、西沙，時時刻刻戰鬥在一起，心也連在一起。你說對嗎？"

程亮笑著說："對。"

水手說："程亮同志，聽別人講，你進步快，積極要求參加組織，黨組織會滿足你這樣好戰士的要求的。我們擔負的任務非常光榮，也非常艱巨。但是，正如毛主席教導的那樣，'我們中華民族有同自己的敵人血戰到底的氣概，有在自力更生的基礎上光復舊物的決心，有自立於世界民族之林的能力。'同志，努力呀，加油呀！"

程亮聽著，心口發熱，渾身長勁，激動地連連點頭。

水手又問：“你的那個阿寶怎麼樣呀？”

程亮回答：“她極好。”

水手說：“我們過些時候，讓人把阿海帶到金銀住住，兩個小鬼好有個伴兒。”他說著，又用勁投過一個小袋子，說，“這是繳獲的勝利品，讓她嚐嚐吧。”

程亮拾起一摸，像是餅乾，就說：“多謝你囉！”

水手笑笑說：“別謝我，讓她謝大家，也有你 —— 再見啦！”

程亮回到金銀，跟韋老爹一起卸子彈箱的時候，說起在羚羊礁的新奇見聞，特別談到那個使他敬慕的、威武豪氣的水手“阿明”。

韋老爹打個沉說：“十有八九，他就是咱們的‘火種’！”

程亮一驚：“是嗎？他是個出色的船老大，又像個真正的水手呀！”

韋老爹說：“咱們‘火種’同志，名叫趙光明，生在南沙太平島，長在西沙羚羊礁，從小就在這大海裡抓魚，風裡浪裡練就一身好水性。為了尋找打日本侵略軍的辦法，他到陸上活動一年，受了戰鬥訓練，回到海上，代表黨組織，我們大夥跟他一塊幾千革命我們的這支小隊伍越戰越強，他呢，也越幹越長本領了。……”程亮聽到這裡，連忙拍手：“你猜得對，一定是他，一定是他！”

這時候，他們聽到羚羊礁那邊，傳來像炒豆子一樣的子彈的爆炸聲。

他們猜到，輪船上的彈藥著了火。

這是勝利的鞭炮！

這是喜慶的歡呼！

十四

南歸的鳥群，北來的白雲，都要在這綠寶石一樣的西沙群島停一下。

凡是停下來的，就不肯走。 —— 這兒太讓人留戀了。

阿海來到西沙，來到他曾經來過的金銀島。

他是跟兩隻回海南的漁船來的；還沒容船兒停穩，他就跳了下來。

這麼虎勢的小鬼：濃眉、俊眼、黑紅臉蛋、潔白牙齒，渾身粗粗壯壯，站在沙灘上，好像一隻巨輪的大鐵錨。

韋老爹喜出望外地奔過來，捉住撲向他的阿海的胳膊。他想把阿海舉起來，試了試，抱都抱不動了，只好笑著說："阿海，阿海，幾年不見，長這麼大了！"

阿海開口就問："小妹妹呢？小妹妹呢？"

韋老爹撫著他的烏黑的頭頂笑著說："小妹妹在草棚裡等你呀！"

阿海扯著韋老爹的手："快快見她去，我給她帶來了好玩的東西。"

韋老爹說："你著急，自己先去吧。我來安排安排船上的客人們。"

阿海甩開兩條小腿，朝著韋老爹指的方向，緊往前跑。

韋老爹跟船上的人接上頭。

他們不相識，一見面就像最親的人。

這兩條船裝著加了工的乾貝和海參，要回海南去。另外，再秘密地捎上幾箱彈藥。

他們忙著這些重要的事情，顧不上管小孩子們了。

阿海躍過黃沙丘。

阿海鑽過羊角叢。

阿海抱著大椰子樹搖了搖。

阿海伏在甘泉井上照一照。

阿海直奔草棚，老遠喊一聲：“阿寶，阿寶！”

棚裡沒有傳出回聲。

兩隻雪白雪白的鰹鳥雛，棲在樹上，朝他張嘴、扇翅膀。

阿海從樹下穿過，伸手拍拍它們那鬆軟的脊背。

五顏六色的花朵，開在草坪上，衝他彎腰又點頭。

阿海從草坪上走過，花瓣沾在他的褲角上。

陽光塗抹著草棚頂，好似披上故事裡說的那種百鳥衣。

阿海邁進草棚，一聲沒喊出又吞住了。

棚裡的鋪上，吊著一頂蚊帳；帳子裡睡著一個紮著小辮的胖娃娃。

阿海輕輕地走到跟前，把頭鑽進帳子裡，左看右看，想跟自己腦袋裡的那個“阿寶”比一比，像不像？

小阿寶睡得正香，不曉得有人來看她。

小阿寶偏著身子睡，胖胖的小腮被枕頭擠著，小嘴都歪扭了，還掛著一滴口水。

小阿寶是玩耍的時候睡著的，身邊放著一束野花，手裡還捏著一枝紅珊瑚。

阿海看著，心裡想：多麼好的小妹妹，為啥不起來跟我玩呢？我是來跟你玩的呀！叫醒她嗎？不能夠。別的阿叔睡覺的時候，“火種”阿叔來了，總是靜靜地坐在一邊等著；阿海大聲說話，“火種”阿叔就忙擺手，制止他。

阿海也學那個樣子，坐在一邊等著。他等一會兒，又等一會兒，阿寶還不醒來，這，太難過了。

他從背上解下小包包，打開來，從一堆心愛的玩物裡邊，撿出兩顆大的虎皮貝，放到阿寶的眼前。他又挑出一串亮晶晶的大銅錢，擺在阿寶的身邊。他又拿起他的木頭小手槍，擺弄一陣，把阿寶手裡的紅珊瑚抽掉，換上了小手槍。最後，他想起兜裡還有糖果，正要掏，聽帳子裡有動靜，就又停住了。

小阿寶醒了，撲扇著兩隻烏黑發亮的大眼睛。

她看看枕邊的貝殼，身旁的銅錢，手裡的小手槍。

她又看看從帳子外伸進來的腦袋：不是阿公，不是阿叔，更不是阿爸……

她猛地爬起來，跪坐在帳子裡端，警惕地質問："你是誰，到我們島上來？"

阿海立刻回答："你們島？我比你來得還早哪！"

小阿寶說："你說謊。你有我阿爸來得早嗎？"

阿海眼珠一轉，說："你阿爸有鄭和來得早嗎？"

小阿寶說："誰是鄭和？我阿公一定比鄭和來得早，我們燒飯、洗衣用的那眼井，就是我阿公掘出來的……"

阿海打斷她的話："你別吹了！關和五百多年前就從北京城來到西沙了，你阿公有五百歲那麼大嗎？"

小阿寶一想，五百歲的數目可太多了，數也數不清。她眨巴著眼，沒話說了。

阿海很得意："你不知道鄭和七下西洋的故事吧？'火種'阿叔給我講的，聽我對你說。"

小阿寶用小手堵著耳朵："不要聽，不要聽！"

阿海一定要說下去："鄭和乘的那條船可大啦，四十四丈四尺長，跟一個小海島一樣；上邊能坐上一千多個人，比一個縣城的人還要多；人在船上能騎馬，能耍刀，還能唱戲……"

小阿寶嘴說不要聽，還是聽見了，而且被吸引住。可是她不能認輸。等阿海把故事講完，她抓起銅錢串，"通"地一聲跳下床："走，走，走，你去看我的這樣東西吧，可多啦，比你多的多！"

阿海在後邊追她：“阿寶，阿寶，給你糖果吃，是‘火種’阿叔留給我的！”

他們繞過海棠林。

他們鑽出羊角叢。

他們跑到小盆地裡。

小盆地中間有一個小沙坑，沙坑上遮著青草，壓著樹葉，還有一條光滑滑的小硬甲蟲在上邊爬。

小阿寶蹲下身，小蟲子飛跑了。她用手扒開裡邊的草和葉，衝著阿海腦殼一歪，伸手一指說：“你看，你看，我比你多不多？”

阿海朝那坑裡一看，裡邊放著許多長了綠鏽的銅錢，跟他在南沙太平島沙灘上剛剛拾到的銅錢一樣。

小阿寶揀銅錢，往衣袋裡裝。

阿海說：“磨磨就光了。”

小阿寶還記著爭強的事兒，就問：“我比你的銅錢多不多？”

阿海也不肯示弱，故意岔開說：“咱們再找找，看還有沒有。”他說著就彎著腰四處尋找。

小阿寶笑他了：“我是扒洞扒出來的，你這樣能找到嗎？”

阿海蹲下身，用手扒沙土。

他扒一個坑，沒有；又扒一個坑，還沒有。

太陽曬著他，腦門往下滾汗珠，手指頭都痛了。

小阿寶說：“找韋阿公去吧。”

阿海不鬆勁，說：“你到樹下等我，我扒幾個就回。”

小阿寶沒走，看著他扒。

阿海扒呀扒呀，忽然手指碰到個硬東西：“阿寶，快看，大花碗！”

小阿寶彎腰細看，果然是一隻淺淺的大碗，碗上描畫著藍色的圖花，真好看。

阿海高興地用手掌拭抹著上邊的泥土，說："這個算咱兩個的。"

身背後，傳來韋老爹的喊聲："這兩個小鬼，讓我好找哇！"

小阿寶忙招呼："阿公快來看，大花碗！"

阿海也說："還有好多銅錢。"

韋老爹接過"花碗"細觀看，說道："小鬼，這不是碗，是古代瓷盤，上邊有字，是一千年前，我們江西省有名的景德鎮出產的。"

小阿寶問："這是誰丟下的呢？"

韋老爹說："是老祖宗給你們兩個留下來的，洗乾淨，拿它盛飯用吧。"

阿海又從小阿寶衣兜裡抓出一把銅錢給韋老爹看。

韋老爹一看，就說："這是'永樂通寶'。"

阿海說："我從南沙帶來的那些，'火種'阿叔說是漢朝造的，是嗎？"

韋老爹點點頭："對，我小時候，常常在那邊的沙灘上拾到漢朝的銅錢。"

阿寶仍沒忘記剛才的爭論，忍不住地問："阿公，你說，你說，到底誰來西沙最早呢？是鄭和，還是我阿公？"

韋老爹摸摸她的頭，又摸摸阿海的頭，嘿嘿地笑了一陣，說："要問誰到這西沙島最早嗎？這盤做證，這錢留言，這古井、老樹也記著，好幾個島上有石碑，刻得更清楚：一句話，是咱們中國人的老祖宗最早最早就來到了西沙、東沙和南沙！"

兩個孩子，你看我一眼，我看你一眼，也學韋阿公的樣子嘿嘿地笑了。

十五

阿海來到金銀島，添了人口，增了聲音。

小阿寶樂了，因爲有了伴兒。

韋老爹忙了，因爲多了事情。

每天每天，太陽沒有升起的時候，韋老爹就把兩個孩子從酣睡中喚醒，帶著他們到海裡抓魚。

他搖著小舢舨，哪兒風大浪急，就往哪兒闖。

他問阿海："怕不怕？"

阿海一挺胸膛："不怕！"

他問小阿寶："你怕不怕呢？"

小阿寶也學阿海的樣子："不怕，不怕！"

他樂了："好仔，好仔，西沙的兒女，都是在風浪裡闖出來的，只有在大風大浪裡闖闖，才會有出息。"

每夜每夜，星斗出齊了的時候，韋老爹就把兩個孩子從興致勃勃的玩耍中拉開，帶他們坐到礁石上講故事。

他打開自己知識的寶庫，哪個故事最英勇驚險，就講哪一個。

他問阿海："喜歡聽嗎？"

阿海眨巴著眼："喜歡聽！"

他問小阿寶："你也喜歡聽嗎？"

小阿寶也學阿海的樣子："喜歡聽，喜歡聽！"

他樂了。因爲他在完成戰友程亮的委託和革命交給的任務的時候，得到令人滿意的成果。他笑呵呵地說："好仔，好仔，西沙的兒女，從小就要跟那些愛國家、愛人民的英雄好漢學習，長大了都當英雄。"

……

中午是西沙最炎熱的時刻。

魚潛進深水。

鳥藏到密林。

野花不動，昆蟲不爬。

韋老爹卻帶著兩個孩子走出陰涼的草棚，來到海灣。

海灣裡，陽光下，珊瑚沙晃得人睜不開眼，烤得人透不過氣，海水泛著碎銀一樣的清波。

韋老爹大聲地說："小鬼們，下水。水裡又涼爽，又舒服。"他說著，就精神抖擻地先下了海。

阿海跟著往下走。

小阿寶也試試探探地往水裡邁步。

一天、兩天過去了，兩個孩子天天跟水打交道，愛上了水，愛上了海，再一見水就忍不住地要往下跳。

韋老爹教他們浮水。

韋老爹教他們潛水。

韋老爹教他們在風裡闖、浪裡鑽。

等到程亮從海南勝利轉回金銀的時候，兩個孩子已經學會了搖船，學會了講故事；跳到水裡呀，游哇，游哇，活像兩隻小水鴨子。

在草棚外的草灘上，程亮親夠了阿寶，轉身發現阿海站立在面前。他立刻愣住了。

這是誰呢，這麼面熟呀？你看他，站在海水邊、陽光下，咬著手指頭，盯著程亮的臉，好像也在回想著什麼。

遙遠嗎？不遙遠。

忘了嗎？永不會忘記。

程亮朝他跟前邁了一步，看那眉眼，看那身材，看那一舉一動的姿態，多面熟。一下子把他帶回二十多年前的童年時代，也是在這個金銀島。他跟符阿婆的二仔，在這海的波濤上並著排搖船，在這海的深水裡相跟著游泳；跑到珊瑚沙的海灘上嬉鬧，鑽進羊角叢中追逐。……

這個孩子多像他。可惜，他已經慘死在侵略者的魔爪之下。還有他的女人和仔。哎，面前的這個仔就是那個仔嗎？

程亮又往前跨了一步，試探地喊了一聲：“海龍！”

阿海一驚，一愣，一喜，撲過來，抱住了程亮的腰：‘阿亮叔，阿亮叔！’

孩子的淚水，流到程亮的衣襟上。

小阿寶驚慌地奔過來拉他的手，扳他的肩，連聲說：“阿海哥莫哭，阿海哥莫哭；韋阿公說了，哭鼻子不是漁家的好仔！”

韋老爹從甘泉井汲水回來，見此光景也十分驚奇，就問：“阿亮，你認識阿海嗎？”

程亮說：“他是我的好朋友的仔，我看著他長到四歲。本當他死去了，怎麼到了這裡呢？”

韋老爹說：“是從大海裡把他救上來的！”

“你救的他嗎？”

“不，是‘火種’！”

“啊，‘火種’！”

“不，應當說是西沙的金銀島救了他的小性命！”

事情的始末本是這樣：

那一年，海龍跟著阿爸、阿媽出海奔西沙，半途中遇上了日本鬼的兵艦。

海龍阿爸緊搖船，忙躲避。

日本的兵艦死命地追，硬往小船上撞。

漁船被撞翻，被撞碎。

海龍在浪濤裡看到阿爸喪了命，看到阿媽喪了命，看到日本鬼在兵艦上哈哈大笑。

漁家的孩子，因為防備落水，腰間經常繫著葫蘆。海龍掉進水裡以後，浮在水面上隨波飄流著。

浪卷著他，波湧著他，把他推上了珊瑚灘。

……

韋老爹和"火種"隊長駕一艘小船，從海上打了滿艙鮮魚轉回來，夕陽迎他們登海灘。

往日裡呀，他們都是從左邊上岸，韋老爹照例往那邊打舵。

"火種"隊長眼力最好，風平浪靜的時候，他能看清十里以外船上的人穿什麼顏色的衣服。這一回，他忽然發現右邊海岸有異象，就指揮韋老爹朝那邊探索前進。

右邊岸上，立著一根乾樹枝，樹枝上挑著一件紅兜肚 —— 像火苗，吸住戰士的眼，引住戰士的心，招來了親人，快搭救倒在海灘上那個奄奄一息的小海龍。

……

韋老爹感歎地說："這仔多聰明！要不是他挑起紅兜肚，大海再有情，把他推上灘，小島再厚意，把他留下來，沒有人發現，也要喪命了！"

程亮撫撫海龍的頭，又摸摸阿寶的臉，也十分激動地說："有這樣的好兒女，再苦也不苦，再險也不險，越往前闖越有奔頭！"

韋老爹幫著卸船的時候，向程亮問起一路上的鬥爭經過。

程亮首先把他光榮地加入中國共產黨的事情告訴了老同志。

韋老爹緊緊地握住他的手，向他祝賀："你如今是無產階級先鋒隊的戰士了，要永遠前進別停步！"

程亮回答說："你就看我的行動吧！"

兩個孩子見他們那副激動而又親熱的勁兒，站在一邊直眨巴眼睛。

這天晚上小島上格外熱鬧。

韋老爹和麵做餅。

程亮殺魚辦菜。

海龍燒火。

阿寶抱柴。

同住在金銀島上，沐浴著西沙的清風，喝一口海南的老酒：這是一餐歡歡樂樂的團圓飯。

十六

程亮從海南帶回三條互相關聯的重要消息和指示：

頭一條，鯊魚牙勾結日本鬼，鯊魚牙當了鐵桿漢奸；他們要打西沙群島的主意，第一步就想合夥在珊瑚島上開掘島糞，往日本運。

第二條，"火種"隊長為了打破敵人的計畫，派幾個戰士混進了日本鬼抓的"勞工隊"，要鑽到他們心臟裡，讓他們不安寧，讓他們在西沙寶島站不住腳！

第三條，情況變化突然，金銀島上那幾箱沒有運出的彈藥，要另想辦法轉移到別的地方去，指示這裡的同志做好準備，等候通知。

在南海西沙那清亮亮的月光下，韋老爹和程亮坐在草棚外的朽木上，抽著煙，輕聲地議論著這三件關係重大的事情。

身邊，波濤喧鬧，海風勁吹。

林子裡的宿鳥，偶爾啼叫幾聲。

沙灘上的碎貝，間或閃動幾下。

韋老爹思考著面臨的新戰鬥，無限感慨地說："多少年來，外邊的帝國主義總看著我們中國像一塊肥肉似的，饞得流口水；裡邊的財主們又總想賣國求榮。其實，白費苦心，哪個外國人也征不服中國；哪個漢奸也賣不掉中國 —— 我們這些窮人骨頭硬，堅絕不答應！有無產階級戰士守在這裡，祖國的一個土塊塊也不能讓日本鬼拿走！"

程亮也很激動地說："你講的都是我的心裡話。在這南海西沙住得越久，越覺著它美，越從心裡愛它；如今有了明明亮亮的革命目標，對它的熱愛增加了千百倍，我看著每一滴海水，每一粒沙子，每一片樹葉，都是珍貴無比的！過去在海南，我常聽人說，西沙的鳥糞是一種肥料，非常貴重。'火種'隊長這回又給我開闊了眼界。他說，等我們把日本鬼趕走，把全中國解放，要把人壓迫人、人剝削人的事情全消滅光，要搞社會主義革命和社會主義建設。西沙的鳥糞也要讓它為咱們的革命事業效力，自己來開採，去肥我們的田！"

韋老爹說："那時候，我們自己的大工廠裡製造大輪船，來這裡運！"

海龍突然從草棚裡竄出來，站在韋老爹面前，就說："阿公，造了大輪船，我來開，我來開！"

小阿寶也跟著跑出來，扯住韋老爹的胳膊："阿公，造大輪船，要我來開，我要開得穩穩的。"

海龍說："你不懂事體，沒有女仔開輪船的。"

小阿寶說："我就要開！"

"你不能開！"

"我偏開！"

"不能開！"

"偏開！"

兩個孩子，說著說著，你推我一把，我推你一把地動起手來了。

韋老爹和程亮一邊忍不住大笑，一邊拉開他們，又推他們到草鋪裡睡下，才又接著談論。

海龍和阿寶爭吵，是雨季裡南海的天空，一會兒陰，一會兒就晴。

可是這一回，阿寶真生海龍的氣了。早晨起來，她噘著小嘴，不理海龍。

海龍是阿哥，是要講和的，就捧來珍珠般的貝殼給阿寶玩。

阿寶不看一眼。

阿海又提出一串金光燦爛的銅錢給阿寶玩。

阿寶仍不看一眼。

海龍想給阿寶糖果吃，可是在衣袋裡掏了一陣兒，一顆也沒有掏出來。他皺皺眉毛，抬頭一看，悄悄地樂了；回身鑽進草棚，拿出阿亮叔的柴刀，一氣跑到小盆地，蹭蹭地爬上椰子樹，"唦唦"地砍下兩個大椰子。

他抱著大椰子，跑回阿寶的跟前："來，來，來，請吃，請吃。"

阿寶沒抬頭，用眼角看一下，又看一下，忽然說："我們把它種下吧。"

海龍沒弄明白："種下？"

阿寶點點頭："像我阿公那樣，種下它，讓它冒芽，讓它放葉，讓它呼呼地往高長，讓它結出好多好多的椰子；等我們到這裡運鳥糞的時候，來喝椰子水，來吃椰子肉。"

海龍說："好，好。那麼，來時誰開輪船呢？"

阿寶又繃起臉，看他一眼："你說誰開？"

海龍連忙說："你開，你開！"

阿寶喜得"咯咯"笑。

在笑聲裡，他們在大椰子樹的邊上創了兩個土坑。

他們在土坑裡澆了兩桶甘泉水。

他們在甘泉水裡放下兩顆大椰子。

韋老爹和程亮一見，滿心歡喜。

韋老爹說："種椰子得放些鹽！"

程亮說："上邊的土要埋得厚！"

韋老爹說："還應撒一點毒老鼠的藥。"

程亮說："對，島上的老鼠是很厲害的。"

阿寶、海龍都照他們指點的辦法做了。

椰子種上了，種上了西沙兒女們興建、繁榮西沙的美妙理想，也種上了西沙兒女們守護、保衛西沙的鋼鐵決心。

十七

正是西沙旱季少雨的季節，小島子經受著夜間海風吹打，白天烈日照曬。

午間，鰹鳥、海鷗都不肯出海捕食，棲在樹上和蹲在礁石的蔭涼裡，或打盹，或低語。

阿寶和海龍也藏在草棚裡玩耍。

他們把床當成大海，把阿爸的大枕頭當海南島，把他們的小枕頭當西沙群島，把大海貝當艦艇，來往調動，運載著他們理想中的祖國西沙盛產的那種最寶貴的財富。

韋老爹從海灘上匆匆忙忙地跑了來，神色緊張地對正燒飯的程亮說："阿亮，有一條舢舨朝咱們這個島子開來了，上邊坐著三個日本鬼，兩個漢奸。"

程亮一聽跳了起來："這是怎麼回事呢？"

韋老爹說："我估計他們占了附近島子，也要占這兒。"

"拚掉他狗雜種們！"

"不能。這會兒他人多，咱人少；況且不知道他們的根底，也不知後續有沒有敵人，先別動手。"

"那就先藏起來。"

"不行。他們能看到咱這草棚和用的東西，一個人找不到絕不肯甘休，由他亂翻，很容易把咱們藏著的彈藥找出去，我們全體都得被他們抓到。這樣吧，我一個人來對付他們一下試試。"

"你帶兩個小鬼躲一躲，我來出面！"

"如今，我年老，比你有經驗；你年輕，以後比我有作為，一定由我來。我要隨機應變，摸摸他們的底細再決定下一步的行動。”

“不能，不行！”

“能，行，爲了咱們的兒女後代！”

“韋老爹……”

“莫爭了，聽我的，這是咱們的規矩 —— 紀律！”

在革命隊伍裡，革命紀律是最能約束人的。

程亮不再爭論，也不肯行動。當他決定自己挺身而出的時候，他毫無顧忌，如今擔子移到韋老爹的身上，他倒有些猶豫不安了。

韋老爹深情地看看從草棚裡往外探頭的阿寶和海龍，又對程亮說：“保護殺敵的彈藥，保衛我們的後代安全，是你今天要執行的任務，馬上行動，聽我指揮！”

這時候，大海裡滾滾浪濤，像擂鼓。

這時候，島子上樹梢搖動，像扯旗。

海灘那邊，傳來侵略者如狼似狗般的喊叫。

程亮看韋老爹一眼，見韋老爹用堅定目光鼓勵他，就發狠地一咬牙，衝進草棚裡，從頂上抽下砍刀，插在腰帶的背後；一手扯住阿寶，一手扯住海龍，往外走。

阿寶驚叫起來：“阿爸你要幹什麼？”

海龍也很奇怪：“到哪去呀？”

程亮壓著聲說：“莫叫，咱們這個島上闖來壞人，日本鬼！”

韋老爹摸摸阿寶的臉蛋，撫撫海龍的頭，說：“要聽話，快去，快去！”

兩個小鬼再不吭聲了，跟著程亮往林子那邊走。

阿寶回頭喊一聲：“阿公！”

海龍也回頭喊一聲：“快來喲！”

韋老爹朝他們追了兩步，從衣袋裡掏出兩顆亮晶晶的貝殼。

這是一種非常特別的貝殼，白皮的底子，黃色和褐色的斑點，背上有三道鮮紅鮮紅的長線。

這貝殼是老人家剛剛從退潮後的海邊沙灘上拾來的，那上邊還帶著大海的微成，也帶著人體的溫暖。

韋老爹把兩個貝殼分別塞到兩個孩子的手裡，輕輕地推著他們的後背，又笑一笑說："乖乖，大步地向前走吧，再見！"

兩個孩子跟程亮鑽進樹叢裡，繁密的、肥大的葉子，把他們嚴嚴地遮蓋起來。只有幾點空隙，能使他們看到外面草棚前的一切，外面卻無法看到他們。

韋老爹仰頭朝四周望望，回轉身，坐到程亮剛才坐過的地方，悠然地點著了熄掉的火，又往灶裡加續著乾樹枝子。

閃閃的火光，照紅了他的臉孔，也照紅了他的胸膛，還有他那兩隻帶著厚繭的大手掌。

狗狼似的喊叫聲，漸漸地臨近了：

"搜，搜，一定有人，剛還冒煙！"

"這兒有腳印，順著腳印找！"

接著，又是"哟、哟"的腳步響，這是天然寶島發出的不平的聲音。

小阿寶最緊張，胸口"砰砰"地跳個不停。她圓瞪著兩隻大眼睛，透過枝葉，看到黃沙丘那邊衝過來幾個人。這是從她落生來到人世間，第一次看到這樣的人 —— 階級的敵人，民族的敵人。

小阿寶也是第一次見到用手裡的槍，用槍上烏黑的槍口，兇狠狠地逼著人 —— 逼著老阿公韋老爹的胸膛。

一個日本鬼用中國話問："你的什麼的幹活？"

韋老爹看他們一眼，往灶下加一根柴，不慌不忙地回答："抓魚的唄！"

"什麼，到這裡抓魚的？"

"這西沙，海是我們中國人的海，島是中國人的島，我們不到這兒來到哪兒去呢？"

"幾個人的有？"

"今日只有我一個。"

"別人的沒有？"

"我們的人多得很，老的後邊有壯的，壯的後邊還有小的，全都下海抓魚去了，要過一個時候才回來。"

幾個壞人圍著草棚轉一圈。

那個會講中國話的日本鬼用皮靴踢著水桶問："這裡的什麼？"

韋老爹又看那個日本鬼一眼，把水桶往跟前拉一下，回答："水！"

"哪裡的？"

"我們中國的！"

"島上井水的有？"

"什麼？"

"這島上有井的沒有？"

"井呀？沒有！"

日本鬼掏出紙煙，嘻皮笑臉地舉給韋老爹，見韋老爹不理睬，他自己抽起來，說："你的報告實話，找到井水，皇軍大大的有賞。"

韋老爹慢慢地往灶裡添著柴草，像是想了想，提高聲音說："噢，鬧半天你們今日來這裡是專門找水井的呀！這可是一件大事。這大海茫茫，無邊無沿，如果沒有淡水吃，你們想在西沙站住腳，就辦不到了，什麼也運不走啦！……難怪你們這麼著急呀！"

"老漢，井水的有？"

"沒有。這西沙，一滴一點淡水都是寶貴的；不要說你們外國人，就是本國那些財主們，也是嘗不到的 —— 西沙不肯給呀！"

"你們吃的水哪裡來？"

"從大陸上運來的。"

"說謊！"

"就是這句話，沒有別的回答呀！"

幾個壞人一齊用槍口對著韋老爹喊叫：

"走，帶我們看看井去！"

"快，聽見沒有！不走槍斃！"

韋老爹哼了一聲，放下手裡的樹枝，從從容容地站起身，拍拍身上的沙粒和草屑，朝藏著阿寶他們的樹叢這邊看一眼，又高聲說："我說沒井，就是沒井，白費事，找不到，你們快死了這份心吧！"

他說完這句話，使勁兒邁一步，在地下沙土上踩了一個深深的窩，隨後又用一隻腳蹬著土埋上，又踏踏平。

樹叢裡挨著阿爸伏臥著的小阿寶，忽然感到阿爸身上震動了一下。她抬眼一看，阿爸正衝著走去的韋老爹的背影，連連點頭。

韋老爹帶領著敵人，慢慢地朝甘泉水井相反的礁灘上走去。

鼓一樣的濤聲，擂得更響了。

旗一般的樹梢，搖得更歡了。

十八

韋老爹那堅強有力的腳步，一步一步，伴著程亮劇烈的心跳。

程亮手攥柴刀，牙齒咬得"吱吱"響，恨不能衝過去，跟敵人拚個你死我活。

程亮想到自己擔負的革命擔子，看看身邊的兩個小仔，強力地忍下了。

腳步聲漸漸地遠去，而後消失。

程亮小聲地對阿寶和海龍說："你們在這裡等著我，不許動，也不許說話。”

阿寶和海龍一齊向他點點頭。

程亮把柴刀插在腰帶的背後，轉身在樹叢中爬去。

阿寶看看海龍，眨眨眼。

海龍看看阿寶，努努嘴。

程亮在樹叢中爬著、爬著。

他繞過野海棠的根盤。

他穿過西沙藤的棚架。

他越過花朵點點的草坪。

他來到甘泉井的旁邊。

他撩開井邊遮掩的綠色枝葉。

他看到那清清亮亮的泉水。

泉水像一面鏡子，托出他那憤慨萬端而又深情依依的面孔。

泉水像一面鏡子，映現著多少難忘的往事：阿祖掘井的鐵鍬，阿公汲水的竹筒，阿爸洗的瓷盆，阿媽燒飯時候沸騰的鍋……

他望著望著，低聲有力地自語：“中國西沙的泉水，一滴一點也不能給侵略者喝！”

他從後背抽下柴刀，剜開井邊的沙土，而後兩隻大手像鍬一樣推擁著。

沙土沉入井裡。

井水很快被埋沒了。

他又從四周捧來敗葉，細心地撒在上面，又插上幾根青草，還有幾朵野花。

最後，他蹲著倒退，用手消掉留在沙上的腳印和草上的痕跡。

狗狼似的嗥叫聲響在左側的遠方：

“快說，井在什麼地方？”

“不說打死你！”

……

程亮的眼前，閃起韋老爹那堅強有力的腳步，那從容鎮定的面孔。

他擦了擦柴刀上的泥土，細聽那聲音起落地方的動靜。

很久很久以後，這種聲音又響在右側的遠方：

"你是安心遛我們的腿呀！"

"你再裝傻真打死你！"

……

程亮的眼前，又閃現起韋老爹那堅強有力的腳步，那從容鎮定的面孔。

他手上緊握著柴刀，彎著腰，朝那有聲音的地方移動。

很久很久以後，那喊叫的聲音變得更加急躁而又狂暴地響在前方：

"說不說，我開槍了！"

"打死他，打死他！"

忽然，"砰砰"兩聲響。

韋老爹那宏亮有力的聲音傳來："中國人你們是殺不絕的！中國是中國人民的中國，西沙是中國人民的西沙，你們抬不走它，也霸佔不了它！豺狼、走狗，你們絕沒有好下場！我們的後代一定要跟你們算賬的！"

又"砰"的一聲槍響，一切都平靜了。

程亮手提柴刀，不顧一切地直奔槍響的地方衝去。

樹枝、枯藤在他面前讓路。

飛鳥、爬蟲在他面前躲閃。

他衝到小盆地的邊緣，首先聞到一股硝煙的氣味。

敵人已經走開了。

這裡只留下韋老爹一個人。

雲不動，鳥不飛，樹也不搖，靜極啦。

面色莊嚴的韋老爹一手按著土地，一手扶著小樹棵，要掙扎著站起來。

程亮撲到他跟前："韋老爹！"

韋老爹看著他，開口便問："甘泉井怎麼樣？"

程亮用手比劃著回答："埋上了，埋上了！"

"兩個仔呢？"

"他們藏得很安全。"

韋老爹朝他滿意地點點頭："你做得很好，不僅勇敢，也很機智。"

程亮這時候才發現，老人家身邊的青草和野花上的鮮血："韋老爹，你，你……"

韋老爹微微一笑："我勝利地完成了黨交給的一項任務！還有許許多多沒有完成的事業，你和同志們，帶領仔們接著替我幹吧。"

"韋老爹……"

"程亮，要堅強。這個運輸小隊的轉運點，對抗日戰爭十分重要，一定得設法守住它……同志，勇敢地戰鬥下去，跟侵略者血戰到底，保衛祖國的每一寸土地！"

革命老漁民說完了這句話，就靜靜地閉上了眼睛。

起風了。

漲潮了。

亂雲滾動。

海鳥飛翔。

森林搖擺。

祖國的南海，南海的西沙，洪波滾滾，鳴奏起雄偉悲壯的歌！

十九

當狗狼嗥叫的聲音傳到密密森林裡的時候,程亮回到了兩個焦急等待他的幼小兒女的身旁。

他的面色鐵青,眼睛通紅。

他沒說什麼話,緊緊地咬著牙,一手扯著阿寶,一手拉著海龍,悄悄地往海邊迂回。

阿寶感到這只抓著他的大手在冒汗。

海龍感到這只抓著他的大手在顫抖。

他們來到黃沙丘上,停住了,一齊臥倒在沙窩裡。

程亮拍拍阿寶的頭,又拍拍海龍的頭,小聲說:"你們不要動,看到什麼也不要動,在這裡等我!"他說完,一躍身子,竄過沙丘去了。

阿寶緊靠在海龍的身上,兩隻烏黑閃亮的小眼睛,透過羊角樹的繁密枝葉,緊緊地盯著阿爸兩隻非常有力的大腳。

阿爸像一條海魚在跳躍,快速地走下金黃色的沙丘。

阿爸像一隻海鷗在飛翔,閃電般地穿過銀白的珊瑚灘。

阿爸像高大的桅桿,站到一塊礁石上。

那礁石如同一頭臥踞的猛虎。

阿爸面前是無邊的大海。

夕陽之下,大海舞動著巨幅藍絲絨,拋灑著細碎的水晶片,放開大喉嚨吶喊⋯⋯

離礁石不遠的地方,有一條小舢舨,在浪湧上飄泊、搖擺。

阿爸輕輕地跳下水,伏在礁石上:身子蓋著水,頭貼著礁石,跟海島渾然一體,不細看,誰也看不見他。

太陽緩慢地往下落了。海和天相連的地方,呈現一縷橘紅色的光帶,好似剛剛點燃的火苗。

晚風強勁地吹起來了。各種樹木的葉子一齊喧響，各種花草一同舞動。

潮水洶湧地漲起來了。沙灘上捲湧著一排一排的浪花，礁石邊騰起一根一根的水柱。

小島，越發肅穆、沉靜。

那幾個壞人，一無所得，空著手爪，無精打采地走過來，邊走邊嘟嘟囔囔：

"媽的，白來一趟！"

"明天，開個工兵連來挖的幹活！"

"不好挖，太君，泉不易找！"

"我的，一眼挨一眼地挖也要找到水，否則，西沙就站不住腳……"

他們說著，爬下沙丘，踏過海灘。

一個漢奸先走下水去，把小舢舨朝前拉拉。

另外幾個壞人都跳到船上去了。

那個最壞的日本鬼，把槍抱在懷裡 —— 就是這枝槍，衝著韋老爹比著，嚇唬韋老爹，真壞！

小舢舨，"嘩，嘩，嘩"地朝前移動了。

海龍朝那邊唾了一口："呸！"

阿寶也跟著唾了一口："呸！呸！"

小舢舨飄哇飄呀，飄出了礁盤，進了深水的地方。

一個大湧滾過來。

小舢舨被湧托起。

又一個大湧滾來。

又一次把小舢舨托起。

忽然，一個水淋淋的人頭鑽出浪花。

沒等船上的鬼子和漢奸清醒，那舢舨就"嘩啦"一聲，翻了個底朝上。

　　五個壞人，像雞蛋一樣，全被翻滾到深藍色的海水裡。浪頭把他們打下去，又冒出來。他們昏迷轉向，伸出手來瞎抓一氣。

　　阿寶一看從水裡鑽出那個鬧翻船的人是阿爸，不由得喊一聲："好，好，阿爸！"

　　海龍已經竄出樹叢，撲向海邊。

　　阿寶也追過來，驚喜地盯著阿爸。

　　阿爸舉起手裡的柴刀，游到一個壞人跟前，"哖嚓"一聲；又游到一個壞人跟前，又"哖嚓"一聲。……

　　一團團發黑的血，在浪花中翻了一下，不見了。

　　阿爸看看大海，這才轉回游。

　　阿寶、海龍迎到海邊上。阿爸一登岸，他們就伸手往上拉他，跳著腳樂。

　　一排湧浪衝過來，把他們身上的衣衫都打濕了。

　　阿爸默默地帶著他們往島子上邊走。

　　天空，升起萬道霞光。

　　大海，掀起千頃巨浪。

　　萬樹在風中起舞，如同齊聲高唱。

　　程亮領著阿寶和海龍，這一雙西沙的新一代兒女，來到剛剛倒下去的先一代烈士的身邊。

　　他們看到慈祥、熱情的韋老爹背靠祖國的土地，面朝祖國的天空，安息了。身邊的一叢野花上，流滴著鮮紅的血。

　　程亮用柴刀扒開西沙的泥土，把老人深深地埋下，又隆起高高的墳頂。

　　阿寶看看海龍。

　　海龍看看阿寶。

　　淚珠從他們的眼裡一串一串往下落。

　　程亮低聲地對兩個孩子說："你們站好！"

　　兩個孩子筆直地站立。

“說，阿公放心。”

兩個孩子照著說了。

“說，我們一定按照你指教的那樣，跟著毛主席、跟著共產黨，革命一輩子！”

兩個孩子照著說了。

“說，我們一定要保住西沙的運輸線、金銀的轉運點，不讓日本鬼在這裡站住腳！”

兩個孩子照著說了。

“說，我們一定要勇敢地戰鬥下去，跟侵略者血戰到底，拚了性命，來保衛南海，保衛西沙，保衛祖國的每一寸土地！”

兩個孩子又照著說了。

程亮親了親兩個孩子。

阿寶閃著大眼睛問：“阿爸，阿公怎麼啦？”

程亮說：“他，他給咱們守著這個又富又美的島子；給咱們守著又香又甜的泉水。”

“阿公還能起來嗎？”

“他永遠都跟我們在一起的。你們要記住，阿公住在你倆種了椰子樹的地方！”

兩個孩子點點頭。

霞光在燃燒。越燒越亮，越燒越紅。

激動的大海，沉默的島嶼，水裡潛的，陸上棲的，一切一切，都彷彿被罩在一面巨大的旗幟之下。

（原載《解放軍文藝》1974 年第 6 期）